プガチョーフ叛乱

エカチェリーナ二世時代の「ロシア的叛乱《ルースキー・ブント》」と民衆の世界

豊川浩一

Toyokawa Koichi

山川出版社

プガチョーフ叛乱　目次

凡例

旧露暦(ユリウス暦)を新暦(グレゴリウス暦)にするには、十八世紀では一一日を加える。なお、本文では断らない限り旧露暦で表示する。

単位:一アルシン＝七一・一二センチメートル
一ヴェルショーク＝一六分の一アルシン、四・四四五センチメートル
一ヴェルスタ＝一・〇五七キロメートル
一ヴェドロー＝一二・三〇リットル
一ガルネツ＝八分の一チェトヴェリーク、約三・二八リットル
一サージェン＝三アルシン、二・一三四メートル
一シュトール＝一・二三リットル
一チェトヴェリーク＝八分の一チェートヴェルチ、二六・二四リットル
一チェートヴェルチ＝穀量単位として約二一〇リットル、液量単位としては約三リットル
一デシャチーナ＝一・〇九二ヘクタール
一プード＝一六・三八キログラム
一フント＝四〇九・五グラム
一ルーブリ＝一〇〇カペイカ

括弧:本文中の丸括弧(　)および史料引用文中の鍵括弧〔　〕は著者による補足である。また史料引用文中の丸括弧は史料の編者による補足である。

古文書の表記:文書館の未刊行文書についての表記は、次のような原則に基づく。⑴著者が文書館ではじめて発見して使用したものは、文書内容、文書館名およびその文書番号のみを記している。⑵著者が先行研究ですでに利用されている文書を文書館で閲覧して使用した場合は、先行研究の当該箇所を丸括弧のなかに記した。

生没年の表記:歴史上の人物についてはできる限り生没年を表記した。記載されていないのは、それが不明であるからである。

プガチョーフ叛乱

――エカチェリーナ二世時代の「ロシア的叛乱《ルースキー・ブント》」と民衆の世界

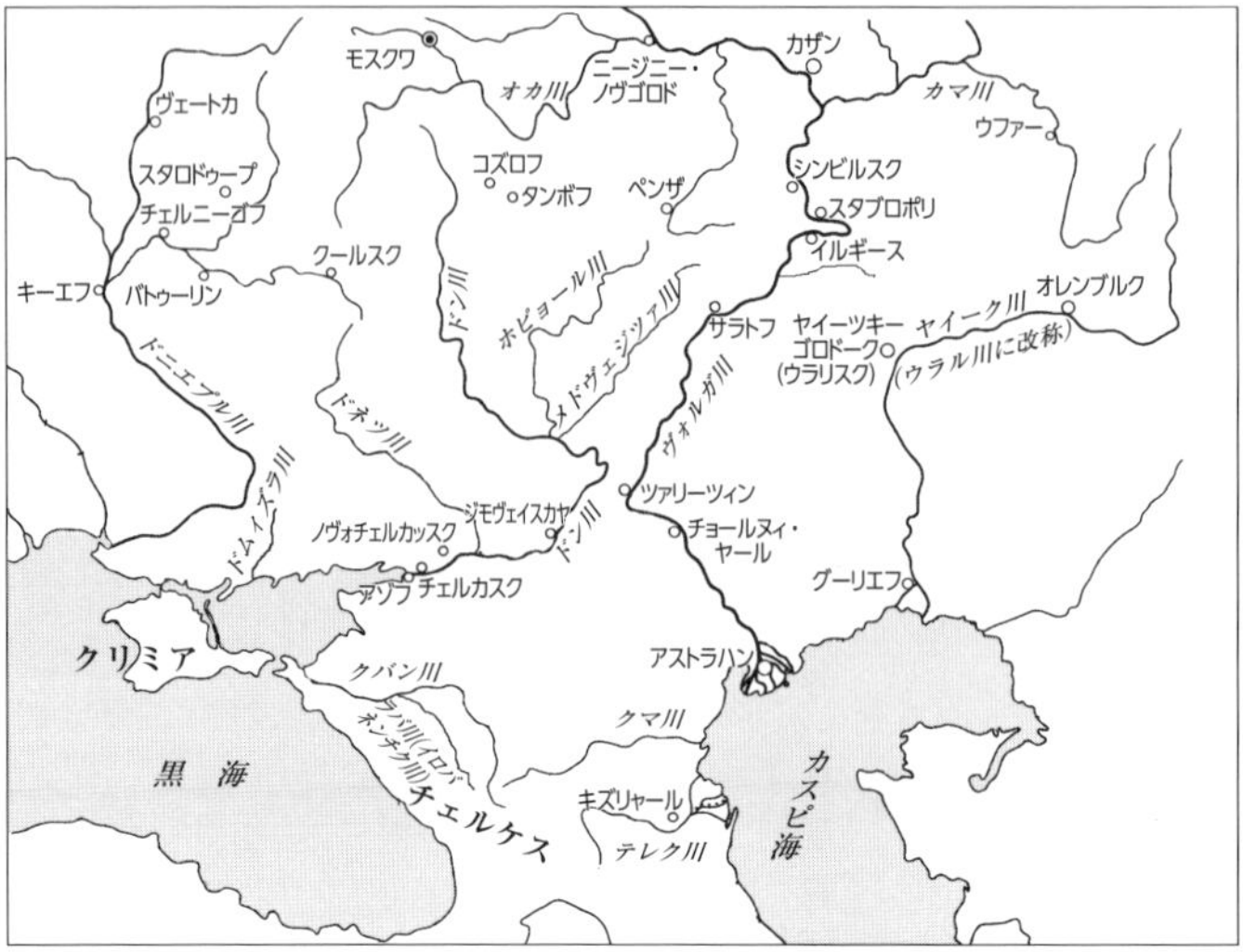

図1　18世紀ロシア地図

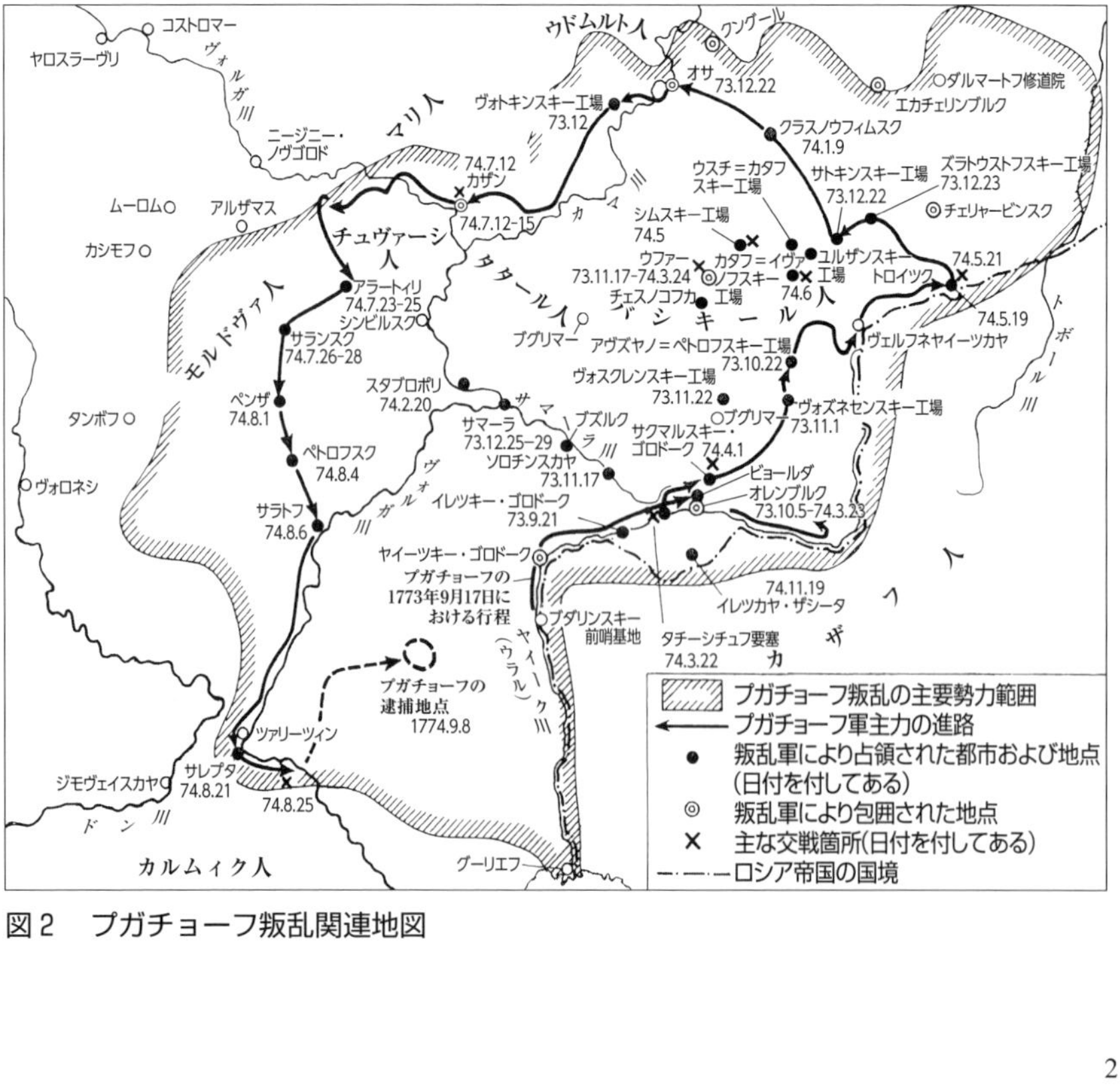

図2　プガチョーフ叛乱関連地図

はじめに

二〇二三年はプガチョーフ叛乱が勃発して二五〇年の節目であった。ロシア最大の国民詩人アレクサーンドル・プーシキン(А. С. Пушкин, 一七九九〜一八三七)がこの出来事について最初の歴史書『プガチョーフ叛乱史』(一八三四年)とこれに題材をとった小説『大尉の娘』(一八三六年)を書いた。それらがロシア社会に与えた衝撃はあまりにも大きく、現代にいたるまで多くの研究書、史料集、冊子、そして小説が上梓されている。しかし、ソ連時代とは異なり、叛乱や革命に対する情熱は現代のロシアには感じられない。

プガチョーフ叛乱はエカチェリーナ二世(一七二九〜九六、在位一七六二〜九六)時代に起きたロシア史上最大の民衆蜂起である。その参加人数や広がり、社会各層の参加の程度、当時だけではなくその後のロシアへ与えた影響、さらにはヨーロッパ諸国の反響などからしてそうなのである。帝政時代、ロシアの領主たちはプガチョーフ叛乱の再来を恐れ、農民が騒ぎ出したら大事にいたる前に徹底的に抑えなければならないと考えるようになった。アレクサーンドル二世(一八一八〜八一、在位一八五五〜八一)の農奴解放令(一八六一年)も解放の動きが下からおこなわれるよりは上からおこなわれるほうがよいという考えに基づいている。それにしてもなぜこれほどまでに政府はプガチョーフ叛乱を恐れたのだろうか。

ロシアの十八世紀は「戦争の世紀」であるとともに「反抗の世紀」でもある。ピョートル一世(大帝、一六七二〜一七二五、在位一六八二〜一七二五)の即位からアレクサーンドル一世(一七七七〜一八二五、在位一八〇一〜二五)の死去までをロシア史の「長い十八世紀」と考えるのがロシア史研究の近年の傾向となっている。この時代を彩る事象はいくつもあり、なかでも十八世紀に発生した諸叛乱はロシア史の特徴をもっともよく示す出来事である。とはいえ、はたしてプガチョーフ叛乱が何をめざしていたのかということについては不明な点が多い。そもそもプガチョーフの発する多くの「布告」やマニフェスト（宣言）にみられる「自由 вольность」とはいったい何を意味するのか。それはさまざまに異なる出自をもつ社会層の叛乱参加者の存在と彼らの意向が叛乱の動きを左右したが、具体的にはどういうことなのか。この叛乱を考える際、ロシアに特徴的に存在した農奴制の打倒という目標を指標にするだけではもはやすまされないのではないか。こうした点から、当然ながら次のようなさらなる疑問が生じることになる。

当時のロシアの国家と社会はどのような状況であったのか。叛乱の原因や契機は何か。叛乱にはどのような人々が参加したのか。なぜプガチョーフは皇帝ピョートル三世（一七二八〜六二、在位一七六一年十二月二十五日／グレゴリウス暦一七六二年一月五日〜六二年六月二十八日／同年七月九日）を僭称したのか。どうして民衆はそのことを信じて運動に参加したのか。彼らは何をめざしたのか。叛乱の主体は何か。イデオロギーとでも呼べるものが存在したのか。もしあったとすれば、それはどういうものだったのか。反対にもしなかったとすれば、どうして叛乱はこれほどまで大きな動きを呈することができたのか。政府は叛乱に対してどのように対応したのか。何よりもエカチェリーナ二世の専制政府は何に怯えたのか。ヨーロッパ諸国はこの叛乱をどのように観ていたのか。この叛乱はロシアの他の叛乱と比べて何がどう違うのか。叛乱はロシアの歴史に何をもたらしたのか。そして、世界史におけるその意義とはどのようなものなのか、などである。以上のような問いを念頭において、叛乱にいたるまでの経緯、勃発の原因、過程、さらにはその後について考えることにしよう。

また、この叛乱をめぐる研究史上の問題を探ることも重要となる。歴史学はそのときの社会的趨勢《すうせい》と極めて分かちがたく、程度の差こそあれ、歴史家たちも時代の要請を受けているからである。国家や政権を脅かす叛乱になればなるほど対象をどのように観るのかということが問われる。帝政ロシアからソ連を通して現代のロシアにいたるまで、この叛乱はどのように研究されてきたのだろうか。そしていま研究する意味とは何か。研究の歴史は歴史家をめぐる国家や社会との関係を如実に映し出している。鎮圧された一七七五年直後からヨーロッパの国々ではこの叛乱に関する書籍が刊行された。そのことは各国がこの叛乱に注目していた証ではあるが、それははたして何を意味しているのだろうか。以上のことを考えると、この叛乱を検討することはロシアの歴史そのものを研究することにほかならないのではないか。これが著者のプガチョーフ叛乱に対する研究史上の問題意識である。

プロローグ

叛乱の始まり

プガチョーフ叛乱は「複合的」な叛乱である。社会的に異なるさまざまな範疇の民衆が参加し、お互いに協力したり反目したり、あるいは叛乱から離反したり、いわば自律的な動きをみせながら叛乱は展開した。それだけではなく、十八世紀後半までのロシア帝国の歩んできた歴史的な経緯がこの叛乱を発生させた。そうした関係が叛乱の動きを規定しているのである。

一七七三年九月十七日早朝、ヤイーク・カザークの中心地ヤイーツキー・ゴロドーク近郊のトルカチョーフ部落には、カザークをはじめとして、カルムィク人、タタール人、およびトゥルクメン人など六〇人ほどが集まっていた。彼らを前にして皇帝ピョートル三世を僭称するプガチョーフは次のように語る。[1]

余は汝らの君主である。余に忠誠をもって仕えよ。それに対し、余は汝らに川、海、草刈地、俸給、穀物、弾丸と火薬、およびあらゆる自由を与えよう。余は汝らが侮辱され、またあらゆる特権を剥奪されていることを知っている。汝ら全員は自由を奪われているが、余がそれを汝らに再興し、また平安を与えるよう努めよう。[2]

プガチョーフが話し終えると、今度は腹心の部下で書記役を務めるイヴァン・ポチターリン（И. Почиталин）が群衆とくにヤイーク・カザークに宛てて用意されていた「ピョートル三世」の最初の「布告」を読み上げた。

余の友人である汝ら、そして汝の祖父や父たちが歴代のツァーリに対してその血の最後の一滴にいたるまで仕えたと同様に、汝らは自らの祖国のために、余すなわち大君である皇帝ピョートル・フョーダロヴィチ(以下のフョードロヴィチと同じ)に仕えよ。汝らが自らの祖国のために立ち上がっている限り、汝らカザークの栄光は現在もまた永遠に消えることはない。余すなわち偉大なる君主によって以下の人たちに下賜される。カザーク、カルムィク人、そしてタタール人に。余、君主にして皇帝であるピョートル・フョードロヴィチに対し、かつて罪を犯した者もいよう。しかし、余すなわち君主であるピョートル・フョードロヴィチはあらゆる罪を許し、汝らに次のものを下賜する。川上から河口までの漁場、土地、草刈地、俸給、弾丸、火薬、および糧秣である。[3]

集まった人々はこの布告を聞いて歓声をあげながら旗を掲げ、ツァーリにして皇帝であるピョートル三世(ピョートル・フョードロヴィチ)を僭称するプガチョーフの指揮のもと、ヤイーツキー・ゴロドークをめざして進軍していった。ここに、南はカスピ海から北はイルビト市まで、東はトボール川から西はオカ川やドン川にいたる約六〇万平方キロメートル(日本の面積の約一・六倍)に及ぶ広大な地域に、ロシア人の農民や工場民、都市民、下級の貴族や聖職者、そしてカザークのほかに、バシキール人、カルムィク人、タタール人、マリ人、モルドヴァ人、チュヴァーシ人などの非ロシア系諸民族、すなわちロシア社会全体を巻き込んだ大叛乱が発生したのである。約四割を農奴(領主農民)で占める叛乱参加人数はのべ三〇〇万人を上回っていた。[4]

ツァーリ＝「ピョートル三世」の出現

叛乱前夜の一七七三年八月、ヤイーク・カザークの社会に一人の男が現れた。痩せてはいるが、がっしりとした肩幅をもち、黒い顎鬚を生やし、鋭い眼光の人物である。しかも自ら「ピョートル三世」を名乗った。彼こそがドン・カザーク出身でロシア全土を震撼させる叛乱の指導者となるエメリヤーン・プガチョーフ(Е. И. Пугачёв, 一七四〇／四二〜七五)その人である。

逮捕後の一七七四年九月、取り調べでプガチョーフは自らの生い立ちを述べている。その調書によると、彼は一七四〇年(あるいは四二年)ドンのジモヴェイスカヤ村に生まれた。[5] そこは奇しくも一一〇年前、同じドン・カザークのステンカ・ラージン(С. Т. Разин, 一六三〇〜七一)が生まれた場所でもある。当時の習慣に従って、十七歳でドン・カザーク軍団での勤務を開始し、十九歳までに結婚して一男一女をもうけている。しかし、結婚して早くも一週間後には七年戦争(一七五六〜六三年)でプロイセンやポーランドの各地を転戦し、また第一次ロシア＝トルコ戦争(一七六八〜七四年)にも

図3　プガチョーフ肖像画(アフロ提供)

応召している。その間、勇敢な働きが認められてカザーク騎兵少尉（хорунжий）に昇進したが、病を得て帰郷したのち、非正規軍であるカザークを差別する軍隊での勤務に嫌気がさして逃亡した。それ以降、逮捕と逃亡を繰り返す。逃亡中、彼は小ロシア（ウクライナ）やポーランドに行き、古儀式派教徒たちと接している。叛乱前夜には古儀式派教徒の多いヤイーク・カザークのなかにあった。[6]

このように多くの地を移動し放浪したプガチョーフは民衆の苦しい生活を目の当たりにしていた。そうした体験は、プガチョーフがカザークをはじめとする民衆の苦しい状況と切実な希望とを知るうえでおおいに役立ったのである。逃亡中の一七七二年十一月十五日、プガチョーフはひそかにヤイーツキー・ゴロドークに赴き、カザークの家で、最近の政府による自治に対する抑圧などに抗議して発生した叛乱の様子を詳しく聞いている。同年十二月十八日、彼は拘束・逮捕されたが、逃亡して再びヤイーツキー・ゴロドークに現れたのは翌七三年八月であった。このときすでにプガチョーフは、ツァーリ＝「ピョートル三世」を僭称しており、ヤイーク・カザークとともに叛乱に立ち上がることを決意していた。

民衆は僭称者が身体のどこかに「ツァーリの印」をもっていることを実際に目にしさえすれば、彼の正体を詮索することはなかった。プガチョーフが胸にある病痕を示すことで、カザークに自身が本当のツァーリ＝「ピョートル三世」であることを信じ込ませることができた。しかし、ともに立ち上がったヤイーク・カザーク、そのなかでもとりわけプガチョーフの側近になった者たちは、プガチョーフがツァーリではなく、ドン・カザークの出身で、逮捕と逃亡を繰り返しているいわば札付きの悪党であることを知っていた。この叛乱を通してカザークのめざしたものは一貫している。彼らにとっては、プガチョーフが本当の「ピョートル三世」であろうとなかろうとそれは問題ではなく、重要なことはカザークの自由と自治を回復すること、さらにはカザーク自らが国家権力を掌握し、国家第一の身分になることであった。そのために彼らはプガチョーフを利用することになるのである。

政府軍に捕われた一七七二年のヤイーク・カザーク叛乱の参加者でプガチョーフの側近となるイリヤー・ウリヤーノフ(И. И. Ульянов, 一七四四〜七五?-)の証言はそうしたことを裏づけている。彼によると、カザークは自分たちを苦しめていた人々に代わってその地位に就くために立ち上がったと述べ、次のように断言する。「[プガチョーフが]僭称者であることを知っていたが、彼に熱心に仕えた。というのも、彼が国家を手中に収め、そして、彼、ウリヤーノフが偉大なる人間(великий человек)になることを望んだからである」[7]。かくして、前述のように、一七七三年九月十七日には叛乱最初の「布告」が読み上げられ、叛乱の火蓋が切られたのである。

叛乱初期の攻勢

プガチョーフ叛乱は、その主力部隊の活動地域、参加した民衆の社会的範疇、さらには運動形態の特徴により、便宜上三つの時期に区分される。

一七七三年九月から翌年三月までの第一期では、南ウラルの中心都市オレンブルク包囲を中心に叛乱が展開した。このとき、カザークを指導勢力としながらも、ほかにバシキール人やタタール人などロシアの植民政策に苦しむ諸民族が参加した。続く七四年三月から七月までの第二期では、すでに蜂起していたウラル地方に叛乱の主力部隊が移動した。そして鉱山・工場地帯の労働者たちが大きな役割を果たしたのである。この時期にはほとんどすべての工場が叛乱側に立って戦い、主力をそこに移したプガチョーフ軍に、銃や大砲、弾丸や弾薬などを供給した工場の労働者も共闘した。同年七月以降の第三期では、政府軍に追撃されてヴォルガ沿岸地域に中心勢力が移動せざるをえなかった。そこでは農奴の参加と領主への攻撃が特徴的である。

叛乱は南ウラルのヤイーク川の沿岸で始まった。プガチョーフに率いられたカザークは国境警備隊を撃破しながら、ロシアの南東国境線上の要塞や都市を次々に占領していった。叛乱勃発後まもなく、主力部隊はウラルやヴォルガ川以東の広大な地域でも運動を展開する。一七七三年十月初め、叛乱軍は南東ロシアの中心都市オレンブルクに迫り、翌年三月までのじつに半年間に及ぶ包囲を開始した。このカザフとの国境に近い都市は県都としてロシア政府にとって地方行政の要衝というだけではなく、政府の推し進める植民政策全体の拠点であり、また中央アジアをはじめとするアジア諸地域との交易の中心地として栄えていた。それゆえ、ロシアの植民政策に不満を抱くバシキール人をはじめとする諸民族がこの包囲に積極的に参加することになる。七四年三月、プガチョーフ本隊だけですでに五万人に達していた。

この時期、叛乱軍の本営はオレンブルクから北へ約五ヴェルスタ離れたビョールダ村に置かれ、ここに全軍を指揮する「軍事参議会 Военная коллегия」が設けられた。これは当時政府部内にあった同名の機関を真似て創られたものであり、拡大する叛乱にとって軍事・行政の中心となった。その役割は「布告」やマニフェストの発布をおこない、軍隊

図４　プガチョーフ叛乱の映画撮影のために，当時の建物を再現した風景（オレンブルク近郊のクラースナヤ・ガラー。2013年６月撮影）（撮影：著者，以下同じ）

図５　叛乱の舞台，ウラル・ステップ（2014年６月撮影）

の組織編制を明確にし、兵員補充や武器の補給の問題を解決し、また功労に応じてプガチョーフ軍内の「官職」や褒章の授与をおこなうことなどであった。さらに、捕虜にした貴族、領主、士官たちに対する裁判と刑の執行もしたのである。

他方、占領した地域においても、「軍事参議会」同様、既存の制度を利用して行政組織が形成された。それらはカザーク社会、中央黒土地帯および都市における行政制度に影響を受けた一種の地方自治組織であり、村や工場ごとに「役所 изба」の創設となって現れたのである。

叛乱勃発の噂はたちどころに広まった。それに呼応してヴォルガ川とウラルの間の広大な地域が叛乱に巻き込まれた。農民や工場の労働者、非ロシア人諸民族は、熊手・鋤・弓・矢・槍で武装して新たな拠点を形成していった。すでに述べたように、一七七三年から翌年の冬までにほとんどすべてのウラルの工場労働者たちが叛乱の側に立った。ウラルにおける勝利は退役軍人であるイヴァン・ベロボロードフ(И. Н. Белобородов)によるところが大きい。

南ウラルのバシキーリアでも叛乱の大きな拠点が築かれた。ここではプガチョーフの側近の一人でヤイーク・カザークのチーカ＝ザルービン(И. Н. Чика-Зарубин)指揮下の約一万人から成る軍隊が活動していたが、この軍隊の本営はウファーから一二ヴェルスタ離れたチェスノコフカ村に置かれ、ビョールダ村に次ぐ叛乱第二の拠点となった。叛乱軍はウファー、クングールおよびチェリャービンスクを包囲し、クラスノウフィムスクを占領した。この地域を指導した人物のなかには、ミシャーリ人のカンザファール・ウサーエフ(Канзафар Усаев)、バシキール人のキンジヤ・アルスラーノフ(Кинзя Арсланов)、ユライ・アズナリン(Юлай Азналин)とその息子サラヴァト・ユラーエフ(Салават Юлаев)などがいる。

武装した叛乱軍はヴォルガ川沿岸でも活動していた。一七七三年冬に農奴のイリヤー・アラーポフ(И. Ф. Арапов)指揮下の叛乱軍はブズルクとサマーラを、翌年一月にはスタブロポリを占領した。カザン、ペンザおよびサラトフの諸県は騒然となり、大きな不安が首都を覆ったのである。

政府側の巻き返し

ペテルブルク政府はプガチョーフ叛乱勃発の報に接するやヴァシーリー・カール(В. А. Кар, 一七三〇～一八〇六)将軍指揮の正規軍を派遣した。しかし、一七七三年十一月、ブグリマーとオレンブルク間の戦闘でカールの軍隊は撃破された。当初、この叛乱が「不平カザーク」の一揆にすぎないと考えていた政府は、カール軍の大敗と叛乱規模の拡大を目の当たりにして、国家を揺るがしかねない全民衆的闘争という認識に変わった。そのため、政府に当時交戦していたオスマン帝国との停戦を急がせ(キュチュク＝カイナルジ条約は七四年七月に締結)、軍の主力を叛乱鎮圧に投入することを余儀なくさせたのである。アレクサーンドル・ビービコフ元帥(А. И. Бибиков, 一七二九～七四)指揮のより装備が整った大軍の派遣を決定した。七四年一月には政府軍の積極的な反撃が始まり、その結果、叛乱軍は敗亡を重ね、後退せざるをえなくなった。三月末、タチーシチェフ要塞近郊でプガチョーフとザルービンによって指揮された叛乱軍主力部隊が敗北した。その結果、オレンブルクとウファーの包囲は解かれ、クラスノウフィムスク、サマーラおよびブズルクは政府軍によって奪還され、一連の戦闘で多くの指導者が逮捕された。そのなかには、ザルービン、アンドレーイ・ヴィトシーノフ(А. Витошинов)、ポチターリン、アファナーシー・ソコローフ(А. Т. Соколов, 異名はフロプーシャ Хлопуша, 以下フロプーシャ)、マクシーム・シガーエフ(М. Г. Шигаев)らがいた。

一七七四年春、カザンに叛乱発生の原因究明のためビービコフ元帥を長とする秘密調査委員会が設置された。そこではどのような経緯でプガチョーフが「ピョートル三世」を僭称するにいたったのか、フランスやオスマン帝国など外国の影響はなかったのか、不平貴族や古儀式派教徒の参加はどれ程なのか、ロシア国内外の問題と関連づけて調査されることになったのである。当時のオレンブルク県にはポーランド人貴族《シュラフタ》が多数いた。彼らは、ロシアの侵略とポーランド＝リトアニア共和国のマグナート（大貴族）の権力を制限しようとした国王に反対し、バール連盟党の叛乱（一七六八〜七二年）に参加して逮捕されて同地に流刑された。そのこともあって政府がとくに恐れたのはプガチョーフ叛乱と諸外国との関係であった。

叛乱軍の転戦と敗北、プガチョーフの逮捕および処刑

叛乱軍が敗北を重ねるなか、残りの部隊とともにプガチョーフ軍はウラルへ移動し、そこでベロボロードフやサラヴァト・ユラーエフの軍隊と合流して、一七七四年春にはいくつかの戦闘で勝利した。その後、シベリア地方の蜂起を鎮圧したイヴァン・デコロング将軍（И. А. Деколонг, 一七一六〜七八？）指揮下の政府軍に敗北し、ヴォルガ流域へと転戦することを余儀なくされた。同年夏、プガチョーフは工場の労働者やタタール人、マリ人、ウドムルト人などの諸民族とともにカザンを包囲して市内に攻撃を加えた。このカザン包囲は同地方の領主たちをパニックに陥れ、さらには政府にも大きな不安を与えた。叛乱が中央諸県に飛び火しないように、カザン地方に政府の大軍が向けられ、また地方貴族の義勇軍さえ組織された。その結果、プガチョーフ軍は優れた装備をもつ政府軍に敗れてカザン包囲を諦めて撤退し、指揮官のベロボロードフは拘束された。こうした状況のもと、プガチョーフ軍は新たな支援勢力を求めてヴォルガ川右岸に移動する。しかし、叛乱軍にはロシアの心臓部モスクワをめざしたり、カザークのさらなる救援を求めてドンへ向かったりする力と気力はもはやなかった。

一七七四年七〜八月、ヴォルガ川右岸一帯の広大な地域で、この叛乱の最後でしかも激しい戦闘が繰り広げられる。ロシアの中央部に向かう代わりに、プガチョーフはヴォルガ川沿いに南へと進路を変えた。彼の部隊はアラートィリ、サランスク、ペンザおよびサラトフの諸都市を占領した。これに対し、政府軍の新しい司令官ピョートル・パーニン伯（П. И. Панин, 一七二一〜八九）は、叛乱鎮圧のために大軍をヴォルガ川とドン川それぞれの沿岸に投入する。八月二十一

日、プガチョーフ軍はツァリーツィン包囲を開始したが、大軍接近の知らせを受けて撤退し、四日後にサリニコフ工場近郊の戦いで最後の敗北を喫した。ここにプガチョーフの命運もつきた。わずかなカザーク部隊とともに、プガチョーフはヴォルガ川を渡ったが、九月初め、仲間であったカザークの裏切りによって政府軍に捕まり、ヤイーツキー・ゴロドークに護送された。このように、ツァーリ＝「ピョートル三世」としての経歴は、奇しくもそれがちょうど一年前に始まった同じ場所で終えることになる。

　プガチョーフは、このヤイーツキー・ゴロドークからシンビルスク、さらに厳重な監視のもとモスクワに送られた。そこで、政府により組織された調査委員会の監視のもと、二カ月間にわたり獄につながれて尋問と拷問を受けた。この叛乱を重視したエカチェリーナ二世は自ら調査委員会の指揮を執り、さらにはプガチョーフにも面会している。結局、一七七五年一月十日朝、プガチョーフはモスクワの赤の広場で四つ裂き刑に処せられた。同じ日、プガチョーフとともに戦った仲間たちの多くも処刑され、残った者には体刑が科されて流刑に処せられたのである。しかし、叛乱はプガチョーフやその他の指導者たちを失いながらもなおしばらく続き、それが最終的に鎮圧されるのは同年の中頃まで待たねばならなかった。

註

1　このプロローグは次の拙稿を基にしている。「プガチョフ反乱」野崎直治編『ヨーロッパの反乱と革命』山川出版社、一九九二年、一七七〜一七九、一八九〜一九九頁。

2　Российский государственный архив древних актов (Далее: РГАДА). Ф. 6. Д. 506. Л. 189 об.–190; *Мавродин В. В.* (под отв. ред.) Крестьянская война в России в 1773–1775 годах. Восстание Пугачева. Т. II. Л., 1966. С. 421–422.

3　Российский государственный военный исторический архив (Далее: РГВИА). Ф. 20. Д. 1230. Л. 76; Документы ставки Е. И. Пугачева, повстанческих властей и учреждений. М., 1975. док. № 1. С. 23.

4　*Индова Е. И., Преображенский* А. А. *и Тихонов* Ю. А. Народные движения в России в XVII–XVIII вв. и абсолютизм /

Дружинин Н. М. и т. д. (под ред.) Абсолютизм в России (XVII–XVIII вв.). Сборник статей к семидесятилетию со дня рождения и сорокапятилетию научной и педагогической деятелькости Б. Б. Кафенгауза. М., 1964. С. 77.

5 *Овчинников Р. В.* (под ред.) Следствие и суд над Е. И. Пугачевым // Вопросы истории. 1966. № 3. С. 132. なお、プガチョーフの生年については不明な点が多い(См. *Дубровин. Н. Ф.* Пугачев и его сообщиники. Эпизод из истории царствования императрицы Екатерины II. 1773–1775 гг. СПб., 1884. Т. I. С. 132)。

6 *Овчинников Р. В.* (под ред.) Следствие. . . С. 132–138; Допрос Е. И. Пугачева в тайной экспедиции в Москве в 1774–1775 гг. // Красный архив. 1935. № 2–3 (Т. 69–70). С. 164; *Он же.* (отв. исполнитель) Емельян Пугачев на следствии. Сборник документов и материалов. М.: «Языки русской культуры», 1997 (Далее: Емельян Пугачев на следствии). док. 1. С. 56–79; Там же. док. 3. С. 128–149.

7 Пугачевщина. М.; Л., 1929. Т. II. С. 127; Avrich, P. *Russian Rebels 1600–1800,* New York: The Norton Library, 1972, p. 231〔P・アヴリッチ（白石治朗訳）『ロシア民衆反乱史』彩流社、二〇〇二年、二四七頁〕.

序論　史学史上のプガチョーフ叛乱

プガチョーフ叛乱について、その発生から現在にいたるまでの約二五〇年にわたり、どのようなテーマが取り上げられて議論されてきたのだろうか。帝政時代、ソ連時代、そしてロシア時代では、研究が異なっている。それぞれの時代が歴史家の考えを規定しているからである。史学史は歴史学の基本となるものである。歴史家がどのような考えや立場から自らの見解を述べたのかを知ることは重要である。とりわけ帝政時代以降、ロシアで歴史を研究することは命がけであった。[1]

ここでは、歴史家の見解について、プガチョーフ叛乱を理解するためのいくつかのキーとなるテーマに沿って検討する。それを通して、ロシア史における叛乱の意味について考えるきっかけを得ると同時に、本書の方向性が明らかとなる。[2]

第一節　叛乱と民衆の世界

ロシアの歴史を考えるための要素と「ロシア的叛乱」

歴史家と社会の関係にかかわらず、ロシアの歴史を考えるための基本的要素がある。第一に、アジアとヨーロッパにまたがるユーラシアであること。第二に、その広大な領域のために風土と自然が大きく作用していること。第三に、

「タタールのくびき」（一二四〇～一四八〇年）や「動乱時代（スムータ）」（一五九八～一六一三年）などのように、国家滅亡の危機に瀕して王朝断絶の歴史があったということ。第四に、植民と農業が国家を支えてきたということ。第五に、精神的支柱としての正教と強大な専制権力の存在が大きかったということ。第六に、スラヴ人だけではなく、アジア系民族などをも含む多民族性という特徴を有するということ。第七に、現代風にいえば安全保障という問題と分かちがたい領土拡張の歴史であるということ。第八に、絶え間なく民衆蜂起が発生したということ。そして第九に、ツァーリと民衆の特別な関係が存在したこと。すなわち、民衆はツァーリを父とみなし、自らを子とみなす家父長制的な関係が存在し、そうした独特な関係から、近世以降にみられる救世主であるツァーリの出現を期待する「ツァーリ幻想」が社会現象となり、多発する民衆蜂起の動きを大きく左右した。以上の論点が、ロシア史上のいかなる時代や事象を考える際にも相互に絡み合っていることをまず念頭に置かなければならない。[3]

　なかでも民衆とその力について考察することは現代のロシアを理解するうえでも重要である。民衆蜂起について、プガチョーフ叛乱に題材をとったプーシキンの『大尉の娘』を翻訳した川端香男里（一九三三～二〇二一）は、この叛乱を「不条理で無慈悲なロシア的反乱《ルースキイ・ブント》」と規定した。これはロシアでしか起こりえない叛乱であり、プーシキンを筆頭とするロシアの詩人や作家、そして思想家たちは、その叛乱を民衆《ナロード》という「自然力・自然の猛威 стихия」の全面的開放とみなした。[4] 社会変革をめざした十九世紀の思想家アレクサーンドル・ゲルツェン（А. И. Герцен, 一八一二～七〇）は『向こう岸から』（一八四七～五〇年）のなかで、「民衆といい、大衆といい、これは自然的な力であり、オーケアニデス〔水神オケアンの娘たち。海や川の精〕です。彼らの道は自然の道であり、それの最も身近な相続者たる彼らは、昏《くら》い本能や無意識的情念に導かれ、これまでに達成されたことを、それがいかに愚かしいことであろうと、頑なに保持し続けるのです」と述べている。[5] はたして、ロシアでしか起こりえない叛乱すなわち「ロシア的反乱」とはどういうものであろうか。これが本書を貫く主題となる。

ヨーロッパ民衆運動史研究

歴史家E・H・カー(E. H. Carr, 一八九二~一九八二)は、ワット・タイラー(一三八一年のイギリス農民一揆の指導者)やプガチョーフのような叛乱者あるいは異端者の役割について触れながら、民衆運動を研究する意義について次のように論じる。「ウォ《マ》ト・タイラ《マ》やプガ《マ》チョ《マ》フを社会に反逆した個人として描くのは、単純化しすぎで誤解をまねきます。もしただ社会に反逆した個人にすぎなかったのなら、歴史家の耳には入らなかったでしょう。歴史における彼らの役割は、大勢が後についてきたおかげで、社会現象として意味があったのです。さもなければ、まったく意味がなかったでしょう」[6]。叛乱を指導する人間とそれに付き従う民衆――社会と言い換えてもよい――の存在の相互関係が大切であると主張する。

また、「現在のヨーロッパ社会には一つの重要な事実がある。それは、大衆が完全に社会的権力の前面に躍り出たことである」と述べたのは[7]、戦間期およびその後の思想界に大きな影響を与えたスペインの哲学者オルテガ・イ・ガセット(José Ortega y Gasset, 一八八三~一九五五)である。たしかに、現代では市民の力が大きな影響力をもっている。国や地域によっては市民自らが首長選挙に出馬したり、あるいは自分たちの推す候補者を当選させようとしたりする。事故や事件の問題解決を求めて当局へ押しかける姿をみることも稀ではない。また経済的な要求を求めてストライキやデモを起こし、さらにはクーデタや革命を誘発することもある。もちろんその背景には、最近のソーシャル・メディアの急速な進歩によって、市民がそれを利用して手軽に自らの考えを発信することが可能になったという現代の事情もある。いわば公共圏(J・ハーバーマス)の確立とその拡大である。しかし、冷戦下での東ヨーロッパの国々はいうに及ばず、かつての西側世界でさえも市民の発言力は増していたとはいえ、それは十分なものではなかった。

一九七〇年代に帝政ロシアの民衆運動について概観したアメリカ合衆国の歴史家P・アヴリチ(P. Avrich, 一九三一~二〇〇六)の指摘は、当時の民衆運動史研究者の意見を代弁している。ソ連邦崩壊以前の西ヨーロッパでは、ロシアの近世(初期近代)についての研究、とくにその社会史に関する研究はまだ初歩的な段階でしかなかった。ロシア革命の伝統を研究してきた人々は十九〜二十世紀の政治史や思想史、革命的グループや政党などに焦点を合わせる傾向が強かった。そして農民や都市の貧しい人々、名もなき人々、苦しんで成長して死んで忘却の淵に沈んでいったところの、つまりアヴリチが引用するアメリカの詩人エドウィン・マーカハム(Ch. E. A. Markham, 一八五二〜一九四〇)の言葉を借りれば「収奪され、侮辱され、相続権を奪われた」人々は無視され続けてきた。彼らが無視された理由はたくさんある。たとえば、フランスの空想的社会主義者サン゠シモン(Henli de Saint-Simon, 一七六〇〜一八二五)が述べたように、農民や職人、つまり「最も貧しく、最も人数の多い階級」は、歴史家が分析の対象とするほどの記録を残していないからである。こうした人々はたまたま読み書きができても日記などをつけないし、せいぜい無記名の記録にはならないあいまいなものしか残しておらず、したがって彼らの行為の意図や目的については、政府の大雑把な報告、さらにはしばしば偏見に満ちた断片的史料をかき集めて分析しなければならなかったのである。[8]

歴史家E・ホブズボーム(E. J. E. Hobsbawm, 一九一七〜二〇一二)が『反抗の原初形態』や『匪賊の社会史』で示したように、[9]民衆によるプリミティヴな蜂起に関して、専門的な歴史家はあまりに合理主義に偏重した都会人であることが多く、彼らは自分たちとは異なる人々を理解しようとする努力が足りなかったことも理由である。しかし、二十世紀の終わりまでには多くの優れた研究者が自然発生的な大衆運動の役割を正当に評価するようになった。近代化と農民運動との関係については、ホブズボーム以外にも、B・ムーア(B. Moore, Jr., 一九一三〜二〇〇五)、E・P・トムスン(E. P. Thompson, 一九二四〜九三)らの仕事、そして日本の柴田三千雄(一九二六〜二〇一一)、良知力(一九三〇〜八五)、喜安朗(一九三一〜)たちの研究から、われわれは近代の革命や民衆運動が過去のそれらと同じく、都市や農村の労働者の大衆運動によって、そして主に無秩序な精神によって引き起こされ、概して自然発生的なものであることを理解できるようになりつつある。[10] これらの原初的で、意思の不明瞭な、そしてしばしば非合理的なグループは、もはや歴史学が第二次的要素として無視し消去することのできない存在となった。そして、それらは社会的変動のまさにその根源にあるものとなったのである。

ロシア民衆運動史研究

たしかにロシアの十八世紀は「反抗の世紀」である。しかし、よくみると、一方で、この世紀はピョートル一世に代表されるように、ヨーロッパの制度や文化の流入を図りながらロシアの近代化をめざした。他方で、社会をパートナーとして認めながらもそれに規制をかけはじめる時代でもあった。[11] そうしたいわば「社会的紀律化」(G・エーストライヒ)という上からの動きに対して、伝統に固執する民衆は敏感に反応して粘り強く抵抗した。プガチョーフ叛乱はそのような民衆の力の最大限の表出だったといえる。

とはいえ、このプガチョーフ叛乱を二十一世紀の現代において研究する意味とはいったい何であろうか。帝政時代においては支配すべき民衆の反抗に対処するため、またソ連時代においては政権が依拠した根本原理である階級闘争の最良の例として研究する意義があった。一九五〇年代にはそれが最高潮に達し、十七〜十八世紀に発生した大きな四つの民衆蜂起(ボロートニコフの乱、ラージンの乱、ブラーヴィンの乱、プガチョーフの乱)が「農民戦争」と規定されるにいたった。そしてプガチョーフ叛乱勃発二〇〇周年にあたる一九七三年までにはこの叛乱に関して五〇〇にものぼる研究書やパンフレットが刊行された。

しかし、すでにソ連邦が崩壊して三〇年余りを経た今日、ソ連時代の研究とは別の研究意義を見出しながら叛乱勃発二五〇周年の意味を考えるのは至極当然である。しかもそれは何よりも現代の社会状況に即したものとなろう。事実、プガチョーフ叛乱をはじめとする「農民戦争」として、研究の活況を呈した学問的状況は現代のロシアにはない。ソ連崩壊から現在にいたるまで、ソ連時代には抑圧された民族的意識の高揚をめざす地域史・郷土史の掘り起こしがさかんにおこなわれている。叛乱に積極的に参加した地域であるバシコルトスタンやタタルスタンなどにおける研究状況はまさにそのことを如実に示している。最近のプガチョーフ叛乱研究が下火になっていることについて、また新たな研究の方向性について、ユーリー・スミルノーフ(Ю. Н. Смирнов, 一九五五〜　)やビクトル・マウリ(В. Я. Мауль, 一九六六〜　)に代表される現代ロシアの研究者が積極的に発言している。[12] とはいえ、そうしたことはロシアの事情であって世界のそれではないというのも事実である。

他方で、十八世紀ロシア史については、エカチェリーナ二世とプガチョーフ叛乱の時代を含めて、多くの国の歴史学界で検討されている。[13] その理由は、十七世紀までと比べて、ロシアの歴史と政治がより密接した形でヨーロッパ、アメリカ、およびアジアの多くの国や地域と関連しているからである。そしてロシアにおいては、この時代は啓蒙専制君主であるエカチェリーナ二世の政治に反対する巨大な民衆叛乱によって特筆される。

第二節　プガチョーフ叛乱研究の諸問題

1　従来の研究の成果と課題

歴史学界の成果

プガチョーフ叛乱が他の蜂起や叛乱に比べて際立っているのは、その規模だけではなく、ロシア社会のあらゆる階層の人々が参加し、しかもその参加過程が極めて特徴的であったことにある。この叛乱には、ロシア人の農民(工場で働く人々を含める)や都市民のみならず、下級の聖職者や貴族、カザーク、そして非ロシア人の参加がみられた。

帝政時代からソ連時代を経て現代ロシアの歴史学界は、この巨大な民衆運動について著しい成果をもたらした。このテーマに関する文献はおびただしい数の論文、パンフレット、モノグラフ等だけではなく、じつに多くの史料が発掘された。なかでも金字塔はソ連時代の集大成でもあるウラジーミル・マヴロージン（В. В. Мавродин, 一九〇八〜八七）編集の三巻からなるプガチョーフ叛乱研究である。そこでは叛乱のさまざまな側面やその刊行時点までの研究の流れが明らかにされている。[14] また史料については、ソ連時代初期から『プガチョーフ蜂起（プガチョーフシチナ）』（三巻本）のような重要な史料集が刊行された。[15] さらには自他ともに「プガチョーフ叛乱研究の学部長」を任じたレジナルド・オフチーンニコフ（Р. В. Овчинников, 一九二六〜二〇〇八）が編集した史料集と史料研究が特筆に値する。[16] 以上の著作の刊行前後には、非ロシア人の叛乱参加に関する研究が上梓された。[17] またヨーロッパの各国、アメリカ、そして日本にも多様な研究が現れたのである。[18]

なかでもソ連の歴史学が主張したのは次の点である。「プガチョーフが指導した農民戦争研究最大の課題の一つは、封建領主や政府軍の手から解放された地域に形成された政治活動形態、すなわち蜂起した農民層がもたらした国家性の初歩的状態の分析であった」。[19] しかし、この課題の解決は地方自治組織への何がしかの配慮もなしにおこなわれてきたという。[20]

未解決の課題

たしかに、ソ連史学と現在のロシア史学はともにプガチョーフ叛乱の歴史研究において十分な成果をあげてきた。とくに、ソ連時代には農民や労働者といった社会の下層で革命を担った人々の動きについてそれが顕著であった。ソ連崩壊前後には、構成していた共和国の独立や地域の主張ともあいまって、民族の動きが明らかになった。カザークの再生もあり、その役割についても論じられるようになった。

しかし、議論されてきたもののいまだ完全な解決にいたっていない重要な問題が残されている。「農民戦争」論、宗教や国家との関係、植民と民族の問題、民衆意識、政府の動き、などである。その最大のものが叛乱参加者たちの「イデオロギー」の評価についてである。蜂起した民衆にはそれに基づいて自らの階級的課題を遂行しうるような特有のイデオロギーがあったかどうかということである。[21]

2 「イデオロギー」について

「イデオロギー」の評価

マヴロージンによると、蜂起した農民は農奴制を廃止するために、また土地と自由を獲得するために立ち上がったのだと主張した。彼らは既存の制度に単に「反対 против」したのではなく、自由の「ために за」立ち上がったのだというのである。さらに彼の理解によると、農民の目的はカザーク体制の創設であり、カザークは蜂起の主導者あるいは音頭取り(инициатор)であったという。[22] アメリカの歴史家J・T・アレクサンダー(J. T. Alexander, 一九四〇〜)は、マヴロージンの考えを、主観的にみると、叛乱は過去のユートピアの樹立をめざしたのであり、客観的には、全「封建制度」に反対して立ち上がったと解釈する。[23]

これに対して、パーヴェル・ルィンジュンスキー(П. Г. Рынзюнский, 一九〇九〜九三)とモルガン・ラフマトゥーリン(М. А. Рахматуллин, 一九二七〜二〇〇六)はマヴロージンの考えを批判した。彼らの主張によると、「農民戦争」は「農民にとって封建制度の好ましいヴァリアント」への移行をめざした。すなわち封建制度に代わりうる社会体制の到来を早めた。彼らは、カザークが叛乱の過程で広めざるをえなかったカザーク体制が、農民にとっては理想ではなかった、と指摘するのである。[24]

「階級闘争」について論ずることが支配的であったソ連時代には前記の問題について激しい議論が交わされた。しかし、ポスト・ソ連の歴史学界では、前記のテーマについて、わずかにレオニード・ヴォールコフ(Л. В. Волков)[25]やデニース・リャーピン(Д. А. Ляпин, 一九八二〜　)[26]などの歴史家たちが再検討をおこなっているにすぎない。ヴォールコフは過去の研究に依拠しながら、ルィンジュンスキーとラフマトゥーリンの主張を繰り返して次のように結論づける。「プガチョーフ一党は、カザーク〔の地位〕を高めることをめざしながら、貴族を除いたロシアに存在していたすべての身分〔の人々〕を取り込んだ。……農奴制および過度の搾取の倒壊をめざしながら、プガチョーフ叛乱に参加した人たちは主観的には農奴制のない「良き」封建制度を求めて立ち上がった」[27]。しかし、一九八〇年代までの日本の歴史学界はマヴロージンの見解を受け入れていた[28]。

こうした観点以外に、社会心理学的側面からの研究が存在する。ボリス・リトヴァク(Б. Г. Литвак, 一九一九〜二〇〇二)によると、マヴロージンを批判する際の論点として、イデオロギーを有する農民運動は十九世紀後半のナロードニキ運動の理論が出現するまでは存在しなかったし、またマヴロージンのいうイデオロギーは単なる社会的な希望や気運にすぎないと断ずる。リトヴァクは、プガチョーフ叛乱鎮圧後に農民運動が本質的に変質したとする。すなわち武力闘争の効果および劇場的な状況の喪失がみられるものの、反封建的なイデオロギーが農民運動には存在したという[29]。現代ロシアの歴史家オレーク・ウセンコ(О. Г. Усенко, 一九六五〜　)もこの考えを共有しているようである[30]。

ソ連時代の宗教史家アレクサーンドル・クリバーノフ(А. И. Клибанов, 一九一〇〜九四)の次のような指摘は興味深い。運動の過程で、ロシア人だけではなく、非ロシア人も伝統的な信仰への回帰をめざした。この研究者は、「皇帝」プガチョーフによる民衆への「土地と正義」の下賜の意味およびその現実的な効果に注意を喚起する[31]。おそらく、彼は民衆を叛乱へと引きつけ、また彼らを統合したこのスローガンのなかにキーとなる宗教的な要素を見出そうとしたのであろう。

また、「封建ロシア」における農民意識のさまざまな側面も研究されてきた。第一に十七〜十八世紀の「農民戦争」

参加者のイデオロギー、第二に階級闘争へと発展する以前の比較的「平和な」時代の農民の要求、第三に種々の現象となって現れる民衆の社会的ユートピア、第四に農民的伝統、第五に慣習法、第六に農民の意識の発展における共同体が果たした役割、などがそれである。[32]

プガチョーフ叛乱は、全民衆を包み込んで連帯を形成する契機となった自由や伝統そして人間としての尊厳の確保の要求、および専横的で抑圧的な権力への対抗権力という性格すらともなうことがあった。しかもロシア的な千年王国的平等社会への願望がこの運動の奥底に流れていたことも確かであろう。[33]

すでに述べたように、いずれも現代ではあまり研究がおこなわれなくなったテーマではあるものの、叛乱の本質を見極めるためには依然として研究する価値はある。むしろ以上の論点についての検討なくしてプガチョーフ叛乱全体の研究に進展はない。叛乱指導者が叛乱参加者と協力し合う「紐帯《ちゅうたい》」(R・ポルタル)を形成する契機となる、自由、伝統そして人間の尊厳を約束しながら、叛乱は民衆を運動へと巻き込み、既存の権力組織に反対する対抗権力となった。あるいはこの叛乱の基礎には平等社会を打ち立てようとする動きが現れていたのかもしれない。ここに近世日本の民衆運動の類似点を見出すこともできよう。[34]

さらにプガチョーフ側の発する布告やマニフェストのなかでよくみられる「自由 вольность」についての問題がある。この語は本来、「(何ものにも束縛されない)自由な状態であること」を意味する。[35] その言葉がプガチョーフ軍の「布告」やマニフェストのなかに書かれ、それに呼応して立ち上がった民衆もその言葉を口にしたということを考えると、「自由」という言葉は当時のロシアの民衆にとってイメージできる具体的な意味内容があったということであろうか。実際にそれは何であったのか。この点を考えることが本書の柱の一つとなる。以上はプガチョーフ叛乱について考えるためのキーとなるものであり、そこから以下で述べる叛乱研究に関するさまざまな問題群が派生する。

3　「農民戦争」論

「農民戦争」とは何か

まずは「農民戦争」論についてである。従来のソ連・ロシア史学では、「農民戦争」の概念はどのように規定されたのだろうか。これについては、一方では農民蜂起との差異、また他方では革命との違いについて論じられてきた。初期のソ連史学では民衆運動は、ボロートニコフ叛乱、ラージン叛乱、プガチョーフ叛乱のように「叛乱 восстание」と称されてきたということは知られている（ブラーヴィンの乱は規模や参加者数から除外される場合が多かった）。ソ連時代初期の歴史家たちは、民衆運動を「農民戦争 крестьянская война」とも呼んではいたが、程なくこうした呼称はみられなくなった。

一九五四年、ウラジーミル・レーベジエフ（В. И. Лебедев，一八九四〜一九六六）が、エンゲルスの『ドイツ農民戦争』を引き合いに出して、ロシアの民衆運動に関するこの用語使用の正当性について新たに問題を立てた。彼によると、前述の大叛乱は封建領主である土地所有者に対する広範囲な内乱すなわち戦争という性格を有しており、その過程でそれぞれの農民蜂起の地方的な性格、言い換えれば農村共同体の孤立性を克服したとする。[36]五六年の『歴史の諸問題』第二号に掲載された「農民戦争の特殊性について」と題する論文で、マヴロージンと共同執筆者たちは同様の規定には賛成しがたいと述べる。なぜなら、本質的にその規定では農民戦争とそれと異なる封建領主たちに反対する広範囲な地方の農民運動との境界線を引くことにはならないからである。執筆者たちは、農民戦争にとってもっとも特徴的なことは、封建的農奴制システム崩壊のため（ツァーリズム反対でも共和政賛成でもなく、「自らの свой」「良き хороший」「百姓の мужицкий」ツァーリを首長とする専制のため）の全国家的規模での領主に対する農民運動であり、運動を指導し、多かれ少なかれ共通のスローガンをもち、蜂起者たちをかなりの程度団結させる唯一の中心が存在するということだとした。[37]

その後、この規定はマヴロージンやその他のソ連の研究者たちによってさらなる発展をみることになる。[38] また農民戦争を、一九二〇～三〇年代の多くのソ連の歴史家が指摘したように、革命とみなすことはできない。農民戦争は全体的に自然発生(スチヒーヤ)的であり、明白な政治目標がなく、ブルジョワ側からもプロレタリア側からも指導がなかったのである。以上のような見解をかつて日本では田中陽兒(一九二六～二〇〇二)が批判的に紹介した。[39]

「農民戦争」批判

ソ連の歴史学における階級闘争理論の影響下で学問分野に導入された「農民戦争」という用語は、ソ連崩壊の前後に厳しい批判にさらされた。[40] たしかに、「農民戦争」に関する史料のなかでは、その政治的な要求についての言及を見出すことはできない。蜂起者たちはもっぱら「自らの希望について」嘆願するのみである。すなわち賦役を軽減すること、特許状を交付すること、役人の権力濫用を食い止めること、都市に居住する貴族と裁判官たちを処罰することなどである。

叛乱にはさまざまな身分、いろいろな背景をもつ社会層、そして非ロシア人が参加した。農奴や国有地農民、工場で働く労働者、都市民、下級貴族、バシキール人、タタール人、カルムィク人、ミシャーリ人、チュヴァーシ人たちである。叛乱軍が近づくと彼らは自身の要求を掲げて呼応し、またそれが自分たちの生活基盤となる領域から出ていくと、彼らも運動から離れていった。はたしてわれわれはこの叛乱を十把一絡げに「農民戦争」と呼ぶことができるのだろうか。こうした疑問は未解決のままであり、再検討すべき根拠があるにもかかわらず、ソ連崩壊後のロシアではこの問題に関する議論は進まなかった。

4　宗教の問題——古儀式派および正教との関係

帝政時代の肯定的な研究

一方では、以上の問題をより具体的に考えるためにも、また他方では、ロシア特有の政治と宗教との密接な関係を念頭に置くと、古儀式派の果たした役割について検討することも重要となる。しかも、このテーマは帝政時代にはある程度研究されたものの、ソ連時代にはタブー視されて研究対象とはなりにくかった。しかし、ソ連崩壊前後に発掘された史料とその研究成果もあり、そのため少々詳しく説明する必要がある。

プーシキンはその『プガチョーフ叛乱史』で蜂起指導者を「ドン・カザークにしてラスコーリニク（分離派教徒）のエメリヤーン・プガチョーフ」と規定した[41]。その大きな影響もあって、帝政時代の多くの研究者はプガチョーフ叛乱の主要な運動推進力の一つを古儀式派教徒たちすなわちラスコーリニキ（ラスコーリニクの複数形、раскольники-старообрядцы）との関係にみた[42]。その際の根拠としてあげられるのが、第一にプガチョーフと古儀式派とくに同派の修道院長フィラレート（Филарет, 生没年不詳）との関わり、第二に叛乱の主力となるヤイーク・カザークの多くが古儀式派教徒であった点、第三にプガチョーフの発する布告やマニフェストのなかに古儀式派のモチーフが含まれている点、以上である。こうした考えに立つ帝政時代の研究者として、ピョートル・シチェバーリスキー（П. К. Щебальский, 一八一〇～八六）、パーヴェル・メーリニコフ＝ペチェールスキー（П. И. Мельников-Печерский, 一八一八～八三）、アレクサーンドル・ブリークネル（А. Брикнер, 一八三四～九六）、ダニール・モルドーフツェフ（Д. Л. Мордовцев, 一八三〇～一九〇五）の名をあげることができる[43]。これに対して叛乱の宗教的要素を否定するソ連時代の研究者イリヤー・カドソン（И. З. Кадсон, 一九二三～八三）によると、帝政時代の研究者にとってプガチョーフ叛乱への「ラスコール（分離派）のみせかけの参加は、ラスコールを非難し古儀式派教徒に対する圧迫を正当化するための手段となった[44]」、と言う。

とはいえシチェバーリスキーは「プガチョーフはラスコーリニキの手の出身で、この手によって彼はヤイークにもたらされた」と断言する。[45] また、「二つの力、すなわち宗教的・神秘主義的な力および国家と秩序の観念に反対する力は、プガチョーフを助け、つねに彼に随伴する存在であった。そしてプガチョーフの出現のときから彼の活動の最後まで、一方ではラスコーリニキによって、また他方ではカザーク、カルムィク人、荒れ狂う農民、逃亡ホロープ〔すなわち奴隷〕および兵士によって彼が取り巻かれていたことを目にする。彼の運命そのものは、二重の意味と二面的な性格を有している。神秘主義者＝ラスコーリニキたちにとって、彼はピョートル三世であり救世主であった。……カザークの自由な人々にとって、彼は勇敢なアタマン〔頭目〕であり、彼とともに自分たちの先祖の栄光のときを思い起こすことができた。一方、農民たちは彼の助けによって自らの農奴制による不自由に対して復讐する希望となった」とも述べている。[46]

一八五四年、古儀式派に関する著名な研究者メーリニコフ＝ペチェールスキーは古儀式派の状況に関して次のように記す。「ラスコーリニキはさまざまな国家の無秩序状況のなかで活動的な参加者となっている。彼らはラージンの徒党のなかにいた。ソロヴェツキー〔ソロフキ〕修道院で一〇年間にわたり暴動を起こした。……彼らはニキータ・プストスヴャートとともに〔クレムリン内の〕多稜宮に押し入った。……彼らはブラーヴィンとともに一揆を起こした。彼らは〔一七七一年のモスクワのペスト暴動における〕大主教アムヴローシイの殺害者であり、共謀者と一緒に立ち上がったプガチョーフはラスコーリニクであった」。[47] またブリークネルによると、ラスコーリニキは「叛乱を起こしたカザークたちとの共同活動を通して」自らの状況を改善することに期待をかけたというのである。[48]

前記以外の研究者、たとえばモルドーフツェフの見解はどうであろうか。彼によると、まさにイルギース川〔現サラトフ州を流れるヴォルガ川の支流〕沿岸の村々で、「プガチョーフ叛乱という形で激しく現れた〔ラスコーリニキによる〕陰謀の第一歩」が熟したという。[49] さらにラスコーリニキはまさにロシアをがんじがらめにしている「秘密の粘着性の強い蜘蛛の巣の糸を組み合わせたもの」である。もし政府がこの問題に十分留意しなければ、エカチェリーナ二世の政府、元老院、叛乱参加者を尋問・調査するための秘密予審委員会（секретные следственные комиссии）のなかにもあらゆるラスコールの陰謀が入り込んだかもしれないと述べている。[50] こうしたモルドーフツェフの発言は古儀式派を貶めようとした国家や正統派教会の擁護者によって利用されてきた側面も否定できない。

同じ頃、フョードル・リヴァーノフ（Ф. В. Ливанов, ?～一八七九）の作品が現れた。彼はプガチョーフが古儀式派修道院長フィラレートを「総主教」にすることを誓ったと指摘し（現存する史料では確認されていない）、プーシキンや他の歴史家たちがプガチョーフ叛乱への古儀式派の顕著な参加に注目しなかったと非難している。[51]

「大改革」のおこなわれた一八六〇年代、農民運動への古儀式派の参加という問題は、ソ連史学が「革命的民主主義者」と規定したゲルツェンやニコラーイ・オガリョーフ（Н. П. Огарёв, 一八一三～七七）といったツァリーズムに激しく反対する人たちにとっても興味を惹く題材であった。彼らは古儀式派やそのセクトのなかに「革命的な力」をみようとした。さらに空想的社会主義者のミハイール・ペトラシェーフスキー（М. В. Петрашевский, 一八二一～六六）は次のように述べている。「ロシア社会には、恐ろしいジャックリー〔一三五八年にフランスで発生した農民蜂起〕のための要素がいつも潜んでいる。プガチョーフの一揆はその現象の一つである。古儀式派、教会分離運動および奴隷制度〔すなわち農奴制〕がそれをもたらしたのであって、ヤイーク・カザークではなかった。プーシキンはそのことを指摘しなかったのである」[52]。

ラージンやプガチョーフの叛乱と古儀式派を結びつけて考える傾向が強まるのはその次の世代である。たとえばその代表として古儀式派研究で金字塔を打ち立てたアファナーシー・シチャーポフ（А. П. Щапов, 一八三一～七六）がいる。彼によると、ラージンの乱（一六七〇～七一年）においては、古儀式派が運動を統一する力となるその精神であった。またプガチョーフに関していうと、もちろん彼は「力強い素質をもってヤイーク・カザークの所に行き、彼らのなかにあってステンカ・ラージンの剛毅さ、さらにいまラスコールによって支持されたその剛毅さに冷淡にならなかった」[53]、というのである。ヴラジーミル・ヴィテーフスキー（В. Н. Витевский, 一八四五～一九〇六）も同様にプガチョーフと古儀式派教徒との緊密な関係を論じている。[54]

以上のように、革命以前の研究の基本的な傾向はプガチョーフ本人およびその叛乱と古儀式派教徒との間には緊密な関係があるとした。これに対し、カドソンは次のように批判する。「この考えの支持者の誰も、こうした問題を幅広い史料の塊を導入して特別に研究しようとする人はいない。しかし、彼らはしばしばまったく恣意的に外面的な史料を解釈して完全にそれに依拠している」[55]。カドソンがこのようにプガチョーフ叛乱と古儀式派の関係を否定的にみる根拠は、帝政時代におけるプーシキンとニコラーイ・ドゥブローヴィン（Н. Ф. Дубровин, 一八三七〜一九〇四、歴史家、アカデミー会員、陸軍中将）という偉大な二人の存在である。プーシキンは大体において叛乱と古儀式派の具体的な関係について述べていないが、すでに指摘したように、その点はペトラシェーフスキーとモルドーフツェフの批判するところでもあった。また現在でもプガチョーフ叛乱を研究する際に最初に読まなければならない基本となる浩瀚《こうかん》な研究書を著したドゥブローヴィンでさえプガチョーフを古儀式派教徒とはみていない。[56] とはいえ本節４の冒頭で述べたプーシキンがプガチョーフを「ラスコーリニク」と規定したことによる後世への影響は計り知れないものがあろうし、カドソンの批判も一面的にすぎる傾向がある。

ソ連時代の揺れ動く評価

ソ連時代に入り研究状況が大きく変化したのはいうまでもない。階級闘争史観や「農民戦争」概念による規定以外に、宗教を否定的にみながらではあるが、その原動力の一つとして古儀式派のイデオロギーを前面に押し出す考えが現れた。たとえば帝政時代からソ連時代初期にかけて活躍したニコラーイ・フィールソフ（Н. Н. Фирсов, 一八六四〜一九三四）の研究である。彼によると、古儀式派は「プガチョーフの僭称という冒険の」教唆者だとする。「ラスコーリニキはプガチョーフ叛乱の初め、プガチョーフの計画と深い関係があった。ただプガチョーフの死に際して、叛乱の絶望的な様子をみてラスコーリニキは舞台から姿を消した。しかし、当初、彼らは古儀式派の勝利を準備していたのである。一般的にラスコーリニキの仲間のなかでは、おそらくカザーク層、のちになってラスコールの防禦である全民衆によって、採用した計画を考え直したということを示すそれ以後の事件が何か他のものに対して準備されることになった」[57]。フィールソフに近い立場としてアレクサーンドル・ベルス(А. А. Берс, 一九〇二〜三七)がいる。彼は、「古の信仰」をプガチョーフのイデオロギーの本質的な要素であるとみなし、これに関するブリークネルとシチェバーリスキーの考えを好意的に引用する[58]。

帝政時代に創刊されて現在まで刊行が続く「偉人伝」シリーズで、プガチョーフを書いたガイスノヴィチ(А. И. Гайсович)も同様の考えである。彼によると、プガチョーフは十七世紀中葉の典礼改革に関する論争やその後の分裂とはまったく関係がなかったとしながらも、同時に叛乱前夜に結ばれた古儀式派教徒とプガチョーフの関係は叛乱の終わりまで緊密な関係を保ちつつ、プガチョーフ支持の基盤となったという。さらには古儀式派の信仰に民衆を回帰させることにプガチョーフは関係したとも述べている[59]。

一九六〇年代までに次のような研究が現れた。ハビブラ・ムラートフ(Х. И. Муратов, 一九一八〜八一)は革命前のシチェバーリスキーやモルドーフツェフを批判しつつ、古儀式派教徒たちがプガチョーフ叛乱に積極的に参加し、その叛乱に一定程度の宗教的な色合いをもたらしたとする[60]。『歴史の諸問題』誌上でも以上の点が論争の的となった。レーベジエフは、宗教的な装いをもつ諸外国の運動とは反対に、ロシアの「農民戦争」ではその世俗の権力者であるツァーリへの依存が強調されるという[61]。これに対して、ミハイール・マルティーノフ(М. Н. Мартынов, 一八八九〜一九七〇)は次のようにみている。少なくとも、古儀式派教徒やさまざまな異教徒たちが多数いたチェリャービンスクの工場地帯では、プガチョーフ叛乱のイデオロギーが独特の宗教的装いを帯びていた。それについては本論で述べる一七七四年一月八日付イヴァン・グリャズノーフ(И. Н. Грязнов, 一七二五〜七四、シンビルスクあるいはチェリャービンスクの商人)の檄文が明瞭な観念を与えるというのである。[62]

以上とはまったく反対の視点から、カドソンはプガチョーフ叛乱と古儀式派の関係について同じ表題の二つの論文を発表した。それらはソ連で「農民戦争」研究が盛んであった一九六〇年と七〇年に刊行され、「農民戦争」が宗教とくに古儀式派による影響を受けなかったことを示そうとする。カドソンは、古儀式派の役割について、従来あまりに過大評価されてきたとして、それを否定的に捉えている。[63] こうした考えの背景には、ロシアの四大民衆蜂起であるボロートニコフ、ラージン、ブラーヴィン、プガチョーフの各叛乱を「農民戦争」として規定しながらも(ブラーヴィンの乱を除いた三つの叛乱とする場合もある)、宗教的要素を排除するといういわば「時代の要請」を受けたこともあろう。しかし、そうした問題をはらみながらも、逆にこの研究者の二論文はわれわれに古儀式派と叛乱との関係について多面的で入念な検討を求める契機を与えているのである。

ソ連時代後期にはカドソンとは別の立場からの研究も現れた。その代表格であるニコラーイ・ポクロフスキー(Н. Н. Покровский, 一九三〇〜二〇一三)によると、古儀式派の観念は、そのラディカルな諸形態のなかで、十八世紀の反抗的な政治的気運の盛上りに一定の役割を果たしたという。古儀式派の組織はカザークのクルーク(集会)と並んで、初期には自然発生的な農民プロテストの伝統的な統一性のなさに、あまり大きくはない組織性の要素を持ち込むうえで力があった。しかし、古儀式派のセクトも、またクルークもそうであるが、それらの目的や性格は領主や官僚に対する農民叛乱のそれとはあまり合致するものではなかった。したがってプガチョーフ叛乱における古儀式派の目的や性格の利用という可能性は限定的なものであった。よく知られているのは、中世ロシアの異端的な潮流が反封建的闘争においてどれほどの役割を果たしたかということである。[64] とはいえ古儀式派が一定程度そうした闘争の宗教的な拠りどころであったということもできる。[65] 碩学《せきがく》ポクロフスキーの周囲には、古儀式派の問題をさまざまな視点から考える影響力のあるグループが形成された。[66]

現代および諸外国の研究

二〇一五年、以上の動向とはいささか異なる傾向をもつ「偉人伝」シリーズの新版『プガチョーフ』が刊行された。そのなかで、著者エヴゲーニー・トレフィーロフ(Е. Трефиров)はプガチョーフとその運動における古儀式派の関係を詳細に検討し、その役割を高く評価する。[67] またタチヤーナ・ロマニューク(Т. С. Романюк)も古儀式派教徒やイルギースの修道士とプガチョーフの関係に注目し、[68] さらには現代ウクライナの研究者セルゲーイ・タラネッ(С. Таранец)の研究もプガチョーフと古儀式派の緊密な結びつきを論じている。[69]

他方、欧米における研究はどうであろうか。たとえばロバート・クラミー(R. O. Crummy)はその著で次のように述べる。古儀式派共同体の多い北ロシアのオロネッ地方においては、蜂起は終末が切迫しているという信仰のいま一つの表現形式である集団自殺となって現れた。この地方では、武装蜂起への衝動は弱くなっていた。他方、十八世紀の南ロシアでは、古儀式派教徒はブラーヴィンやプガチョーフという大規模な農民とカザークの叛乱に積極的に参加した。しかし、後者の叛乱の例にみられるように、エカチェリーナ二世時代初期の古儀式派教徒の活動はアンビヴァレントなものである。すなわち、ニコラーイ・ソコローフ(Н. С. Соколов, 一八五九〜九〇)とカドソンの研究が示しているように、ヴォルガ中流域のイルギース川沿いにある諸修道院の住人たちを含めて多くの古儀式派教徒は叛乱を支持しなかった。[70] そしてプガチョーフ叛乱ののち、叛乱の伝統はいまだかつて発生したことのない蜂起についての記憶やノスタルジックなイメージへと変容していったと述べる。たとえば叛乱について古儀式派教徒の抱く伝説の一つに、ステンカ・ラージンがアヴァクーム(Аввакум П., 一六二〇〜八二、古儀式派の指導者、過激な言動のため弾圧され火刑に処せられる)を知っており、かつ彼の祝福を受けた古儀式派教徒であったという物語がある。[71] しかし、そのほとんどが古儀式派教徒であったヤイーク・カザークの積極的な叛乱参加にみられるように、実際にはそういうことはなかったのである。この点は本論で詳しく論じることになろう。

5　カザークに関する問題

帝政時代から現代までの研究

さらにはカザークに関する問題がある。プーシキンはプガチョーフ叛乱を題材にした自らの作品のなかで、プガチョーフ側についたカザークの力でさまざまな要塞を奪取することができたと述べる。[72] プーシキンは叛乱におけるカザークの役割をある程度正しく評価している。しかし、革命以前のおよそすべての研究は、ヤイーク・カザークとは異なり、オレンブルク・カザークについては叛乱には参加せず、反対に彼らは政府に忠実であったという。革命後、このテーマについての研究はどのように発展したのであろうか。

プガチョーフ叛乱へのカザークの参加については、ソ連および現代ロシアの歴史学の興味を引きはしたものの、ソ連の体制はそれについての研究を「タブー」にしていた。カザークが帝政ロシアの体制を支持する社会集団とみなされていたからである。もちろん叛乱に積極的に参加して主導的な役割を担ったヤイーク・カザークについての重要な研究が刊行されていた。たとえば、アレクセーイ・リョーフシン（А. И. Лёвшин, 一七九八〜一八七九）[73]、ヴィテーフスキー[74]、そしてイオナス・ローズネル（И. Г. Рознер, 一九二三〜八一）[75]たちの作品である。また、三巻本の史料集『プガチョーフ蜂起（プガチョーフシチナ）』でも、ヤイーク・カザークの活動についての項目は別に立てられている。[76] ソ連崩壊後、「タブー」という箍《たが》が外れてすべてのカザークについての研究が再開され、現在では活況を呈するようになっている。[77]

新たな研究と問題提起

一九九六年、著者はオレンブルク・カザークを中心的に取り上げ、『一七七三〜一七七四年のプガチョーフ叛乱期におけるオレンブルクとオレンブルク・カザーク』を世に問うた[78]。そのときまでオレンブルク・カザークについての研究がなかっただけに、これは当時としては画期的であった。その序文で、ユーリー・リモーノフ(Ю. А. Лимонов, 一九三三〜二〇〇六)は次のように書いている。すなわち、オレンブルク・カザークが政府側に立ち、一七七二年のヤイーク・カザーク叛乱を鎮圧した側に回ったこともあって、彼らの歴史はソ連時代では光が当てられなかった。当時のロシア、とりわけヤイークやオレンブルクにおいて生じていたことを理解するためには、十八世紀ロシア史の主要な登場人物で特色ある代表者でもあるオレンブルク・カザークの状況をより詳細に検討することが不可欠である[79]。それゆえ著者はこの地方の植民の歴史、オレンブルク県の形成、およびオレンブルク・カザークの発生、以上のことについてさらに詳細に検討することになる。とくに中央と地方の行政の構造およびカザーク社会の構成や財産所有状況との相互関係の問題が議論された。結局のところ、著者は地方におけるプガチョーフ叛乱の歴史と結びついたさまざまな問題、すなわち叛乱へのオレンブルク・カザークの参加、オレンブルクの包囲、ロシアの南東地域における叛乱に対する政府の対応を詳しく検討した。

総じてカザークをテーマとする研究は次のような問題を提起することになる。十八世紀末のロシア民衆は何を求めていたのか。またこの社会層の基幹的な部分の参加によってかくも激しい戦いにまで発展した原因は何か。十八世紀前半、基本的にはロシア国家の南東辺境の安全を確保し、しかも同地域を強化するオレンブルク防衛線の構築が完成した[80]。そして一七三〇年代から四〇年代にかけて、中央アジアの諸ハン国との交易の最重要拠点となるオレンブルク市が建設された。交易の活性化に向けていっそうの施策がなされたのである。この地方の広範囲な開発計画はオレンブルクの建設と結びついていた。

6　植民と民族の問題

民族混住地域としてのウラル

以上の研究はいま一つのロシア史上の大きな問題を提起した。それが植民と民族の問題である。そのため著者は近世ロシアのウラル地方全体の研究へと向かうことになる。[81]ウラル地方は諸民族混住の地域である。しかも十九世紀末から二十世紀初めまでは、民族としての一体性の意識は強固ではなく、彼らはせいぜい種族的なまとまりでしかなかった。

そうしたなか、バシキール人は叛乱に積極的に参加して最後まで戦うなど、その動きは特徴的であった。しかし、カザフ人の場合については、彼らがバシキール人やカザークとは敵対的な関係にあっただけに複雑でもある。帝政期からソ連期を通して、アレクサーンドル・ドミートリエフ＝マモーノフ(А. И. Дмитриев-Мамонов, 一八四七～一九一五)、アレクサーンドル・リャザーノフ(А. Ф. Рязанов, 一八七九～一九二九)、アレクサーンドル・チュローシニコフ(А. П. Чулошников, 一八九四～一九四二)、ミハイール・ヴャートキン(М. П. Вяткин, 一八九五～一九六七)、ナイリア・ベクマハーノヴァ(Н. Е. Бекмаханова, 一九四〇～　)たちの研究が注目される。[82]これらを総括しながら研究史上に位置づけたＡ・ボジャーの研究もある。[83]ボジャーによると、叛乱勃発当初、プガチョーフが僭称者であってピョートル三世ではないことを知っていた小ジュズのヌラリ・ハン(Нуралы-хан, 一七一〇～九〇、小ジュズのハン在位一七四八～八六)の抜け目なさゆえ、カザフ人は叛乱参加を見合わせた。ハンは叛乱が失敗することを想定してオレンブルク県知事イヴァン・レインスドルプ(И. А. Рейнсдорп, 一七三〇～八二、オレンブルク県知事在任一七六八～八一)へ協力を申し出るが、これは拒否される。しかし、従弟のドサルィ・スルタンがプガチョーフ側に走るなど、カザフ人社会が一枚岩ではないこともわかる。また、一七七四年九月のヴォルガ川沿いのドイツ人居住地に対するカザフ人による襲撃で一五七三人(両性)が連れ去られ、家畜が奪われ、家が破壊された。そのこともあって、ヴォルガのドイツ人植民者はプガチョーフ軍を積極的に支援した。

また一七七五年初頭、他のカザフ人の一団がヴォルガ川沿いのチョールヌィ・ヤール近郊からロシア人八名を拉致した。カスピ海沿岸の漁村への攻撃もあった。[84] もちろんバシキール人やカルムィク人への攻撃もみられた。それらの行動は必ずしもプガチョーフ叛乱への参加を示すものではない。とはいえ、ロシアの植民政策に対するカザフ人の歴史的に鬱積した敵意や憤怒が現れたとみるべきであろう。カザフ人はプガチョーフの仲間たちを襲撃し、また政府に忠実な人たちに対しても攻撃を加えた。このアンビヴァレントな状況を説明するのは難しいが、[85] カザフ人社会の複雑さを物語っている。さらには、タタール人の叛乱参加の過程について、それ以前の社会状況から説きはじめて、詳細に分析したサリャーム・アリーシェフ(С. Х. Алишев, 一九二九～二〇一五)の研究も重要である。[86]

諸民族参加の背景——バシキール人の場合

植民と民族の問題を考えるうえでもっとも特徴的なのがバシキール人の動向である。とくに後世の歴史家たちに多大な影響を与えたモスクワ大学学長経験者にしてアカデミー会員であったマトヴェーイ・リュバーフスキー(М. К. Любавский, 一八六〇～一九三六)の研究が重要な意味をもつ。彼はソ連時代初期に流刑され、中央の文書館から切り離されて地方の歴史研究に向かわざるをえず、そのこともあってバシキール人の歴史を掘り起こし、それを「ロシアの権力およびその権力とともにやってきた住民との絶え間のない闘争」の歴史であると指摘する。バシキール人の蜂起を前例のない未曾有の歴史的現象であるとした。彼によると、「ロシアに服従したのち、民族集団のなかでどの集団もバシキール人ほど自らの過去、および占有している土地や用益地に対する昔からの権利を守り抜くためにかくも多くの努力を払い、血を流した民族は一つとしてなかった」。[87] その最大の闘いがプガチョーフ叛乱ということになる。

叛乱前夜、ロシア政府は民族間の結束を恐れ、伝統的に民族同士を反目させておく政策をとっていた。一七三五～四〇年の蜂起に際しても、あらゆる約束を取りつけて、ドン・カザーク、カルムィク人、さらにはカザン・タタール人やカザフ人を、蜂起したバシキール人に対し「けしかける」ことに成功した。政府は彼らに蜂起者のもっていた財産や家畜、さらにはその妻子さえも手に入れることを許したのである。[88]

政府と聖職者はキリスト教化政策を積極的に推し進めた。強制的洗礼が頻繁におこなわれるということと並んで、地方住民の宗教に対する規制がいっそう厳しくなる。バシキール人たちは特別な許可なくしてはモスクや学校を建てることができなくなった。県知事や軍政官たちには新たに洗礼を受けた者が以前の信仰に戻らないように厳しく取り締まることが義務づけられた。もしそうした人物が出た場合、その者は死刑に処せられた。[89] たとえば、一七三八年、ヴァシーリー・タチーシチェフ(В. Н. Татищев, 一六八六〜一七五〇)の命令により、エカチェリンブルクにおいて新たに洗礼を受けた者たちの面前で、イスラームの信仰に戻ったシベリア道のバシキール人が火刑に処せられている。[90] こうした厳しい当局の対応は住民の間に不満と不信の雰囲気を作り出した。それにもかかわらず、地方当局はさらに規制を強め、イスラーム神学者(ахун)の数を全道(バシキーリアの行政区分)で四人までに限ることとし、彼ら神学者に次のような忠誠を当局に対して誓わせた。「あらゆる悪行について〔当局に〕報せ、また他の宗教から己の宗教には誰であれ引き入れない」ことを求めたのである。[91]

一七五五年のバトィルシャ蜂起では三つの攻撃目標が設定された。第一には地方当局、第二にはバシキール人社会の上層、第三には工場であった。[92] そのことはこの蜂起が何をめざしていたのかを明確に物語っている。つまり、バシキール人はロシアによる土地接収、税や義務の増大、キリスト教化政策、税制の変更、オレンブルクとウファー当局の厳しい政策や専横、これらに反対したのである。そのなかで、バトィルシャのアピールは蜂起を準備するうえで大きな役割を果たしたが、キリスト教に対するイスラームの聖戦という彼の呼びかけのみが人々を立ち上がらせた理由ではなかった。重要なことは、人々が何よりも植民政策の抑圧的なシステムそのものに反対して立ち上がったという点である。プガチョーフ叛乱においても同様の動きがみられることになる。

7　民衆の「意識」あるいは僭称の問題

国家の視点から民衆の視点へ

帝政時代から現代にいたるまで僭称問題について研究はあるものの[93]、本格的に史料を駆使したロシア民衆の動きを中心とする社会史的研究はおこなわれてこなかった。帝政時代にあっては、国家こそが歴史を動かす原動力であるとする「国家学派」の影響もあって民衆生活そのものが歴史研究の対象とはならず、またソ連時代初期においては、農民は指導される対象であり、彼らの不定形な「思想」は厄介なものとされた。僭称もソ連史学によって「素朴な君主主義」と規定されるなど問題を残した。

それに対し、ソ連崩壊後には興味深い史料紹介と研究があいついで上梓されるようになった。解説を付した史料集『僭称者Ф・И・カーメンスキーの一件』の刊行によって触発される形で[94]、ウセンコは『十七～十八世紀ロシアにおける社会的プロテストの心理』と「一七六二～一八〇〇年におけるロシアの君主主義者の僭称（体系的・統計学的分析の試み）」を刊行した[95]。また、歴史研究者や古文書学者たちが研究成果をシリーズ「十八世紀ロシア」に載せている。たとえば、エヴゲーニー・ルィチャロフスキー（Е. Е. Рычаловский）の「皇帝に期待をかけるロシア（十八世紀最終四半世紀におけるアポクリファーの歴史に寄せて）」をその一例としてあげることができる[96]。しかし、多くは史料の紹介に留まっており、民衆からの視点を明瞭に示すものとなってはいない。

新たな視点形成への模索

二〇〇三年にはソ連時代の著名な民俗学者キリール・チストーフ（К. В. Чистов, 一九一九～二〇〇七）の『ロシア民衆ユートピア』が刊行された[97]。これは一九六七年に出版されて民衆思想の研究に大きな影響を与えたモノグラフ『十七～十九世紀におけるロシア民衆の社会ユートピア伝説』[98]の増補版である。日本でも研究がある「ツァーリ幻想[99]」、「はるかなる土地」についての伝説およびフォークロアを通して民衆の終末論や現実逃避の運動に迫ろうとした。しかし、この研究はあくまで文献学的なそれであり、未刊行の史料を利用したものではなく、当然のことながら史料批判もなされていない。ロシアの古文書館には無尽蔵といってもよいほど豊かで多様な史料が眠っている。それらは官憲側が残した史料が多いものの、「もの言わぬ民衆」の生の声や行動の記録が残されているのである。

著者の問題関心の一つに、十八世紀ロシア国家が推し進めた「社会的紀律化」過程のなかで、民衆は自らの伝統・慣習・自律性を保持するためにいかなる行動をとったのかという問いがある。そのためにも十八世紀ロシアの民衆が何を想い、何を望んで生活していたのか、などを明らかにすることが重要であると考えている。

8　研究視角

さまざまな研究方法

研究史上の論点は前述のものだけではない。フランスのロジェ・ポルタル(R. Portal, 一九〇六～九四)による叛乱に参加した各社会層間の連帯の形成とその崩壊のメカニズムを考えようとした「紐帯」論[100]、およびアメリカのマーク・ラエフ(M. Raeff, 一九二三～二〇〇八)による叛乱の中央に対する周辺の運動の影響を検討する「ペリフェリー(周縁)」論あるいは「地域性」論がある。[101]それらは国家と個人および専制と民衆の相互関係、さらには運動における民衆の力そのものを解明するうえで有益である。最近の議論として、当時の政治社会評論のなかにプガチョーフの形象を探り、かつ研究史上の問題点を探る現代ロシアの歴史家マウリの議論が目を惹く。[102]さらには、革命前に盛んであった地方史・郷土史的な研究視点の復活もある。たとえば、バシコルトスタンなど共和国の研究状況、そしてアッラ・フョードロヴァ教授(A. В. Фёдорова, 一九四九～　)の主催する「プーシキン研究会」(二〇〇九年創設)がめざしているのは、叛乱におけるオレンブルクの重要性の解明である。[103]

ロシアではあまりみられないことであるが、欧米では叛乱時のロシア政府の対応および外国での反響について研究する動きが盛んである。アレクサンダーはそれらについて言及する研究書と論文を著した。[104] 叛乱直後から諸外国でこの事件についての作品が現れたことも研究を促したといえる。最近では、ドイツの歴史家M・グリーセ（M. Griesse）がプガチョーフ叛乱をいわば情報伝達の問題として研究する。叛乱鎮圧後、エカチェリーナ二世はロシアにおいてこの事件について触れることを禁じた。いわば「永久に忘却するための政策 policy of eternal oblivion（*damnatio memoriae*）」をとったのである。たとえば、ヤイーク川をウラル川に、叛乱に積極的に参加したヤイーク・カザークをウラル・カザークに名称を変えることで、人々から叛乱の記憶を消し去ろうとした。[105] なかでも女帝がとくに懸念したのは外国での反響である。外国への情報流失をコントロールしようとしたが、それには限界があった。グリーセはそれを二つの作品を通して考える。一つは一七七五年にフランスで出たプガチョーフの伝記『偽のピョートル三世——叛乱者エメリヤーン・プガチョーフの人生と冒険』である。[106] ロシア語原典があるというこの伝記は、プガチョーフをコスモポリタンな人物として、また啓蒙主義の改革者として描いている。これはフランスにおける専制批判であるとともに、ロシアにおける啓蒙主義について、エカチェリーナ二世のそれに対する批判としての役割を果たしたとする。いま一つのテクストは匿名のドイツ人による『叛乱者エメリヤーン・プガチョーフと彼によって起こされた叛乱についての信頼に足る新情報』である。[107] それはプガチョーフを読み書きのできない粗野な人物として描く。グリーセはこうした作品が出版された文脈を分析し、またタブーが緩められたとき、どのようにこれらの表象がロシア語に「翻訳し直された」のかを跡づけようとする。[108] その後、スウェーデンでも原文がロシア語の著作をフランス語に訳し直し、さらにそれをスウェーデン語にしたプガチョーフの伝記が書かれた。[109]

本書の研究視角

プガチョーフ叛乱を構造的に考えるうえで、すでに指摘したロシア史を考えるための九つの重要な要素が長期的に歴史を見る視点を提供している。とりわけ、植民と農業が国家を支えてきたということ、正教キリスト教と強大な専制権力の問題、多民族性、領土拡張の歴史、絶え間なく続く民衆蜂起、ツァーリと民衆との特別な関係の存在、以上の点が柱となる。

より具体的には、非ロシア人であるバシキール人の参加過程に焦点を当てることでソ連史学の「農民戦争」という規定に留まるのではなく、この叛乱のもつ独特な民衆運動という側面に注目し[110]、この叛乱がカザークを指導力としつつも、諸民族・工場民・農民・都市民が参加するという「複合的」叛乱の性格を有していたという認識が重要となる[111]。

しかし、プガチョーフ叛乱の全体的で構造的な把握をめざすならば、ロシア社会の基幹的住民であるロシア人農民にも注目しなければならない。とはいえ、著者は叛乱への参加状況や運動全体のなかで占めるさまざまな社会層に属する民衆の動きや地位を、完全に自律的なもの、あるいは等価値なものとは考えていない。なぜなら、各社会層の民衆が広範囲な地域にわたり錯綜した形で運動を展開したからであり、それゆえそれぞれの社会層間の運動における「紐帯」の形成およびその崩壊の状況を認識することがより重要であると考えるからである。

また、その歴史的重要性を、以前の諸叛乱に比べて、その規模や地域的広がりが桁外れに大きく、それゆえ鎮圧後においてさえ政府に種々の対応を迫ったという点にのみ帰すべきではない。むしろ注目すべきは、叛乱という形をとって十八世紀に近代的ないしはヨーロッパ的な国家編成をめざすロシア帝国の抱えた構造的矛盾が、ここで一気に噴出したという点である。言い換えるならば、絶対主義国家の推し進める支配の強化あるいは「社会的紀律化」過程のなかで、民衆自らの保持していた伝統・慣習・自律性といったものが根こそぎにされる過程で発生したのである。その意味において、叛乱は全ヨーロッパ的現象の一つであったといえるであろう。

したがって、著者は、叛乱参加者の志向に注目しながら、また叛乱前後の民衆の社会的希望についても検討する。しかし、この問題を考えることは容易なことではない。実際の叛乱の動きを論じつつ、その動きの背後にある意味を分析することになるからである。そのため、著者は叛乱前夜の国家と社会に焦点を当てながら、この叛乱を複合的に捉えようと考えている。たとえば、指導的な役割を担ったヤイーク・カザーク、彼らに従ってはいるが自らの利益を追求した諸民族、叛乱にさまざまな武器を提供するもののやはり自分たちの存在意義を貫こうとして工場で働き、叛乱時に帰農する農民を含むさまざまな人々、領主からの重い税を軽減しようと立ち上がった農奴、宗教的な抑圧からの解放をめざす古儀式派教徒、以上の諸グループである。それに対してロシア政府はどのように対処したのであろうか。さらには叛乱後の叛乱参加者の状況や社会の動きにも目を配ることになる。

こうした分析をおこなったうえで、民衆の志向を少しでも理解するために、宗教の問題や僭称問題はもとより、民衆の噂にも注目して論ずる。そうすることで、叛乱をより構造的に捉えることができるのではないかと考えている。その際のキーとなるのが、古儀式派教徒の動きである。プガチョーフを中心とした叛乱指導部がそのネットワークを利用して叛乱を展開しているからである。

第三節　史料と史料批判および本書の構成

先述のテーマを考えるための柱となる史料について述べよう。識字率が低かった十八世紀後半の民衆社会の動きを中心に扱う史料とその利用には限界がある。叛乱参加者が書き残す史料は極めて少なく、残存している史料の多くは政府側の立場で書かれたものだからである。

刊行史料

まず刊行史料についてである。国家の枠組みや制度を考える際に欠かせないのが『ロシア帝国法大全』である。[112] これはツァーリ、元老院、その他の国家機関が発する布告やマニフェストが収められている法文書集である。法律がどこまで完遂されたのかという問題はあるものの、こうした史料を利用することによって十八世紀ロシア国家の枠組みや方針をある程度見極めることができる。また政府側の立場から書かれたものとして蜂起者の尋問に立ち会った人の手記もある。[113]

叛乱についてもっとも重要な史料がプガチョーフ軍から発せられた布告やマニフェスト、[114] そして叛乱鎮圧後の指導者に対する当局による尋問調書である。[115] とはいえ叛乱指導者の尋問記録も読むときには注意が必要である。プガチョーフ軍の布告やマニフェストは紋切り型の文言が多く、蜂起者の考えや心情を十分に表現しているわけではないからである。他方で、尋問調書は予審委員会で文書作成に携わった書記の手になるものであり、彼らはプガチョーフを政府側の立場から「悪人」としたり、三人称で記したりしている。このように当局の記録にはバイアスがかかっているとみなくてはならない。また尋問にあたって、叛乱参加者たちに対する拷問や脅迫によって自白が強要され、彼らは叛乱における自らの役割を過少に申告し、あるいはなんら叛乱とは関係がないなどと述べて、重い処罰を逃れようとしている場合がみられるのである。こうした点も見逃すことができない。

主な未刊行史料

次に具体的な未刊行史料としては、モスクワの古法文書館所蔵の史料が重要である。国家を揺るがす大叛乱に関する史料のほとんどすべてが制度上中央の機関に集まるロシア帝国であれば当然である。とくにプガチョーフ叛乱に関する多くの史料を有するかつての「国家アルヒーフ」にあたる「刑事犯罪」フォンド、[116] および叛乱参加者たちの調書を多くまとめたフォンドである。[117] とはいえ、叛乱は首都から遠く離れた南ウラルで発生したので、地方にもいくつか重要な史料が残されている場合がある。また、聖職者との関係についての史料も参考になる。[118] さらには、叛乱鎮圧後、参加者たちの運命に関する史料を探ることも重要となる。

未刊行史料は以下の通りである。ロシア国立古法文書館フォンド六番「国家犯罪と特別重要事件に関する刑事事件」はプガチョーフ叛乱を含めた事件が収められている。[119] また、同フォンド七番「プレオブラジェーンスキー官署・機密局」所蔵の十八世紀に関する文書である。[120] ここには、「ピョートル三世は生きている」という噂話や皇帝についての発言など近世ロシア民衆の意識を探るための重要な史料が収められている。

司法・裁判体制と元老院機密局

なおここで、プレオブラジェーンスキー官署（Преображенский приказ, 一六九五〜一七二九年）と元老院機密局（Тайная экспедиция Сената, 一七六二〜一八〇一年）について述べよう。まず前者の名称であるが、それは異母姉で摂政ソ

図6　さまざまな古文書館。上からロシア国立古法文書館（モスクワ市），ロシア国立図書館別館（モスクワ市），オレンブルク州国立古文書館入口（オレンブルク市），エストニア共和国国立歴史古文書館（タルトゥ市）

フィア（一六五七〜一七〇四、摂政在任一六八二〜八九）から遠ざけられたピョートル一世とその母親がクレムリンを離れて住むことを余儀なくされた離宮のある地名（のちに、プレオブラジェーンスコエ村、現モスクワ市内）であると同時に、ピョートルが創設した「遊戯連隊 потешные полки」（プレオブラジェーンスキーおよびセミョーノフスキーの両近衛連隊となる）の名称に由来している。これはのちにプレオブラジェーンスキー役所（изба）となる。ピョートル一世がソフィアを追放・幽閉して親政を始めるとともに、この役所は軍事行政的機能をもち、軍隊の補充・供給・教育、そして軍事演習の組織を管轄した。その管轄下にはソフィアが幽閉されたノヴォデーヴィチー女子修道院もあった。

　プレオブラジェーンスキー役所はオスマン帝国との戦争の一環であるアゾフ遠征を組織するうえで大きな役割を果たしたが、ピョートル一世時代の一六九五年、プレオブラジェーンスキー官署（приказ）に名称を改めた。アゾフ遠征後、この官署は「国家犯罪」の審理と裁判を担当する機関となった。これらに関する問題は官署の中央官房で扱われた。それは、政治的捜査をおこなう機関として、一七三一年に捜査事案機密官房（Тайная розыскных дел канцелярия, 一七三一〜六二年）、一七六二年には元老院機密局が創設された。そもそも「国家犯罪」とは、国家に対する反逆、すなわち国家転覆を図ったり、ツァーリを僭称したり、叛乱を起こしたり、ツァーリやその家族に対して「けしからぬこと」を述べたり、当時のロシア国家が重大であると認識した犯罪である。現在の常識からすると「国家犯罪」の名に値しないような事案さえも当時は厳密に取り調べられた。ピョートル一世時代のロシアは急速に警察国家の装いをまとうようになっていた[121]。

　十八世紀後半に入ると最上位の行政・司法機関はピョートル一世が一七一一年に創設した元老院となった。これは裁判と監督のための唯一の機関であり、すべての大きな政治事件に関する裁定を下したが、それは皇帝により認可された。すなわち専制権力だけが犯罪行為を宣告する権利を有し、それらに対する然るべき処罰を確定しえたのである[122]。

　元老院の管轄下にその第一の部局として国家犯罪に関する事件を調査するための機関である機密局が設置された。エカチェリーナ二世治世初年の一七六二年のことである。機密局はすべての国家機関の上位に位置し、かつ直接女帝の管轄下に置かれた独立の中央機関となった。恒常的には元老院総裁（генерал-прокурор Сената）がそれを監督した。[123] 機密局は政治捜査と刑の執行をおこなう機関として宮廷陰謀、僭称、君主に対する「けしからぬ」発言、国法への非難などをした者に対する重大な裁判を執行し、体制や権力の反対者たちを厳しく罰した。農奴制に反対する闘士やその糾弾者たるプガチョーフとその仲間、のちには社会思想家で作家のアレクサーンドル・ラジーシチェフ（А. Н. Радищев, 一七四九〜一八〇二）、啓蒙主義者でフリーメーソンのニコラーイ・ノヴィコーフ（Н. И. Новиков, 一七四四〜一八一八）、同じく啓蒙主義者で専制権力の制限を求めたフョードル・クレーチェトフ（Ф. В. Кречетов, 一七四三〜一八〇七頃）に対する捜査をおこない、裁判を執行したのはよく知られている。[124]

プガチョーフとその仲間たちを取り調べるうえでも機密局がもっとも重要な役割を果たした。叛乱の最中に秘密予審委員会がオレンブルク（ヤイーツキー・ゴロドークには出先機関）、カザン、ツァリーツィン、ウファーおよびシンビルスクに設置された。連隊長や将軍によって指揮されたこの委員会で、拘束された民衆運動の指導者たちが尋問された。一七七四年秋、すべての委員会の資料がモスクワに送られ、そこに機密局による「執務」もなされたのである。[125]

中央と同様、地方でも裁判権は行政権と混在した存在であった。一七六四年の「県知事への訓令」を基礎に、知事たちは直接元老院と女帝に従属していたが、彼らは「女帝その人の腹心」であり、県全体の主人にして首長であると宣言した。[126] 知事には行政、警察、そして裁判の権能が付与され、また県内の軍事拠点を統括していた。「礼儀正しさと秩序」を支持しつつ、県官房に基盤を置いて、県知事たちは農民蜂起の鎮圧や逃亡農民の捜索のために軍隊を派遣し、審理の遂行を監視し、すべての事件に関する裁判の執行にあたり際限なき権力を発揮した。[127] 県の下にある郡（провинция ないし уезд）でそれを行使したのは、行政と裁判の分野で幅広い権利を軍政官（воевода）[128]および彼のもとに管理されている地方官房・軍政官房（канцелярия）である。

審理の基本形態は一七一六年の陸軍操典(Воинский устав)の基準に従っておこなわれる取り調べである。[129] 手続きは二つの段階に分けられる。予備的審理と裁判審理である。しかし、取り調べも裁判も同一の組織である元老院とその機密局、県知事と県官房、軍政官とその官房の管轄下でおこなわれたのである。現存する史料は諸機関における審理内容の報告である。

以上のことは、「啓蒙主義」を標榜するエカチェリーナ二世とその政府がどのように国民と向き合おうとしていたのか、そしていかに彼らを統治しようとしていたのかということを如実に示している。これこそがまさに「社会的紀律化」に関する政策の具体的な表れであり、民衆意識を探るための切り口ともなっている。

プレオブラジェーンスキー官署所蔵史料

この「プレオブラジェーンスキー官署」に所蔵されている史料はどれほどあるのだろうか。また、その内容はどのようなものだろうか。すでに述べたように、「国家犯罪」に相当する事件がここに報告されており、一六三三〜一八〇二年の文書九九四七件が収められている。[130] 所蔵されている十八世紀後半の史料のなかには、バシキール人を巻き込んだ一七五五年のミシャーリ人ムッラー(イスラーム教学者)であるバトィルシャによる蜂起一件、[131] および強制的にキリスト教徒に改宗されるのではないかと恐れて起こした一七八九年のバシキール人蜂起一件もある。[132] またプガチョーフに関するものも含まれている。[133] さらには「男色」、[134] およびボルネオ島に王国を建設しようとする雲をもつかむような事件についての史料も含まれている。[135] そのなかで取り上げられる(つまり調査される)件数が多いのが、古儀式派教徒に関するもの、あるいは「ツァーリが生きている」という噂を流したり、[136] 自ら「ツァーリ」を僭称したり、[137]「大公の後継者」ないしは「ツァーリによって派遣された」と述べたりして取り調べを受けるというツァーリ本人やその家族に関する事件である。なかでも目を引くのがピョートル三世関連の事案である。すなわち、自らピョートル三世を名乗ったり、ピョートル三世は生きていると述べた者、その死について語った者、彼の健康のために杯をあげたり、彼について根も葉もない話をした者、彼から派遣されたと称する者など、以上に関して当局が調べた事件である。目立つのは、調査の対象とされた当事者たちのすべてが一般民衆であり、またその多くが事件当時素面ではなく酒に酔ったうえでの行動であったという点である。[138]

その他の未刊行史料

ニージニー・ノヴゴロドにあるニジェゴロド州古文書館所蔵史料のうち、宗教についてのフォンド史料は大変重要である。[139] 一五八九年にモスクワ府主教座は総主教座に格上げされ、ニーコンの総主教位剝奪後の一六七二年にはニジェゴロド主教管区(Нижегородская епархия)およびそれを管轄する宗務庁(Духовный приказ)が設立された。一七四四年、宗務庁はニジェゴロド主教監督局(Нижегородская духовная консистория)と名称を改めた。これは主教区内の修道院や教会を管理し、伝道活動や古儀式派との闘争をも主導し、一九一八年一月二十三日付人民委員会会議の法令により廃止された。プガチョーフ叛乱期、このニジェゴロド主教監督局に宗教関連のあらゆる種類の史料が集められたのである。

さらには、叛乱鎮圧後の参加者の状況を調べるためには、彼らが流されたバルト海沿岸の収容所での生活を記録した古文書群も必要となる。エストニアのタルトゥ(タルト)市エストニア共和国国立歴史古文書館にサラヴァト・ユラーエフたちに関する史料が保存されている。それらはフォンド「レーヴェリ県総督官房、一七八三〜一七九六年、エストリャント県知事」(二九番)、フォンド「レーヴェリ総督事務所」(三〇番)、およびフォンド「沿バルト総督」(二九一番)に収められている。[140] それぞれ大部のフォンドではあるが，それらは囚人に直接関係する記録ならびに彼らをめぐる高官たちの手紙のやりとりなど興味深い史料を含んでいる。しかしながら，それのみで国制のなかにおける囚人の位置付けや地方当局との関係などを解明することはできない。それゆえ囚人関連の史料に限ることなく，その周辺のいわば状況証拠をも合わせて考えなければならないのである。

用語についての補足

いま一つ留意すべきは使用する用語についてである。本書では、古儀式派・古儀式派教徒とラスコール(分離派)・ラスコーリニク(分離派教徒、ラスコーリニキはその複数形)、そして旧教・旧教徒の用語が混在している。

現在、差別的なニュアンスを避けるために、古儀式派・古儀式派教徒あるいは旧教・旧教徒の使用が一般的で、原則として本書でもこれに倣っている。ただし、史料や文献に現れた場合にはラスコール・ラスコーリニク(ラスコーリニキ)で表記している。

本書の構成

本書は以下の構成である。第一章では、プガチョーフ叛乱が発生する全体的な前提として、エカチェリーナ二世時代の国家と社会について検討する。ロシアの国家と社会がさまざまな問題を抱えていたことがうかがえるであろう。第二章は、そうした問題を抱えたロシアで実際に顕在化した事態について具体的に考える。第三章では、叛乱前夜のプガチョーフの動向と古儀式派教徒たちとの密接な関係が明らかにされる。第四章では、叛乱を主導したヤイーク・カザークの役割を主に検討する。第五章は、政府・貴族などの体制側の動向、それを観察していた外国使節の見解を紹介しよう。第六章では、この叛乱がロシア史上特徴的であるとされる諸民族の参加が考察される。第七章では、同じく特徴的な工場労働者の叛乱への参加、ないしは拒否の様子が明らかとなる。第八章は、農民の叛乱との関わり、また彼らの希望の内容が明確にされる。第九章では、叛乱全体を通して宗教(とくに古儀式派)との関係を考えてみる。第十章では、叛乱鎮圧後の参加者の流刑地での生活、そして何よりも社会の動向が検討される。

以上を通して、プガチョーフ叛乱とは何だったのか、という根本問題を考える。

註

1 たとえば、次を参照されたい。土肥恒之『岐路に立つ歴史家たち――20世紀ロシアの歴史学とその周辺』山川出版社、二〇〇〇年。

2 序論は次の拙稿を基にしている。「近世ロシアの民衆運動」ロシア史研究会編『ロシア史研究案内』彩流社、二〇一二年、四五～五八頁。

3 以上は、著者が従来の研究で考えてきた論点である。さしあたり以下の拙著・拙稿にそれらの一端が表れている。*Тоёкава К.* Оренбург и оренбургское казачество во время восстания Пугачева 1773-1774 гг. Москва: Археографический центр, 1996.『ロシア帝国民族統合史の研究――植民政策とバシキール人』北海道大学出版会、二〇〇六年、「ロシア帝国の拡大とロシア人――ロシア人農民による移住・植民によるフロンティアの拡大」駒井洋監修／江成幸編『ヨーロッパ・ロシア・アメリカのディアスポラ』明石書店、二〇〇九年、一〇八～一三九頁、『十八世紀ロシアの「探検」と変容する空間認識――キリーロフのオレンブルク遠征とヤーロフ事件』山川出版社、二〇一六年。

4 アレクサンドル・セルゲーエヴィチ・プーシキン（川端香男里訳・解説）『大尉の娘』未知谷、二〇一三年、解説、とくに二五三頁を参照されたい。

5 アレクサンドル・ゲルツェン（長縄光男訳）『向こう岸から』平凡社（平凡社ライブラリー）、二〇一三年、「第四章 VIXERUNT! 彼らは生き残った！」一四四頁。

6 E・H・カー（近藤和彦訳）『歴史とは何か〈新版〉』岩波書店、二〇二二年、八二頁（清水幾太郎訳、一九六二年、七四頁も参照。原著初版は一九六一年刊）。

7 オルテガ・イ・ガセット（佐々木孝訳）『大衆の反逆』岩波書店（岩波文庫）、二〇二〇年、六三頁（原著初版は一九二九年刊）。

8 Avrich, P. *op. cit.*, p. 7（邦訳、一五～一六頁）. 日本史で参考になるのが、「百姓に歴史がありますか」と平泉澄に言われた中村吉治（一九〇五～八六）の学生時代の思い出である（土肥恒之『ロシア社会史の世界』日本エディタースクール出版部、二〇一〇年、二四一～二四三頁）。

9　E・J・ホブズボーム（青木保編訳）『反抗の原初形態——千年王国主義と社会運動』中央公論社（中公新書）、一九七一年（原著初版は一九五九年刊）、同（斎藤三郎訳）『匪賊の社会史——ロビン・フッドからガン・マンまで』みすず書房、一九七二年（原著初版は一九六九年刊）。

10　たとえば次のような作品を参照されたい。バリントン・ムーア（宮崎隆次・森山茂徳・高橋直樹訳）『独裁と民主政治の社会的起源——近代世界形成過程における領主と農民（上・下）』岩波書店（岩波文庫）、二〇一九年（原著初版は一九六六年刊）、Thompson, E. P. "The Moral Economy of the English Crowd in the Eighteenth Century," *Past & Present*, No. 50 (Feb. 1971), 柴田三千雄『近代世界と民衆運動』岩波書店、一九八三年、良知力『向う岸からの世界史——一つの四八年革命史論』未來社、一九七八年（のちにちくま学芸文庫）、喜安朗『パリの聖月曜日——19世紀都市騒乱の舞台裏』平凡社、一九八二年（のちに岩波現代文庫）。

11　前掲拙著『十八世紀ロシアの「探検」と変容する空間認識』三一〜一六頁。

12　*Смирнов Ю. Н.* Современные подходы к истории восстания 1773–1775 гг. // Вестник Самарского университета. 2007. № 5/3 (55). С. 158–166; *Мауль В. Я.* Феномен отсутствующей историографии (как в начале XXI века изучают историю Пугачевского бунта) // Исторические записки. 2018. номер 17. С. 122–148. また次も参照されたい。*Тоёкава К.* Новые подходы к исследованию по восстании Пугачева // The Journal of Humanities, Meiji University, 2016, № 22, pp. 31–41. なお、写真集ではあるが、「プガチョーフ叛乱」とは何かを現在まで残る遺跡や遺物を通して考えている次も参照されたい。*Иванов А.* Увидеть русский бунт. М.: ЗАО «ОЛМА Медиа Групп», 2012. ごく最近、次のような論文集が刊行された。*Мауль В. Я., Куреньшев А. А., Синелобов А. П. и др.* Пугачевщина. За волю и справедливость! (Русская история) / Колпакиди А. И. сост. М.: Родина, 2023. 同時代人や外国人の叛乱観が示されている。

13　その最大の例が、ロンドンに拠点を置く「十八世紀ロシア研究グループ The Study Group on Eighteenth-Century Russia」の存在である。

14　Крестьянская война под руководством Е. И. Пугачева в 1773–1775 гг. Л., 1961, 1966, 1970. Т. I–III.

15　Пугачевщина. М.; Л., 1926, 1929, 1931. Т. I–III.

16　*Овчинников Р. В.* (под ред.) Манифесты и указы Е. И. Пугачева: Источниковедческое исследование. М., 1980; *Он же.* (под ред.) Следствие и суд над Е. И. Пугачевым и его сподвижниками. Источниковедческое исследование. М.,

1995; *Он же.* Емельян Пугачев на следствии. М., 1997. なお、オフチーンニコフには、プーシキンが『プガチョーフ叛乱』を書くにあたって利用した史料に関する史料学的研究もある(*Он же.* Пушкин в работе над архивными документами («История Пугачева»). Л.: «Наука», 1969, など)。

17 Указатель советской литературы за 1917–1953 гг. Ч.1–2. М., 1956–58; *Черепнин Л. В.* (отв. ред.) Крестьянские войны в России XVII–XVIII веков: проблемы, поиски, решения. М., 1974. С. 432–444; *Буганов В. И.* (науч. ред.) Предводители крестьянских войн в России XVII–XVIII вв.: Страницы биографий: рек. указ. лит-ры. М., 1979. С. 53–55; *Белявский М. Г.* Крестьянская война 1773–1775 гг. и ее особенности // Вестник МГУ. Сер. Истор. 1974. № 4. С. 64–77; *Корецкий В. И.* Формирование крепостного права и первая крестьянская война в России. М., 1975; *Милов Л. В.* Классовая борьба крепостного крестьянства в России XVII–XVIII вв. // Вопросы истории. № 3. 1981. С. 34–52; *Рындзюнский П. И.* Идейная сторона крестьянских движений 1770–1850 годов и методы ее изучения // Вопросы истории. 1983. № 4. С. 4–16; *Гвоздикова И. М.* Салават Юлаев. Исследование документальных источников. Уфа, 1982; *Тоёкава К.* Указ. соч. и др.

18 Крестьянские войны в России XVII–XVIII веков: проблемы, поиски, решения. С. 444; Portal, R. "Pugatchëv: Une révolution manquée," *Etudes d'histoire moderne et contemporaine,* t. 1, Paris, 1947; Alexander, J. T. *Autocratic Politics in a National Crisis: The Imperial Russian Government and Pugachev's Revolt, 1773–1775,* Bloomington: Indiana University Press, 1969; idem, *Emperor of the Cossacks. Pugachev and the Frontier Jacquerie of 1773–1775,* Lawrence, Kan.: Coronado Press, 1973; Raeff, M. "Pugachev's Rebellion," in R. Foster and J. P. Greene (eds.), *Preconditions of Revolution: in Early Modern Europe,* Baltimore and London, 1970; Peters, D. *Politische und gesellschaftliche Vorstellungen in der Aufstandsbewegung unter Pugachev (1773–1775),* Wiesbaden, 1973; Natalizi, M. *La rivolta degli orfani: la vicenda del ribelle Pugačëv,* Roma: Donzelli cop., 2011; 田中陽兒「「ロシア農民戦争」論の再検討——ソビエト史学の新動向をめぐって」『ロシア史研究』第二二号、一九七四年(『世界史学とロシア史研究』山川出版社、二〇一四年に再録)。土肥恒之「ロシア農民戦争——B・B・マヴロージンの見解をめぐって」社会経済史学会編『社会経済史学の課題と展望』有斐閣、一九八四年、所収。拙稿「プガチョーフ叛乱におけるバシキール人の参加過程」『ロシア史研究』第三五号、一九八二年(のちに、前掲拙著『ロシア帝国民族統合史の研究』第七章に再録)。および拙稿「18世紀ロシアにおける民衆運動とその世界——プガチョーフ叛乱における領主農民を中心にして」『社会科学討究』第三三巻第三号、一九八八年。また近年、ロシアでも外国の研究状況についての関心が高まっていて、それを紹介する研究が現れた。たとえば次を参照されたい。

«Бессмысленный и беспощадный. . . » Пугачевский бунт глазами зарубежных исследователей / Составитель и научный редактор И. В. Кучумов. СПб.: Издательство Олега Абышко. 2019. С. 5–17. この本には、J・T・アレクサンダーとP・パスカルのモノグラフがロシア語に翻訳されて掲載されている。なお、研究史については拙稿をも参照されたい。「近世ロシアの民衆運動」ロシア史研究会編『ロシア史研究案内』彩流社、二〇一二年。

19 Крестьянская война под руководством Е. И. Пугачева в 1773–1775 гг., Л., 1966. Т. II. С. 15.

20 *Смирнов Ю. Н.* Современные подходы к истории восстания 1773–1775 гг. // Вестник Самарского государственного университета. 2007. № 5 / 3 (55). С. 161.

21 См. *Устинова О. Ю.* Крестьянская война 1773–1775.: К историографии вопроса / Повесть А. С. Пушкина «Капитанская дочка» в историко-литературном контексте. Третьи научные Пушкинские чтения. Оренбург, 2012. С. 89–94.

22 *Мавродин В. В.* Советская историография крестьянской войны в России / Проблемы историографии и источниковедения отечественной и всеобщей истории. Л., 1976. С. 83–84.

23 Alexander, J. T. “Recent Soviet Historiography on the Pugachev Revolt: A Review Article,” *Canadian-American Slavic Studies*, vol. 4, No. 3, 1970, p. 616.

24 *Рынзюнский П. Г. и Рахматуллин М. А.* Некоторые итоги изучения Крестьянской войны в России 1773–1775 гг. // История СССР. 1972. № 2. С. 82, 88.

25 *Волков Л. В.* Социальные представления участников восcтания Е. И. Пугачева // Вопросы истории. 2006. № 12.

26 *Ляпин Д. А.* Волнения в русских городах в середине XVII в. // Вопосы истории. 2010. № 4.

27 *Волков Л. В.* Указ. стат. С. 113.

28 田中陽兒、土肥恒之および著者の前掲論文を参照されたい。しかし、中村仁志によると、民衆は抑圧からの解放ではなく、むしろ徴兵・徴税の緩和や軽減をめざし、良きツァーリの帝国の存続の可能性を追求したと結論づける(『プガチョフの反乱——良きツァーリはよみがえる』平凡社、一九八七年、二五一頁)。また、阿部重雄は当時のソ連史学の動向を跡づけている(『帝政ロシアの農民戦争』吉川弘文館、一九六九年、再刊一九八三年)。

29 *Литвак Б. Г.* О некоторых чертах психологии русских крепостных первой половины XIX в. // Б. Ф. Поршнев и Л. И.

Анцыферова. История и психология. М., 1971. С. 200.

30 *Усенко О. Г.* Психология социального протеста в России XVII–XVIII вв. Тверь, Часть 1–3. 1994, 1995, 1997; *Он же.* Монархическое самозванчество в России в 1762–1800 гг. (Опыт систематического анализа) / Е. Е. Рычаловский (отв. ред.) Россия в XVIII столетия. М., 2004. Вып. 2.

31 *Клибанов А. И.* Народная социальная утопия в России. Период феодальзма. М., 1977. С. 143.

32 *Камкин А. В.* Правосознание государственных крестьян второй половины XVIII века. На материалах Европейского Севера // История СССР. 1987. № 2. С. 163.

33 これと関連して、安丸良夫の江戸時代における百姓一揆についての指摘は示唆に富む。農民は「蜂起の発展のなかで……より根源的な解放を不可避に志向し、イメージしてしまうばあいもありえたのである」が、やはり「その解放のされ方が当該社会に規定されていて、近世の民衆はみずからの解放された社会を幕藩制社会とは異なった世界像としてえがくことができないのである」(安丸良夫『日本の近代化と民衆思想』青木書店、一九七四年、一〇七～一〇八頁)。

34 同右。

35 *Даль В. И.* Толковый словарь живого великорусского языка. Tokyo: Nauka ripr., 1977. Т. 1. С. 588.

36 *Лебедев В. И.* К вопросу о характере крестьянских движений в России XVII–XVIII вв. // Вопросы истории. 1954. № 6. С. 91–92.

37 *Мавродин В. В., Кадсон И. З., Ржаникова Т. П. и Сергеева Н. И.* Об особенностях крестьянских войн в России // Вопросы истории. 1956. № 2. С. 69.

38 *Смирнов И. И., Маньков А. Г., Подбьяпольская Е. П. и Мавродин В. В.* Крестьянская война в России в XVII–XVIII вв. М.; Л., 1966. С. 308–309; *Пронштейн А. П. и Пушкаренко А. А.* Крестьянская война в России в 1773–1775 гг.: итоги и перспективы исследования // Вопросы истории. 1971. № 8. С. 154.

39 田中陽兒、前掲論文。

40 *Скрынников Р. Г.* Спорные проблемы восстания Болотникова // История СССР. 1989. № 5; *Назаров В. Д.* Крестьянская война начала XVII в. / История крестьянства СССР. Т. 2. М., 1990. Глава 8; *Соловьев В. М.* Актуальные вопросы изучения народных движений // История СССР. 1991. № 3; Khodarkovsky, M. “The Stepan Razin Uprising: Was It a

'Peasant War?'," ***Jahrbücher für Geschichite Osteuropas***, B. 42, H. 1, 1994.

41 *Пушкин. А. С.* Полное собрание сочинений. Т. 9. Ч. 1. М., 1950. С. 13〔米川哲夫訳『プガチョーフ叛乱史』(『プーシキン全集5』)河出書房新社、一九七三年、二一九頁〕. またプーシキンは別の箇所で、「プガチョーフはラスコーリニクであったので、〔正統派〕教会には一度も行かなかった」と書いているが(Там же. С. 26〈同訳書、二三九頁〉)、この点は本論で修正することになる。

42 それは欧米のプガチョーフ叛乱観にも影響を及ぼしている。たとえば、G・ホスキングは、この叛乱を古儀式派に改宗したカザーク・プガチョーフの叛乱と規定した。Hosking, G. ***Russia and the Russians. A History***, Cambridge: Harvard University Press, 2011, 2nd ed., p. 229. しかし、この観方は、本論でも述べるように、多くの論点を見失わせる誤解である。

43 *Щебальский П. К.* Начало и характер пугачевщины. М., 1865. С. 37, 52; *Мельников-Печерский П. И.* Сборник Нижегородской ученой архивной комиссии в память Мельникова. Т. IX. Ч. II. Нижний Новгород, 1910. С. 231; *Брикнер А.* История Екатерины II. Т. I. СПб., 1885. С. 225; *Мордовцев Д. Л.* Политические движения русского народа. Т. II. СПб., 1871. С. 177.

44 *Кадсон И. З.* Восстание Пугачева и раскол // Ежегодник музея истории религии и атеизма. IV. М.; Л., 1960. С. 224. カドソンの立場は、その論文が『宗教と無神論の歴史博物館年報』に掲載されたこと自体が示しているように、民衆運動における宗教の役割を否定することであったと思われるが、ユダヤ人であるカドソンが本心からそう考えたのかは不明である。

45 *Щебальский П. К.* Указ. соч. С. 37.

46 Там же. С. 52.

47 *Мельников-Печерский П. И.* Указ. соч. С. 231.

48 *Брикнер* А. Указ. соч. С. 225.

49 *Мордовцев Д. Л.* Политические движения русского народа. Т. II. СПб., 1871. С. 177.

50 Там же. Т. I. СПб., 1908. С. 182–183. なお、予審(秘密)委員会とは、元老院総裁に直属する機密局の下に一七七三年に創設された叛乱調査のための現地捜査機関である。七四年には同様の委員会がオレンブルク、ヤイーツキー・ゴロドークそしてシンビルスクに設置された。なおモスクワでも委員会が開催されたが、これを本章では便宜上「大審問」とする。

51 *Ливанов Ф. В.* Раскольники и острожники. Т. III. СПб., 1872.

52 *Петрашевский М. В.* Дело петрашевцев. Т. I. М.; Л.: Изд. АН СССР, 1937. С. 42.

53 *Щапов А. П.* Сочинения. Т. I. СПб., 1906. С. 539–540.

54 *Витевский В. Н.* Раскол в Уральском войске и отношение к нему духовной и военногражданской власти в половине XVIII в. Казань, 1877; *Он же.* Раскол в Уральском войске и отношение к нему духовной и военногражданской власти в конце XVIII и XIX в. Казань, 1878.

55 *Кадсон И. З.* Восстание Пугачева и раскол. 1960. С. 224.

56 *Дубровин Н. Ф.* Указ. соч. Т. I. С. 132.

57 *Фирсов Н. Н.* Разин и разинщина. Пугачев и пугачевщина. Казань, 1930. С. 54.

58 *Берс А.* Пугачевщина на Урале. Екатеринбург, 1924. С. 23, 25.

59 *Гайснович А. И.* Пугачев. «Жизнь замечательных людей». М., 1934. С. 150.

60 *Муратов Х. И.* Крестьянская война 1773–1775 гг. в России. М., 1954. С. 17–18.

61 *Лебедев В. И.* Указ. стат. С. 92.

62 *Мартынов М. Н.* Пугачевский атаман Иван Белобородов. Пермь, 1958.

63 *Кадсон И. З.* Указ. стат. С. 222–238; *Он же.* Восстание Пугачева и раскол / *Мавродин В. В.* (под отв. ред.) Крестьянская война в России в 1773–1775 годах. Восстание Пугачева. Т. III. Л., 1970. С. 348–364; См. *Карцов В. Г.* Религиозный раскол как форма антифеодального протеста в истории России. Ч. II. Калинин, 1971. С. 23–76.

64 中世ロシアの異端については次のような研究がある。宮野裕『「ノヴゴロドの異端者」事件の研究——ロシア統一国家の形成と「正統と異端」の相克』風行社、二〇〇九年。しかし、本書ではこれについて焦点を当てて論じようとしているわけではない。

65 *Покровский Н. Н.* Антифеодальный протест урало-сибирских крестьян-старообрядцев в XVIII в. Новосибирск: Наука, 1974. С. 338–339.

66 このグループによる一連の研究については次を参照。拙稿「18世紀のロシアにおける民衆と宗教——ピョートル一世の教会改革と古儀式派教徒」『駿台史学』第一六二号、九四頁、注(3)。

67 *Трефимов Е.* Пугачев. «Жизнь замечательных людей». М.: Молодая гвардия, 2015. С. 32–36, 171, 172.

68 *Романюк Т. С.* Участие старообрядческого населения в восстании под предводительством Е. И. Пугачева на Яике // Вестник Екатеринбургской духовной семинарии. 2018. № 4 (24). С. 315–334; *Она же.* Контакты Е. И. Пугачева со старообрядческими Иргизкими монастырями и розыск беглых старцев Филарета и Гурия // Вестник Екатеринбургской духовной семинарии. 2019. № 2 (26). С. 256–274.

69 *Таранец С.* Старообрядчество в Российской империи (конец XVII–начало XX века). Т. 1: Взаимоотношения старообрядческих сообществ с государством и официальной Церковью. Киев, 2021. 2-е издание. С. 309–311.

70 *Соколов Н. С.* Раскол в Саратовском крае. Т. 1. Саратов, 1888. С. 43–54; *Кадсон И. З.* Восстание Пугачева и раскол. 1960. С. 222–238.

71 Crummey, R. O. *The Old Believers and the World of Antichrist. The Vyg Community and the Russian State. 1694–1855*, Madison, Milwaukee and London: University of Wisconsin Press, 1970, p. 220. また次も参照。*Элиасов Л. Е. и Ярневский И. З.* Фольклор семейских. Уран-Уде, 1963. С. 302–303.

72 *Пушкин А. С.* Указ. соч.

73 *Лёвшин А. И.* Описание киргиз-казачьих, или киргиз-кайсацких орд и степей. Ч.1–2. СПб., 1832.

74 *Витевский В. Н.* Яицкое войско до появления Пугачева // Русский архив. 1879. I (3). С. 273–304; I (4). С. 401–443; II (8). С. 377–428; III (10). С. 203–241; III (11). С. 377–402; III (12). С. 435–458.

75 *Рознер И. Г.* Яик перед бурей. М., 1966; *Он же.* Казачество в Крестьянской войне 1773–1775 гг. Львов: Издательство Львовского Университета, 1966.

76 Пугачевщина. Т. II. С. 97–184.

77 たとえば、以下を参照されたい。Казачьи войска азиатской России в XVIII–начале XX века (Астраханское, Оренбургское. Сибирское, Семиреченское, Уральское). Сборник документов / Бекмаханова Н. Е. (составитель). М., 2000; *Грибовский В. В. и. Трепавлов В. В.* (отв. ред.) Казачество в тюркском и славянском мирах: колл. монография. Казань, 2018. とくに、後者はユーラシア大陸におけるカザークのさまざまな側面に注目した研究書である。

78 *Тоёкава К.* Указ. соч.

79 *Лимонов Ю. А.* Предисловие / *Тоёкава К.* Указ. соч. С. 10.

80 См. *Тоёкава К.* «Оренбургская экспедиция пограничных дел» П. И. Рычкова // Ядкяр. 2007. № 4. С. 42–53. また、拙稿「近世ロシア帝国の空間形成——南東ロシアにおける要塞線建設の背景」『歴史学研究』第九七一号、（特集：壁の構築と崩壊〈I〉）、二〇一八年、三六～四七頁も参照。

81 前掲拙著『ロシア帝国民族統合史の研究』、同『十八世紀ロシアの「探検」と変容する空間認識』。

82 *Дмитриев-Мамонов А. И.* Пугачевский бунт в Зауралье и Сибири. СПб., 1907; *Рязанов А. Ф.* Отголски Пугачевского восстания на Урале, в киргиз-кайсацкой Малой Орде и в Поволжье // Труды общества изучения Казахстана. Т. VI. Алма-Ата, 1925. С. 195–242; *Чулошников А. П.* Киргиз-Кайсацкие кочевые орды и Пугачевщина. 1773–1775 гг. // Новый Восток. Т. 25. М., 1929. С. 201–215; *Вяткин М. П.* Очерки по истории Казахской ССР. Т. 1. М.; Л., 1941. С. 180–193; *Бекмаханова Н. Е.* Легенда о Невидимке: Участие казахов в Крестьянской войне под руководством Пугачева в 1773–1775 гг. Алма-Ата, 1968.

83 Bodger, A. *The Kazakhs and the Pugachev Uprising in Russia 1773–1775*, Bloomington, Indiana: Indiana University Research Institute for Inner Asian Studies, 1988.

84 *Ibid.*, p. 22.

85 *Ibid.*, p. 27.

86 *Алишев С. Х.* Татары Среднего Поволжья в Пугачевском восстании. Казань, 1973.

87 Научно-исследовательский отдел рукописей Российской государственной библиотеки (Далее: НИОР РГБ). Ф. 364 (Любавский М. К.). Карт. V. Ед. хр. 1. Л. 1.

88 Очерки по истории Башкирской АССР. Т. 1. Ч. 1. Уфа, 1956. С. 199–202.

89 Полное собрание законов Российской империи. Собрание Первое. (Далее: ПСЗ). Т. XI. № 8664; Т. XII. № 8875.

90 *Чупин Н. К.* Сожжение на костре в Екатеринбурге в 1738 г. // Русская старина. 1878. № 10. Т. 23. С. 309–313.

91 ПСЗ. Т. IX. № 6890.

92 Очерки по истории Башкирской АССР. Т. 1. Ч. 1. С. 198.

93 *Соловьев С. М.* Заметки о самозванцах в России // Русский архив. VI. 1868; *Мордовцев Д.* Самозванцы и понизовая вольница. Т. 2. СПб., 1887; *Сивков К. В.* Самозванчество в России в последней XVIII века // Исторические записки. Т.

31. 1956. С. 88–135; *Троицкий С. М.* Самозванцы в России XVII–XVIII веков // Вопросы истории. 1969. № 3. С. 134–146.

94 Дело о самозванце Ф. И. Каменщикове-Слудникове. (Материалы по истории самозванчества и крестьянского протеста на Урале в середине XVIII в.). Екатеринбург, 1992.

95 *Усенко О. Г.* Психология социального протеста в России XVII–XVIII веков.; *Он же.* Монархическое самозванчество в России в 1762–1800 гг. (Опыт систематического анализма).

96 *Рычаловский Е. Е.* Россия в ожидании императора (К истории апокрифа последней четверти XVIII в.) / Е. Е. Рычаловский (отв. ред.). Россия в XVIII столетии. Вып. 1. М., 2002.

97 *Чистов К. В.* Русская народная утопия (генезие и функции социально-утопических легенд). СПб., 2003.

98 *Он же.* Русские народные социально-утопические легенды XVII–XIX вв. М., 1967.

99 八重樫喬任「プガチョフ農民戦争における僭称問題によせて」(上)・(下)『岩手史学研究』第六一・六二号、一九七七年、和田春樹『農民革命の世界——エセーニンとマフノ』東京大学出版会、一九七八年、中村仁志「プガチョーフの乱におけるツァーリ幻想」『待兼山論叢』第一四号、一九八〇年。

100 Portal, R. *op. cit.*

101 Raeff, M. *op. cit.*

102 *Мауль В. Я.* Образ Пугачева в современной публицистке: феномен фолкхистори / VII Бартневские чтения. Материалы международной конференции, посвященной 330-летию со дня рождения В. Н. Татищева, 200-летию со дня рождения С. А. Гедеонова, 175-летию со дня рождения В. О. Ключевского. Липецк: ЛГПУ им. П. П. Семенова-Тяншанского, 2016. С. 67–82; *Он же.* Феномен отсутствующей историографии.

103 ちなみに著者の参加した最初の研究会での成果は以下の通りである。*Тоёкава К.* Оренбург и оренбургское казачество в XVIII в.: причины участия оренбургского казачества в восстании Пугачева / Пушкниские чтения, посвящённые открытию историко-литературного музея «Капитанская дочка» в Оренбургском государственном аграрном университете. К 210-летию со дня рождения А. С. Пушкина. Оренбург: Издательский центр ОГАУ, 2010. С. 24–34.

104 Alexander, J. T. ***Autocratic Politics in a National Crisis***; idem, "Western Views of the Pugachev Rebellion," ***The Slavonic and East European Review***, XLVIII, October 1970.

105 РГВИА. Ф. ВУА. Оп. 16. Д.174. Л. 41, 45.

106 *Le Faux Pierre III. Ou la vie & les aventures du rebelle Jemeljan Pugatscheu. D'après l'original russe de Mr. F. S. G. W. D. B. Avec le portrait de l'imposteur, des notes historiques politiques*, London: C. H. Seyfert, En Angel Court Westminster, 1775.

107 "Zuverlässige Nachrichten von dem Aufrührer Jemeljan Pugatscew und der von Demselben Angestifteten Empörung," in *Magazin Für Die Neue Historie und Geographie*, ed. by Anton Friedrich Büsching, 18, Halle: Curt, 1784, S. 3-70（未見）. この文献の内容についてはM・グリーセの註108の論文に依った。

108 Griesse, M. "Pugachev Goes Global: The Revolutionary Potential of Translation," ed. by E. Amann and M. Boyden, *Reverberations of Revolution, Transnational Perspectives, 1770–1850*, Edinburgh University, 2021, pp. 13-35.

109 ロシア語原文からフランス語に翻訳され、のちにC・L・ストルハマーによってスウェーデン語に翻訳された次の著書が出版された。Uprorsmannen, *Jemelian Pugatschus Lefverne*, ifrån ryska originalet öfversatt på fransyska, och sedermera försvenskadt af Carl Leonard Stålhammar, Le crime a ses héros, ainsi que la vertu. Stockholm, Tryckt hos Joh. Christ. Holmberg, 1786.

110 拙稿「プガチョーフ叛乱におけるバシキール人の参加過程」『ロシア史研究』第三五号、一九八二年（のちに、前掲拙著『ロシア帝国民族統合史の研究』第七章に再録）。また同「バシキール人サラヴァト・ユラーエフ——プガチョーフ叛乱研究の最近の動向に寄せて」『ロシア史研究』第四二号、一九八六年（同前掲拙著、第八章に再録）をも参照されたい。

111 こうした考えは次の論考の理論に依拠している。Portal, R. *op. cit.* ポルタルはG・ルフェーヴルの「複合革命」論を継承し、プガチョーフ叛乱にも援用したと思われる。

112 ПСЗ. Т. XV, XVI. СПб., 1830.

113 Записки сенатора Павла Степановича Рунича о Пугачевском бунте // Русская старина. Т. II. 1870.

114 註15の史料を参照。

115 Сб. Восстание Емельяна Пугачева. Л., 1935; Допрос Е. И. Пугачева в тайной экспедиции в Москве в 1774–1775 гг.; Емельян Пугачев на следствии.

116 Российский государственный архрв древних актов (Дадее: РГАДА). Ф. 6. Д. 433, 436, 455.

117 РГАДА. Ф. 349. Оп. 1. Ч. II. Д. 7183.

118 РГАДА. Ф. 6. Д. 448.

119 РГАДА. Ф. 6 (Уголовные дела по государственным преступлениям и событиям особенной важности). Д. 413–670.」のほかに、同じフォンド六には十八世紀社会史に関する史料が収められている（Там же. Д. 1–412）。

120 РГАДА. Ф. 7 (Преображенский приказ. Тайная экспедиция).

121 プレオブラジェーンスキー官署と機密局については次を参照されたい。*Ерошкин Н. П.* История государственных учреждений дореволюционной России. М., 2008. С. 86, 119–122.

122 *Грибовский В. М.* Высший суд и надзор в России в первую половину царствования имп. Екатерины Второй. СПб., 1901. С. 174–331; *Щворина Т. И.* Уголовное законодательство Екатерины II // Учен. зап. Всесоюзного института юридических наук. М., 1940. Вып. 1. С. 219 (*Гвоздикова И. М.* Салават Юлаев. Исследование документальных источников. Изд. 3-е изд., перераб. и доп. Уфа, 2004. С. 23–24 より転引用).

123 *Ерошкин Н. П.* Указ. соч. С. 132–133; *Троицкий С. М.* Русский абсолютизм и дворянство XVIII в. Формирование бюрократии. М., 1974. С. 32–33.

124 *Голикова Н. Б.* Органы политического сыска и их развитие в XVII–XVIII вв. / Абсолютизм в России (XVII–XVIII вв.). С. 271–274.

125 *Ерошкин Н. П.* Указ. соч. С. 131.

126 ПСЗ. Т. XVI. № 12137. С. 716–720.

127 *Блинов И.* Губернаторы. СПб., 1905 (*Гвоздикова И. М.* Указ. соч. 1982. С. 24 より転引用).

128 ПСЗ. Т. VIII. № 5333. С. 94–112; *Андреевский И.* О наместниках, воеводах и губернаторах. СПб., 1864. С. 53–105.

129 ПСЗ. Т. V. № 3006. С. 382–411.

130 РГАДА. Ф. 7. Оп. 1, 2 の目録（опись）による。

131 Там же. Ф. 7. Оп. 1. Д. 1781. Ч. I–III.

132 Там же. Ф. 7. Оп. 2. Д. 2753.

133 Там же. Ф. 7. Оп. 2. Д. 2374, 2375, 2382, 2389, 2391, 2395, 2455, 2472, 2479, 2484, 2555, 2662.

134 Там же. Ф. 7. Оп. 1. Д. 2023.

135 Там же. Ф. 7. Оп. 2. Д. 2631.

136 Там же. Ф. 7. Оп. 1. Д. 1405, 1728, 1989; Оп. 2. Д. 2161, 2170, 2180, 2193, 2348, 2382, 2426, 2452, 2455, 2477, 2478, 2499, 2508, 2512, 2568, 2570, 2595, 2680, 2699.

137 Там же. Ф. 7. Оп. 1. Д. 1346, 1756, 1789, 2027; Оп. 2. Д. 2303, 2305, 2577, 2608, 2689, 3507, 3634.

138 これ以外に、たとえば一七五〇年の事件として「酔っ払って自ら君主である」と名乗った事件もある（Там же. Ф. 7. Оп. 1. Д. 1346）。

139 Государственный (Центральный) архив Нижегородской области (Далее: ЦАНО). Ф. 570. Оп. 555. Д. 14, 16, 18, 23, 27, 28.

140 Эстонский исторический архив в Тарту (Далее: ЭИА). Ф. 29 (Канцелярия наместника Ревельской губернии. 1783–1796. Канцелярия Эстоляндской губернии). Оп. 1. Ед. хр. 53, 54, 169, 7426; Ф. 30 (Ревельское наместническое правление). Оп. 1. Ед. хр. 1313, 1540; Ф. 30. Оп. 2. Ед. хр. 1539; Ф. 291 (Прибалтийский генерал-губернатор). Оп. 1. Ед. хр. 1313.

第一章　エカチェリーナ二世時代のロシア帝国

本章ではエカチェリーナ二世時代のロシア帝国の国家構造について考察する。プガチョーフ叛乱発生にはいくつもの原因がある。しかも、それは直接的な原因以外に、近世ロシア帝国に特徴的ないわば通奏低音になっていた中・長期的な問題が存在していた。代表的なものとして、国家の専制的な政策、ヨーロッパ諸国との複雑な外交、農奴制、植民政策、カザーク対策、宗教政策などである。これらを検討するのがここでの目的である。

従来、プガチョーフ叛乱を考えるために、このような方法はあまりとられてこなかった。それだけに次章以後の検討に新たな視点を与えてくれるであろうし、エカチェリーナ二世時代のロシアの状況およびプガチョーフ叛乱発生の遠因を探ることができよう。[1]

第一節　ロシア国内外の情勢

一七七三年十月十五日の国務諮問会議

一七七三年十月十五日、火曜日の朝、国務諮問会議（государственный совет）のメンバーはペテルブルクにある冬の宮殿（現エルミタージュ）に集まった。臨時の会議である。過去数週間に及ぶ通常の会議では外交問題が扱われた。今ではもう五年も続いているオスマン帝国との戦争についての議論か、あるいは最近承認されたポーランド分割についての意見交換であった。とはいえ辺境地帯で僭称者に率いられた叛乱が発生したという噂は首都にまで届いていた。しかし、いつ、どこで、なぜ、叛乱が発生したのかを知っている者は誰もいなかった。ある者は新兵徴集がドン・カザークの間に混乱を引き起こしたと言い、またある者はクリミア・タタール人がロシア人による占領に対して叛乱を起こしていると述べた。すべてが混沌としていた。とはいえ諮問会議のメンバーたちは女帝自身によって書かれた招待状から、そしてまた会議にエカチェリーナ二世が出席していることから、事態の重要性がいつもとは異なっていると感じていた。[2]

国務諮問会議はエカチェリーナ二世によって一七六八年十一月に設立された。これはオスマン帝国が一カ月前に宣言した戦争を遂行するうえで、あらゆる問題を女帝に進言する役割を担っていた。はじめは諮問機関として存在したが、すぐに女帝が彼らの前に置いた提案や政策を議論する権力をもつ恒常的な委員会となった。そのメンバーは完全な公平性をもって自身の意見を表明するようエカチェリーナによって責任を負わされていたものの、議論するすべての問題は「極秘」とされた。通常、国務諮問会議は週に二度月曜日と木曜日の朝に開かれるのである。しかし、一七七一年以降、扱う事案の多さのために第三回目の会議を土曜日の午後五時から開催しなければならなくなった。[3]

ここにはロシア帝国で最大の権力を有する人物七名が集まっている。外務参議会を率いるニキータ・パーニン伯(五十五歳、Н. И. Панин, 一七一八〜八三、一七六二〜八三まで外交責任者、皇太子パーヴェルの扶育官を務め、エカチェリーナ即位当初、専制権力に制限を加えようと試みた)、パーニンと並んでピョートル一世後の新世代の貴族を代表するキリール・ラズモフスキー(四十五歳、К. Г. Разумовский, 一七二八〜一八〇三)、モスクワ国家以来の家系の血を引く陸軍元帥アレクサーンドル・ゴリーツィン公(五十五歳、А. М. Голицын, 一七一八〜八三)、その従弟で同名の副宰相ゴリーツィン公(五十歳、А. М. Голицын, 一七二三〜一八〇七)、メンバーのなかで一番若くエネルギッシュな寵臣グリゴーリー・オルローフ公(三十九歳、Г. Г. Орлов, 一七三四〜八三)、軍事参議会総裁ザハール・チェルヌィショーフ伯(五十一歳、З. Г. Чернышёв, 一七二二〜八四)、そして元老院総裁アレクサーンドル・ヴャーゼムスキー公(四十六歳、А. А. Вяземский, 一七二七〜九三)である。エ

図7　エカチェリーナ２世が新法典編纂委員会へ与えた指針(大訓令，1767年)

カチェリーナとともに、彼らは帝国行政の中核をなしていた。その公的な地位の高さに加えて、富や家柄によっても力を備えており、その高い地位にのぼったのは比較的新しいことではあったものの、彼らは古い時代と最近のエリートの融合を体現していた。かなり広範囲な教育を受けた人も多く、彼らは外国で軍事や外交の経験を積み、当時の宮廷政治を体験し、しかもメンバーのほとんどはピョートル三世打倒のクーデタに加わった。現在では、全員が軍事、民事、宮廷の官僚制度の重要な地位を二つか三つ占め、その忠勤の印としてたくさんのメダルや勲章を胸にぶら下げていたのである。[4]

一七六二年六月二十八日、ピョートル一世によるポルタヴァでの戦いの勝利(一七〇九年)を記念する祝典の際、エカチェリーナ二世はロシア帝国の玉座に登った。女帝は、まず何よりも堅固で正統な、そしてロシア人の精神と合致する帝国の行政を打ち立てるという希望を抱いていた。一七六七年に新法典編纂委員会への指針として発布された「大訓令 Наказ」は、「ロシアはヨーロッパの国家(強国)である Россия есть Европейская держава」ことを宣言し(第一章第六条)[5]、ロシアに一様な行政を打ち立てるという希望を表明した。しかし、即位当初、より正確には数カ月はロシアを貶め、ヨーロッパ列強の政治的風景への影響を失わせようとする当時のヨーロッパ諸国の政治的企図に対して、女帝は注意

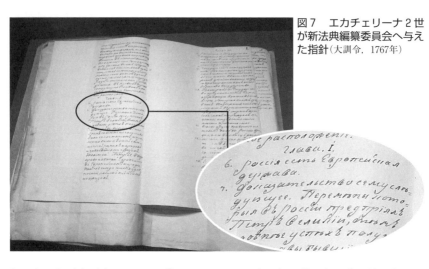

を払わなければならなかった。即位するとすぐ、エカチェリーナ二世は、エリザヴェータ女帝(一七〇九～六二、ユリウス暦一七六一年十二月二十五日／グレゴリウス暦一七六二年一月五日死去、在位一七四一～六二)の死後にピョートル三世がプロイセンと結んだ講和を承認した。一部をポーランドとリトアニアに駐留させ、残りの軍隊を外国からロシアに撤退するように命令したのである。

オスマン帝国をめぐる国際情勢

一七六八年十一月、突如オスマン帝国はロシアに宣戦布告する。ロシア軍はクリミアとモルダヴィアの国境に移動した。コンスタンティノープル(イスタンブル)駐在ロシア公使アレクセーイ・オブレスコフ(А. М. Обресков, 一七一八～八七)は同地のイェディクレ要塞に幽閉されるも、一七七一年夏にオーストリアとプロイセンの大使たちの助力によって解放された。オスマン帝国との戦争は一七七四年七月十日に終了することになる。[6]

ロシアは陸海での勝利、さらには一七七〇年六月のチェスメ海戦(Чесменское сражение)の大勝利にもかかわらず、なかなかオスマン帝国との講和にはいたらなかった。実際、ロシアはオスマン帝国領内に深く入り込んでいた。ドナウ諸公国(the Danubian Principalities, モルダヴィア公国とワラキア公国)とクリミアを一七七〇～七一年に占領し、カフカース(コーカサス)に向けて陽動作戦を仕かけ、シリアやエジプトのアラブ人叛乱を手助けした。しかし、同盟国のプロイセンとオーストリアからは支援を受けられず、その分ますますエカチェリーナ二世はフランスに刺激されたデンマーク、ポーランド、そしてスウェーデンからの牽制に気を配らざるをえなかったのである。[7]

第一次ロシア゠トルコ戦争におけるロシアの目的はクリミアの獲得であった。戦いではエカチェリーナ二世の寵臣グリゴーリー・ポチョームキン公(Г. А. Потёмкин, 一七三九～九一)の戦功が際立っている。彼によってザポロージェ・カザークの本営(セチ)の根絶・廃止が計画され、その残滓はドナウ川左岸すなわちブルガリア国境の陣地となった。ヘルソンとニコラエフの建設、クリミア併合、オチャコフ、ザ・クバン・オルダ全域、オデーサ（オデッサ）、およびその近郊の港の領有である。その後、彼はシベリアにまでいたるオレンブルク防衛線とヤイーク防衛線にも常備軍を配置した。結局、ピョートル・ルミヤンツェフ伯（П. А. Румянцев, 一七二五～九六）とアレクサーンドル・スヴォーロフ（А. В. Суворов, 一七二九／三〇～一八〇〇）の両将軍に率いられたロシア軍がオスマン帝国との戦争で決定的な勝利を得ることになる。その講和条約が一七七四年夏、キュチュク・カイナルジ条約として両国間で締結された。条約の内容は以下の通りである。第一に、クリミアの独立承認。第二に、ケルチ・イェニカーレのクリミアの港のロシアへの移管。第三に、ドニエプル川、バク川の間、およびカフカース地方にある重要拠点のロシアへの移管。第四に、アゾフとタガンロークの要塞化の承認。第五に、黒海におけるロシア商船隊の航行の承認であった。つまり、ダーダネルス・ボスポラス海峡間の航行の承認である。[8] しかし、ドナウ諸公国は依然としてオスマン帝国のスルタンの宗主権下にあった。

講和条約締結の背景として、プガチョーフ叛乱鎮圧のために、ロシア政府がこの非常に厄介な対オスマン帝国との講和を急いだ点を考えなくてはならない。実際、オスマン帝国との戦争終結後、政府はピョートル・パーニンを司令官とする鎮圧軍を集中的にヴォルガ・ウラル地方に投入することによって、一七七三年の秋に始まったプガチョーフ叛乱を七四年の終わり頃にはおおよそ鎮静化することができた。それほどまでにこの叛乱はロシア帝国を揺るがす一大事件であった。

「北方体制」の成立とポーランド・リトアニア共和国の分割

当時のヨーロッパ情勢は複雑だった。一七六三年十月、ポーランド国王アウグスト三世の死去にともない、ワルシャワでポーランド王選出のためセイム（国会）が開催された。そのポーランドにエカチェリーナ二世はかつての愛人でもあったスタニスワフ・アウグスト・ポニャトフスキ（S. A. Poniatowski, 一七三二～九八、ポーランド国王在位一七六四～九五）を送り込んだ。十八世紀前半にはすでに主権が危機に瀕していたポーランドに対して、ロシア政府はその支配的影響力の維持と強化を狙ったのである。

すでにピョートル三世はプロイセン国王フリードリヒ二世（大王、一七一二〜八六、在位一七四〇〜八六）と単独でペテルブルク講和を結び、一七六二年には七年戦争から離脱した。このことは今までの同盟者であったフランスとオーストリアを敵に回すことになった。一七六二年ピョートル三世を宮廷革命で打倒したエカチェリーナ二世はロシア＝プロイセン防衛同盟を結ぶのである。一七六四年四月、外交政策の責任者ニキータ・パーニンは、オスマン帝国と関係が良好であったフランスとオーストリアのいわゆる「南方体制」に対抗すべく、イギリス、プロイセン、スウェーデン、ポーランド、デンマークとともに「北方体制」（あるいは「北方協定」）を形成した。しかし、歴史的および地政学的観点からポーランドに領土的野心を抱いていたプロイセンは、ひそかにオーストリアに接近を図り、その後ロシアを加えた三つの軍事大国の同盟が成立する。

ワルシャワに全権大使として騎兵隊元帥ミハイール・ヴォルコーンスキー公（M. Н. Волконский, 一七一三〜八八、モスクワ総司令官在任一七七一〜八〇）が派遣された。ポニャトフスキ国王選出に際してセイム内の反対勢力は、一七六八年、ジェチポスポリタ（ポーランド・リトアニア共和国）がロシア帝国の保護国となると、この動きにバール連盟を結成して抵抗する。七〇年十月、連盟は親ロシア派のポニャトフスキを国王とは認めないと宣言した。翌七一年、ポニャトフスキは連盟参加者たちによってワルシャワ郊外で一時誘拐・監禁される。

エカチェリーナ二世はポーランドで起こったこの動きを鎮圧するためロシア軍の投入を命じた。国王軍だけではバール連盟を抑えることができなかったからである。さらに一七六五年末から翌年初めにかけて、女帝はワルシャワに陸軍中将ニコラーイ・レプニーン公（Н. В. Репнин, 一七三四〜一八〇一）を派遣することを決定し、彼にポーランド全域で外交および軍事の活動をする全権が与えられた。

一七七二年、ポニャトフスキの抵抗もむなしく、第一次ポーランド分割がおこなわれ、領土・人口のおよそ三分の一が失われた。背景にあるのは、フランスに刺激されたオスマン帝国とスウェーデンがロシアの前に立ちはだかったことである。そのためにロシアはプロイセンとオーストリアから援助を受けなければならなかった。またロシアによるドナウ諸公国の占領はオーストリアの妬みと恐れを招きかねなかった。こうした状況から、ポーランド分割が打ち出された。オーストリアとプロイセンは、ともにポーランドを犠牲にして両国それぞれの強大化を図るために南方へのロシアの関わり合いを利用することになる。ポーランドの分割条約は七三年九月にセイムで批准され、それぞれの分割地の境界が定められた。フリードリヒ二世は羨望の目をダンツィヒ(現グダンスク)に向け、ハプスブルク帝国(オーストリア)皇帝ヨーゼフ二世(一七四一〜九〇、在位一七六五〜九〇)は領土拡大という観点から新たな獲得地を調査していた。とくにオーストリアはチェルノヴィツ近郊のオスマン帝国領の細長い地域、いわゆるブコヴィナに関心を抱いていた。ここをドナウ地域とロシアとの連絡を遮断するための理想的な基地と考えたのである。一七七三年秋までに、結果としてオーストリアのいっそうの領土的野心とプロイセンのダンツィヒへの野望により、またしてもロシアはポーランド分割へと舵を切ることになる。

第二節　経済を中心とする国内の全般的状況

経済的苦境

ロシアの外交を支えた国内の経済はどうであったのだろうか。概していえば、十八世紀ロシア(とくに十八世紀後半)は急速な変貌を遂げていた。それはピョートル一世の工業育成の計画に始まる一連の産業改革の成果である。十六〜十七世紀に出現した西ヨーロッパの絶対君主制のパターンと比較すると、ロシアはフランスよりも一世紀、隣国のスウェーデンやプロイセンよりも約半世紀遅れていた。しかし、ロシアにおける変化のペースは軍事と外交の面では異常に早く、その分野では資金と人的資源とが必要とされたのである。

表1はロシア国内における支出の様子を示している。一七二五年から六七年までの間に、行政費用(中央および地方行政費に徴税費を加えたもの)は額にして五二五万五〇〇〇ルーブリ伸びている。また軍事費については、額で三一〇万七〇〇〇ルーブリ上昇した。

租税徴収については、国内の急激な人口増加に助けられたが(表2を参照)、帝国の国境拡大にともない、行政的・軍事的業務に関する政府の仕事の増大はより多くの費用を必要とすることになる。

以上のことに加えて、すべての商品が強烈なインフレ傾向を示していた。たとえば、一七二五年から六七年の間に貨幣の価値は約一三%下落し[9]、六八年の対オスマン戦争以降、その傾向ははなはだしくなった。エカチェリーナ二世の治世の後半でさえ依然としてインフレは収まらなかったのである。こうした動きは穀物貿易にも影響した。西ヨーロッパでは、穀物の価格上昇がしばしば民衆の不安や暴動を引き起こす原因となった。

すでに述べた戦争とその支出のために、国内の財政は逼迫していた。一七六九年には二〇〇万ルーブリだったのに対し、七〇年には五〇〇万ルーブリと跳ね上がり、七一年には七八〇万ルーブリ、七二年には九三〇万ルーブリに達した。また人頭税支払いの遅延だけで一七七三年までに三九〇万ルーブリに達していた[10]。所有する農奴への人頭税については、領主が徴収した(そしてある意味ではそれが秘匿された)ので、政府は農奴に課す人頭税を増額することは不適当であるとした。同じ理由で、国家専売になっていた塩の販売価格を増大させることも適当ではないと考えた。人頭税と塩の専売で全国家収入のほぼ五〇%になっており、他の収入源の開発が急務となった[11]。

さまざまな国有地農民と都市民の金納の税金に加えて、金属工場から公衆浴場での労働にいたるまで、すべてに対する特別な賦役を課すことになる。しかし、国庫の収支は整わなかった。国家専売の火酒(ウォッカ)醸造は貴族の独占で

表１　ロシア国内における支出状況

支出項目＼年次	1725年		1734年		1767年	
	単位(千ルーブリ)	%	単位(千ルーブリ)	%	単位(千ルーブリ)	%
陸軍	5,119	50.48	5,474	58.09	8,550	42.18
海軍	1,422	14.02	1,257	13.34	1,098	5.41
小計	6,541	64.50	6,731	71.43	9,648	47.59
中央および地方行政費	2,150	21.20	1,050	11.14	4,921	24.28
宮廷費	450	4.44	643	6.82	2,218	10.94
徴税費	1,000	9.86	1,000	10.61	3,484	17.19
合計	10,141	100.0	9,424	100.0	20,271	100.0

出典：*Троицкий С. М.* Финансовая политика русского абсолютизма в XVIII в. М., 1966. С. 243(一部修正).

表２　人口増加状況と担税住民数の推移

住民カテゴリー＼納税人口調査年	第１回（1719～21年）	第２回（1744～47年）	第３回（1762～64年）
全人口（両性，単位：千人）	15,578	18,206	23,236
男性担税民（単位：千人）	5,570／5,799	6,676／6,778	7,362／7,865

出典：*Кабузан В. М.* Народонаселение России в XVIII-первой половине XIX в. М., 1963, С. 124-125; *Троицкий С.М.* Финансовая политика русского абсолютизма в XVIII в. М., 1966. С. 215.

あったが、その価格を上げることは貴族の抵抗や民衆の暴動を招くことにもなりかねなかった。

プロイセンからの補助金約二三〇万ルーブリで補われている外国からの借款は補助的基金を提供してきた。とはいえロシアが抱える外国の負債はいまや七〇〇万ルーブリに達しようとしていたし、外国でのロシア経済の信用はほとんどなくなっていた。[12]

アシニヤ紙幣の発行

こうした苦しい経済状況を緩和するために、政府はいわゆるアシニヤ（ассигнации）と呼ばれる紙幣（ルーブリ）の印刷に踏み切ることになる。一七六九年に導入されたアシニヤの発行はまたたくまに広まった。というのも、人々にとって扱いにくい硬貨よりも紙幣のほうが受け入れやすかったからである。政府は法令によって決められるお金の価値をまもなく財政装置として認識するようになった。そのことは、ロシア国家の財政において、直接税から間接税への全体的なシフトとうまく調和していた。一七六九年には二六〇万ルーブリが印刷され、七一年には四二〇万ルーブリが加えられ、七三年には三八〇万ルーブリが増刷された。七四年の終了までに流通した総額は二〇〇〇万ルーブリにのぼり、それは年間の政府支出額のほぼ三分の二を占めた。[13] 七〇年、アシニヤ紙幣の幾分かは、負債に悩まされていた大貴族に新たな貸付けを提供するため、貴族銀行（Дворянский банк）に与えられた。七一年には約六〇万ルーブリ、七三年には八〇万ルーブリ以上が加えられた。七五年までに、貴族銀行は約四三〇万ルーブリを上層階層のメンバーに金利をとって貸し出した。[14]

ちなみに、当時のロシアを旅したイギリスのジョセフ・マーシャル（Joseph Marshal, 生没年不詳）は次のように記述してロシア貴族の自堕落な生活に驚きを隠そうとしない。

万事においてそうなのだが、彼らの官位は途方もない浪費によってこそ証明されうると考え、気候を考慮した彼らの大型四輪馬車やそりのなかで、彼らはばかばかしいほど煤だらけになっている。彼らのテーブルの上でも、同様に彼らは同じようなやり方なのだ。何ものにおいても気前よく与えるのだ。しかし、これはとても悪い効果を与えている。……すべての貴族を貧乏な状態にさせ、またそれによってさらに〔彼ら貴族が政府に〕依存するようになるのでなければ、政府が、こうした浪費を奨励しながら、長い間、〔それ以外に〕どのような動機を抱いてきたのかを、私は知らない。[15]

貴族はアシニヤの発行を自らの「途方もない浪費」のために利用したというのである。

アシニヤの発行は政府にとって幾分かは経済的苦境の緩和になったと同時に、困難をもともなった。一七七〇～七一年にロシアにおける農産物が広範囲にわたって不作だったことと連動して、先述のごとき大量の流動的資産のプリミティヴなロシア経済への流入が、インフレを引き起こした。物価が急激に高騰したのである。とくにペテルブルクやモスクワでは顕著だった。[16] 貴族たちは物価上昇を目の当たりにして、自分たちの生活水準を維持するために農奴たちから吸い上げる金納や課す賦役の量を増やさざるをえなかった。しかし、それを遂行することは容易なことではなく、逃亡によって農奴を失う危険をともなうため、その代わりに増産したり、多様な農産物の生産をしたりして収入を増やし、あるいは農奴や貴重品を抵当に入れたりした。いずれにせよ、政府にとっては土地を所有する貴族の努力に基本的に依存していたので、税金となりうる資源には限界があったのである。[17]

また、政府は物価高騰によって引き起こされる公的秩序への潜在的な脅威をよく理解していた。とりわけ都市における食糧不足によってそうした価格上昇が引き起こされるとするならばなおのことであった。一七六〇年代中葉のパンの価格上昇の際に危機は生じた。元老院は一七六六年に問題の原因を探るための特別な調査票を送った。六〇年代初頭から、穀物価格が地方の県庁などで記録される。他方、モスクワやペテルブルクの行政長官たちは中央官庁への週ごとに提出する報告書にそうした情報を含めていた[18]。エカチェリーナ二世は七〇年に報告された首都におけるパンの不足について深く憂慮してこうした問題を検討した。一年後、女帝は穀物価格の急騰により、平和条約締結後に軍隊がポーランドから大量に帰還することにあまり脅威を感じなかったものの、暴動のような不慮の出来事に備えて、予備の穀物を国家の穀物商店のために購入することを提案している[19]。イギリスの食糧暴動にみられる民衆の「モラル・エコノミー」(E・P・トムスン)という考え方に沿って、エカチェリーナ自身が先手を打ったともいえるのである。

第三節　戦争と軍隊

戦争と徴兵

経済の危機的状況に追打ちをかけたのが戦争である。ロシア政府は戦争による人的被害の社会的衝撃に注意を傾けていた。たとえば、一七七四年にロンドンで刊行された年次記録には、「戦争のような血なまぐさい破壊的なものはすぐに大軍をむさぼり食うものなのだ。そして、戦争では人間の命は何ももたらさずに失われる。勇敢さは名誉を求めずに行使される[20]」、と記されている。

ロシア゠トルコ戦争時、オスマン軍の攻撃よりも恐ろしいのは、じつは自然の猛威であった。戦場となったのは太陽が強烈に照りつけ、その熱に悩まされるバルカン半島であり、黒海の沿岸地域である。ロシアの陸軍や海軍はさまざまな病気によって多くの犠牲者を出した。一七七〇年には、ドナウ川一帯に感染症(ペスト)が発生した。ロシア軍にも感染者がでた。傷病兵をロシア帝国内へ運ぶ過程で感染はさらに拡大していった。病気はキーエフ(キーウ)やモスクワを襲い、モスクワだけで五万人以上の人が亡くなっている。さらにはこの疫病が原因で、モスクワでは七一年に暴動が発生した（詳しくは第二章第一節を参照）。

また、軍隊制度の拡充は徴兵制による国民の負担を増大させることになった。ロシア軍は農奴から徴兵をおこなっていた。農奴所有者は労働力を失うこと、あるいは農民が武装するのを目の当たりにすることを嫌悪していた。しかし、対外戦争の激化にともなって、一七七三年四月二十三日以降、農奴一五〇人（男性）に一人の割合で新兵として徴集することになった。[21] ロシアにはほとんど予備兵はおらず、戦争を遂行するために、一〇〇人に一人の割合から、毎年秋の行事として、農奴所有者である領主や国有地の行政官たちは、軍事物資輸送隊のために新兵徴集をおこなった。軍隊内では権力濫用や暴力が横行し、さらには健康状態について危惧されるありさまであった。それゆえ徴集された農民のうちでかなりの割合が前線にまでたどり着かないこともあった。『オフィール国への旅』（一七八四年）や『ロシアにおける道徳の退廃について』（一七八六～八七年）の著作のある修史官を務めたミハイール・シチェルバートフ公（M. M. Щербатов, 一七三三～九〇）は、「村ごとの連隊 поселенный полк」創設に関連してその兵士の数の少なさについて次のように嘆く。「すべての軍人は証言している。どれほど多くの徴集された人たちが連隊に送り込まれるまでに死んでいることか[22]」、と。実際、一七七四年四月十五日付報告のなかで、陸軍元帥ルミヤンツェフは、彼のもとに送られてきた新兵たちがあまりにも悲惨な状態にあることを認めないわけにはいかなかった。「そして、彼らの大部分は兵士としての重荷を経験せずに死んでいったのである[23]」。

ロシアの軍事力

ここでロシアの軍隊について考えてみよう。[24] 十八世紀の終わりまでにロシア帝国はヨーロッパのなかでも最大級の軍隊を保有する国家となった。一六九〇～一七八九年の一〇〇年間にわたるヨーロッパの軍隊のなかで、イギリスの歴史家J・チャイルズ（J. Childs）によると、ロシアの保有する軍隊はフランス、オーストリア、およびプロイセンの軍隊を数的に凌駕していた。[25] ロシアは世界でも最長の国境を有する国家となり、軍隊はその防衛が最大の任務となったのである。
ピョートル一世が死去した一七二五年当時、ロシア軍は二〇万人の正規軍を中心に、非正規軍、民兵、カザークで構成されていた。[26] エカチェリーナ二世は農民世帯からのさらなる徴兵によってこの軍隊を増強した。[27] 女帝の跡を継いだパーヴェル一世(一七五四〜一八〇一、在位一七九六〜一八〇一)の時代、およびそれに続くアレクサーンドル一世の治世も戦争がその当時の主要な特徴をなしていた。ソ連時代の著名な軍事史家リュボミール・ベスクローヴヌィー(Л. Г. Бескровный, 一九〇五〜八〇)の研究によると、歩兵はエカチェリーナ二世治世初頭の一七六三年に一〇万四六五四人、第一次ロシア＝トルコ戦争(一七六八〜七四年)前夜の六八年に一三万五四〇三人、戦争が終わる七四年に一八万八七九人、第二次ロシア＝トルコ戦争時(一七八七〜九一年)には二三万九四六〇人から二七万九五七五人へと増加し、パーヴェル一世時代の一八〇〇年には二〇万三二二八人と減少した。[28]
一八〇一年の軍隊には総数四四万六〇五九人の将兵がいたが、差し迫った一二年の「祖国戦争」(ナポレオン戦争)がアレクサーンドル一世治世前半期のさらなる軍事力増強を招くことになる。戦争前夜、ロシア軍は六九万六六二〇人となった。内訳は歩兵三六万二二〇〇人、騎兵八万六九二〇人、砲兵五万二五〇〇人、守備隊七万五〇〇〇人、非正規軍約一二万人である。それが一五年の遠征終了時には七二万七四一四人にまで膨れ上がり、ほとんど同じ水準の軍事力が二五年のアレクサーンドル一世治世終了まで維持された。[29]
一七六四年、最大の守備連隊はサンクト・ペテルブルク、モスクワ、そしてカザンにあった。同年、ベスクローヴヌィーによると、守備歩兵八四個大隊がいて総計六万四九〇五人である。その数は七四年までに八万九六一九人にまで増加したが、一八〇〇年までに七万七五〇〇人と減少に転じている。[30] 〇三年、兵士七万二七八〇人と将校一七二七人が守備隊にいた。加えて兵士七二九三人と将校一〇三二人が予備役に入っている。一二年の「祖国戦争」前夜、守備隊は約七万五〇〇〇人を数えていた。[31] これ以外に、本来であれば海軍についても触れなければならないが、詳しく論ずることは別の機会に譲ることにする。

十八世紀には、以上のような常備軍の創設とその整備が進められる一方で、旧来の軍事力の一翼を担った非正規軍やカザークについても廃止されることなく改編されて存続していた。それがすでに述べた「植民国家」としてのロシア帝国の性格とおおいにかかわる点である。とくにカザークは、膨張する防衛線の建設とその確保、さらには獲得した領域へのロシア人農民を中心とする入植などの尖兵として利用されたのである。

人口に占める軍事身分の実数

十八世紀の人口調査は正確さという点では疑問はあるものの、ある程度の目安にはなる(七四頁表2参照)。ソ連時代と現代ロシアを通して活躍した人口史家ウラジーミル・カブザン(В. М. Кабузан, 一九三二〜二〇〇八)は第三回(一七六二〜六四年)と第五回(一七九五年)の納税人口調査(ревизия)から担税民と非担税民の数を割り出す。なお軍人は貴族や聖職者とともに非担税民に分類される。第三回納税人口調査によると(調査対象は男性、以下同じ)、人口一一六一万八〇〇〇人(男性)であり、そのうち非担税民は八三万七〇〇〇人(男性、人口の七・二〇%)である。すなわち正規軍(陸軍、以下同じ)と海軍に勤務する者は四一万八〇〇〇人(男性、人口の三・六〇%)である。バシキール人、カルムィク人、およびカザークは一一万九〇〇〇人(男性、人口の一・〇二%)であり、貴族と聖職者は二二万人(男性、人口の一・八九%)であった。第五回納税人口調査は非担税民をはるかに完璧に近い形で数え上げているが、貴族、官僚、カルムィク人、外国人、および正規軍が含まれてはいない。人口一八七〇万七〇〇〇人(男性)のうち、非担税民は六八万二〇〇〇人(男性、人口の三・六五%)である。一八〇二年のより詳細で全県的に作成された資料によると、正規軍と海軍は四四万九〇〇〇人(人口の二・四一%)、カルムィク人四万人(男性、人口の〇・二一%)、貴族と官僚一九万三〇〇〇人(男性、人口の一・〇三%)であり、全ロシア住民の三・六五%を占めている。ちなみに、五七〜五八年の第一〇回納税人口調査では、人口二九七四万四〇〇〇人（男性）のうち正規軍と海軍は六四万一〇〇〇人（男性、人口の二・一六％）であった[32]。非担税民の人口数に関する資料は十分信頼に足るものである。というのも、十八世紀末から十九世紀第一四半期の正規軍と海軍における勤務者数は、十八世紀六〇年代の聖職者数とともに、それぞれ軍事参議会（十九世紀以降は陸軍省）と宗務院が細心の注意を払って調査していたからである[33]。

カブザンのあげている数字とは若干異なるものの、アメリカ合衆国の歴史家W・M・ピントナー（W. M. Pintner）は、十八世紀中葉のロシア軍の総数二九万二〇〇〇人に対し、ロシアの総人口二三二三万人（両性）という点に基づき、軍隊が人口の一・三％を占めていたとする。この数字は、一八〇〇年頃には、一・二％（総人口三七四一万四〇〇〇人に対して軍隊は四四万六〇〇〇人）にまで落ち込むことになる。さらにこれは十九世紀中葉には二％、二十世紀の変わり目に〇・八％へと変化する。こうしたことから、ピントナーは十八世紀においてロシア軍に勤務する割合は興味深いことにプロイセン（十八世紀中葉では四・二％、一八〇〇年には一・九％）およびフランス（十八世紀中葉では一・五％、一八〇〇年で一・二％）よりも低く、また十八世紀末のオーストリア（十八世紀中葉では一・一％、一八〇〇年には一・五％）よりも低いと結論づける[34]。

じつは、ロシア軍の規模を正確に算定するのは非常に難しい。というのも「兵士の子ども」など非公式の軍事身分がおり、さらには「郷士 однодворцы」と呼ばれる南方・東方辺境に居住するかつての勤務人（служилые люди）の子孫も存在していたからである。それについては現代イギリスの歴史家J・M・ハートレイ（J. M. Hartley, 一九五四〜 ）の研究が詳しく紹介している通りである[35]。またロシア軍はその人的資源、小競合いのための解決策、および勇猛果敢という評判の点で、カザークと他の非正規軍に負っていた。それではカザークとはどのような存在であったのだろうか。

第四節　カザークの実態

カザークの実数

最大のカザーク共同体は左岸ウクライナとして知られているウクライナ東部（ヘトマン・ウクライナおよびスロボツカヤ・ウクライナ）、およびドン・カザーク軍団とドニエプル川流域のザポロージェ・カザーク軍団があった南ウクライナである。北カフカースでは、黒海カザーク軍団（以前のザポロージェ・カザークから形成された）、グレベン・カザーク軍団、およびテレク・カザーク軍団はテレク川北岸およびキズリャール（カフカースのテレク川左岸テレク地方にある要塞、十八〜十九世紀には中東・中央アジアの貿易都市として発展）からモズドークまでの要塞線を防衛していた。東方では、ヤイーク川（プガチョーフ叛乱後にウラル川と名称が変更される）沿い、およびシベリアのいたる所にカザーク共同体が創設された。

一七九五年までに、カザークは左岸ウクライナの人口（約二三〇万人）の四〇%（農民人口は約一二四万人、カザークは約九二万人）を占めていたとされる。[36] 一七七五年までに、ノヴォ・ロシア（黒海北岸地域）ではカザーク人口は約一〇万人で、非カザーク人口はわずかに一六万人であった。[37] 十八世紀末までにドンのカザーク人口は約二〇万人にまで達した。[38] なお、一八九七年におこなわれたロシア最初の国勢調査によれば、カザークは総人口一億二五六四万〇〇二一人中の二・三三%を占めていた。[39]

歴史のなかのカザーク

カザークは農奴制と並んでロシア史を特徴づけるものの一つである。[40] 帝政時代、自由を求める逃亡農民の「避難所」（アジール）としての逃亡先の一つが辺境のカザーク社会であった。またカザーク社会の存在そのものが農民にとって奪われた自由、とくにその移動の自由——十六世紀末に禁止されるまで、農民は「聖ユーリーの日」（旧露暦十一月二十六日）の前後一週間、家屋移転料を支払って領主のもとから移動することができ、それを本来的な権利と考えていた――の象徴であり、そのため十七～十八世紀において数多く発生する蜂起や叛乱では自由の実現をめざし、またカザークとともに農民たちは運動に積極的に参加したのである。

ルーシ（ロシアの古称）の地にカザークが出現したのは古い。カザークという語がロシアの文献にはじめて登場するのは一三九五年のことである。当時は「労働者・作男」という意味で使用されていた。これ以外にも、チュルク語起源であるカザークという語には「自由で独立の人間、冒険者、逃亡者、剛胆者、自由戦士」の意味があるという。ロシア国家とつねに境を接していたタタール人たちは、軍事遠征で前線にいる兵士たちをカザークと呼んだ。また十四～十七世紀のロシアでは、ロシア国家の辺境で軍役を担う勤務人、および雇用労働者である自由人がカザークと呼ばれるようになった[41]。

同時代人はカザークをどのようにみていたのか。十七世紀中葉に外務官署で働き、その後スウェーデンに亡命したグ

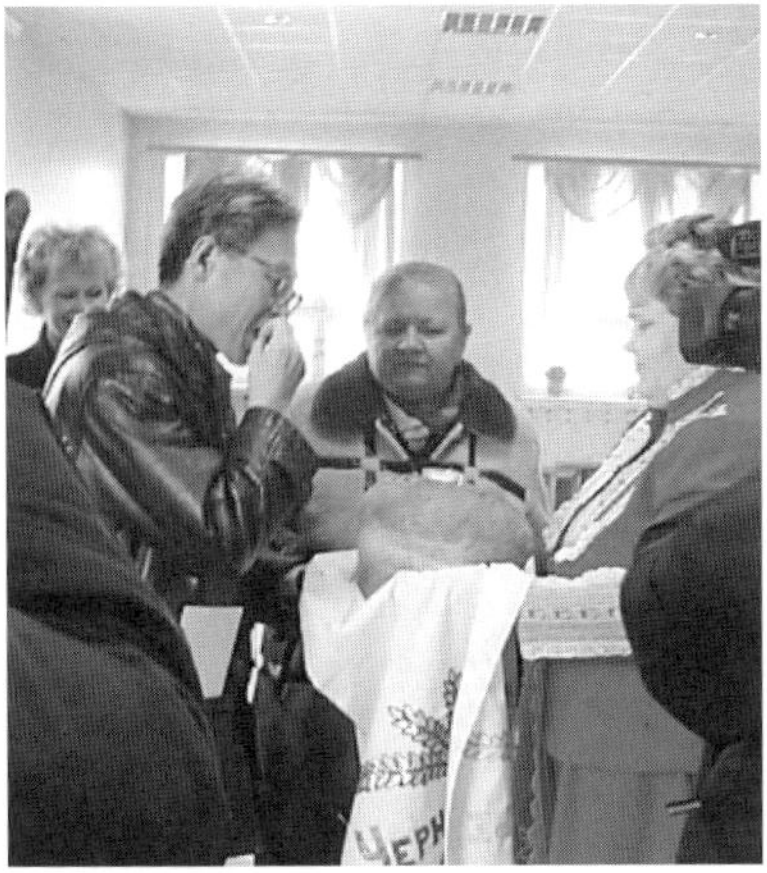

図8　チェルノ・レーチェンスキー・カザークから「パンと塩」の歓迎を受ける著者（2009年３月撮影）

図９　カザークの女性が歌を披露（同上）

リゴーリー・コトシーヒン（Г. К. Котшихин，一六三〇？～六七）による『アレクセーイ・ミハイロヴィチ帝治下のロシアについて』（一六六六～六七？年）がある。そこで、彼はカザークについて次のように述べる。「これらカザークはポーランド国境から辺境地域を防衛するために置かれた。こうしたカザークは戦争前におよそ五千人いたが、いまではそれほどの人数はいない。彼らは、勤務人、騎兵、歩兵などの勤務から退役後にカザークに編入させられ、家と土地と農地が与えられ、ツァーリに対してはいかなる貢租も税も支払わない。彼らが勤務に就いているとき、竜騎兵にならって毎年俸給が与えられる。戦争における彼らの勤務は騎兵隊にならい小さい旗を独自に掲げる。彼らの指揮官である、隊長、アタマン、百人隊長、ヤサウル〔エサウール、副官〕は、士族、騎兵の指揮官から選ばれる」という。[42]

カザークの起源を歴史的および言語的にたどろうとする研究方法もとられた。たとえば、十八世紀に活躍した最初期のロシア人歴史家の一人で『太古からのロシア史』（全五巻、一七六八～八四および一八四八年）の著者タチーシチェフは、「カザークはタタールから分岐したカイサク人で逃亡者である」[43]、という。プーシキンの友人で著名な言語学者として『現用大ロシア語詳解辞典』（全四巻、一八六一～六七年）を編纂したウラジーミル・ダーリ（В. И. Даль，一八〇一～七二）は、カザークはむしろ「ガイドゥクやガイダマクのように、さすらい放浪する中央アジアのカズマク（казмак）」に起源をたどるべきだとする。[44]

われわれにカザークについてまとまった概念を与えてくれる最初のものは、ニコラーイ・カラムジーン（Н. М. Карамзин，一七六六～一八二六）の大著『ロシア国家史』（全八巻、一八一六～一七年）である。この歴史家によると、カザークはおそらく「古くバツ来襲時のロシアには存在しており、キーエフより下流のドニエプル川両岸に居住していたトルキ〔チュルク語系民族〕とベレンデーイ〔チュルク語系民族〕に属していたであろう。そこに、われわれは小ロシア・カザークの最初の居住地を見出すのである。……彼らのうちのある者はモンゴルにもリトアニアにも服従することを望まず、自由な人間として、断崖や、通り抜けることが難しい葦や沼沢によって囲まれたドニエプル川の島々に住んでいた。抑圧から逃れてきた多くのロシア人を自分の所に惹きつけた。彼らと混交し、カザークという名称のもと、まったくロシア人である民族を構成したのである。独立と親睦の精神を養いながら、カザークはその数を徐々に増やして、ドニエプルの南方にキリスト教的軍人共和国を形成し、タタール人によって荒廃させられた土地に村や要塞を造ったのである」。さらに、「この名称は自由民、巧みな馬の乗り手、勇者を意味した」として、「たくましい勇者は自由のため、祖国のため、そして信仰のためにその命を捨て、自ら進んでそのように称した[45]」、という。

十九世紀に入ると、「植民理論[46]」の創設者の一人でモスクワ帝大学長を務めたセルゲーイ・ソロヴィヨーフ（С. М. Соловьев, 一八二〇～七九）はカザークを暗示的に以下のように述べる。「植民された国土において通常そうであるように、入植してきた人々で、恒常的に農耕に従事してきた人々は、自分たちのなかから、多かれ少なかれ自らの特徴と結びついた性質や他の異なる状況を有する人々を選り分け、こうした人々に、その社会から出て新しい社会で誰もいない土地に向かうようにさせるのである。もちろん、古いものよりも新しいものを選び、知られているものよりも知られざるものを選ぶ人々は、入植者のなかでもっとも勇敢でもっとも闘志にあふれた人々である。植民の歴史において、彼らには植民の案内人として大きな意味がある[47]」。

同じく「植民理論」の建設者であり、ソロヴィヨーフの高弟にして帝政時代を通じてもっとも秀でた歴史家の一人であったヴァシーリー・クリュチェーフスキー（В. О. Ключевский, 一八四一～一九一一）は、その講義録をまとめた有名な『ロシア史講話』（全五巻）のなかで次のように指摘する。「十六世紀においてさえ、農家ごとに雇農として働いていた雇用労働者、定まった仕事がなくまた定住地がない人々がカザークと呼ばれた。のちにモスクワ・ルーシにおいて、放浪して定まった家のないこの階級に対し、**自由な流浪人**（**гулящие люди**）（強調は原文、以下同じ）あるいは**自由民**（**вольницы**）という名称が与えられた」。生業をもって暮らすことができずに、カザークは「出稼ぎ仕事」である略奪に従事するようになったのである。[48]

ウクライナ研究に力を注いだ歴史家ニコラーイ・コストマーロフ(Н. И. Костомаров, 一八一七〜八五)は、カザークの発生とロシアにおける専制の確立とを関連づけ、カザークを古代ロシア(古ルーシ)以来の自由の伝統を擁護する者とみなしていた。著書『ステンカ・ラージンの乱』(一八五八年)のなかで、彼は次のように書いている。「カザークは専制政治の勝利のもとで分領公国時代の社会的勢力が倒れたときに発生し、専制は新しいものに対して抵抗したのである。カザーク構成員は、生来社会の枷とはならない人々にとって、社会のなかで折り合わない……不満を抱く人々で占められていた」[49]。

一九三〇年、反ソ・クーデタにかかわったとして逮捕、サマーラへ流刑された科学アカデミー会員セルゲーイ・プラトーノフ(С. Ф. Платонов, 一八六〇〜一九三三)が『十六〜十七世紀のモスクワ国家における動乱史概観(動乱期の社会体制および身分的諸関係における研究史論)』(一八九九年)のなかで強調するのは、何よりもカザーク大衆が無秩序な動揺の状態のなかにあって、略奪から国家勤務へ、また「異教徒 бусурман〔とくにイスラーム教徒を指す〕」との闘争から同胞に対する圧迫へと容易に移行したという点である。しかしながら、チャグロ(国税あるいは労役)や強制的な勤務からの解放の意識、特権をもつ上層階級に対する敵意、これらがステップをさまようカザーク大衆を統合することになったという[50]。

以上のように、帝政時代におこなわれていたカザーク研究の特徴は、その起源にかかわるものと、ロシア史上におけるその果たした役割とに大別できるであろう。

ソ連時代に入ると、帝政時代においては革命運動の抑圧勢力であり、また革命時における反革命勢力であったことなどにより、カザーク研究はなかばタブーであった。とはいえポスト・スターリン期には、農民史研究における新たな方向性が模索されるとともに、カザークについての研究もわずかながら再開された。それは帝政時代の研究とは別の角度からこの問題を考えるようになった。端的にいえば、新たに導入された階級闘争史観による研究であるが、より具体的には、国境におけるカザークの発生を、中央における租税徴収による重圧と農奴制の強化の帰結とみたのである。封建的搾取から解放を求める動きは、もっぱら専制国家の国境を越えて新しい土地への民衆逃亡となって現れた。そのことが、民衆に自由、ツァーリ権力からの自立、そして自らのために働くことのできる余地を保障してくれるとした。ザポロージェ・カザークの歴史を書いたウラジーミル・ゴロブツキー(В. А. Голобуцкий, 一九〇三〜九三)、およびプガチョーフ叛乱およびその前夜のヤイーク・カザークの蜂起(一七七二年)について研究したローズネルは自由なカザークの出現に、「封建的＝農奴制の始まった分解の……兆候」をみていた。しかし、同時に研究者たちは、カザーク集団のなかに、単に「国家のそれを典型とする政治的問題」だけでなく、また「反封建国家的な組織」すなわち独特な——たとえ発展していなくても——民主的で共和国的な組織をみていたのである。[51]

こうした「反封建国家的な組織」の存在と十七〜十八世紀の民衆運動との関係をカザークの動きのなかにみようとする研究がポスト・ソ連期の研究成果の一つである。[52] さらにソ連崩壊以降の現実のカザーク集団再興の動きと民族紛争が密接にかかわる政治情勢からカザークに対する関心が高まり、そのことが研究と結びついていることは疑いの余地がない。かくして多様な研究が現れ、また研究視角も分散化しているのが現状である。[53]

辺境防衛としての任務、および「自由と自治」

以上のことから、カザークは中世後期にロシアの南部辺境防衛の任に就くチュルク系の戦士たちであったと考えられる。彼らは周辺諸国や遊牧民から身を守るために、ドン川、ドニエプル川、ヤイーク川、そしてテレク川の河畔などにそれぞれ自治的な軍事政治組織である軍団を形成した。そこでは、クルークやラーダと呼ばれるカザーク全員の平等を原則とする集会がすべての問題を解決した。審議された内容には次のようなものがある。戦争の遂行と和平の締結、モスクワや外国への「使節」の派遣、「君主の給付」と戦利品の配分、ツァーリの軍隊への部隊の派遣と指揮、「川全体にわたる義務的な」法の採択、アタマンやエサウールなどすべての役職者の選出と解任、新しいカザークの受け入れ、教会問題、など多岐に及んでいる。以上のように、軍団は行政、裁判、そして対外交渉のすべての分野において「自治」権を行使し、また集会も「民主的」な性格を帯びていた。軍団の基本単位である大村(станица)でも、また遠征や戦役においても部隊ごとにアタマンが選ばれたのである。

カザーク社会で農耕がおこなわれるようになるのは十七世紀末からである。彼らは当初は漁労と狩猟、次いで牧畜に従事し、また次第に陸上・海上での略奪的遠征をおこなうようになった。その最大の戦利品は捕虜で、これは仲間で配分されるか、身代金をとって解放されるかした。他方、彼らは生活必需品である穀物、ラシャ布、貨幣、さらには武器や弾薬を自給できず、ロシアやポーランドの政府からそれらの支給を受ける代わりに、政府の使節や隊商の護衛、クリミア・タタール人や遊牧民の動きの偵察、さらに政府のおこなう戦争や遠征などへ参加する場合もあった。

十六世紀末、ウクライナではポーランド政府がカザーク社会を登録して政府の統制を強めようとした際、カザークは強い反発を示した。同じ頃、ロシアではカザーク社会に加わる者が増え、「動乱時代」にカザークの活動は一挙に活発化した。この時期に多くの僭称者が出現したが、彼らはカザークの武力に頼るか、カザークに担ぎ出され、動乱の終盤ではカザークの動向が政治を左右するまでになった。とはいえ、彼らの立場は、政府への軍事的奉仕の代わりに物資の「支給」を受ける一種の傭兵軍であった。[54]

カザーク社会の変化

十八世紀に入り、二つの画期を経てカザーク社会には大きな変化がみられるようになる。一つは、ピョートル一世の一七二一年三月三日付勅令である。カザークを管轄する組織の変更を明確に打ち出している。すなわち、当時の主要なカザーク集団であったドン、ヤイーク、グレベンの各カザーク軍団を外務官署から軍事参議会の所管に移すように命じるものである。[55]これは、従来、カザーク軍団をいわば外国扱いしていたが、ピョートルの軍制改革とともに、非正規ながらも帝国陸軍の一部としてそれに組み込むことをめざすものである。いま一つは、一七七五年に地方当局がドンの問題に直接介入したことであり、同時期におこなわれたザポロージェ・セチの解体である。[56] またこの年に鎮圧されたプガチョーフ叛乱に積極的に参加したヤイーク・カザークに対しても同様の弾圧が加えられた。以来、法的にもまた実質的にも政府はカザークを直接その支配下に置くことになる。

しかし、この二つの出来事だけがカザークの自由と服従を分かつ明確な画期となったわけではない。国家がカザークを統制する過程は一七二一年よりも前から始まっており、また七五年よりあとでさえ完遂したというわけでもなかった。おそらく十八世紀全体を通してカザーク社会は大きな変化を被ったとみるべきであろう。

もっとも、前述の変化はロシア国家の軍事能力の向上に帰せられるのかもしれない。さらに、一七八三年のロシアによるクリム・ハン国併合によって、南方におけるタタール人の脅威が減少し、また三度の分割により国家が消滅したポーランドが力を喪失したこと、以上のことが南方辺境における安全確保のうえでもはやカザークの協力を得る必要がなくなったということもある。

こうしたことは、すでに述べた十七世紀前半における「自由と自治」を謳歌するカザーク観を示す同時代人コトシーヒンの記述、およびその後二〇〇年を経た一八五二年秋にイギリスのローレンス・オリファント(L. Oliphant, 一八二九〜八八、江戸末期の駐日イギリス公使館書記官)がドン・カザーク地方を旅行して残した記述の違いに明確に見て取ることができる。この観察者によると、「ドン・カザークは彼らがかつて保有していたほとんどすべての特権、自由な共和国であるということ、そして彼ら自身のアタマンすなわち頭目にしか責任を負わないという状況が知らぬまに奪われ、彼らは近隣諸地方の住民と同様に奴隷の状態に沈んでしまっている。以前には階級の違いは知られていなかったが、現在、ドン・カザークには貴族社会が存在している。かつては地域の共同体があったが、いまでは地域は地所に区分され、農奴制が確立してしまった[57]」、というのである。

「奴隷の状態」というのは誇張であろう。カザークは大多数のロシア人農民に比して軍人としての特権を有していたからである。それにもかかわらず、オリファントの基本的な主張は正しく、「自由と自治」の象徴であった集会はもはやかつてのような権限をもたない儀礼的なものとなって久しかった。本営のアタマンの選出は自由で自主的なものではなくツァーリによる任命に変わり、そのためカザーク社会は政府によって「責任ある、神を畏れ、忠実である」とみなされる新たなカザーク・エリートによって治められるようになった。また、農奴制がここにも導入され、カザーク自身強制的に新たに獲得した地域へ植民の尖兵として移住させられたのである。[58]

カザークと植民

一七五〇年から一八八九年にかけていくつかの新たな軍団が形成された。ドン川からウラジヴォストークにかけて南方辺境沿いにカザーク居住地が延びていたためである。それらのカザーク軍団はカフカースやアジア・ロシアで新たに獲得した地域の安全を確保するためだけではなく、植民のためにも働いている。通常、居住地は河川と密接に結びついていた。二十世紀初頭までに存在した一一の軍団のうち(規模の大きい順に、ドン、クバン、オレンブルク、ザバイカル、テレク、シベリア、ウラル、アムール、セミレーチエ、アストラハン、そしてウスリーの各カザーク軍団)、五つの軍団が川の名前にちなみ(ドン、テレク、ウラル、アムール、そしてウスリーの各カザーク軍団)、一つは河川体系にちなんで(セミレーチエ・カザーク軍団)名づけられていた。

帝国の膨張にともなって農業植民を中心に、植民活動が展開された。その主体は農民であるが、入植活動の保護・防衛のためカザークの果たした役割は大きい。さらには彼ら自身も尖兵として入植活動の一翼を担うことになる。

諸研究はカザークの入植活動や防衛線の確保のために活躍する様子について報告している。精力的にカザーク史研究をしている中村仁志(一九五六〜　)によると、ロシア国家の対カザーク政策にはカザークが住む辺境地域により二つのパターンがあるという。一つは、防衛線としての性格をもつ地域に居住するカザークを「正規軍化」するという動きであり、いま一つは、ロシア国家の領土拡大を推し進めた地域における「官製」カザークの創設であるという。[59] 十八世紀ロシア帝国の東方辺境に位置し、しかもいわばその創設の時期から「官製」カザークとして出発したオレンブルク・カザークについての研究は、ロシア帝国の軍事力のあり方を考えるうえで一つの参考となるであろう。

第五節　オレンブルク・カザーク

オレンブルク・カザークの形成

ヤイーク・カザークとはその形成の経緯が異なり、しかも史料が多く残されているオレンブルク・カザークの創設過程をみることで、カザークの別の側面が明らかとなる。一七四〇年代、オレンブルク・カザーク軍団は帝国南東辺境における植民の支柱となるべく各地から召集された政府主導のいわば「官製の」カザーク軍団である。[60] ロシア政府がカザークの軍事・行政・経済のあらゆる面に対して干渉しはじめたまさにそのとき、オレンブルク・カザーク軍団は形成された。とくに帝国南東地方で中央アジアへの対外政策を遂行しながら、ロシア政府は新たなカザークの居住地を創設した。ある程度のカザーク的な自治を認めながらも彼らを国家の軍事的機関の管轄下に置くことになる。このことは、とくに政府主導で形成されたオレンブルク・カザークにあてはまる。[61]

オレンブルクの建設と同時に周辺地方のカザークはオレンブルク・カザークという共通の名称で呼ばれるようになった。しかし、実際には軍事参議会の布告により、百人隊長のヴァシーリー・マグートフ(В. И. Могутов, 一七一九〜七八)が最初のアタマンに選ばれた一七四八年、やっとそれが公式の名称となる。なお、マグートフはその後七八年まで三〇年間にわたってその地位に留まった。軍団業務を遂行するためにエサウールと書記(писарь)が定められ、アタマンを含めた三名が軍団業務を所管する役所あるいは官房を構成した。[62]

オレンブルクの建設に着手する前に、オレンブルク遠征隊司令官イヴァン・キリーロフ（И. К. Кирилов, 一六九五～一七三七）は次のように報告している。植民のために、ヴォルガ川本流およびその支流の流域に住んでいるカザーク、またサマーラ、ヴォルガ、ウファー、シベリアの各カザーク、およびヤイーク・カザークの一部からカザークを入植させることができる。そして彼らはこの地方にカザークを創設するうえで素晴らしい人材を提供するという。彼はオレンブルクおよび新たに建設される要塞にカザークを居住させることを考えていた。それは政府によって承認され、[63]同地方の建設に関する政府の一連の命令が発布された。[64]たとえば一七三六年二月十一日付布告は次のように述べる。「オレンブルク近郊および他の諸都市に軽装備の部隊を定住させるために、ヤイーク・カザークのうちから志願者を五〇〇人、シベリアの近い諸都市からカザーク、ネヴェルスタンの士族の子たち〔すなわち下級士族〕、そして人頭税を課されていない者を一〇〇〇人、およびウファーの勤務メシチェリャーク人〔ミシャーリ人〕を受け入れるものとする。定住にあたっては、ヴォルガ・カザークと同様に、彼らに対して家屋建設のため手当てを与えるものとする」。[65]

一七三四年、オレンブルク委員会委員長でありのちに初代のオレンブルク県知事となるイヴァン・ネプリューエフ（И. И. Неплюев, 一六九三～一七七三、オレンブルク県知事在任 一七四四～五八）はオレンブルク市近郊のフォルシュタット（カザーク集落）に、ビョールダ・カザークとともにオレンブルクを作ることになるウファーとサマーラから呼び寄せられた五五〇人のカザーク、およびミチンスカヤ・カザーク村からの一〇〇人のカザークを定住させた。これ以外に諸要塞が建設された。ヤイーク川沿いにはタナリツカヤ、ウルタジムスカヤ、キジルスカヤおよびマグニトナヤの諸要塞、ウイ川沿いにはウスチウイスカヤ、クルトヤルスカヤ、カラクリスカヤの諸要塞である。[66]ヤイーク川、ウルリャジ川、カディチャウ川、トボール川沿いにある大村と前哨が一八〇〇ヴェルスタにもわたる境界線を構成した。[67]

一七四四年、同地方におけるカザークの数は二四一五人にまで増加した。それは逃亡民（その多くは逃亡農民）も新たに

図10　オレンブルク市内にあるオレンブルク・カザークの銅像（2009年３月撮影）

図11　19世紀の面影を残すオレンブルク・カザークの家（現オレンブルク市フォルシュタット地区。2009年３月撮影）

建設された要塞にカザークとして登録されたためでもあった。その後も、バシキーリアを手なずけること、バシキール人のなかから正規軍へ徴集する場合に備えてこの地方の安全を図ること、以上の必要性について事あるごとに政府に提案しながら、ネプリューエフはカザークの増加に配慮し続けることになる。[68] オレンブルク防衛線にカザークを定住させることは防衛線の向こう側に住んでいるロシア人住民にとって安全の確保、および同地方の農業と産業の発展のうえで重要な意味があった。実際にこのときまで工場経営による産業がまったくなく、四五〜六二年という短期間のうちに、一五の銅融解工場、一三の銑鉄工場がそれぞれ建設され、それらの工場には農民の移住がみられたが、その数は二〇〇戸の場合もあれば三七〇戸にのぼる場合もあった。[69]

オレンブルク・カザークの構成と俸給

一七四八年まで、同地方の全カザークは軍事と民生の両面においてオレンブルク県知事および県官房の管轄下にあったものの、共通の、とくに軍事的な管轄局をもたなかった。オレンブルク地方のカザークはその出身地方ごとの呼び名に従って、サマーラ・カザーク、ウファー・カザーク、イセト・カザーク、オレンブルク・カザークと呼ばれていた。サマーラ・カザークは以前にはサマーラ地方官房の管轄下に入っていたが、その後は民兵連隊司令官の管轄下に入った。ウファー・カザークとイセト・カザークは地方官房の管轄下に、オレンブルク・カザークはオレンブルク遠征隊から名称を変更したオレンブルク委員会の管轄下に入った。政府にとって、カザークの増加およびサマーラ防衛線沿いおよびオレンブルク防衛線への移住にともない軍事面でカザークを管理する体制の不便さは、彼らを一つの権力のもとに支配する必要性を痛感させた。そこで一七四八年、この点について軍事参議会の布告が発布されることとなる。同年、オレンブルク防衛線の諸要塞にいる全カザークはヤイーク・カザークを除いて「オレンブルク非正規軍団」という名称のもとに統合された。のちに、それはすでに述べたように、オレンブルク・カザーク軍団と呼ばれるようになる。十七歳になると軍事勤務簿に登録され、体力がある限りその勤務を続けなければならなかった。勤務に就くカザークは、銃、サーベル、槍、定められた制服、二頭の騎乗用の馬を自弁で準備する必要があった。他方、勤務遂行のために土地が付与されたのである。[70]

一七五五年五月十五日、軍団勤務者の数が規定された。全構成員は五八七七人である。第一に、オレンブルクには、軍団行政に携わる人々、すなわち軍団のアタマン、エサウール、書記がいる。オレンブルク軍団は一〇〇〇人の兵卒カザーク(一〇個中隊)と然るべき数の士官(九一人)、下士、そして書記で構成される。第二に、ビョールダ村には一〇三人のカザークが、第三に、オレンブルク管轄の諸要塞には八〇〇人、第四に、スタブロポリ管轄の諸要塞には二五〇人、第五に、ウファー地方には一二五〇人、第六に、イセト地方には一三八〇人、その他オレンブルクに定員外の一〇〇〇人のカザークがいた。

カザーク五八七七人のうち四〇八〇人は俸給を受けていない。一七九七人は国庫およびオレンブルク県から年間総額一万九五五四ルーブリ支給されていた。俸給額の多少によって三つのグループに分けられる。すなわち「俸給を受け取る」カザーク、「わずかな俸給しか受け取らない」カザーク、「俸給を受け取らない」カザーク、以上三種類である。第一のグループに属するのは軍団の役職に就いているカザークである。彼らの半分はつねにその勤務に就いている。第二のグループに属するのは役職者勤務にその三分の一を出して、もっぱら彼らの「軍団の仕事」に対して俸給を受け取るのである。[71]第三のグループは自らのやりくりで生活しなければならない人々である。「俸給を受け取る」カザークの俸給の額は、兵卒一五ルーブリ、伍長と中隊書記一八ルーブリ、下士二一ルーブリ、騎兵少尉二四ルーブリ、百人隊長三〇ルーブリ、連隊長一二〇ルーブリとなる。「わずかな俸給しか受け取らない」カザークには、ビョールダ要塞のカザーク、ヤイーク川とサマーラ川沿いのオレンブルク管轄下の九つの要塞のカザーク、およびウファー市で勤務するカザークが入る。この層は三交代制である。すなわち勤務には第三番目の部隊が就いた。その俸給は装備の補助金という性格があった。俸給の額は次のように定められている。一般カザーク三〜四ルーブリ、書記六ルーブリ、アタマン、百人隊長および騎兵少尉七〜一二ルーブリである。[72]

軍団行政

オレンブルク防衛線は行政の便宜上六つの管区と六つの予備軍団とによって形成されている。しかしながら、それらの境界は第一管区と第一予備軍団を除いて一致していない。管区の長はこの地方の長官によって任命される。司令官の任命は予備軍団の司令官によってなされる。現在にいたるまで保管されている一七六四年の年間計画表によると、平時でも防衛線維持のために、カザーク一二二六人、竜騎兵九二八人、改宗カルムィク人三〇三人、バシキール人、ミシャーリ人および勤務タタール人二〇〇四人、以上合計四四六一人が大砲二三門を装備して任務に就いていた。防衛線の諸要塞にいる全住民はこの数には入っていないが、予備役とみなされて要塞での衛兵勤務に就いていた。カザークは「キルギス人〔すなわちカザフ人〕」追捕のためにときどき派遣され、また家畜の追跡と問題を起こした住民や旅行者を拘束するために防衛線を超えて衛兵勤務に就いた。それゆえ実際には防衛線で勤務するカザークの数を正確に数え上げることができないのである。[73]

一七七一年、ヴォルガ・カルムィク人の中国国境への逃亡ならびに「キルギス人〔カザフ人〕」の同地方への度重なる侵入が、同地方における軍隊が十分ではないことを政府に痛感させた。迅速に移動できる部隊の不足が大きな問題であった。なぜなら守備大隊は要塞防衛のために当該の場所から動くことができなかったからである。竜騎兵は要塞ごとに小部隊に、そして、カザークは多面堡、前哨、哨所、斥候所ごとに分けられていた。カザークからすれば共同で行動するはずのバシキール人とカルムィク人は「あてにならない」戦士であった。歩兵は少なく、また野戦砲兵はまったく存在しなかった。以上のことを考慮して、軍事参議会は同年八月二日付報告書を提出する。それによると、オレンブルク県にさらに守備隊五個大隊を補充すること、歩兵、砲兵および騎兵隊の三種類の軍隊から成る軽野戦三個部隊を組織することを願い出た。守備隊五個大隊は以前の民兵三個騎兵連隊に相当した。かくしてオレンブルク県防衛のために、八〇四〇人から成る守備隊一〇個大隊、一六二三人から成る軽野戦三個部隊、総計九六六三人を調達するという軍事参議会の提案が、同年八月三十一日、エカチェリーナ二世によって承認されたが、プガチョーフ叛乱前夜までにそれらの一部がやっと再編されたにすぎなかった。しかも彼らはいまだ教練を受けておらず、また装備も整っていなかったのである。[74]

オレンブルク県官房の報告書によると、一七七〇~七一年の間に、オレンブルク・カザークの総数は一万四二〇九人〔男性〕となっている。[75]

軍団行政遂行のために、オレンブルク・カザークは自分たちのアタマン、スタルシナ〔カザーク部隊の隊長〕、および書記を選出した。こうした人々以外に、カザークは集会の全体決議によって騎兵少尉、百人隊長、エサウールへの軍団内の階級昇進を認め、スタルシナという称号も授与した。さらには司祭や輔祭など聖職者への叙任さえもおこなったのである。[76]

刑事事件と土地分与にかかわる事件を除いた喧嘩、紛争、些細な請願、および一般的な問題は口頭裁判〔словесный

суд）で決せられた。全カザークは体力のある限り勤務し続けなければならなかった。退役は身体に障碍を負ったり老齢となったりして勤務に適さなくなる場合にのみ許された[77]。これら以外に馬、武器、制服などの規定があった[78]。

カザークとしての義務と負担

次にカザークの義務と負担について見てみよう。国境沿いの諸要塞でカザークは監視勤務を遂行し、敵を追跡するためにステップの奥深くへ分遣隊を派遣した。また、郵便、役人、さらには流刑者の護衛・護送にあたり、哨兵勤務に就き、つらい要塞労働として木材やその他の物資を自分の馬で運ばねばならなかった。司令官や衛戍《えいじゅ》司令官たちは再三自らの権利を濫用した。すなわち自分が指揮する正規軍を労働から解放し、彼らの代わりにカザークを利用したのである。以上のこととは別に、カザークはさまざまな種類の物納賦役を遂行し、カザーク大村（行政）当局とその役所のための維持金を収めねばならなかった[79]。

要塞でカザークは任務に従って義務を遂行し、オレンブルク防衛線に部隊を派遣した。毎年、イセト・カザークは自分の本営からニージニー・ウイスカヤ防衛線の防衛のためにカザークを派遣した。この要塞線はヴェルフネヤイーツカヤ要塞からシベリア管区内にまで広がっていた。サマーラ・カザーク、ウファー・カザーク、および要塞内のカザークはヴェルフネヤイーツカヤ要塞からチェルノレチェンスカヤ要塞までの防衛線での任務に就いた[80]。

また要塞勤務のカザークは各自分与地を所有していた。土地はツァーリの命令に基づいてその地方長官の個人的な指示によってカザークに割り当てられた。しかし、それらの指示のどれもカザーク各人に対する分与地の大きさと割り当て手段を厳格に規定してはいなかった。ただ同地方への入植方法についての一般的な規定があるのみである。人口の増加にともない、要塞やその近隣の土地に居住するカザークと他の身分との間に、まもなく双方から係争が発生する。ほぼ一世紀にわたって長引くことになる大量の書簡のやりとりをすることになるが、そのためいくつかのカザーク村は分与地を一〇～一五デシャチーナと規定することになった。[81]

以上のような諸義務を負うカザークは、いかなる農業経営にも、またいかなる狩猟や漁労にも従事する時間を十分にはもてなかった。これ以外にも、多くのカザークは土地不足に苦しんでいたが、こうしたことは前記のこととともにカザーク経済に破壊的な影響を及ぼしたのである。[82]

一七五八年、農業、狩猟や漁労におけるカザークの厳しい状況をみて、軍団アタマンであったマグートフは次のように報告している。「彼ら〔カザーク〕にはその家の経営、耕作、その他の狩猟や漁労に従事するための時間は十分には残っていない。なぜなら彼らはカザーク業務に従って派遣されているからである。……現在、カザークは穀物の不作のため、また彼らには夏季に狩猟や漁労の休暇を与えないために飢饉に陥っている[83]」。同じ年、マグートフは元老院へ「俸給を受け取らない」カザークの厳しい状況に関する同様の報告をしている。[84]

軍団アタマンであるマグートフの報告書の内容は決して誇張ではなかった。彼の陳情はオレンブルク県知事ネプリュ－エフおよび軍事参議会でも取り上げられ、元老院は特別な命令を発することになる。それによると、オレンブルク・カザークには、ドン・カザークやヤイーク・カザークに支給されていた程度の俸給や糧秣が与えられることになった。ただしそれは自分の家から一〇〇ヴェルスタ以上離れた場所に派遣される場合に限られるという条件がついている。[85]「俸給を受け取らない」カザークにとって、それは依然として十分ではなかった。一七六三年、オレンブルク県知事ドミートリー・ヴォールコフ(Д. В. Волков, 一七二七～八五、オレンブルク県知事在任一七六二～六四)は同地のカザークおよび居住者について、「これらの人々は貧しく、またつねにつらい労働をしており粗野である。彼らを見ていると同情を禁じえない[86]」、と書いている。

さらにカザークの状況は地方当局の専横によって深刻なものとなっていた。カザークの談話は伝えている。「衛戍司令官は、彼らの居住地から地方および上級権力が遠く隔たっていること、およびオレンブルク防衛線の諸要塞への道が当時危険であるということを利用して、カザークを懲らしめるべく広範囲にわたる権利をわがものとして次のように言ったものだ。「私はお前たちのツァーリであり神である。望むことは何でもできるのだ」。そして、〔ロシア正規軍の〕伍長はカザークの家を監視すべく派遣され、カザークの生活に入り込み、〔カザークは〕こうした伍長たちを領主であるかのように働かねばならなかった、と伝えられている。勤務における厳格さは異常であった。たとえば、不注意から過ちを犯した者に対して、〔笞を手にした〕一〇〇〇人〔が二列に並ぶ間を歩かされる刑罰〕による「列間笞刑」が三度おこなわれた。これについては軍団の古文書に保管されているいくつかのカザーク勤務目録が示している通りである[87]。

政府によると、一七六八年、オレンブルク・カザーク軍団の男性住民は一万三七六九人である。その内訳は、実際に勤務している者四七七〇人、退役した者二四二三人、未成年および子ども六五七六人であった[88]。カザークの数的増加は彼らの勤務における辛さの軽減につながらなければならなかったが、カザークの日常生活の保障の然るべき方策の欠如という理由で、彼らはそれをあてにならない要素とみなした。

これ以外にカザークは正規軍兵士と一緒に勤務することに不安を抱いていた。なぜなら、そうした勤務はカザークの自由な状況の悪化を意味し[89]、また正規軍はカザークに対して主人のように振る舞っていたからである。

オレンブルク・カザークの軍事勤務は、それが創設された最初の時期においてはほとんど地域的なものに留まっていた。彼らはオレンブルク防衛線を守り、ヒヴァへの売却目的で「キルギス人〔カザフ人〕」グループのもとに囚われていた人々を奪還し、「キルギス人」を撃退し追跡した。またカザークはバシキール人やミシャーリ人の間でしばしば生じる蜂起の鎮圧にもあたらなければならなかった。たとえば、一七五五年、ムッラーであるバトィルシャの指導のもとに立ち上がったバシキール人蜂起を鎮圧したのも彼らである[90]。一七七一年、オレンブルク・カザークはロシア領から中国へ帰還することに決定したカルムィク人を追跡するために派遣された。一七七二年のヤイーク・カザーク蜂起鎮圧にも大きな力があったのである。

第六節　農村と農民

農民の四カテゴリー

いま一つのロシアの特徴をなす農村社会に目を転じよう。十八世紀の農民は農奴（領主農民）、国有地農民、御料地農民、聖界領農民（一七六四年の教会財産の世俗化ののちは経済参議会の管轄下に入ったため経済農民〈экономические крестьяне〉と呼ばれ、国有地農民のカテゴリーに入る）の四つのカテゴリーに分けられる。表2（七四頁参照）によると、一七六〇年代初めにおこなわれた第三回納税人口調査時におけるロシアの人口は二三二三万であり、第一回納税人口調査の実施後約一・五倍になっている。[91] この人口増加は自然増や新たな領土の獲得、第一回納税人口調査では算入されていなかったウクライナ、バルト海沿岸、そしてシベリアといった地域の住民を加えたことによって増加したものである。農村人口のうえでもっとも数の多いカテゴリーは農奴であり、その数は第三回納税人口調査によると、男性三七八万七〇〇〇人であった。一七六〇年代には、この農奴は大ロシアに住む農民のほぼ五三％を占めていた。モスクワから南にかけてのトゥーラやクールスクといった中央黒土諸県では農奴の数がとくに多かった。県平均では、農奴は農民総数の四五～七〇％を構成しており、北部およびシベリアだけが少なかった。[92]

農奴の場合について述べる。彼らのうち、一方では、しばしば新たな収穫まで穀物がなく、家には農作業で疲れ果てた「やくざ馬」、豚や幾羽かの雌鶏がやっとのことで歩いているか、それさえもいない多くの貧農がいた。他方では、貢租農民（оброчные крестьяне）のなかにあってその富裕さゆえに尊敬され、また多くの貴族よりも裕福な第一等の、また資産のある、金持ちの農民がいた。比較的大家族である富裕な農民は、牛や羊などの有角家畜の群れや数十頭の馬を所有していた。彼らは土地を賃貸し、働き手を雇い、商業をおこない、副業や高利貸しさえもし、さらには自ら起業しはじめた。しかし、農奴制システムが裕福な農民の経済的イニシアティヴや自由を拘束していたのである。[93]

ロシア農民史の専門家土肥恒之(一九四七〜　)の研究を基に農奴以外の三つの農民のカテゴリーについて紹介する。[94]

まずは、農民カテゴリーのなかで一番多数を占めていた国有地農民についてである。第三回納税人口調査で男性二八八万人を数えている。国有地農民のいる地帯には領主的土地所有は存在せず、彼らは増額された人頭税を支払ってはいたものの、その状況は領主農民より良好であった。国有地農民のなかには、ロシア人のほかに、多数の北方諸民族、ヴォルガ沿岸地方やシベリア地方の諸民族であるヤサーク民(ヤサーク税としてその土地の特産品で納める人々)が含まれていた。マリ人、チュヴァーシ人、タタール人、ブリヤート人、ヤクート人などである。十八世紀後半になると、ヤサーク税の対象となる動物(クロテンやビーバーなど)の枯渇および農耕の発展によって、ほとんどすべての人々が次第に貨幣で徴収される人頭税を納めるようになった。

次いで、教会や修道院が抱える聖界領農民についてである。十七世紀ロシアの聖界が「国家のなかの国家」と呼ばれるほど世俗権力から自立した存在であり、農民の四人に一人がその所領に住んでいた。しかし、十八世紀の教会は、ピョートル一世による教会改革によって「世俗国家の一機関」になり、その経済的基盤も著しく弱体化した。一七六四年、エカチェリーナ二世政府は、それ以前の政府の成果もあって教会財産の世俗化を完成させた。それにより、約一〇〇万人の聖界領農民は政府の経済官房の管理下に入り、実質的には国有地農民に近づいたのである。

そして、皇室の所有する御料地農民についてである。ツァーリとその一族が所有する領地にいた彼らは、法的にも実態としても農奴と国有地農民の中間にあった。農奴は奪われていた領主に対する不平や不満をツァーリに直接訴えるという権利を有していたが、御料地農民は売買の対象にこそならなかったものの、強制的な移住は頻繁におこなわれた。さらには、功績のあった寵臣への下賜によって、彼らはしばしば農奴に転化したのである。

農民の生活

旧ソ連を代表する歴史家マヴロージンは、十八世紀中葉のロシア社会を農奴制の強化と資本主義的な経済発展が並行してみられた時代と特徴づけた。[95] たしかに、一方では、農奴制のいっそうの強化と発展がみられたが、他方では、市場経済が農奴制を巻き込んでいた。前者に関しては、賦役(барщина)と貢租(оброк)という二形態がある。賦役に関しては、十八世紀後半の初頭、農民たちは平均週三日、プガチョーフ叛乱時には四～六日、さらには七日となった場合さえある。貢租に関しては、一七六〇年代に一年間に農奴一人当りが支払う貢租は一～二ルーブリであった。七〇年代になるとそれが二～三ルーブリに上昇した。[96] しかし、これは地方によって異なっていたのである。また農奴制と市場経済の関係について述べると、十八世紀後半には、農業生産物の商品化率が著しく上昇していたのである。[97]

しかし、鳥山成人(一九二一～二〇〇五)の次のような指摘にも耳を傾ける必要があろう。「……政府に納める人頭税額は八〇年代まで変わらず、物価の上昇も考慮すると、農民の負担の総額は計算のうえではむしろ低下したことになる。しかし十八世紀中葉は、農村家内工業と農民の出稼ぎや市場進出が盛んになる一方、勤務から解放されつつあった領主たちが、穀物市場の拡大という情況のなかで、賦役経営を強化しはじめた時期でもあった。このため農民経営の内容も多様化し、これを一律に論ずることはできない」[98]。

全ロシアの市場が発展し、定期市(ярмарка)の数も、[99] 地方の商業市(торг)の数も、さらには商店(магазин)や小店(лавка)の数も増大していた。商業金融関係のいっそうの発展が領主経済や農民経済を巻き込んでいった。ソ連の歴史家ニコライ・ルビンシュテーイン(Н. Л. Рубинштейн, 一八九七～一九六三)の指摘によると、十八世紀後半には、ロシアにおいて、金納貢租(денежный оброк)が逐次的な広がりをみせた。そのことが農民経済のいっそうの刺激となり、しかもその前提条件になったという。[100] 事実、富裕な農民たちが積極的に商取引に従事するようになった。しかし、大多数の農民は小麦や農産物を売ることによって生計を立てていた。理由は彼らのところで農産物が余っていたからではなく、貢租や人頭税（подушная подать）支払いのため、また塩あるいは他の食料品を購入するために必要な金銭を得るためであった。主食である小麦を販売するために、農民はしばしば飢えることもあった。不作の場合だけではなく、豊作の場合さえもそうせざるをえなかったのである。[101]

第七節　工業の発展と労働者

十八世紀後半の工業化政策と労働者

十八世紀後半のロシアを考えるうえで、ウラル地方の工業化が国益に与えた影響を無視することはできない。同地方の工業化はピョートル一世時代の一七〇一年以来着手されてきた。十八世紀中葉にいたってますます工業化は推進されたのである。しかし、法令だけをとっても、工業化のために強引な政策がとられたことがわかる。二一年、商人に工場建設のために農村購入の許可が与えられた。農民は所有者よりもむしろ企業に従属した。おもにヴォルガ中流域の国有地農民の全村は季節労働者としてウラルの工場に登録された。登録農民の出現である。そこには、労働力の需要が増大したという事情をうかがうことができる。アンナ女帝時代の三六年の法令によると、自由雇用労働者（вольнонаёмные рабочие）は家族とともに農奴に転じ、永久に工場に縛りつけられることになった。[102]

工場労働は主に次の二つの範疇に属する人たちによって担われていた。第一は、ピョートル一世の一七二一年に、工場で使役する場合に限っていわゆる占有工場主と呼ばれる商人である工場主によって購入された農奴（「占有農民 посессионные крестьяне」）である。しばしば「働く人々 работные люди」と呼ばれた。第二は、農閑期に工場や鉱山で働かされた「登録農民 приписные крестьяне」である。[103]元来、彼らは国有地農民であるが、官営あるいは民間の工場に登録され、一年のうちある一定期間工場で働かなければならなかった。またウラル地方にあっては登録農民が工場を維持するための基本的な労働力でもあった。たとえば、アヴズヤノ＝ペトロフスキー諸工場においては、職工の九六％が登録農民である。以上の範疇に属さない、補助的労働に使役される自由雇用の労働者、貧困者、浮浪者、逃亡農民（さまざまな理由で逃亡した、農奴やその他の農民）、私生児、囚人、「兵士の子ども」、非ロシア人などが工場で働いていた。[104]

帝国の工場生産の大半は、鉱山および金属生産を除いては中心地帯でおこなわれた。モスクワ周辺にもその多くが集中していた。そこでは大規模な鉄鋼および銅の工業がピョートル一世による基礎のうえに発展していた。ちなみに、十八世紀中葉、中央地帯にウンジェンスキー工場が誕生して、オカ川流域地帯の鉄鋼工業地帯が形成された。とくに急激な工業発展はモスクワ地帯およびモスクワで生じた。一七七〇年、モスクワには一一六のマニュファクチュアが発生した。モスクワのマニュファクチュアは国の内外の市場において販売する生産品を準備する雇用労働力を使った。重工業はウラル、帝国中央のオカ川流域地帯、およびモスクワ地帯の諸地方で発展することになる。[105]

ロシア全体でみると、一七二五年にマニュファクチュアは一三二存在していたが、[106]六七年にはその約三・八倍の四九八に増加した。[107]このことは、十八世紀後半におけるロシア経済の活性化を準備したことを意味している。つまり、ロシア経済の本格的な発展は十八世紀中葉をもって始まるのである。

実際、一七六七年のマニュファクチュア参議会の報告によると、四九八の工場では、四万五四六四人の労働者（рабочие）がいた。彼らは次のように分類される。工場に登録されている人（приписные）および工場に購入された人（покупные）が二万一八五五人（四八・一％）、農奴が五七八六人（一二・七％）、そして自由雇用の労働者が一万七八二三人（三九・二％）である。[108]一八〇四年の内務省の報告によると、二四一九の工場に九万五二〇二人の労働者がいた。その内訳は次の通りである。工場に登録されている人および購入された人が三万二〇二人（三一・七％）、農奴が一万九三七五人（二〇・四％）、そして自由雇用の人々が四万五六二五人（四七・九％）となっている。[109]ウラルの金属工業はロシアの工場生産の重要な部門となっていた。事実、十八世紀中葉までにウラルはロシアのみならず世界的規模においても一大工業地帯となった。帝国の鉄生産の半分以上が輸出された。その輸出先の第一位はイギリスである。一八〇〇年においてロシアは銑鉄生産では世界一位であり(一六万二四二七トン)、イギリスが第二位であった(一五万六〇〇〇トン)。[110]

ウラルの工場労働力の供給源

十八世紀中葉、ロシアの重工業の中心地となるウラルは多くの労働力を必要とするにいたった。新しい労働力の大部分は、逃亡農民・国有地農民の決して絶えることのない流入によって供給されたのである。これらの逃亡者のうちのある人は、ウラルの住民のいない土地を見つけること、あるいはそこで彼らの人生を再び始めることに望みをかけていた。またある人は誰も住んでいないシベリアの自由な土地にまで入っていった。ウラルの工場の自由雇用労働者に対して支払われた賃金は彼らを魅了するものであった。それゆえ、何千人という逃亡者たちが工場労働者として職に就いたのである。一七二〇年代までに、彼らのうちの五〇〇〇人ほどがウラル地方の製造工場や鉱山で雇われた。三二年、政府の役人たちは、デミードフ家(Демидовы)所有の諸工場だけで二六〇四人の逃亡者が働いていると報告している。[111]

法的には、もし逃亡農奴を受け入れた工場主が、彼らの所有者であった領主によって返還を要求されるなら、逃亡農奴を返還しなければならなかった。ウラルの工場主たちは、一般的な労働力である逃亡農奴を領主に返還する用意はあった。しかし、熟練工たちについては別である。その利用価値が高いために、彼らを返還するわけにはいかなかった。農奴の工場労働についていうと次の通りである。第一に、貴族領主の工場、いわゆる「相続地工場」では、工場主である領主の農奴が使役された。第二に、貴族ではない工場主、いわゆる占有工場主には、領主より農奴を購入することが許されていた。この点に関して、エカチェリーナ二世の新法典編纂委員会では、工場主である領主たちが、占有工場主たちの農奴購入を禁じ、かつすでに工場に隷属している農奴を自らの手に移管すべきだと主張した。それに対して、占有工場主たちは、農奴を労働者として所有できなければ、工場を維持することは不可能であると反駁した。[112]このように、当時、占有工場主たちさえも農村を労働力の供給源と考え、農民の解放を主張することはなかったのである。

政府はウラル地方の工業発展を推進することを念頭に置いて、一七二二年、二五年および三六年と、もし工場主が元来の農奴所有者に補償金を支払うならば、工場主は熟練工である逃亡農奴を工場でそのまま使役しても構わないという法令を発した。ここにいたり、逃亡農奴は自由雇用労働者としての地位を喪失することになった。彼とその家族は工場に永久に緊縛され、工場主の都合により、子どもたちも工場から工場への移転命令に従わなければならなかった。元々の所有者が不明な逃亡農奴、さらには同地方へ逃げてきた国有地農民も、彼らが雇われていた工場に生涯にわたって緊縛されることになった。こうして、逃亡を通して自由を獲得しようとした農民たちは、隷属の一つの形態から別のしかも過酷な形態へと移行したことになる。[113]

工場における労働者数および労働の実態

ウラルの鉱山・冶金工業部門において、男性労働者数は一七一九年で三万一三八三人であったが、世紀末の九六年になると三一万二二一八人に膨れ上がっている。[114] それは工場に登録された労働者によって増えたためである。十九世紀前半には、法律によって登録農民が全員ではないにせよ解放されたので、一八六一年の農奴解放の前夜には男性約二〇万一〇〇〇人が鉱山・冶金工業に登録されることになった。しかし、この数字は実際に工場や鉱山で雇われていた労働者の数よりも多い。というのは、登録された農民全員を使役したからではなく、また一年の限られた期間しか使役しなかったからである。[115]

気候が厳しいウラルの工場での通常の労働時間についていえば、冬では一一時間、夏では一三時間に達する。マヴロージンは、その労働時間の長さについて、「夜明けから日没まで」と指摘する。[116] 常勤の労働者は一年に二〇〇〜二六〇日労働し、子どもも広く使役された。労働者は工場近くの小さな土地に住んでいた。ときには彼らは工場用地内にバラックを建てたりもした。一年のうち一定期間を工場で働くことを求められている登録農民たちは、定期的に鉱石や石灰岩の採掘、伐採、材木の運搬、および漁獲物の運搬などに従事することを求められた。この時代のより大きな工場は多くの荷車運搬人やそれ以上の木材伐採人、炭焼き人を必要としたのである。[117]

登録農民が広範囲に使役されはじめた頃、彼らの賃金は工場主と彼らの間の同意によって決められていた。一七二四年のピョートル一世の布告によってその賃金範囲が定められた。当初、それは同じ仕事をする自由雇用労働者に支払われる賃金と一致していた。しかし、まもなく両者の間には溝が生じた。四二年、オロネツ工場に登録された農民たちは、賃金が雇用労働者に支払われる額の半分以下（ときには三分の一）であると不満を述べた。それにもかかわらず、賃金は、六九年に政府がそれを上げるように命ずるまで変わらなかった。しかも、上昇した賃金も、ウラルでとくに激しかった物価上昇によって完全に相殺されてしまったのである。[118]

十八世紀中葉までに、多くの労働者や鉱夫たちは元々工場に緊縛された労働者であるいわゆる工場農奴であった人々（占有農民）の子どもであり、しばしば報酬を支払われて雇われた労働者の地位にあった。しかし、その報酬は非常に低く、彼らの労働条件は劣悪であった。彼らはもはや土地を耕してはいなかったので、塩や穀物のような生活必需品の価格が高騰することによって、登録農民と同様、大打撃を受けたのである。[119] とはいえ、のちの蜂起にみられるように、占有農民と登録農民の動向には違いが生じている。十八世紀後半、ウラルの労働力の頼みの綱は工場に属する労働者たちであったが、工場労働者はいわゆるプロレタリアートではなかった。ロシアの大規模企業にあっては、いかなる領主にも属さない自由雇用労働者は少なく、雇用労働者（наёмные рабочие）が多かったのである。

工場の建物に目を向けてみると、内部は湿気が多く、土の床で雨漏りのする屋根、そのうえ暗く換気も悪かった。労働者たちは汚い小屋や寮に押し込められ、粗末な衣服を着て、食料さえ十分ではなかった。生活必需品の購入にあたっては工場付属の店舗で法外な金額を支払って購入することが求められ、また職工長や管理人による強奪・罰金および鞭打ちに従うことを強いられたのである。[120]

そのように、労働をおこなうことを強要された人々の怒りは、工場主の過度な要求により、さらに増していった。国営工場は軍隊的な労役によって経営され、現代のように労働者の健康や福祉ということはほとんど考慮されなかった。民間の工場はさらに酷かった。とくにウラル最大の工業家であったデミードフ家が経営する工場は悪い評判が立っていた。デミードフ家が工場を接収するだろうという知らせは、しばしば工場労働者に蜂起を誘発させた。十九世紀初めには、幾度か労働者たちがツァーリへ嘆願書を提出する試みをしたが、それに対して彼らは銃殺や燃え盛る炎のなかに投げ込まれる憂き目に遭ったのである。[121]

ウラルの工場に登録された農民に課せられたなかでもっとも厄介なものの一つは、すでに述べたように、人頭税支払い以外に、工場での労働のために自分の故郷から遠い距離を旅しなければならないということである。登録農民が数百ヴェルスタを移動しなければならないということは何も稀なことではなかった。ある農民は八〇〇ヴェルスタの距離の移動を強いられた。ときにはこうした旅行は一年の間に何度もしなければならず、多くの時間と費用がそれに費やされた。一七六九年までは、旅行費用はすべて農民自身が負担した。六二年、エカチェリーナ二世への報告は、一年間に三度四〇〇ヴェルスタ離れた工場で一二〇日間働くために移動する農民について述べている。馬をもたないこの農民は、平均一日二五ヴェルスタ移動し、九六日をこの移動に費やしていた。[122]

第八節　民族——バシキール人の場合

農業植民

次に問題となるのは民族の動きである。ここでは、プガチョーフ叛乱が猖獗《しょうけつ》を極めた南ウラルの状況に焦点を当てて考えてみよう。経済的には、ソ連の歴史家ナターリア・アッポローヴァ（Н. Г. Аполлова）が指摘したように、「十八世紀ロシア国家における絶対主義政府が直面する課題は民族的辺境の経済開発にあった。すなわち、中央ヴォルガ地帯（とくにタターリアとチュヴァーシア）では農耕と農村産業の発展であり、バシキーリアにおいては農耕と冶金工業の発展である」[123]。こうした見解は、十八世紀ロシア政府の諸民族混住地帯に対する植民政策の明確な方向性を示している。ちなみに、それ以前のロシア国家が同地方に対して関心を示していたという史料は存在しない。

敵対関係を内包した南ウラルへの植民はどのように進展していったのであろうか。最初にバシキーリアに入植したのはストローガノフ家およびロシア正教の修道院である。次いでやってきたのがロシア人農民であった。南ウラルの植民についてモノグラフを書いたユーリー・タラーソフ（Ю. М. Тарасов）によると、農民たちとは、「最初は逃亡者たちである。すなわち農奴制の抑圧から逃れたロシア人農民、政府によって追跡された逃亡中の古儀式派教徒たちである。その後、国有地農民が現れたが、彼らに対して政府は「未開の原野」という名称で知られているバシキーリア内の無主地を分与地として与えた」[124]。同地方への植民は当初農業植民という性格が色濃かったのである。

ロシア人以外の入植者としては、南ウラルの北東部すなわちシベリアから主にタタール人が移住してきた。ドン・カザークもロシア人農民とほぼ同じ時期に入植してヤイーク・カザークを形成した。彼らは一五九一年に軍団を創設し、近隣のカルムィク人やバシキール人と頻繁に戦うことになる。政府は徐々にヤイーク・カザークを手なずけ、オレンブルク地方における軍事植民という目的のため彼らを利用した。一方、ヤイーク・カザークの地域は、ドン・カザークの地域がそうであったのと同様に、自由の砦として逃亡した農奴やロシア国家の農奴体制に不満を抱くすべての人々が身を隠すことができる安全な場所[125]、いわば「アジール」的な拠点と化していったのである。

植民は長い時間をかけておこなわれた。それはステップの遊牧民であるバシキール人たちによる攻撃から入植者や入植地を守るべく軍事要塞の建設と並行して進められたのが特徴的である。十六世紀に建設されたウファー（一五七四年建設、以下同じ)、メンゼリーンスク(一五八四～八六年)およびオサ(一五九一年)、十七世紀に建設されたクングール(一六四八年)とビルスク(一六六三年)、さらに十八世紀になって建設されたトロイツク(十七世紀後半～十八世紀初頭)、エカチェリンブルク(一七二一年)、クラスノウフィムスク(一七三六年)などは、すべてロシア人をバシキール人、「キルギス人(すなわちカザフ人)」およびその他の「異族人」の攻撃から守るために要塞として建設されたのである。[126]

他方、同地の県制度と郡制度の創設にともなって貴族や官僚の数も増加する傾向にあった。彼ら貴族は家族を連れてやってきた。中央諸県から領主によって強制的に移住させられた農奴の数も増大した。一七六七年、オレンブルク県には四六二名の貴族(男性)と二万一八四二人の農奴(男性)が暮らしていた。そして十八世紀末には七六六人の貴族(男性)と三万四一四三人の農奴(男性)がいたのである。[127]

ロシア国家とバシキール人の「契約」、そして蜂起

バシキール人は、イヴァン四世時代の十六世紀中葉にロシア国家に併合されて臣従して以来、十八世紀後半まで幾度も蜂起を起こすことになる。これがバシキール人の歴史の大きな特徴である。

ロシア国家に併合された当初、ロシア政府はバシキール人の土地すべてを安堵したうえで、土地に対する彼らの相続的権利を認めた。宗教に関しても、政府はバシキール人の信仰に触れないことを約束した。政府は族長や長老たちにその権利を保障したのである。以上はバシキール人に対するロシア政府の譲歩であり、それらはバシキール人を満足させた。バシキール人上層も、また民衆もともにそれに満足した。重要な点は、こうして受け容れることになったロシア国家への臣従が全住民の参加する集会で承認・決定されたということである。ロシア政府はヤサークの獲得に多大な関心を抱いていた。じつはこれこそが同地域を獲得したモスクワ国家の目的であり、結局のところ経済的な実利を求めていたことがわかる。それに、バシキール人による軍役奉仕の義務も加わった。このような契約がロシア国家とバシキール

人諸種族との間で結ばれたのである。

しかし、こうした契約はロシア政府によって徐々に破られていくようになる。十七世紀においては、ヤサーク徴収に際して、ロシア人官僚が圧迫を加えたこと、およびその地位を利用した職権濫用である。[128] さらには、農奴制を逃れてやってきた多数のロシア人農民および中央ヴォルガ地域やカマ川下流域からの非ロシア人の流入であったが、これがバシキール人蜂起の直接的な原因となった。[129] 十八世紀に入ると、信仰にも規制がかけられ、[130] 徴税官や「利得者たち」によって新たな税金が課せられていった。[131]

十七〜十八世紀初頭のバシキール人蜂起の引き金となったのはロシアによる植民と改宗という政策であった。それはかつてイヴァン四世の政府との間で結ばれた契約に対する明白な違反であるとバシキール人に認識されたのである。

十八世紀前半、南東ロシアの拠点としてのオレンブルクの建設が始まった。それと並んで、カザフとの国境線沿いに要塞線の建設も並行しておこなわれた。そのための労働力の提供が求められ、また土地の没収が進められた。後者については、すでに工場建設とともに始まってはいたが、それがいっそう加速していったのである。これに対して、バシキール人は激しく抵抗したが、結局、彼らの蜂起は厳しく鎮圧される。[132] そのことがバシキール人のロシアおよびロシア人に対する敵愾心を培うことになった。

以上、エカチェリーナ二世時代のロシア帝国内外の状況について検討してきた。

国際的には、ロシアは十八世紀を通じてつねに戦争状態かそれに近い緊張状態にあったということである。ロシアは対オスマン帝国との戦争を継続し、そのためにヨーロッパとの連携が必要となった。それゆえ国際関係における相互に援助する体制の構築が求められた。そのなかで、ポーランド分割が考えられたが、このことは新たな火種をロシア国内に持ち込むことになる。

国内の経済は悪化の一途をたどっていたが、その最大の原因は戦争である。具体的には、社会構造、軍制、民族の問題が表面化していたのである。それを解決するために構造的な改革へと進むことになる。しかし、それぞれの問題はロシア国家が歴史的に形成してきたために複雑で容易に解決できない問題だった。

以上のことを認識したうえで、叛乱発生直前のロシアの社会に焦点を当てて考えてみることにしよう。そこにここで検討した国家・社会の問題と社会層のさまざまな動きがみられることになる。

註

1 この章は次の拙稿を基にしている。*Тоёкава К.* Оренбург и оренбургское казачество во время восстания Пугачева 1773-1774 гг. Москва: Археографический центр, 1996;「「植民国家」ロシアの軍隊におけるカザークの位置——18世紀のオレンブルク・カザーク創設を中心に」『歴史学研究』第八八一号、二〇一一年、三四~四八頁、「近代ロシアにおけるカザーク社会の形成と展開についての研究」『明治大学人文科学研究所紀要』第四八冊、二〇〇一年、二九八~三〇〇頁。

2 Hoffmann, Peter und Schützler, Horst, „Der Pugacev-Aufstand in zeitgenössischen deutschen Berichten,“ *Jahrbuch für Geschichte der UdSSR und der volksdemokratischen Länder Europas*, VI (1962), S. 354-355; Сборник императорского русского исторического общества (Далее: СИРИО). СПб., 1876. Т. XIX. С. 380 (№ 188. Sir Robert Gunning to the Earl of Suffolk, October 22 (November 2), 1773); Alexander, J. T. *Autocratic Politics in a National Crisis*, p. 11.

3 Архив Государственного совета (Далее: АГС). СПб., 1869. Т. I. Ч. 1. Стб. i-vii; Alexander, J. T. *Autocratic Politics in a National Crisis*, p. 2.

4 *Ibid*, pp. 2-5.

5 *Чечулин Н. Д.* (под ред.) Наказ Императрицы Екатерины II, данный Комиссии о сочинении проекта нового уложения. СПб., 1907. С. 2.

6 ロシアとオスマン帝国との戦争については次を参照されたい。Madariaga, Isabel de, *Russia in the Age of Catherine the Great*, New Haven and London: Yale University Press. 1981, pp. 205-214, 226-236. 田中良英『エカチェリーナ2世とその時代』東洋書店（ユーラシア・ブックレット）、二〇〇九年、三五~四〇頁。

7　本文は以下の文献を参考にしている。Записки сенатора Павла Степановича Рунича о Пугачевском бунте. С. 126–131; Alexander, J. T. *Autocratic Politics in a National Crisis*, pp. 11–14; Scott, H. M. "Frederick II, the Ottoman Empire and the Origins of the Russo-Prussian Alliance of April 1764," *European History Quarterly*, April 1977, vol. 7, pp. 153–175; 尾高晋己『オスマン外交のヨーロッパ化――片務主義外交から双務主義外交への転換』溪水社、二〇一〇年、七三～一八六頁。

8　黛秋津「ロシアのバルカン進出とキュチュク・カイナルジャ条約（一七七四年）――その意義についての再検討」『ロシア・東欧研究』第三七号、二〇〇八年、一〇一～一〇五頁、尾高前掲書、一二七～一八六頁、高田和夫『帝政ロシアの国家構想――一八七七～七八年露土戦争とカフカース統合』山川出版社、二〇一五年、二五～三〇頁、拙訳・解説「クチュク＝カイナルジ条約（一七七四年）」歴史学研究会編『世界史史料6――ヨーロッパ近代社会の形成から帝国主義へ　18・19世紀』岩波書店、二〇〇七年、八七～八九頁。

9　*Троицкий С. М.* Финансовая политика русского абсолютизма в XVIII в. М., 1966. С. 242.

10　*Чечулин Н. Д.* Очерки по истории русских финансов в царствование Екатерины II. СПб., 1906. С. 142, 256–257; Alexander, J. T. *Autocratic Politics in a National Crisis*, p. 15.

11　*Троицкий С. М.* Финансирования политика русского абсолютизма во второй половине XVII и XVIII вв. /*Дружинин Н. М. и т.д.* (под ред.) Авсолютизм в России. М., 1964. Таблица. 5. С. 313; Alexander, J. T. *Autocratic Politics in a National Crisis*, p. 15.

12　*Чечулин Н. Д.* Указ. соч. С. 125–126, 166–167, 326–329; Alexander, J. T. *Autocratic Politics in a National Crisis*, p. 15.

13　*Чечулин Н. Д.* Указ. соч. С. 320–324; Alexander, J. T. *Autocratic Politics in a National Crisis*, pp. 15–16.

14　*Боровой С. Я.* Кредит и банки России. Середина XVII в.–1861 г. М., 1958. С. 58; Alexander, J. T. *Autocratic Politics in a National Crisis*, p. 16.

15　Marshall, Joseph, *Travels through Holland, Flanders, Germany, Denmark, Sweden, Lapland, Russia, the Ukraine, and Poland, in the Years 1768, 1769, and 1770, in which is particularly minuted, the present state of those countries, respecting their agriculture, population, manufactures, commerce, the arts, and useful undertakings*, 3 vols. London, 1772, vol. III, pp. 141–142.

16　*Рубинштейн Н. Л.* Сельское хозяйство России во второй половине XVIII в. (историко-экономический очерк). М., 1957. Приложение IV, таблица 1 и 3, С. 470–475, 485–490（ルビンシュテーインの表1は一七六〇年代の価格変動を示し、表

3は各県における十八世紀後半の穀物価格の変動を示している).

17 Alexander, J. T. *Autocratic Politics in a National Crisis*, p. 16.

18 *Рубинштейн Н. Л.* Указ. соч. С. 411–417.

19 АГС. Т. I. Ч. 2. Стб. 709–712; Alexander, J. T. *Autocratic Politics in a National Crisis*, p. 17.

20 *The Annual Register, or a View of the History, Politics, and Literature, for the Year 1773*, XVI, London, 1774, p. 12.

21 Alexander, J. T. *Autocratic Politics in a National Crisis*, pp.17–18.

22 *Щербатов М. М.* Мнение о поселенных войсках / П. Любомиров (под ред.) Неизданные сочинения, М., 1935. С. 82.

23 Цит. По: *Бескровный Л. Г.* Русская армия и флот в XVIII в. (очерки). М., 1958. С. 300.

24 以下の文章は次の拙稿を基にしている。「「植民国家」ロシアの軍隊におけるカザークの位置――18世紀のオレンブルク・カザーク創設を中心に」『歴史学研究』第八八一号、二〇一一年、三四～四八頁。

25 Childs, J. *Armies and Warfare in Europe 1648–1789*, Manchester: Manchester University Press, 1982, p. 42. チャイルズによると、ロシアの陸軍は一七五六年には三三万人、一七八九年には五〇万人であるという。

26 ピョートル一世とその父アレクセーイ帝の軍事改革については次を参照されたい。P・A・クロートフ（豊川浩一訳・解説）「ピョートル一世の軍事改革」『駿台史学』第一六一号、二〇一七年、六三～八〇頁、N・N・ペトロヒンツェフ（豊川浩一訳・解説）「二つの近代化された軍事改革とロシア社会への影響」『駿台史学』第一七一号、二〇二一年、二七～五七頁。

27 Stone, David R. *A Military History of Russia. From Ivan the Terrible to the War in Chechnya*, Westport: Plaeger Security International, 2006, p. 78. なお、この本の巻末にはコメントを付した簡単な参考文献一覧があり有益である。

28 *Бескровный Л. Г.* Указ. соч. С. 311–312, 326–327.

29 *Он же*. Русская армия и флот в XIX в.: Военно-экономический потенциал России. М., 1973. С. 12, 14.

30 *Он же*. Русская армия и флот в XVIII в. С. 326–327

31 *Он же*. Русская армия и флот в XIX в. С. 28.

32 *Кабузан В. М.* Народонаселение России в XVIII–первой половине XIX в. М., 1963. С. 152–153. なお、本文中のパーセントは修正してある。

33 Там же. С. 153.

34 Pintner, W.M. "The Burden of Defense in Imperial Russia, 1725–1914," *Russian Review*, 43, 1984, pp. 246–247.

35 Hartley, J. M. *Russia, 1762–1825, Military Power, the State, and the People*, London: Prager, 2008, Chapter 1.「郷士」について、詳しくは次を参照。*Семевский В. И.* Крестьяне в царствование императрицы Екатерины II. СПб, 1901. Т. 2. С. 721–775.

36 Subtelny, O. *Ukraine: A History* Toronto, Buffalo and London: University of Toronto Press, 1988, p. 185.

37 Hartley, J. M. *op. cit.*, p. 13.

38 Longworth, Ph. "Transformations in Cossackdom 1650–1850," in *War and Society in East Central Europe*, vol. 1, *Special Topics and Generalizations on the 18th and 19th Centuries*, ed. by B. K. Kiraly and G. E. Rothenburg, New York: Colorado University Press, 1979, p. 397.

39 和田春樹「近代ロシア社会の法的構造」東京大学社会科学研究所編『基本的人権3、歴史2』東京大学出版会、一九六八年、二七三頁。

40 本節のこの項以降は次の拙稿を基にしている。「近代ロシアにおけるカザーク社会の形成と展開についての研究」『明治大学人文科学研究所紀要』第四八冊、二〇〇一年、二九八～三〇〇頁。また次も参照。*Миненко Н. А.* Задачи изучения истории казачества восточных регионов России на современном этапе / Казаки Урала и Сибири в XVII–XX вв. Сб. научных трудов. Екатеринбург, 1993. С. 3–14. なお、前記拙稿以外のカザークに関する次の邦語文献も参照されたい。阿部重雄『コサック』教育社（教育社歴史新書）、一九八一年、中村仁志「17世紀におけるドン・カザークの変貌――対ロシア関係を中心に」『西洋史学』第一二四号、一九八二年、一～一九頁、同「ザポロージエ・カザークとウクライナ（17世紀後半）」『西洋史学』第一三八号、一九八五年、二一～三七頁、同「18世紀南ウクライナの植民とザポロージエ・カザーク」『史林』第六九巻第六号、一九八六年、九〇～一二六頁、同「カザーク辺境とロシア国家――17～18世紀のヤイーク地方を中心に」『宝塚造形芸術大学紀要』第一号、一九八七年、五九～七二頁、同「初期カザーク史をめぐる諸問題」『ロシア史研究』第四九号、一九九〇年、二～一六頁、同「19世紀ウラル・カザーク軍団領の社会＝経済的変容」『関西大学文学論集』第四五巻第二号、一九九五年、四七～六二頁、同「ヴォルガ・カザーク軍団の形成」『関西大学大学論集』第四九巻第一号、一九九九年、五九～八一頁、同「ヤイーク・カザークの起源説話――グーグニハと18世紀ヤイーク社会」『関西大学文学論集』第五四巻第四号、二〇〇五年、一六九～一八八頁、同「ロシア辺境の拡大とカザーク」『関西大学文学論集』第五六巻第四号、二〇〇七年、七三～九一頁、同「ロシア・カザークと遊牧民」『関西大学文学論集』第五八巻第四号、二〇〇九年、五一～七〇頁、同「カザーク軍団の創設期――ロシア軍の一組織としてのカザーク」『関西大学文学論集』第六一巻第三号、二〇一一年、二七～四八頁など。

41 *Фасмер М.* Этимологический словарь русского языка. Т. 2. М., 1986. С. 158.

42 Pennington, A. E. ed., *Grigorij Kotošixin. O Rossii v carstvovanie Alekseja Mixajloviča. Text and Commentary*, Oxford University Press, 1980, pp. 147-148〔コトシーヒン（松木栄三編訳）『ピョートル前夜のロシア――亡命ロシア外交官コトシーヒンの手記』彩流社、二〇〇三年、二三〇頁〕.

43 *Татищев В. Н.* Избранные произведения. Л., 1979. С. 338.

44 *Даль В. И.* Толковый словарь. 1979. Т. 2. С. 72.

45 *Карамзин Н. М.* История государства Российского. М., 1989. Кн. 2. Т. V. Стб. 230-232.

46 「植民理論」については次の論稿を参照されたい。鳥山成人「ペー・エヌ・ミリュコーフと「国家学派」」『ロシア東欧の国家と社会』恒文社、一九八五年、二七八～二八四頁。

47 *Соловьев С. М.* История России с древнейших времен. Кн. III. Т. 5. М.: «Мысль», 1989. С. 304.

48 *Ключевский В. О.* Курс русской истории / Ключевский В. О. Сочинения в 8 томах. Т. 3. М.: Государственное издательство политической литературы, 1957. С. 104〔ヴェ・オ・クリュチェフスキー（八重樫喬任訳）『ロシア史講話』第三巻、恒文社、一九八二年、一二七～一二八頁、なお訳文は著者が変更した〕.

49 *Костомаров Н. И.* Бунт Стенки Разина. Собр. соч. Т. 2. СПб., 1903. С. 409.

50 *Платонов С. Ф.* Очерки по истории Смуты в Московском государстве XVI-XVII вв. СПб., 1910. С. 108-113.

51 *Голобуцкий В. А.* Запорожская Сечь // Вопросы Истории. 1970. № 2. С. 100-101; *Рознер И. Г.* Антифеодальные государственные образования в России и на Украине в XVI-XVII вв. // Вопросы истории. 1970. № 8. С. 47-48.

52 *Буганов В. И.* Разин и разинцы. М., 1995; *Павленко Н. И.* Историческая наука в прошлом и настоящем: Некоторые размышления вслух // История СССР. 1991. № 4; *Соколов М. М.* Неверная память. Герои и антигерои России. М., 1990; *Соловьев В. М.* Актуальные вопросы изучения народных движений // История СССР. 1991. № 3; *Он же.* Анатомия русского бунта. Степан Разин: мифы и реальность. М., 1994; *Усенко О. Г.* Психология социального протеста в России XVII-XVIII вв.

53 近年刊行された各種カザークについてまとめた次の大著などはその良い例である。Российское казачество. Научно-справочное издание. М., 2003.

54 鳥山成人「「動乱」とロマノフ朝の成立」田中陽兒・倉持俊一・和田春樹編『ロシア史1　九～十七世紀』（世界歴史大系）山川出版社、一九九五年、二九一～二九三頁。土肥前掲書『ロシア社会史の世界』一三六～一四七頁。

55 ПСЗ. Т. VI. № 3750.

56 Longworth, Ph. *op. cit.*, p. 395.

57 Oliphant, L. *The Russian Shores of the Black Sea in the Autumn of 1852*, Edinburgh and London: Blackwood & Sons, 1853, p. 151.

58 Longworth, Ph. *op. cit.*, p. 395.

59 中村前掲論文「カザーク辺境とロシア国家」六〇～六一頁。中村によると、ヤイーク・カザークはいずれのグループにも入らないとするが、第一のパターンに入るであろう。また第二のパターンに入るヴォルガ・カザークについては、中村前掲論文「ヴォルガ・カザーク軍団の形成」を参照されたい。また、土肥前掲書『ロシア社会史の世界』第五・六章も参照。

60 本節は次の拙著の一部を基礎にしている。*Тоёкава К.* Указ. соч. С. 82–98.

61 *Машин М. Д.* Участие оренбургских казаков в крестьянской войне 1773–1775 гг. под предводительством Е. И. Пугачева // Народы в Крестьянской войне 1773–1775 гг. Уфа, 1977. С. 106–107; cf. Donnelly, A. S. *The Russian Conquest of Bashkiria 1552–1740. A Case Study in Imperialism*, New Haven and London: Yale University Press, 1968.

62 *Авдеев П. И.* Историческая записка об Оренбургском казачьем войске. Оренбург, 1904. С. 11; *Севастьянов С. Н.* Иван Васильевич Падуров // Оренбургский листок. 1892. № 2. С. 2.

63 *Стариков Ф.* Историко-статистический очерк Оренбургского Казачьего войска. Оренбург, 1891. С. 48–49.

64 ПСЗ. Т. IX. №№ 6887, 6889, 6890.

65 Там же. № 6890. С. 744.

66 *Авдеев П. И.* Указ. соч. С. 25.

67 Оренбургские губернские ведомости. 1851. № 15–16. С. 59.

68 *Авдеев П. И.* Указ. соч. С. 26–29.

69 Там же. С. 30.

70 Там же. С. 31–32.

71 Там же. С. 33–35, 177–178; *Стариков Ф.* Указ. соч. С. 14–19.

72 Столетие Военного министерства. 1802–1902. Исторический очерк. Т. XI. Ч. 3. СПб., 1902. С. 332.

73 *Авдеев П. И.* Указ. соч. С. 39–40.

74 *Стариков Ф.* Указ. соч. С. 81–82.

75 *Попов С. А.* Оренбургская губерния накануне крестьянской войны 1773–1775 гг. – численность, национальный и социальный состав населения, социально-экономическое положение // Научная конференция, посвященная 200-летию Крестьянской войны 1773–1775 гг. В России под предводительством Е. И. Пугачева: тезисы докладов. Оренбург, 1973. С. 19.

76 *Стариков Ф.* Указ. соч. С. 70–71.

77 Там же. С. 71.

78 Там же; *Авдеев П. И.* Указ. соч. С. 35.

79 *Авдеев П. И.* Указ. соч. С. 28; *Стариков Ф.* Указ. соч. С. 71.

80 Там же. С. 72.

81 Там же. С. 72–73.

82 Там же. С. 73.

83 *Авдеев П. И.* Указ. соч. С. 36–37; Столетие Военного министерства. Т. XI. Ч. 3. С. 334–335.

84 Материалы по историко-статистическому описанию Оренбургского казачьего войска. Оренбург, 1903. Вып. 3. № 37. С. 35.

85 Там же. № 43. С. 47–49; ПСЗ. Т. XV. № 10894.

86 Записки Дмитрия Волкова об Оренбургской губернии 1763 года // Вестник Русского географического общества. 1859. № 9. Ч. 21. С. 55.

87 Записки подъесаула Севастьянова о Старшинстве Оренбургского казачьего войска // Материалы по историко-статистическому описанию Оренбургского казачьего войска. Оренбург, 1903. Вып. 1. С. 58.

88 Столетие Военного министерства. Т. XI. Ч. 3. С. 336.

89 *Лимонов Ю. А.* Оренбург и крестьянская война 1774–1775 гг. / Научная конференциия, посвященная 200-летию Крестьянской войны 1773–1775 гг. в России под предводительством Е. И. Пугачева: тезисы докладов. Оренбург, 1973. С. 20.

90 Столетие Военного министерства. Т. XI. Ч. 3. С. 337.

91 *Троицкий С. М.* Финансовая политика русского абсолютизма в XVIII в. М., 1966. С. 215. とくに表19を参照。

92 *Индова Е. И., Преображенский А. А. и Тихонов Ю. А.* Указ. соч. С. 77.

93 *Мавродин В. В.* Под знаменем Крестьянской войны. М., 1974. С. 7–8. ソ連時代の歴史家マヴロージンはこうした裕福な農民の活動をブルジョワ的進路に立つものとしている(Там же)。

94 土肥恒之『「死せる魂」の社会史——近世ロシア農民の世界』日本エディタースクール出版部、一九八九年、一五〜一八頁。

95 *Мавродин В. В.* Под знаменем Крестьянской войны. С. 5–6. かつてのソ連の歴史学は農奴たちが従っていた増大する封建的搾取や権力濫用を強調するが、通常これは個々の暴動の引き金になり、不従順や報復の行動の特色を与えたものである。なお十八世紀のロシア農民については次を参照されたい。*Семевский В. И.* Крестьяне в царствование императрицы Екатерины II. СПб., 1881–1901. 2 ТТ.; *Рубинштейн Н. Л.* Указ. соч.; Blum, J. ***Lord and Peasant in Russia from the Ninth to the Nineteenth Century***, Princeton: Princeton University Press, 1961. pp. 15–24; Confino, M. ***Domaines et Seigneurs en Russie vers la fin du XVIIIe siècle – Etude de structures agrairies et de mentalités économiques,*** Collection histoirique de l'Institut d'Études slaves, no. 18, Paris, 1963.

96 *Петров С.* Пугачев в Пензенском крае. Пенза, 1956. С. 9.

97 *Рубинштейн Н. Л.* Крестьянское движение в России во второй половине XVII века // Вопросы истории. 1956. № 11. С. 34.

98 鳥山成人「第五章　ロシア帝国の成立と発展」岩間徹編『ロシア史　新版』（世界各国史４）山川出版社、一九七九年、所収、二三六頁。

99 商業の中心は定期市である。その主なものとして、マカリエフ、イルビト、スヴェンスク(ブリャンスク近郊)、アルハンゲリスク、ハリコフ、オムスクなどの定期市があげられる(*Петров С.* Указ. соч. С. 9)。

100 *Рубинштейн Н. Л.* Указ. стат. С. 34.

101 *Мавродин В. В.* Под знаменем Крестьянской войны. С. 6.

102 Avrich, P. *op. cit.*, pp. 199–200(邦訳、二一一～二一二頁).

103 *Семевский В. И.* Указ. соч. Т. II. С. 295–297; Blum, J. *op. cit.*, p. 308.

104 *Буганов В. И.* Крестьянская война в России XVII–XVIII вв. М., 1976. С. 156–157.

105 *Петров С.* Указ. соч. С. 8–9.

106 *Заозерская Е.* Мануфактура при Петре I. М., 1947. С. 156–184.

107 *Пажтонов К.* К вопросу «переломе» в манифактурной промышленности XVIII в. // Вопросы истории. 1948. № 3. С. 61.

108 Там же. С. 62.

109 Там же.

110 Portal, R. *L'Oural au XVIIIe siècle, Etude d'histoire économique et sociale,* Collection historique de l'Institut d'Etudes slaves, no. 14, Paris, 1950, pp. 52, 131, 372–377; Blum, J. *op. cit.*, pp. 294–295.

111 *Ibid.* p. 310.

112 Mavor, J. *An Economic History of Russia*, London and Toronto, 1914, vol. 1, p. 492.

113 Portal, R. *L'Oural au XVIIIe siècle*, pp. 44–45, 81–82, 93–94; Blum, J. *op. cit.*, pp. 310–311.

114 *Семевский В. И.* Указ. соч. Т. II. С. 304–305.

115 Blum, J. *op. cit.*, p. 311.

116 *Мавродин В. В.* Под знаменем Крестьянской войны. С. 10.

117 *Семевский В. И.* Указ. соч. Т. II. С. 305–307; Portal, R. *L'Oural au XVIIIe siècle*, pp. 238–241; Blum, J. *op. cit.*, pp. 311–312.

118 Portal, R. *L'Oural au XVIIIe siècle*, pp. 273–277, 322–323; Blum, J. *op. cit.*, p. 312.

119 Raeff, M. *op. cit.*, p. 180.

120 *Томисинский С. Г.* Роль рабочих в Пугачевском восстании // Красная новь. 1925. № 2. С. 172–174; Avrich, P. *op. cit.*, p. 200(邦訳、二一二頁).

121 Portal, R. *L'Oural au XVIIIe siècle*, pp. 58, 73–74; Blum, J. *op. cit.*, pp. 312–313.

122 *Семевский В. И.* Указ. соч. Т. II. xix, xxi, xxii; Portal, R. *L'Oural au XVIIIe siècle,* p. 271; Blum, J. *op. cit.*, p. 313.

123 *Аполлова Н. Г.* К вопросу о политике абсолютизма в национальных районах России в XVIII в. / Абсолютизм в России (XVII–XVIII вв.). М., 1964. С. 357; См. Материалы по истории Башкирской АССР. Т. IV. Ч. 2. М., 1956. док. №№ 492–494, 497, 498.

124 *Тарасов Ю. М.* Русская крестьянская колонизация южного Урала. Вторая половина XVIII–первая половина XIX в. М.: Наука, 1984. С. 3.

125 Там же. С. 38.

126 *Семенов-Тян-Шанский В. П.* (под ред.) Россия. Полное географическое описание нашего отечества. Ураль и Приуралье. Т. V. СПб., 1914. С. 138.

127 Материалы по истории Башкортостана. Оренбургская экспедиция и башкирские восстания 30-х годов XVIII в. / Автор-составитель Н. Ф. Демидова. Т. VI. Уфа, 2002. С. 390.

128 *Устюгов Н. В.* Башкирское восстание 1662–1664 гг. // Исторические записки. 1947. Т. 27. С. 55–58; Donnelly, A. S. *op. cit.*, pp. 20–21.

129 Материалы по истории Башкирской АССР. Ч. 1. М.; Л., 1936. док. № 13. С. 82.

130 РГАДА. Ф. 108. Оп. 1. Д. 2. Л. 3–11.

131 Материалы по истории Башкирской АССР. Ч. 1. док. № 21. С. 110.

132 Материалы по истории Башкирской АССР. Ч. 1. док. №№ 186, 194. С. 433–434, 464–476; *Чулошников А. П.* Восстание 1755 г. в Башкирии. М., 1940. С. 7; Очерки по истории Башкирской АССР. 1956. С. 173; Очерки истории СССР. Период феодализма. Россия во второй четвери XVIII в. М., 1957. С. 646–647; *Матвиевский П. Е.* Оренбургский край в Отечественной войне 1812 // Ученые записки Оренбургского Госпединститута. Вып. 17. 1962. С. 136.

第二章　動揺するロシア社会

エカチェリーナ二世の治世最初の一〇年間、社会は不安定要素に満ちていた。一七六〇年代後半には叛乱がウクライナ右岸、ノヴォ・ロシアそしてザポロージェで発生し、七一年にはカルムィク人の中国帰還問題が起こり、七二年にはヤイーク・カザークの蜂起があった。

この章ではプガチョーフ叛乱前夜のロシアの社会状況について、とくにプガチョーフ叛乱と直接関連する六つの出来事を取り上げる。第一に一七七〇年代初頭のモスクワで発生したペストとその蔓延をきっかけに生じた暴動、第二に全国の農民蜂起、第三に工場労働者の動揺、第四に七二年のヤイーク・カザークの叛乱、第五に諸民族の抵抗、第六に近世のロシア全体を特徴づけることになる僭称問題とそれと関連する「ピョートル三世は生きている」という民衆の間に広まった噂についてである。

従来、プガチョーフ叛乱の契機として、前記の諸要素をまとめて考えることはなかった。しかし、このような問題を考えることで、プガチョーフ叛乱発生までの社会における複雑で不安定な状況が明らかになるであろう。[1]

第一節　一七七一年のモスクワのペスト暴動

1　ペストの発生

ペストの発生と感染の拡大

一七七一年九月十五〜十七日にモスクワで民衆暴動が発生した。これは一七七〇年以降のペスト発生とそれに対するモスクワ市当局の無作為が原因である。蜂起は厳しく鎮圧された。その後、当局は状況の改善に取り組み、モスクワではペスト発生は二度と起こらなかった。[2]

ロシア国内でのペスト発生・感染とその暴動は一七六八〜七四年のオスマン帝国との戦争と関係がある。六九年、ドナウ諸公国を舞台にオスマン帝国と戦っていたロシア軍中でペストが発生する。翌年夏の終わりには、ペストはポーランドを経由してマロロシア(ウクライナ地方)に広がり、次いで大ロシアの諸都市、南から北へ向かう大きな街道沿いにも現れはじめた。当局は、モスクワ県を南から関所で囲み、検疫の手段を講じた。モスクワそれ自体をも封鎖することが命じられた。

戦闘での負傷者をロシアに運んでくる際に感染が広がったのである。ピョートル一世時代に創設された野戦病院のあるモスクワ郊外のレフォルトヴォに傷病兵が運ばれた。一七七〇年十一月、前線から運ばれた将校が死亡した。治療にあたった医師が感染し、その後、病院近くに住んでいた二〇人以上が感染した。感染の第二の中心はザモスクワレーチ(モスクワ川の外側)にある「ラシャ宮殿」(大規模織物工場)である。そこにペストに汚染された「戦利品の毛織物」が持込まれた可能性が高い。モスクワ総司令官ピョートル・サルティコーフ元帥(П. С. Салтыков, 一六九八〜一七七二、モスクワ総司令官在任一七六三〜七二)の一七七一年三月十三日付報告によると、「一月から死者は一二三人にのぼり、病人は二一人」であった。

しかし、サルティコーフは効果的な検疫対策をとらなかった。その結果、一七七一年八月までに、「疫病(ペスト)」は都市の全域と郊外にまで及ぶことになる。モスクワ市当局は住民がパニックに陥らないように感染症の発生とその状況を秘密にしようとした。九月までに、死者があまりにも多く、棺や墓が足りなくなった。死者数が一日で一〇〇〇人に達していたのである。死体処理も間に合わず、そのため死体が路上に山のように積まれた。

驚くことに、モスクワ市の役人、領主および商人(パン屋や酒保商人なども含めて)は都市を捨てて逃げ出した。感染に怯えたサルティコーフ本人も、エカチェリーナ二世にこの都市を離れる許可を得るべく請願書を提出したものの、その返事を待たずにモスクワを出て自分の領地マルフィノに引き籠ってしまった。モスクワ脱出組のなかにはモスクワ県知事イヴァン・ユシコーフ(И. Юшков)も含まれていた。こうして都市行政の機能は完全に失われ、市内では殺人や強盗、その他の犯罪が横行し、近郊の村々の農民はモスクワのカタストロフィー的状況を恐れて、首都に食糧を供給しなくなった。そのためモスクワでは飢餓が始まることになる。

検疫体制とその実態

サルティコーフは根拠もなく検疫所の不要を説いていた。また検診にあたって、病人でも健康な人に対しても役人や医師たちが彼らを非人間的に扱ったため、モスクワの住民はペストよりも検疫所に恐怖心を抱いた。十七世紀のロシアでは検疫所についての理解はなく、ロシア国内に恒常的な検疫所が設置されるのは一七三八年より早いことはない。当時も対オスマン帝国との戦争でペストが発生した。そのためハリコフ(ハリキウ)に検疫所が設置されたが、それは一年後に閉鎖されている。その後、五五年からはポーランド国境にだけ一〇カ所に満たないほどの検疫所が設置された。当時、モスクワにいた最年少のベルギー人医師メルテンス(Charles de Mertens)は病気に対する人々の無思慮を次のように嘆いている。「世間は政府と医療従事者の機関の審議に注意を向けなかった。ペストで死んだ死体を運んだり埋めたりする仕事を担う懲役囚を含めたいわゆる「ペスト係」ないしは「荷車運搬人」と呼ばれる人々が、感染に注意を払わず、手で触わることを恐れない」[3]。

エカチェリーナ二世は当初からモスクワの元老院議員とサルティコーフの行動に不満を抱いていた。彼らはペテルブルクの命令に従わず、それに反対していたのである。こうした理由から、エカチェリーナはピョートル・エロープキン（П. Д. Еропкин, 一七二四～一八〇五、陸軍中将、元老院議員）にこの事態の収束を命じた。

しかし、あいかわらずモスクワ市当局は十分な行政もおこなわないまま成り行きを傍観し、住民を警察の管理に任せていた。作家・博物学者・農学者であるアンドレーイ・ボロートフ（А.Т. Болотов, 一七三八～一八三三）は次のように嘆いている。モスクワ政府がおこなうのは「ただただ家からペストに感染してその伝染病で死んだ人をひっかき棒にひっかけて外へ出し、彼らをこの都市の外に運び出して穴に埋めることだけなのだ」[4]。こうした仕事を実際におこなったのは警察ではなく、警察署に拘留されていた囚人たちであった。彼らは発病人がでた家を壊し、疫病で死んだ人を引きずって穴に入れ、さらには罹病した人たちを区別なく検疫所に引きずっていくのである。飢餓、失業、ペスト、官僚主義、そして警察の横暴、以上がモスクワ民衆の運命を決定づけた。

イギリス大使キャスカート卿（Lord Cathcart）が本国の北部担当国務大臣（Secretary of State for the Northern Department）サフォーク伯爵（the Earl of Suffolk, 第一二代サフォーク伯爵、ヘンリー・ハワード、一七三九～七九）にモスクワの絶望的な状況について報告した内容は衝撃的である。「警察のとる予防的措置は効き目がない措置よりももっとひどいものです。たとえば、病人がでると、その家のドアのところには、彼らが死ぬのを待って、彼らの住居にあるものすべてを燃やすようにという命令を受け取った兵隊たちが立っています。こうした人々は売れるものは何でも自分自身のために持ち出すことをいつも考えている始末なのです。しかも、感染した衣服をさまざまな家に売り払うことで、この都市すべての箇所にペストをまき散らしているのです」[5]。当局が感染を拡大させているというのである。

2　暴動の発生

暴動の原因

ペスト暴動勃発の主たる原因は、都市当局が感染に対する有効な手段を打たなかったことである。加えて、物流のとまったモスクワでは飢餓が始まり、役人たちは文字通り都市を捨て、取り残された市民はパニックに陥った。

しかし、暴動が発生するためにはあと一押しが必要だった。それがモスクワ大主教アムヴローシイ(Амвросий, 大主教在位一七六八～七一)の言動である。一七六七年、モスクワ府主教ティモフェーイ(Тимофей)が死去した。彼は善良で温厚といわれ、また発する言葉によってもその性格を傷つけることがないほど完璧な人間だった。しかし、この府主教の時代、管区監督局(консистория)の強い権限およびその権力濫用と賄賂授受、そして誹謗、以上のことが許しがたい現象として誰の目にも明らかとなっていた。ティモフェーイの後継者となったのがアムヴローシイである。彼は前府主教とはまったく異なる性格の人物だった。精力的で疲れを知らないアムヴローシイはモスクワの無秩序状態を熟知していて、それを何とかしたいと考えて行動した。だがそれは結果として裏目にでた。

ペスト治癒の有効な手段が欠如しているため、また当局の援助をまったく期待できない民衆にとって病気と闘うために残された手段は祈りと呪術だけであった。とくにモスクワ市民のあいだには、キタイ・ゴロド地区にあるワルワーラ門の壁にかかっている「奇跡をなす敬神の生神女《しょうしんじょ》のイコン Боголюбская икона Богородицы」(ウラジーミルの住民が病気治癒を祈願してこのイコンの執りなしをお願いするためにスーズダリのボゴリューブスキー修道院からこれを持ってきたところ、病気が癒えたとの言い伝えがある)が「疫病 моровая язва」を治癒するのに役立つという噂が広まっていた。人々は門の壁からイコンを外して静かに祈りを捧げた。アムヴローシイは多くの人が密集することが感染症を拡大させ、また略奪者によるイコン窃盗を防ぐという考えから、イコンへの祈りを禁じ、これを自身のもとに運んだ。

しかし、市民はアムヴローシイの行動を理解できなかった。人々はアムヴローシイがイコンの庇護を願って祈ることができないように悪意からイコンを隠したのだとみなし、さらには集められた喜捨を自分のものとしたいのだという噂を信じた。民衆は怒り、制御のきかない状況になった。

暴動の始まり

モスクワ市警察長官バフメーチエフの連絡に基づく政府へのサルティコーフ報告がある。一七七一年九月十五日、木曜日、午後八時、都市の警鐘が鳴り、通りの衛兵のところでは鳴子が響き渡っていた。市警察長官は人を派遣して何が起こっているのかを調べさせた。その結果、ワルワーラ門のところで、多くの民衆が騒いで喧嘩をしているとの報告を受けた。市警察長官は竜騎兵三名と軽騎兵二名をともなって自ら出かけていくと、イリインスキー門からワルワーラ門まで壁の両側に一万人ほど民衆が立ち、その手に棍棒が握られているのを目にした。市警察長官がなぜ詰めかけたのかと人々に問うと、彼らは次のように答えた。警鐘が鳴ったので詰めかけた。そしてその警鐘は、生神女のイコンに祈禱者が喜捨したお金を、六人の兵士とともに大主教の書記がお布施箱から抜き取るためにやってきたので鳴らされたとのことだった。このとき、お布施箱の周りに立っていたモスクワ守備隊の衛兵たちは、このお布施箱は司令官(要塞参謀)の特別な許可なしに処理することは許されていないと言明した。こうしたことから、まず騒ぎが発生し、次いで喧嘩が起きたのである。

生神女のイコンを剝いで、お布施を盗むことを目論んだと嫌疑をかけられた人たちは殴られ、集まった人々は最後の臨終のときまで母なる生神女のために立っていようと決意を表していた。市警察長官はわずかな警護だけでは多くの民衆を前にして何もできず、ストジェンカ地区にいるエロープキンのもとに向かった。ヴォスクレンスキー門で、彼は一万人ほどの群衆に遭遇した。顎鬚を生やし青い緩く長い上着を着た男の指導のもと、彼らは棍棒を手にモスクワの中心であるオホートニー・リャートからトヴェルスコーイやモホヴォーイ通り沿いを走り回っていた。

クレムリンに押し入った群衆は、大主教の居館であるチュードフ修道院で奇跡成就のイコンとアムヴローシイ本人を探しながら破壊と略奪の限りをつくした。大主教は危機一髪のところをドンスコイ修道院に隠れて難を逃れた。しかし、翌九月十六日、群衆はこの修道院に突入してアムヴローシイを捕まえ、庭まで引きずり出して殺害した。修道院の財産は略奪された。群衆は修道院の図書館にあった本を引き裂き、家具や荷馬車を粉々にし、下級奉仕者たちをも殺害したのである。

暴動の拡大

修道院を破壊した人々は、今度はその矛先を貴族や商人にも向けた。すでにいたる所で略奪が始まっていた。群衆はペスト検疫所を破壊する。さらにはモスクワにいたわずかばかりの医師たちをも殺害した。人々は彼らに病気を蔓延させた罪があると考えたのである。また牢獄から懲役囚を解放した。

ペスト感染を避けるべくモスクワを離れていたため、モスクワ市内には少数の軍隊しか駐屯していなかった。必要な衛兵がいるのみで、彼らだけでは群衆を抑えることはできなかった。このとき、エロープキンは中央塩事務所を所轄し、ペスト流行のときもモスクワに留まり、義勇兵から成る部隊を集め、それを指揮していた。

九月十七日になって市内に秩序が回復された。エロープキンの命令で、騎兵隊はクレムリン内の群衆を武力で鎮圧する。死者の多くは略奪のあとに酔っぱらっていた者たちである。クレムリン守備隊歩兵はチュードフ修道院に近づいたものの、蜂起者たちが彼らに向かって上から石を投げ下ろして抵抗したため火器で応戦し、ついには修道院に突入して銃剣で彼らを殺傷した。群衆はクレムリンから追い出されたが、再び人々が集まり、クレムリンに突入するために周囲の教会の塔の鐘を鳴らして知らせた。将校たちは人々を説得して解散させようとしたが、群衆はそれを拒否した。警告のための威嚇として、クレムリンを攻撃する群衆に対してスパッスキー門の前に据えられた大砲から空砲による一斉射撃をおこなった。これはまったく逆の効果をもたらすことになる。死傷者がいなかったのを見て、群衆は信仰が自分たちを守ってくれているのだと信じ、果敢にクレムリンに突入してそこにあった大砲を奪い、さらにはそれをスパッスキー門に向けて据えた。しかし、弾薬がないので発砲することができなかった。兵士たちはこれを奪い返して今度は散弾をこめて放った。そのため人々は散り散りに逃げていったのである。

交渉・鎮圧・処刑

九月十八日、群衆は再びクレムリンに近づき、次のような要求をする。彼らにエロープキンを引き渡すこと、傷つき捕まった者たちを解放し手当てをすること、すべての拘束された人々を許すこと、そして彼らとの話合いにあたっては、モスクワ総司令官サルティコーフが署名することという内容である。将校たちは再び群衆を説得して解散させようとしたが、彼らは拒否したため、武力で追い散らさざるをえなかった。

蜂起中に一〇〇〇人以上の人々が殺害された。鎮圧後、三〇〇人が裁判にかけられ、そのうち一七三人に鞭打ち懲役刑の判決が下った。十一月十一日、モスクワで四人が公開で処刑された。アムヴローシイ殺害の首謀者としてドンスコイ修道院の壁の下では、モスクワの商人イヴァン・ドミートリエフ(И. Дмитриев)と家内奴僕ヴァシーリー・アンドレーエフ(В. Андреев)が、モスクワの住民を唆し脅かした廉で、赤の広場では、フョードル・デヤーノフ(Ф. Деянов)とアレクセーイ・レオーンチエフ(А. Леонтиев)が処刑された。ネグリンナヤ広場、ツァリーツィン草地、ゼムリャンノイ土塁とベールィー・ゴロドの門では、七二人が鞭(あるいは笞)打ちのうえ、枷をはめられて鎖につながれてバルト海に臨む港町ロゲルヴィクに流刑された。八九人は鞭打たれ、国営工場での強制労働に送られた。一二人の未成年者も笞打たれた。エカチェリーナ二世の命令により、クレムリンの塔も「処罰された」。将来において人々を集めることがないように、スパッスカヤ塔にある鐘楼の鐘の舌《ぜつ》が取り外されたのである。[6]

エロープキンはこの出来事で完全に疲弊した。モスクワでの事件を報告するためにペテルブルクに赴き辞職を願い出た。これに対して女帝エカチェリーナは暴動鎮圧という行動を称賛して二万ルーブリを下賜し、さらに日付を書き入れていない辞職の命令書を与えた。同時に、女帝は四〇〇〇人の農民を下賜しようとしたが、彼はそれを固辞した。

暴動鎮圧後のモスクワ

厳しい鎮圧にもかかわらず、ペスト暴動は衛生面における肯定的な結果をもたらすことになった。

九月二十七日、ペテルブルクからモスクワにエカチェリーナ二世の寵臣オルローフが派遣された。彼にはこの都市の状況解決のために総督の緊急非常全権が与えられ、感染を抑えるための合理的な対策をとることになる。彼は検疫体制の強化、隔離された伝染病院の創設、そして医師への俸給の増額(医師が死んだ場合には近親者に保障の支払いを約束)を命じたのである。また、町から不潔物やごみを取り除くため住宅や作業での消毒が系統立てておこなわれるようになった。恒常的に教会で鐘を鳴らすことも禁じられた。人々がその鐘の音が病気を運ぶと信じ、怯えたためである。これ以外に、モスクワの通りに生息する病気を運ぶとされた生き物も一掃され、都市への出入りが厳格になった。略奪兵や強奪者に対しては、その犯罪がおこなわれた場所で処刑されることになった。オルローフの政策によってモスクワでは食糧や飲み水の供給が再開した。商売人たちが感染を恐れて取引をやめないように、売り手と買い手の間に堀がある特別な街区が作られた。金銭は消毒のために酢を入れた浅い皿にのせて手渡すようになった。都市の役人たちが戻ってきて再び働きはじめ、モスクワは活気を取り戻したのである。

十一月にはペストは収まり、エカチェリーナ二世はオルローフをペテルブルクに呼び戻したが、そこで彼は最大の敬意をもって迎えられた。道中、彼の目に留まるように、ガッチナに「モスクワは災厄・不幸からオルローフによって救われた」と碑文が刻まれた凱旋門が据えられたのである。

これ以外に、ペストの流行とペスト暴動は都市の給水に関する――モスクワの川は汚され、飲み水を引いてこなければならないという――問題が先鋭化した。一七七九年、エカチェリーナ二世は最初のモスクワの水道建設について命令を発した。それは住民に清潔な水の供給を約束するものだった。

なお、ペストでの死者数については研究者により開きがある。帝政時代の研究者ブリークネルによると、一七七一年だけで五万六六七二人が死去した。[7] ソ連の歴史家ペラゲイヤ・アレフィレーンコ（П. К. Алефиленко）は、当時の医師サモイロヴィチ（Самойлович）の試算に基づき（元老院のアルヒーフ史料を使って算出）、モスクワ郊外だけで七万五三九八人が亡くなったとした。かくして、モスクワとモスクワ県では、一年で約二〇万人が命を落としたのである。[8]

第二節　農民の蜂起

1　領主による収奪

領主と農民

さて、首都と隔絶された地方の状況はどうであろうか。農民は領主の眼前では人間ではなく、主人のむら気によってあらゆる辛酸を舐めつくす存在であった。農民に対して不満がある場合には、領主は全村を丸ごと焼くことさえ厭わなかった。また肉体的刑罰を加えたという事実は数えきれない。しかし、なかには温情的な領主もいて、飢饉のときなど、農民が困ったときには、食糧を提供することもあった。しかし、概していうと、領主にとって農民は人間としての存在ではなかったのである。[9]

零落する農民、貢租支払いや他のあらゆるつらい労働の重荷に耐えかねて逃亡する農民も多くいた。領主の領地に残ったほかの農民の状況はもっと悪化していった。というのは、彼らは逃亡した農民の分の貢租や賦税を納めなければならなかったからである。[10]

ピョートル・パーニンは次のように書いている。農民による領主からの逃亡は、「**人間として耐えがたいこと**」（強調はドゥブローヴィン）に起因している。事実、領主に対する労働賦役のほかに、農民はガチョウ、七面鳥、卵、数アルシンの麻布などを領主に納めなければならなかった。いくつかの所領ではその他に蜂蜜、豚肉、羊、油脂が集められた。さらに農民に雄の小牛やいわゆる割り当てられた「死なない雌牛 бессмертные коровы」（農民が面倒をみたり、もし死んだ場合には自らそれを補ったりした）を養うように託されてもいた。生まれてくる家畜は農民にとっては利益となったが、そのため各農家は年二〇フントの肉を領主に納めねばならなかったのである。[11]

農民の抵抗

こうした領主の専横に対して、農民はさまざまな対抗手段を講じることになる。それが逃亡であり、訴訟であり（一七六七年には、農奴が領主を告訴することを禁じた）、そして蜂起であった。そのいずれにも参加せず、重荷を黙々と背負い続ける農民もいた。しかし、立ち上がらなかった農民にしても、自らの境遇に甘んじていたわけではなく、自由への渇望は強かった。

かつてのソ連史学が規定したいわゆる十七・十八世紀の「農民戦争」の発生した地域をみると、それらはみな辺境地域で起こっている。そこは、農奴、御料地農民、国有地農民、聖界領農民などのロシア人と非ロシア人の混住地域である。同時に、辺境では農奴制の進展は緩やかであり、しかもそれは古くから根づいていたわけでもなく、それゆえこの地域の住民は農奴制の抑圧を強く感じてはいなかった。十七・十八世紀に辺境に居住するためにやってきた農民の多くは、ロシアの中央部で強化されつつあった農奴制から逃れるために故郷を捨ててやってきた逃亡農民である。こうした農民たちが、辺境に徐々に農奴制の波が押し寄せ、自由の剝奪や経済的圧迫を受けるようになると感じたとき、逃げ場を失って権力に抵抗する大きな脅威になった。彼らを受け入れてきた辺境こそ、中央からの圧力に抵抗する存在へと変化したのである。

2 農民蜂起

蜂起を引き起こす賦役の重荷

すでに述べたように、十八世紀後半には農産物の商品化率が著しく伸び、金納による貢租が漸次的な広がりをみせはじめた。そのことが十八世紀のロシア農村に重大な変化をもたらした。領主はここで自らの社会経済的地位を強化するために、その手に農業生産物である商品を集中することになる。その手段として「金納による貢租に対して賦役を対置」した。[12] つまり賦役の導入である。先に述べた領主の専横はまさに商品経済に農業が巻き込まれたところに原因があった。

実際、プガチョーフ叛乱が激しかった地域では、賦役が義務の主要形態として現れていた。ヴォロネシ県で、叛徒たちによって攻撃された三九四カ所の所領のうち、九七％にあたる三八四カ所は賦役が主要な義務形態であった。残りの一〇カ所(三％)は貢租を義務の主要形態としていた。[13]

帝政時代の著名な農民史家ヴァシーリー・セメーフスキー(В. И. Семевский, 一八四八〜一九一六)によると、エカチェリーナ二世時代の最初の一一年間(一七六二〜七二年)に、ロシア国内の四〇ほどの世俗の領地で農民たちが蜂起した。[14] またソ連時代の研究によると、七三回の蜂起があったという。[15] エカチェリーナ二世自身、自らが即位したときのロシアの状況を記述したなかで、治世の初年に、明瞭な蜂起の形として一五万人の農民(修道院領農民一〇万人、農奴である領主農民五万人)、および四万九〇〇〇人の工場農民が立ち上がったと述べている。[16] 女帝の治世中に、記録では、「帝国内部の工場および修道院領農民たちは、ほぼすべてが権力に対して明らかに不服従だった。彼らにあちこちで領主農民が加わりはじめた」とある。[17] またエカチェリーナ二世の別のメモによると、工場農民の叛乱を鎮圧するために、ヴャーゼムスキーとビービコフを派遣した。彼らは幾度となく工場農民に対して銃や大砲を使用することになるのである。[18]

農奴の蜂起

十八世紀後半、農民運動は広範囲にわたり、しかもその発生件数は多くなる。この時期の農民運動の様子について、帝政時代から研究がいっそう進んだソ連時代の研究をもとに紹介しよう。なお、ソ連崩壊後、関心が薄れたためか、目立った研究がない。

農奴の騒擾に関する史料の欠如が多くみられるものの、ソ連の歴史家セルゲーイ・ペトローフ(С. Петров)は、ペンザ県の史料をもとに一七五六年の農民の動きの復元に成功している。彼はこの地方の農民運動——御料地農民と農奴(領主農民)の運動を念頭に置いている——が広範囲にわたっていることを示す。彼によると、この年、シェレメーチエフ家(Шереметьевы)の領地ドゥボフク村およびチェミリャコフ村で蜂起した農民たちが破壊活動をおこなったという。ヴラドィキナ夫人(Владыкина)の所領であるアルハンゲリスキー・ヴラドィキナ村でも、またレヴァショーフ(Левашов)の所領であるウスペンスキー村でも蜂起が発生している。その他、多くの村で農民の蜂起がみられた。[19]

ルビンシュテーインは次のように述べる。農民運動参加者は、国家的つまり農民の「法的な законные」諸権利を主張して農奴制を拒んだ。彼によると、一七六六～六七年の請願書の内容は、領主からの解放についての願いが込められていたともいうのである。[20]

図12　キジー島の教会の内部に掲げられてある案内
「1771年7月1日，ここ，キジー村の近郊で，懲罰隊がオロネツ＝ペトロフスキー諸工場の登録農民の叛乱を大砲の劫火で鎮圧した」(2004年7月撮影)。

一七六六年、一一件の領主所領における農民蜂起の発生が記録されている。翌六七年には二七の領地で蜂起が発生した。そのうちの多くは六六年に発生したものである。六八年、それらの蜂起のうち七つの所領で蜂起が依然として続いていた。とくに南方の農耕に適した所領ではそれが目立っている。六六～六七年、ベルゴロド県およびヴォロネシ県のチェルカスクの諸スロボダー(修道院や工場の近郊に作られた定住地。入植者には税負担の緩和あるいは免除の特権が与えられていた。自由農民の大村)では大領主による農民の農奴化に反対する蜂起が発生した。それより以前の六〇年代初めと六四～六七年にかけて、さらには七一年に、領主所領ではないが、イセト郡の修道院領農民および工場農民が蜂起している。また北ロシアにあるカレリアのキジー地方で、六九年十月から七一年七月にかけて、オロネツの工場登録農民が蜂起した。このキスコエの叛乱(Кижское восстание)では四万人が動員されることになった。[21]

修道院領農民の場合

次に、修道院領農民の状況をみよう。彼らはエリザヴェータ女帝治世の一七五〇年代および六〇年代に、さらにはエカチェリーナ二世の主導による教会財産の世俗化の布告発布後さえも大きな騒擾を引き起こしている。それは大きな修道院領の経営が商品経済に急速に引き込まれたこと、とくにすでに述べた農業生産物の商品化の著しい伸びと関連があった。そのために修道院では農民賦役を拡大し、それとともに農奴制的企業を発展させたのである。そうしたことは、蜂起した農民たちが、その請願のなかで、あらゆる賦役、貢租、その他の金納について申し立てていることからもわかる。以下では、農民たちの請願内容を検討してみることにしよう。

一七五三年、ヴォロネシ県のシアツク地方(のちにペンザ県に入る)にあるノヴォ＝スパッスキー修道院に属しているスパッスコエ村、ヴェジェンスコエ村、およびコズモデミヤンスコエ村の農民たちは、自分たちの耕地、草地、そして草刈地が修道院の手中にあると訴えた。[22] 同様なことはズヴェニゴロド郡およびルースキー郡にあるサヴィノ＝ストロジェフスキー修道院、カシンスク郡にあるムーロム生神女誕生首座教会、そしてカシンスク郡にあるトロイツキー＝カリャジンスキー修道院の農民たちの間でも、修道院側が耕地、荒地(空地 пустошь)、および草地を奪ったと訴える請願書を提出した。[23] また両者の請願書はあらゆる賦役、貢租、金納について数え上げているのである。

一七六〇年、サヴィノ＝ストロジェフスキー修道院の農民は、その請願書のなかで、自分たちにはいろいろな金納および現物納による税の負担が重すぎると不満を述べている。同地の農民に課されたものは以下の二つに分類できる。第一に現物納貢租(натуральный оброк)あるいは賦役労働(барщинная работа)である。第二に金銭徴収(денежный сбор)である。その内訳は、漁網代七〇ルーブリ、油脂(バター)代七〇ルーブリ、ホップ代七〇ルーブリ、農業用工具代およびその他の工具代一四五ルーブリ、ロープ代五八ルーブリ、修道院の大池の掃除代七〇〇ルーブリ、穀物製粉代四四ルーブリ、薪代五七ルーブリ、石の運搬代九〇ルーブリ、橇および車代八四〇ルーブリなどとなっている。加えて、新兵徴募の代償として六〇〇ルーブリを農民から徴収していた。その他を含めて、一年間にこの修道院では、四三〇人の農民が三〇一四ルーブリを支払うことになっていた。しかし、現物賦役による代用も多かったのである。[24]

トロイツキー＝カリャジンスキー修道院に請願書を提出した農民たちも、同様に法外な税を課されていることを訴えていた。「ミールの請願人たち мирские челобитники」であるテレンチエフ(Терентьев)、イヴァーノフ(Иванов)、チトーフ(Титов)、そしてペトローフ(Петров)は、定められた税額(оклад)に従って、修道院に八五八ルーブリと穀物二七九七チェートヴェルチを納めたという。[25]

前記以外にも、多くの騒擾があった。一七四九年末には、ヴャトカ郡の大主教所領の農民とウスペンスキー＝トリフォノフ修道院の農民が蜂起し、五〇年代末まで続いた。蜂起は一万二〇〇〇人(男性)を巻き込んだ。[26]五二年にはフトィンスキー修道院のオロネツ相続領地の農民が領地管理人に反対して蜂起した。翌五三年には、モスクワ郡のパヴロフスコエ村とチェスノコヴァ村の修道院領農民が蜂起した。五七年にはシャツキー郡のノヴォ＝スパッスキー修道院領農民が、五八年にはウスペンスキー＝トリフォノフ修道院領農民が、この同じ年にはノヴォ＝スパッスキー修道院領農民やベリョーフスク郡のプレオブラジェーンスキー修道院領農民が蜂起した。六〇年代に入ると、プレオブラジェーンスキー修道院、ムーロム生神女誕生首座教会、カシンスク郡のトロイツキー＝カリャジンスキー修道院、ズヴェニゴロド郡のイオシフ＝ボロコラムスキー修道院とサヴィノ＝ストロジェフスキー修道院で農民たちが立ち上がった。とくにサヴィノ＝ストロジェフスキー修道院領農民の蜂起には二〇〇〇人の農民が武装して修道院を包囲したのである。[27]

農民蜂起の一般的特徴

この時期の農民蜂起の一大中心地は中央ヴォルガ地帯である。[28]この地方は十八世紀には商業と農業が飛躍的に発展した地域である。かつては辺境であった同地にも農奴制の波が押し寄せ、さまざまな義務負担が農民たちに重くのしかかった。彼らはそれを払いのけようと必死に抵抗した。とりわけヴォルガ左岸こそ、プガチョーフ叛乱の第三期に激しい農民運動が展開する地域となる。

農奴(領主農民)と修道院領農民という二つの範疇の農民の動きをみてきたが、運動の母体となったのがミール(農村共同体)であるという事実は見逃すことができない。農民は自分たちの土地や経済の問題をミールで決定し、そこで彼らのなかからリーダーを選出して資金を集め、武器を作って村を守るための防壁を設置し、政府の情報を得ながら隣村とのコミュニケーションを絶やさないようにした。このように、農民たちの間には、限定された形ではあったものの、組織が存在していたのである。たとえば、トロイツキー＝カリャジンスキー修道院領の農民の間で「ミールの請願人」が選出された。彼らによって指導された農民は修道院に服従せず、また何も支払わず、政府の命令も遂行しなかった。彼らは「ミールの仕事のため」に資金を集めた。すなわち、自らが選出した「ミールの請願人」たちが、政府に請願のためにモスクワやペテルブルクで滞在する資金を調達したのである。[29]

第三節　工場住民の蜂起

工場登録民の蜂起

ウラル地方にある諸工場で働く農民たちも蜂起を繰り返し、それはまさに「風土病」と化していた。十八世紀中葉の一〇年間、工場での労働に対する拒否および暴動が深刻な状態になり、工場主たちは秩序を回復するために軍隊の導入を図った。[30]

たとえば、一七五一～五二年、デミードフ家およびアファナーシー・ゴルチャロフ(A. Горчаров)が所有するカルーガにある相続領地の工場登録農民が蜂起した。スローガンは自分たちが領主の所有物ではないことを訴えている。とくに、デミードフ家の登録農民たちは、「われわれは女帝陛下には抵抗しない。デミードフのせいで死を見ることだろうし、彼のもとには行かない」と叫んだ。[31] のちになって、デミードフの農民たちは国有地農民への転化を要求するようになる。これは全般的な農奴的隷属からの解放を要求したものであった。蜂起の鎮圧には二カ月以上かかった。また五一年春に始まったゴルチャロフの農民蜂起が鎮圧されたのは翌年のことである。[32]

このように蜂起した工場農民たちの主な反抗の手段は、仕事に出ることを拒否することであり、さらには熊狩り用の猟槍や棍棒、石を持って武装して管理人の事務所に押しかけることであった。銃を持つ者は稀であった。一七五七年、中央地帯にあるデミードフ家の工場農民たちが、アレクセーイ郡とリフヴィンスク郡で蜂起した。[33] 五〇年代中葉のウラルの諸工場でも蜂起が始まった。

具体的な史料の残っているウラル地方の工場登録農民の蜂起について見てみよう。一七五九年、デミードフ家が所有するアヴズヤノ゠ペトロフスキー工場で蜂起が発生し、翌六〇年にも再燃した。それより前の五五～五六年にはシーヴェルス(Сиверс)家所有のヴォズネセンスキー工場で蜂起があり、六〇～六一年に再び起きている。カスリンスキー工場で五五年に発生した蜂起は五九年に再発した。五六年にデミードフ家所有のクシトィムスキー工場で起きた蜂起は六〇年に再燃する。六〇年にはシュヴァーロフ工場で蜂起があり、それはエカチェリーナ二世治世の初年に再び燃え上がっている。六一年にはタンボフとヴォロネシ地方にあるリペツクの諸工場で蜂起が発生して六〇年代中続いた。[34]

このように、工場で働く人々のプロテストは途切れることなく発生していたのである。

第四節　一七七二年のヤイーク・カザークの叛乱

一七七二年の叛乱

農村以外にも、地方では国家を揺るがす重大な事態が発生していた。一七七二年には、ロシア南東辺境のヤイーク川の沿岸でカザーク叛乱が勃発したのである。

一七七一年三月九日、ヤイーク・カザーク軍団のクルーク(集会)は、政府による中国へ逃亡(十七世紀に中国から逃れてヴォルガに移住し、この時期に祖父の地に帰還することに決定して「帰東」するカルムィク人集団の追跡[35]、およびキズリャールへの部隊派遣命令を拒否することを決めた。これに対し、カザークを管轄する軍事参議会は後者の命令を拒否した百人隊長(сотник)やその仲間の逮捕の決定を下したのである。彼らは逮捕後、鞭打たれて額髪を剃られ、全員オレンブルク軽野戦部隊の竜騎兵として登録された[36]。カザークがオレンブルクへ護送されたとき、仲間の手引きによって六名が脱走したのを機に徐々に反抗の兆しが明らかになりはじめた[37]。

一七七一年末、ヤイーツキー・ゴロドークに派遣されたミハイール・トラウベンベルク少将(М. М. Траубенберг, 一七二一〜七二)は、まずキズリャールへの部隊派遣にもっとも強硬に反対した廉で鞭打たれた七名のカザークに関して再調査を開始した。翌年一月十一日から将軍は反抗的なカザークたちとの話合いに入るも、それはなかなかまとまらなかった。十三日、イコンを持ち、聖歌を歌い、聖職者を先頭に立て、女性も混じえて平和裏に請願にきたカザークたちに対してトラウベンベルク側は大砲でもって応じた。これに怒った五〇〇人ほどのカザークは蜂起して政府の竜騎兵部隊を制圧し、さらにトラウベンベルク将軍を殺害するにいたった。こうして半年に及ぶ叛乱が始まるのである。これはフョードル・フレイマーン中将(Ф. Ю. Фрейман, 一七二五〜九六)に率いられた政府軍によって鎮圧され、さらに同年六月四日付勅令によりヤイーク軍団事務所(Яицкая войская канцелярия)が廃止されることで終わった。新しい百人隊長や十人隊長(десятник)たちは政府によって任命されることになる[38]。政府は叛乱の火種を元から断つことを図ったのである。

かくして選挙制に基礎を置く自律的なヤイーク・カザークのいわゆる民主的体制は廃止された。しかし、カザークの叛乱は政府によって鎮圧の憂き目にあったものの、その反抗の精神は失われることはなかった[39]。カザークたちは武装蜂起を通してその軍事的能力をいかんなく発揮し、そうした経験があったからこそ、彼らはプガチョーフ叛乱における実際の戦闘で中心的な役割を果たすことが可能だった。また従来のカザーク民主制もさまざまな形でこの叛乱に影響を及ぼしたといえよう。そして、一七七二年のヤイーク・カザーク叛乱とそれに対する政府の弾圧の厳しさが、プガチョーフ叛乱勃発の契機を与えたのであろう。

政府による鎮圧の厳しさは次のようであった。軍事参議会はかなり遅れて一七七三年四月に最後の判決を下した。それは、一六名のカザークを鞭打ち、顔に犯罪者の印である「盗賊 ВОР」の烙印を押し、鼻を裂き、囚人として東シベリアにあるネルチンスクの鉱山や工場へ送るという過酷なものであった。また三八名のカザークに対しては、鞭打ち、家族と一緒にシベリアへ流刑することが宣告された。五名に対しては「流された血を濯ぐために」ロシアの軍隊に徴集すること、そして罪の軽い二五名に対しては鞭打ちののち、若者については軍隊へ徴集し、老人はシベリアの守備隊へ送られることになった。他の二四六一人は赦免されはしたが、新たに忠誠の誓いを要求されて三万六六五九ルーブリの罰金を科せられた。それはカザーク全員に対して均等に割り当てられることになったのである。[40]

「自由」の根拠

ヤイークの歴史は政府による自治の規制と自由の抑圧、それに対する抵抗の歴史であった。その過程で、一七七二年のヤイーク・カザークの叛乱、続いてプガチョーフ叛乱が勃発したといえる。

政府側からすると、その自治や自由の制限は農奴制の確立と発展のための政策の延長線上にあっただけでなく（たとえば、一六九五年以降にカザークになった農奴全員を元の領主に戻すことを内容とする一七〇六年の布告発布、および七二年のアタマンのカザーク全員による選挙制を廃止して政府による任命制にすることなど）、ロシア帝国辺境の治安維持や国境線の拡大といった観点からも採用された政策である。

ヤイーク・カザークはとくに農奴を元の領主に戻す政策に強く反対した。というのも、カザークのなかに逃亡農民が数多く存在し、彼らが新たなカザーク層の担い手となっていたからである。またカザークたちは、「自由」に対する自らの権利を、「歴史的なさまざまな証言 свидетельствы」、史料、過去の出来事、および「立派な系譜 достойная генеалогия」

の創作によって基礎づけようとした。[41] ヤイーク・カザークや他のカザークの間には手書きの著作も現れはじめた。その作者たちはカザークが自由な人々で農奴制や他のいかなる制度にも従属しないと断言する。彼らは専制に対して「自由意思で добровольно」従っているので、自由は厳粛に約束され、またカザーク社会内部の問題には干渉されないと主張した。その例が、一七二一年、ピョートル一世に宛てたヤイーク大村のアタマン、ミハーイロフ(Ф. Михайлов)とルカヴィシニコフ(Ф. Рукавишников)によって提出された嘆願書である。[42] そこには前述の内容が記されていた。これに対して、領主たちは、カザークの先祖は決して自由人などではないと断じるのである。[43]

カザーク社会を取り巻く状況の変化

十八世紀の国家構造上の変化にともない、カザークの状況にも変化がみられた。現代ロシアの歴史家ニコラーイ・ペトルヒンツェフ(Н. Н. Петрухинцев, 一九六一〜　)によると、次の四点がこうした変化を助長したとみている。第一に、ロシアが徐々にステップ辺境を「消化吸収した переваривала」こと。すなわち以前のロシア社会および国家領域のいわば「モスクワ的な」まだらな状態(пестрота)ないしは「ばらばらの状態 лоскутность」であったものが、「ペテルブルク的な」合理的で「規律正しさ регулярность」に取って代わった。第二に、カザークの「自由」がしばしば帝国の国際関係にとって障碍となったこと。その不器用な動きがすべての国際的な「戦線で」抵抗を呼び起こすほどに、カザークの役割がとくに顕著なほど防備の弱いトルコ戦線を含むヨーロッパ政治の「台所ないしは舞台裏」に深く入り込んだ。第三に、ピョートル一世時代に作られた常備軍があらゆる点でカザークの軍事力としての価値を下げたこと。カザークの機動力は二次的な軍事力となったのである。たとえば、彼らの仕事は軍事的な偵察やパトロール、敵の背後を混乱に陥れ、瓦解させるため、国境防衛への騎馬による襲撃など、補助的なものへと変化した。第四に、数百年にわたりロシアによって「ステップのファクター」が完了したことである。すなわちカザークをそれに「ふさわしい均整のとれた咎え」に変化させてきた。そのことが彼らを活動の表舞台から退場させることになったのである[44]。

以上のことすべてがカザークの自治を排し、その社会は国家による統合のための基盤となった。統合への動きがまさに十八世紀の最初期から始まっていた。それは、アゾフ占領後、ロシアがますます南部地域を利用するようになってから進行したのである[45]。

ヤイーク・カザーク社会の変化

カザーク的自治を大きな力に統合しようとする問題がパラドックスの形でヤイーク・カザークの歴史のなかに現れた。このカザークは、アジアとの国境に発生してロシアの国境全体を覆い、ヨーロッパとロシアのウラルという結節点に集まったステップの民族であるカザフ人、バシキール人、そしてカルムィク人の利益の間を巧みにすり抜けるもっとも僻遠に存在する社会集団となった。緩衝地帯であるステップの広大な空間によってロシア人定住の基礎的な領域から分離され、おそらくヤイーク・カザークは再三にわたり、自らの利益に基づいた独自の政策をとっていた。たとえば、一七三五年には、ロシアに臣従したカザフ人に対する政府の布告にもかかわらず、ヤイーク・カザークはウラルに向けて進軍してカザフ人、カルムィク人そしてカラカルパク人の遊牧民を、さらには隊商（キャラヴァン）を襲撃して略奪していた。過去のカザークの自由に関する記憶は、他の地域のカザークとは異なり、緩慢にしか消えていかなかった。ヤイーク・カザーク軍団がその自由の制限に反対していたのは偶然ではなかったのである。したがって、十八世紀最大のプガチョーフ叛乱の中核となる要素は確実に存在していた。

十七世紀以来、ヤイーク・カザークのなかにも階層分化が進んでいた。国境付近に緊縛されたカザークたちは常備軍のなかで特殊部隊（非正規軍）として勤務することが義務づけられていたが、彼らの平時の生活基盤はかつての「略奪行」から漁労に代わっていた。また、彼らは遊牧、製塩――ヤイーク・カザークの活動する領域内には三二カ所の、そしてカザフ・ステップには一五カ所の鹹湖《かんこ》(соляное озеро)があった[46]——および狩猟にも従事したのである。富裕なカザークたちはステップに放牧場を作り、貧しいカザークたちを農奴のように使役していた。後者のカザークたちは平時・戦時を問わず一定の額で雇われていた。そうした下層のカザークたちはその労働である「助力 на подмогу」に対して年間わずかに一〇〜三〇ルーブリの俸給を得ていたにすぎなかった。ソ連時代のウクライナの歴史家ローズネルは彼らの生活の苦しさについて次のように述べている。「もし、この金額で彼が武器や装備を新たに購入したり、修理したり、馬を手に入れたり、さらには自分の家族を養ったりしなければならないということを知るならば、これはとるに足りない金額であった。遠く離れた場所にまで派遣される場合においてさえも、「助力」に対しては雇い主によってそれよりも二〜三倍ほど多く支払われたが、それでも金銭は不足していたのである。一七六九年、軍団事務所がキズリャールへの部隊派遣に関連して次のように指摘したのは偶然ではない。すなわち、このたびカザークは「助力」金として八〇ルーブリずつ受け取ったが、それを資金にして馬を購入し、借金を支払うと、残りのお金は妻や子どもたちを養うために残しておかなければならないのである[47]」。

またヤイークは中央ロシアとアジアの隊商交易のための結節地点でもあった。多くの物資と人が集まってくるため、ここでは商品価格の史料も残されている。十八世紀中葉のヤイークにおける物価を知るために、商品価格の一覧表(表3)を次に掲げておこう。この表より、一七五四年、販売が国家独占となっていた塩がその必要性と使用量から考えると割高であることが注目される。塩は漁業を営んでいたヤイーク・カザークにとり、魚の保存あるいはその運搬のための必需品であった。したがって、塩の価格が高いということがカザークの生活を圧迫していたであろうことは容易に想像がつく。のちのプガチョーフ叛乱時、プガチョーフの発する布告に塩の「下賜」がみられるのはこうした事情があった。なお、穀粉や穀物など生活必需品の価格もこの表3から明瞭である。

表3　1720～70年代のヤイークにおける商品価格一覧

商品名	単位	価格（R：ルーブリ，K：カペイカ）
穀粉	1チェトヴェリーク	2R30K
ひきわりあるいは脱穀した穀物	同上	2R90K
チョウザメ	10尾	10～20R
魚卵	1プード	1～2R
塩	1プード	4～8K
ウォッカ	1樽	2R
カラスムギ	1チェートヴェルチ	1R65K
干草	1プード	5K
薪	1サージェン	2R
屋敷（並，付属建造物を含む）		60～75R
馬（並種）		7～10R
馬（純血種）		50R
ロバ		3～6R
雌牛（並種）		2～4R
雌羊		50K～1R
子羊の皮		20～30K
ラクダの毛	1プード	1～2R
カフタン（並，粗い羅紗製）		1R20K～1R50K
ブルカ（袖なし外套）（並）		80K～1R
チェルケス風ブルカ		3R70K
ルバーシカとズボン（並）		40K
同上（絹製）		3R～3R50K
羊の毛皮のシューバ（外套）		3R
狐の縁がついた帽子		1R
手袋（並）		20～25K
ベルト（並）		1R
牛皮製の長靴（並）		60K
赤い長靴		1R40K
拍車		30K
ゲートル（粗い羅紗製）		20K
亜麻布	1アルシン	4K
赤綿布	同上	20K
銃（並）		4R
ピストル（並）		2R
サーベル（並）		2R
サーベル（銀メッキ）		8～10R
サーベル（金メッキ）		20R

出典：*Рознер И. Г.* Яик перед бурей. М., 1966. С. 84.

漁労権をめぐる抗争

ヤイーク川での漁労はかなり組織的におこなわれていた。漁労はカザークの独占であり、そのために彼らは年間四〇〇〇ルーブリ以上の漁獲金をロシア政府に納めていた。カザークは毎年ヤイーク川の下流で三つの遠征隊を組織した。さらに第四の遠征隊が、ヤイーク川の支流やステップのなかにある湖を開発した。遠征の前に、特許権が各参加者に配分されたが、アタマンやスタルシナたちは特許権を各人一つ以上政府から受け取っていた。この権利は譲渡が可能であったため、十分な労働ができない老人や病気のカザーク、さらには聖職者がしばしば自らの権利を肉体的に壮健な人々に売ったのである。漁労の特許権を受け取るための金額を政府に支払ったのち、特許権を保有したカザークは魚を売って得た収入から得た分け前を受け取ることになる。アタマンとスタルシナはその分け前を自分たちの裁量で差配する。このことはカザークの大多数が読み書き能力をもたなかったということともおおいに関係があった。[48]

アタマンやスタルシナによる漁獲売り上げの調整は、カザーク社会に激しい内部抗争を引き起こすことになる。彼らとカザーク大衆の間で反目が生じたのである。アタマンやスタルシナはカザーク大衆の勢いに脅威を感じながら、自らが裕福になるためのあらゆる手段を講じた。カザーク大衆から出された苦情や要望はアタマンやスタルシナによって「叛乱」という烙印を押されることになる。一七三八年の政府報告書は、ヤイーク・カザーク社会のなかに敵対し合う前述の二つの階層が存在していることを伝えている。[49]

この抗争は幾分必然性を帯びていた。なぜなら、それは軍隊組織で構成される軍団としてのヤイーク・カザーク社会固有の構造およびその経済に由来していたからである。このカザーク社会のように、繁栄していた大きなカザーク社会は、唯一非常に誠実なカザーク役人(カザーク軍団内部の行政を扱うアタマン、エサウール、書記など)のもとでのみスムーズに機能しうるのである。しかし、カザーク大衆によって選出されたカザーク役人たちはたびたび個人的利益をめぐる競争に加わった。

転換点としてのオレンブルク遠征

カザーク社会の深刻な亀裂はすでに一七三六〜三七年に顕在化した。このとき、ロシアはヤイーク・カザークの地である広大な領域の積極的な統合を開始した。そのきっかけとなったのがキリーロフによる一七三五年のオレンブルク遠征隊の活動であり、これによってロシアはアジアへ深く前進することになる。同年夏、最初のオレンブルク（将来のオルスク要塞）が創設された。こうした動きによって、ヤイークの境でバシキール人蜂起（一七三五〜四〇年）が誘発された。[50]そのためカザークの軍事勤務と危険が増大した。オレンブルクについての配慮はヤイーク・カザークの肩に重くのしかかった。近隣ステップ諸民族との間の関係がよく調整されたうえで作られ、さらに常備軍と上級将校に影響のある官僚たちに関心を抱くスタルシナが台頭した。賄賂と縁故関係が幅を利かせる時代を予感させる。

一七三六年夏から、サマーラ川とヤイーク川沿いに伸びる新しい要塞による防衛線が建設されはじめた。この防衛線に危険な競争相手が生まれることになる。一つは、伝統的なカザークの「自由」をもたない官製のカザーク軍団となるオレンブルク・カザークである。いま一つは、一七三六年に防衛線に沿って創設された郡民兵（ландмилиция）である。これは、バシキール人やカルムィク人などの遊牧民の攻撃から要塞その他を守る、ロシア帝国の国境防衛線のために組織された非正規の屯田兵団という性格をもつものであり、その後の植民にとって大きな役割を果たすと考えられた。[51]

タチーシチェフによる軍団改造計画とその後

まさにそのような状況下で、一七三七年夏、キリーロフの死後にオレンブルク委員会（遠征隊から委員会へと名称を変更していた）の新しい長となったタチーシチェフは、ウラル地方のさまざまな問題に対処することになった。同地方の不安材料であったバシキール人の問題にも深くかかわったタチーシチェフは、ヤイーク・カザーク軍団の階層間の不和についてもその問題の解決を図ろうとした。その成果が一七三七年末に出された軍団改造計画である。

タチーシチェフの計画は次の通りである。第一に、軍団行政を官僚化すること。すなわち、行政を担う上層部を軍団アタマン一名、エサウール二名および書記一名に分け、規則にかかわる命令を紐で綴じた本の形にした資料にして整えておくこと。第二に、カザークを連隊(千人隊)、百人隊、十人隊に分けること。それぞれに連隊長、百人隊長、十人隊長を置く。第三に、問題の解決にかかわる軍団クルークの役割を制限し、その構成人員も縮小し、「カザーク的民主主義 казацкая демократия」をさまざまな段階のスタルシナによる会議(十人長たちの会議にいたるまで)に取り換えること。軍団行政は、「彼らの職位に大いなる敬意が払われ、卑劣さには恐怖を抱かせることを通して」おこなわれるものとする。第四に、裁判や行政における「慣習法 обычное право」を規定に則った書面による規則(правильный письменный устав)によって置き換えること。[52] 何よりも悪いのは、カザークが自分たちにとって何が有益で何が有害かということを判断せずに、裁判のための法律や行政にとっての規則を一切もたずに自分勝手に行動することである。また、習慣に従って、些末な事案に対して死刑に処す一方で、重要な事案を顧みないこともそうである。タチーシチェフにとって習慣的かつ啓蒙的な精神に基づく計画は次のようにして完成した。「……アタマンとスタルシナたちは読み書きができないので法律を知ることができない。……それゆえ、今後は無筆の人はいかなる職位にも就けないとする通告をもって、あえて彼らに学校を建てることを命じてはどうだろうか[53]」。

まず、「基本方針 генеральная линия」を明確にする。つまり、カザークの自治を制限して、国境での軍事編制のもと、厳しい政府のコントロール下で官僚化された軍事行政を備えた半正規軍的に勤務することを求めた。そのうえで、多くの点でタチーシチェフの計画は実施のための適当な時期が定められたのである。この改革者は、他方で、ロシアの全カザーク軍団の勤務の編成と原則を統一化することも提案し、その適当な時期を定めた。「より良きスタルシナたちを集めたのち、ドン、ヤイーク、グレベンそしてヴォルガのカザークたちにとっての共通する規則を作るべきだ……[54]」、というのである。

しかしながら、タチーシチェフの提案は実現しなかった。ヤイーク・カザーク社会の亀裂は時を追うごとに大きくなったが、その原因の一つはタチーシチェフその人にもあった。彼は、まもなく、戦争時に軍団内における無秩序な状態を許さないとの想いから、スタルシナたちを支持することになる。

とはいえ、この無秩序な状態を避けることはできなかった。分裂は目に見える形となった。「〔一〕七三八年、……スタルシナとカザークたちから送られてきたさまざまな報告から、ヤイーク軍団は、二つのグループに分かれ、全体の決議に依らないで、自分たちのアタマンを選出することが見て取れるのである」。バシキール人叛乱が継続していたものの、比較的平穏なこの時代、タチーシチェフがオレンブルクに赴き、またヤイーク・カザークの土地において、問題の平和的解決を試みることが可能であった。「いまや彼は自らの面前に両グループの以前のアタマンたち、連隊長たち、そして良き人々二〇名を呼び出し、彼らの状況について熱心に尋ねた。……彼は何も決定はできなかったが、しかしながら、あらゆる敵意を捨てて、平静さのなかに暮らし、いかなる争いをも再び起こさないようにと、彼らを熱心に説諭したのである」。タチーシチェフは、グリゴーリー・メルクーリエフ〔Г. М. Меркурьев, アタマン在任一七一六～一八、二二～二三、三三～三八〕がアタマン職に留まることを勧告し、事実上、紛争の原因がそれほど重大ではないという結論に達した。また、政府の決定まで、両者の陣営のカザークの指導者たちをこの事案から退けた（「アタマンと〔敵対している〕イヴァン・ローギノフ〈И. Логинов〉のもとから、彼らが軍団の事案にかかわらないように、またいかなる新たな面倒も起こさない、そして彼らをヤイークに入れない」）[55]。これとは別に、一七三八年十一月、タチーシチェフはサマーラで、メルクーリエフを訴えようと首都へ向かうカザーク偵察騎兵隊を拘束する。

しかし、タチーシチェフはメルクーリエフに同意しないカザークの動機を明らかに過小評価していた。ローギノフはまもなくヤイークから逃れ、政府の軍事参議会に現れた。そこで、二九九六人という軍団の圧倒的多数のスタルシナとカザークによる連名の新たな嘆願書を提出した。対立はますます抜き差しならなくなった。一七四〇年一月五日、モスクワに魚とイクラを携え、そして「メルクーリエフはアタマンにあらず」という何通もの嘆願書を持った偵察騎兵隊が到着した[56]。

このことは中央政府レベルでヤイークの問題に対処することを求めることになる。さらに一七四〇年三月、バシキール人叛乱が始まった。プガチョーフ叛乱勃発の一世代前のこの時期、「バシキール人の僭称者」カラサカル(Карасакал)がこの叛乱を指導したのである。彼はヤイークと隣接した地域であるアイ川に沿って活動する。自らをノガイのハン、サルタン゠ギレイ(Салтан-Гирей)であると名乗り、その下にはクバンから彼によって連れてこられて、バシキーリアの境界に「大雪」のためにそこに留まっている八万二〇〇〇人から成る軍隊がいるとした。カラサカルの経歴は多くの点でプガチョーフに酷似している。この名前を隠れ蓑にバシキール人マンディグールは放浪し、外国にも出かけ、戻ってきてからは日雇い労働で生計を立て、おそらくはプガチョーフと同じように、危険をともなう冒険主義者への傾斜を強めていったのであろう。史料によると、「この盗賊は、……鼻は斜めに削ぎ取られ、右手の小指と左の耳はない……」[57]、という。バシキーリアを動揺させた「民族に根ざした僭称」の経験についての記憶が、ヤイーク・カザークのなかで一七七〇年代初頭まで生き続けることになる。

叛乱の直接的な契機

エリザヴェータ女帝治世下の一七五二年——このときヤイーク・カザーク軍団は政府からの請負仕事として塩と魚の貢租徴収を引き受けた——以降、カザークの上層と下層のグループの関係はいっそうの緊張状態に陥った。カザーク大衆の怒りは一気に燃え上がった。スタルシナに対する苦情や不平を述べるために、彼らは首都サンクト・ペテルブルクにある軍事参議会へ代表者たちを派遣しはじめた。政府はこれに対して調査委員を派遣したが、抗争解決のための明確な糸口は得られなかったのである。

委員たちは支配グループであるスタルシナ側に立つ傾向にあったため、カザーク大衆をいっそう刺激することになった。加えて、オスマン帝国との敵対的な関係の発生が、すでに緊張状態にあったカザーク内の状況をさらに悪化させた。なぜなら政府が差し迫った戦争のために新たに創設された軍隊にカザークを強制的に編入したからである。この処置をカザークたちは、規則的・定期的に新兵補充をしなければならない強圧策とみなし、それを明確に拒否した。とくにロシア軍に新兵を供給するということは、自らの顎鬚を剃ることを意味したが、そのことはほとんどが古儀式派教徒である彼らにとっては忌まわしく耐えがたいことであった。[58] 結局、一七七〇年十二月七日、エカチェリーナ二世の勅令により、彼らはこの勤務から免除される。[59] しかし、それに代わって彼らにはカフカースのキズリャール地方における守備隊要員の一部提供が命じられたのである。[60]

一七六八年から七二年までの間に、エカチェリーナ二世と軍事参議会およびカザークの各グループの間で協定が結ばれた。たとえ政府がカザークに対して明確な政策をもっていたとしても(じつはそのようなものはなかったのだが)、ヤイーク軍団内部で争っている二つのグループの激化する敵対行為が数々の困難を引き起こしたであろうことは想像に難くない。しかし、政府の確固たる政策の欠如が紛争の火種を蓄えたのも事実である。こうしたなかで一七七二年にヤイーク・カザークの叛乱が発生した。誇り高いカザークにとってこの叛乱に対する鎮圧はあまりに厳しすぎた。プガチョーフ叛乱まであと半年に迫っていたこのとき、ヤイークには叛乱へと動き出す契機が確実にあったのである。

第五節　バシキール人の動揺

バシキール人ユライ・アズナリン

そしていま一つ、重要で厄介な問題をロシアは抱えていた。諸民族との関係である。プガチョーフ叛乱には多くの民族が参加することになるが、なかでもひと際顕著な動きを示したのがバシキール人であった。参加者も多く、攻撃も激烈だった。その背景にあるのは、十六世紀中葉にロシア国家に併合されて以来、認められた権利としていた自らの生活の平穏と安全の保障、土地についての相続的権利、イスラームからキリスト教への改宗を強制せず、何よりもバシキール人の生活に干渉しないこと、こうした約束が反故にされ侵害されてきたという事実である。そのため、バシキール人は権利侵害に対して十七〜十八世紀に幾度も激しく立ち上がった。[61]

プガチョーフ叛乱では、そのような歴史をもつバシキール人が当然のことながら大きな役割を担うことになる。とりわけユライとサラヴァト父子の動きは叛乱を左右するほど重要であった。ユライについてはモスクワでの供述記録が多く残っている。それによると、一七二九年か三〇年に生まれた彼は、すでに六二年には百人隊長となっていた。六六年、当時族長であったユライは、オレンブルク県知事アヴラーム・プチャーチン（А. А. Путятин, 一七一〇？〜六九、オレンブルク県知事在任一七六四〜六八）によって郷長に任命された。県当局はロシア人の移住を根幹とする植民政策を積極的に推進し、そのためバシキール人所有地のいっそうの没収をおこなっていた。当時、バシキーリアにおける郷長たちは県内の官僚機構のなかで最末端の行政的機能を果たしていた。彼らは財務や行政、および警察の機能（課税と徴税、共同体内の諸問題にかかわる係争の審理）を遂行し、郷＝共同体（氏族ないしは種族で構成されている）が所有する用益地の分割を担当し、軍役奉仕のために郷＝共同体のなかから人を選んで派遣した。また、政府によるバシキール人社会に対する社会経済的および民族的な抑圧政策の一端を担うことさえあった。[62]なお、当時のバシキーリアの郷は氏族＝種族制度のうえに成り立つ行政区分であり、十八世紀末にカントン制度が導入されるまでその制度は存続したのである。

族長＝郷長としてのユライの活動

ユライは、族長および郷長として自分が果たした役割や任務について、記憶に残っている二つの出来事をあげている。一つはカルムィク人追跡であり、いま一つはポーランド遠征、すなわちバール連盟鎮圧のための遠征である。プガチョーフ叛乱鎮圧後の一七七五年二月二十五日付本人の供述記録によると、このバシキール人族長は「カルムィク人逮捕のための遠征にも参加し、彼らを一年三カ月の間追捕した」が、その部隊は「バシキール人三〇〇人から成っていた」。「カルムィク人の鎮静化ののち」、彼は「他の一〇名の族長たちとともにバシキール人族長のクレイ・バルタシェフ（Клей Балташев）の指揮のもとポーランドへ遠征した。三〇〇〇人ものバシキール人がいた。そこからの撤退後、自分の村で暮らしたのである」[63]。ちなみに、シベリア道カラ＝タビンスク郷出身のこのクレイ・バルタシェフはプガチョーフ叛乱時には政府軍に加わり、北バシキーリアで叛乱の鎮圧にあたっている[64]。

第一の事件は一七七一年ヴォルガ左岸の中・下流域地方に住んでいたカルムィク人がウブシ・ハン（Убуш хан）の指揮下ジュンガリアへ逃亡した事件である。オレンブルク県知事はヤイーク・カザーク、バシキール人および竜騎兵をカルムィク人逃亡阻止のために派遣せよという政府の命令を受け取った。ユライは族長として三〇〇人の部下を率いてトラウベンベルク将軍指揮下の追跡軍に参加した。しかし、カルムィク人は追跡からすでに遠く、追跡する軍隊も糧秣不足のため退却を余儀なくされた。結局、バシキール人部隊はカルムィク人と戦うことなく帰郷したのである[65]。

第二のバール連盟鎮圧のためのポーランド遠征は一七七一年十一月におこなわれた。このときユライはバシキール人騎兵三〇〇〇人のうち三〇〇人からなる部隊を指揮していた。バシキール人騎兵はワルシャワ近郊、ヴィルノおよび他のポーランド各地を転戦した。彼らの帰郷は翌一七七二年八月二十五日と翌七三年六月十七日の二度に分けておこなわれた。[66] ユライは戦闘であげた功績によりロシア政府から賞与のメダルを授与されている。[67]

これら二つの出来事以外にも、ユライは一七五六〜六三年の七年戦争にも従軍し、同郷のバシキール人部隊を率いてプロイセン軍と戦った。[68]

以上はユライの活動の一面を特徴づけるものであり、プガチョーフ叛乱勃発の直前まで、彼がロシア政府に対して忠実に族長＝郷長の職務を果たしていたことを明らかにしている。同時に、国際関係のなかで発生した前記事件へのバシキール人による関与は、彼らが南ウラルという地域の枠を越えて活動していたことを示しているのである。

バシキール人の利益を擁護するユライ

しかし、ここでわれわれはユライがバシキール人社会の利益を守るため当局に抗議した二つの事件に注目しなければならない。第一は彼らの土地への工場建設に反対する行動であり、第二は別のバシキール人族長による賄賂授受への抗議行動である。

十八世紀中葉のバシキーリアでは、農業植民以外に集中的な工場建設が進行していた。一バシキール人代表としてユライはロシア人による工場建設に反対したのである。工場主への土地譲渡は土地売買登記証書の作成などを通しておこなわれたが、こうした法的手続きも、証書作成にあたっては工場主側によって実際の取り決めとは異なった虚偽の境界が記入され、実際に土地を入手する際には、工場主は契約に反して自分の都合に合わせてより多くの土地を得ていた。その典型的な例を、工場主ヤーコブ・トヴョルドィショフ(Я. Б. Твердышев, 一六九三〜一七八三)とシャイタン＝クデイスク郷のバシキール人たちとの関係にみることができる。

一七五九年三月十六日、鉱山局はシム川沿いに工場を建設するという決定を下した。[69] 二年後、このシムスキー製鉄工場は早くも生産を開始した。しかし、六二年八月二十一日になってやっと、シムスキー工場および近隣のカタフ＝イヴァノフスキー工場に対する土地貸与証書が正式に作成された。このとき、オレンブルクではトヴョルドィショフとその共同経営者であるイヴァン・ミャースニコフ(И. С. Мясников, 一七一〇〜八〇)が、シャイタン＝クデイスク郷のバシキール人たちからその先祖代々の所有地のうち工場用地として必要な土地を六〇年間にわたり年二〇ルーブリで借りる契約を取り付けている。[70] この取り決めの際、ユライ・アズナリンとその郷のバシキール人たちはロシア政府の弾圧と不正を経験した。

一七六〇年、工場主トヴョルドィショフの要請により、ウファー郡当局はユライを長とするシャイタン＝クデイスク郷のバシキール人グループをウファーに召喚した。三九〜四〇年蜂起時に政府側に立った族長シガナイ・ブルチャコーフは数多くの権力濫用により四三年に更迭されていた。その職務は事実上ユライが代行していたのである。[71]

トヴョルドィショフ配下の工場管理人は、自分の主人にとってその郷内の土地が「必要である」にもかかわらず、バシキール人たちは土地譲渡に応じようとしないと申し立てた。これに対し、ウファー郡の最高責任者である軍政官は、彼らバシキール人たちがトヴョルドィショフ自身と交渉するという約束を、郷の共同体全員に諮らずに取り決めた。しかし、話合いの成果はあがらなかった。結局、工場主は郡当局に、土地の強制的な買収が一部執行できるように願い出たのである。当局はユライにオレンブルク県庁への出頭を要求したが、彼はそれを果たさなかった。ついに一七六二年、軍隊がユライとその仲間たちをトヴョルドィショフのいるカタフ＝イヴァノフスキー工場へ連行した。そこでバシキール人に対して県庁発布の命令が読み上げられ、土地貸与について有無を言わさぬ回答を迫った。ユライは契約締結のためオレンブルクに行くことを当局に約束しなければならなかったのである。[72] 当時、シャイタン＝クデイスク郷の共同体では、ユライを中心とするグループと前族長シガナイ・ブルチャコーフが指導するグループとが対立していた。六〇年のウファーでの交渉は、実際にはシガナイ・ブルチャコーフが担当した。彼は工場主の利益を図りながら、自らの立場を固めようと考えていたのである。[73]

ユライは工場主たちによる土地獲得の欺瞞的なやり方に憤慨して訴訟を起こしたが、結局敗北した。しかもユライとともに自分たちの利益・権利を守るために立ち上がったバシキール人たちには六〇〇ルーブリという莫大な罰金が科されることになった[74]。

ユライに関する特筆すべきもう一つの事件は、彼がバシキール人上層部の賄賂授受に対し断固たる反対行動をとったことである。それはバシキール人に課せられた軍役をめぐってのことだった。家から青年男子を供出する軍役はバシキール人やミシャーリ人たちにとって大打撃である。なお、ユライの供述史料では、軍役義務が重くはなかったと述べているものの、それは己の罪を軽減させるために、いかに自分が政府に忠実であり、不満も抱いていなかったかを述べるための裁判上の戦術と考えてよい。実際の戦闘が多くの人命を奪ったのはいうまでもない。たとえば、ポーランド遠征に従軍したバシキール人三〇〇〇人のうち約二五〇〇人が帰還しなかったといわれている[75]。他方、裕福なバシキール人たちはこのような軍役を賄賂によって逃れ、それを貧しい人々に肩代わりさせていたのである。

われわれは以上の例をシベリア道のバシキール人有力者ヴァリシャ・シャルィーポフ（Валиша Шарыпов）の行動にみることができる。一七七一年、彼の賄賂授受という行為に憤慨したバシキール人たちは、ユライとトィルナクリンスク郷の郷長にして族長であるヤウン・チュヴァショフとを代理人に立て、彼らにヴァリシャに対する訴状を託してバシキーリアの行政的中心都市ウファーに向かわせた。しかし、そこでの審理は最後までおこなわれなかっただけでなく、あろうことかヴァリシャ本人は行軍隊長に任命されてシベリア防衛線へ赴いている。このときもユライとその仲間たちは敗れたのである[76]。ちなみに、プガチョーフ叛乱時、ヴァリシャは鎮圧部隊に身を置き、叛乱軍の主力部隊やサラヴァト・ユラーエフ軍と再三再四戦闘を繰り広げることになった[77]。

このように、ユライは、一方では、バシキール人族長＝郷長として政府側の植民・民族政策遂行の一翼を担いつつも、他方では、ひとたびバシキール人共同体の利益や権利がロシアの政策によって侵害された場合にはそれを守るために立ち上がった。以上がプガチョーフ叛乱前夜の南ウラルの状況である。

第六節　「ピョートル三世（フョードロヴィチ）」幻想

多発する僭称事件

社会不安に対する民衆の敏感な反応は、都市と辺境にかかわらず、叛乱・蜂起・暴動といった明確な形をとって表れていた。しかし、こうした形態をとらずに社会生活の鬱憤を晴らすかのような行動にでることもあった。それが僭称という問題であり、これこそが近世ロシア社会を特徴づける現象となる。

十八世紀に頻発する宮廷革命はロシアにおける僭称者たちの出現という事実と結びついている。ピョートル一世時代末からその後の一〇年間に、ピョートルの長男で一七一八年に獄死した「皇太子アレクセーイ（ツァレーヴィチ・アレクセーイ）」が幾人も現れた[78]。さらに二三年、タンボフ郡にアレクセーイの「弟」ピョートル・ペトローヴィチが出現した。六五年には古儀式派教徒のイヴァン・エウドキーモフ（И. Евдокимов）がピョートル二世（一七一五〜三〇、在位一七二七〜三〇、皇太子アレクセーイの子）を僭称した。

ツァーリの息子で皇太子であるツァレーヴィチからツァーリへの「昇格」の基盤となったのは、古儀式派教徒たる民衆の力であった、というのがタラネツの考えである[79]。興味深い指摘ではあるが、これについては史料の検討を含めて別に論じなければならない。むしろ帝政時代を代表する歴史家クリュチェーフスキーが僭称を「国家の慢性病」と呼び[80]、また民俗学者チストーフの研究が示すように[81]、十七〜十八世紀におけるロシアの君主による奇跡や救いを求める民衆の想像（創造）力、とりわけ「帰りきたる救い主ツァーリあるいは皇太子」に関する伝説の具現化としてみることこそ大事であろう。ロシアの民衆は農奴制に起因するさまざまな社会的桎梏《しっこく》からの解放を求めていた。僭称問題はその点と分かちがたく結びついた近世ロシア社会特有の現象であり、世界史的にみても驚くほど多発している。

一七四〇～五〇年代にかけて、民衆の意識には将来ピョートル三世となる「皇太子ピョートル・フョードロヴィチ」についての無定形なイメージ（аморфный образ）が見え隠れし、民衆には彼（実際の皇太子ないしは僭称者）が大貴族たちからその強大な権力を奪うという期待感があった。他方では、ピョートル・フョードロヴィチ個人に関しても、彼は将来のアンチ・キリストであり、不正な相続人であることを摘発するような噂も存在した。[82] 一七六二年六月二十八日に発生した宮廷革命とピョートル三世殺害ののち、民衆の希望はピョートル三世についての「奇跡をおこなう」イメージ（«чудесный» образ）と結びつくようになる。次の事例が示すように、その死去にもかかわらず、「ピョートル三世は生きている」という噂はこの年以降急速に広まっていった。[83]

一七六二年のスパッスコエ村での事件

一七六二年十二月二十五日、スパッスコエ村（ウファーから一八ヴェルスタの地点にある）の聖職者イヴァン・フョードロフは、洗礼を受けたカルムィク人やさまざまな官位の人が多数参列していた教会で、「ピョートル・フョードロヴィチ三世（在位ユリウス暦一七六一年十二月二十五日／グレゴリウス暦一七六二年一月五日～六二年六月二十八日／同七月九日）の健康のために」連禱した。帮堂者《ほうどうしゃ》フョードル・フョードロフは祈りの最中ずっと皇帝ピョートル・フョードロヴィチ、その妃エカチェリーナ・アレクセーエヴナ（のちのエカチェリーナ二世）、および大公（のちのパーヴェル一世）の健康のために祈りを捧げていた。祈りののち、聖職者は「至聖所から出てきて経案の上に十字架を置き、このとき教会にいたすべての人に聞こえるように、前述のことを、すなわち神がわれわれに喜びを与えたように、神に対して君主である皇帝ピョートル・フョードロヴィチが健康であるようにと唱えたのである」。

のちの取り調べで、教会に届いたある郵便物に基づいて神父と帮堂者が先に述べた行動をとったことがわかった。それは日常的に教会でピョートル三世とその家族を賛美する内容を規定した一七六二年一月一日付の印刷物が、どういうわけかほぼ一年経ったキリスト生誕前夜の十二月二十四日になってやっと届いたのである。ピョートル三世の即位直後に作成されたものが、すでにエカチェリーナ二世の時代になってから届いたことになる。結果的に二人は処罰を免れ、当局の監視下に置かれることになっただけですんだが、[84] この事件はスパッスコエ村でキリスト生誕のお祈りを聞いた人々に影響を与えないわけがなかった。「ピョートル三世」は生きているという噂は人々の間にまたたくまに広まり、エカチェリーナ二世の治世中、それは消えることはなかったのである。

この事件後、一七六三〜六四年にかけて、「ツァーリにして救済者」という話はまずウラルのチェバリクリスカヤ要塞に現れた。カザークのコノン・ベリャーニン(К. Белянин)は「ひそかに」ピョートル・フョードロヴィチがヴォルコーンスキー将軍とともに要塞へやってきたと語っている。[85] 一七六四〜六五年だけでも「ピョートル三世」を名乗った僭称者は四人出現した。[86] マロロシア人(ウクライナ人)ニコラーイ・コルチェンコ(Н. Колченко)、アルメニア人アントン・アスランベーコフ(А. Асланбеков)、逃亡兵士ガヴリーラ・クレムネフ(Г. Кремнев)とピョートル・チェルヌイショーフ(П. Чернышёв)であった。[87] 周知のように、「ピョートル三世」についての伝説は一度ならず僭称者によって武力闘争にまで高められたのである。

プガチョーフ以前の僭称者たち

たしかに、プガチョーフ叛乱以前にも発生した一連の蜂起の参加者のなかに古儀式派教徒はいた。この点、同叛乱に先立つ一七六八年、古儀式派教徒で逃亡兵ヴァシーリー・セレズニョーフ(В. Селезнёв)の事件は注目すべきかもしれない。彼は、「女帝陛下の命令および彼女の権力にはその非正統派の信仰ゆえに従いたくない」ときっぱり断言した。[88] セレズニョーフにとって古儀式派こそが正統であった。六四〜九八年の間にピョートル三世を名乗る僭称者は二〇人以上出現し、とくに六〇〜七〇年代の僭称で古儀式派教徒は重要な役割を担っていた。彼らはとくに有名であった先述のクレムネフやエウドキーモフといった僭称者と関係があったのである。[89]

一七六〇～七〇年代、ピョートル三世の僭称は、モンテネグロ、チェコおよびドイツのホルシュタイン公国でも発生した。とりわけロシアと関係の深かったモンテネグロでは、六六～七三年にかけてステファン・マールィ（Стефан Малый）なる人物がピョートル三世を僭称する。ヴェネツィアとオスマン帝国の影響下にあった同地の人々は、オスマン帝国への攻撃を促すロシアの提案を拒否して、マールィのもとで平穏に暮らす道を選択した。彼はアドリア海への便利な交通路を作ることを考え、そのため海へと通ずる山々を開削しようとした最中、オスマン帝国の意を受けたギリシア人刺客によって殺害される。[90] エカチェリーナ二世にとり、僭称は自らの専制権力とその正当性を脅かす問題であるという認識をもち、またそれゆえ外国と僭称者とのつながりについても危惧していた。のちのプガチョーフに対する尋問ではこの点が厳しく問われることになるのである。

「ピョートル三世は生きている」という噂

僭称問題との関連で、「プレオブラジェーンスキー官署」文書に、「ピョートル三世は生きている」という噂について官憲が調査をした事案の史料が多く残されている。これは民衆の意識や動向をより具体的に示している史料である。これらを紹介しながら（詳細については本書付録史料(1)を参照）、その噂のもつ意味について考えてみよう。

ピョートル三世が死去して二年経った一七六四年には、「ザガイドフスキーとヴォイノヴィチの一件」が報告された。[91] この史料が興味深いのは、「ピョートル三世は生きている」として、「彼の代わりに他人が葬られている」と信じている兵士がいるだけではなく、エカチェリーナ二世の寵臣「（グリゴーリー・）オルローフが君主になりたい」ために、彼自身が仕組んだことだとしている点である。民衆が宮廷革命をどのようにみていたかをうかがわせる史料となっている。

翌六五年には、「ピロージニコフの一件」が報告された。[92] これは商人エレメイ・ピロージニコフが「ピョートル三世は生きている」と言い触らした事件である。しかも、帝位の継承権についてまで話が及んでいる点が目を引く。証言は、ピョートル三世が生きているということ。また、継承問題に関係のないはずの庶民がこの問題について論じている点が注目される。

同年、「グリチンの一件」が報告された。[93] これは「兵士ミハイール・グリチンがピョートル三世は生きているという根も葉もない噂を広めたために彼を監視下に置くことにしたこと」を内容とする史料である。興味深いのは、その死後も「〔ピョートル三世は〕マロロシア人〔ウクライナ人〕にお金を下賜し、兵士たちには彼らにとって必要なものを与えることを」約束している点である。

五年後の一七七〇年には、「イヴァン・デミードフの一件」が報告されている。[94] これは退役少尉補イヴァン・デミードフが僭称者アルメニア人アスランベーコフによるピョートル三世僭称が明らかとなったために、彼を監視するというのである。この史料では、アスランベーコフ本人がピョートル三世を僭称している。またそれを聞いた人たちのなかには、彼を君主として認める者がいるというのである。その際、かつて「動乱時代」の偽ドミートリー事件が思い出されるという報告者の証言は重要である。人々にとって過去の歴史的事件も記憶に残っていたのである。

さらに、一七七二年には「プロフィム・クリシンの一件」が報告された。[95] これは郷士のプロフィム・クリシンが「ピョートル三世は生きている」と述べた事件である。しかし史料中に本題はでてこず、プロイセン人鍛冶屋の話となっている。この史料にみえる「女帝陛下に対するいくつかの知られた罪」というのがこのことを指しているのであろうか。

プガチョーフ叛乱中の一七七四年には、「ピョートル・セミョーノフの一件」が報告されている。[96] これは兵士のピョートル・セミョーノフが「ピョートル三世は生きている」と言い触らした事件である。この兵士が酒に酔った状態でのこととされ、また彼らの生活や品行にも問題があったというのである。これは、酒に酔ったうえでの話ではあるものの、ピョートル三世は生きていて、当時、叛乱を起こしたプガチョーフがピョートル三世であるという意識の形成について述べられている。

以上の諸史料は、ピョートル三世についての噂話に対して、当局が目を光らせていたことを示している。なぜ、このように注視していたのか。そこに、治世当初のエカチェリーナ二世の権力基盤の弱さをみることができるが、他方では、十八世紀ロシアの民衆を掌握する手段の一つとして当局が噂話の収集をおこなっていたとみなすこともできよう。プガチョーフ叛乱においては、こうした噂だけではなく、実際の僭称となって問題をいっそう大きくしていくことになる。

第七節　古儀式派教徒の動き

十八世紀前半の古儀式派

十八世紀ロシアは、十七世紀中葉の総主教ニーコン(Никон, 一六〇五～八一、総主教在位一六五二～六六)による典礼改革に端を発するロシア正教会の分裂(一六六六～六七年)と民衆のキリスト教離れに拍車がかかった時代である。すでに十七世紀の終わりには、改革以前の典礼に固執する古儀式派の拠点がロシア各地にいくつも出現した。彼らの抵抗は当局による弾圧へと発展し、その後も古儀式派に対しては厳しい監視の目が向けられることになる。古儀式派教徒にとって典礼改革以前の「古《いにしえ》の信仰 старая вера」への回帰は、民衆に対する政府による監視・弾圧という苦境を打開するための道標となった[97]。

十八世紀の古儀式派について考える際には、ピョートル一世の宗教政策である教会改革が重要である。民衆のキリスト教離れが進む一方で、ピョートル一世は宗教の世俗化を推進するなど、宗教界も大きな変化を遂げた。ロシア正教会は、国家の支配を被りながら、ある種「警察化」し、俗人や外国人の影響を強く受けていくことになる。そうした方向性を決定づけたのが『聖務規定』(一七二一年)の制定と宗務院の設立(同年)である。ここにピョートル一世の教会改革が本格化することになった。

古儀式派教徒にとってもこの改革は無縁ではなかった。『聖務規定』は、政府と教会にとってロシアの臣民が正統派(ニーコン派)の正教を信奉したり、あるいはそれを拒否したりすることに無関心ではなかったことを示している。古儀式派教徒から二倍の人頭税(一七一六年に制定された「ラスコール税」)を徴収し、その支払いを免れる者に対する捜査を厳格におこなうべく、また古儀式派に対する監視のため、一七二五年には特別な「ラスコーリニキ事務所 раскольничная контор」が設置されたのである。

当初、「古の信仰」の熱心な支持者たちは、正統派正教会に対して最後まで勝利のために闘い抜こうとした。しかし、まもなく彼らはいかなる嘆願でも、どのような計画でも、また一揆でさえも目標を達成することはできないことを知るようになる。さらに古儀式派は政府から弾圧を被ることになった。力によって政策を変えさせることを断念した古儀式派はその終末思想と結びつけた行動をとるようになった。古儀式派教徒は現在のツァーリを「アンチ・キリスト」として、その支配する国家を呪い、そこから逃れる方法を模索した。彼らは救いを期待して武力による戦いから撤退することになったのである。セーヴェル地方とシベリアの農民に広まった焼身自殺という行為は、以上の終末思想と結びついた贖罪という宗教的な行為の性格を帯びていた。一七二二年、政府の弾圧を逃れるための集団焼身自殺とその後の逃亡を招いた西シベリアのタラ市の事件はその代表的事例である。しかし、それ以外の古儀式派教徒は、当局の監視と「ラスコール税」支払いという重圧のもとで生活していた。古儀式派教徒にとって、「古の信仰」はツァリーズム(専制政治体制)という条件下で自らのつらい状況を改善することをめざす出発点となった。

十八世紀後半の古儀式派

十八世紀後半、工業の発展と商人層の成長という状況下で大きな変化が生じた。一七六〇年代、ピョートル三世とエカチェリーナ二世の布告によって、古儀式派教徒にはわずかではあるが信仰の自由が与えられるようになった。六三年には「ラスコーリニキ事務所」も閉鎖された。八二年にはピョートル一世が導入した彼らに対する「ラスコール税」が廃止され、八八年には公文書で彼らを「ラスコーリニキ」と記すことが禁じられた。これ以後、古儀式派教徒と呼ばれるようになったのである。こうして、外国で暮らしている古儀式派教徒に、ロシアに戻って自らの居住地を選ぶことが許されることになる。このときから、古儀式派それぞれの指導者たちは大規模な起業家や商人に成長し、モスクワに住むことが多くなり、そのため古儀式派の中心が地方から都市へと徐々に移動していったのである。[98]

数のうえでの古儀式派の急激な飛躍は一七七一年にモスクワでのペスト発生の時期と軌を一にしている。古儀式派の指導者たちは検疫所や墓地の建設の許可を得た。自らの共同体の利益のために、この民衆の災厄と結びついた宗教的気運の高まりを利用した。病気の回復と援助を願うモスクワ住民を「古の信仰」に改宗させる動きを強めたのである。加えて、死後相続者のいない財産を共同体の金庫に集めることにもつながった。まさにモスクワにとってはこの厳しい時期に二つの主要な古儀式派共同体の経済的繁栄の基礎が築かれた。一つはプレオブラジェーンスキー墓地（共同体）を中心とするモスクワのフェドセーエフ派であり、いま一つはロゴーシスキー墓地（共同体）に基礎を置くモスクワの逃亡司祭派であった。[99]

それより以前の一七六〇年代には、ヴェートカ（現在ベラルーシのホメリ州にある都市）出身者たちがサラトフ県のイルギース川の沿岸に男子修道院に発展する三つの修道隠舍（скит）を建てた。続いてそこに女子修道院も建設した。イルギースでは正統派正教から逃れてきた司祭たちが自らを「矯正 исправу」することに努めていた。しかし、彼らの教会を建てることはできなかった。というのも、聖職者を叙任するための主教をどのように探すのかという問題が彼らの前に立ちはだかっていたからである。また、逃亡司祭派の富裕な上層部は、改革以前の典礼を捨てることなくツァリーズムと妥協していた。[100]

プガチョーフ叛乱に代表される十八世紀ロシア民衆の動きには古儀式派的な要素が多く含まれており、諸叛乱はそうした状況改善要求の一つの現れとみなすことができるかもしれない。

プガチョーフ叛乱前夜のロシア社会には多くの不安定要素があった。実際、モスクワではペストの蔓延がみられ、さらにはそれに起因して同市で発生した食料不足と飢饉が生じ、そして暴動が勃発した。地方においても、ロシア人の農民および工場民が蜂起を起こして農奴制や工業化に反対した。南ウラルでは、長年の政府の政策に不満を募らせたヤイーク・カザークが叛乱を起こした。また、同じ地域には多くの民族が居住していた。なかでもバシキール人は十六世紀にモスクワ国家に併合されて以来幾度も政府に対して自らの権利を守るために立ち上がっていた。こうして地方はロシア国家にとってまさに「火薬庫」となっていたのである。さらにいま一つ注目すべき点は、民衆の「気運」ともいうべき雰囲気である。人々の間には、「ピョートル三世」への期待およびその表れともいえるツァーリ僭称や「ピョートルは生きている」とする噂の広がりがみられたのである。こうした僭称や噂は、近世ロシアに固有の社会問題であったが、この点も見逃すことができないほど国家にとって大きな問題となっていた。

プガチョーフ叛乱が発生する以前のロシア社会には以上のようなさまざまな要素が入り組んだ雰囲気が醸成されていた。そうしたなかで、重要な要素の一つが宗教である。プガチョーフの出現から叛乱にいたるまでの彼の活動を通して、この問題をいま少し考えてみよう。

註

1　この章は次の拙稿を基にしている。「18世紀モスクワにおけるペストの流行と暴動に関する史料」『駿台史学』第一七八号、二〇二三年、「近世ロシア民衆の意識――18世紀の民衆は何を求めたのか」『明治大学人文科学研究所紀要』第五八冊、二〇〇六年、「18世紀前半のロシアにおける民衆と宗教――ピョートル一世の教会改革と古儀式派教徒」『駿台史学』第一六二号、二

〇一八年、*Тоёкава К.* Оренбург и оренбургское казачество во время восстания Пугачева 1773–1774 гг.

2 本節は以下の文献を利用している。*Алефиленко П. К.* Чумый бунт в Москве в 1771 году // Вопросы истории. 1947. № 4. С. 82–88; *Болотов А. Т.* Записки Андрея Тимофеевича Болотова. 1773–1795. Т. III. Ч. XV. СПб., 1873. С. 5–15, 17–19, 31, 34–41; *Брикнер А. Г.* О чуме в москве 1771 г. // Русский Вестник. 1884. сентябрь. С. 5–48; октябрь. С. 502–568; *Горелова Л. Е.* Чума в Москве (1770–73 гг.) // Русский медичинский журнал. 2002. № 16. С. 738; Описание московского бунта 1771 г. Составленное протоиереем Петром Алексеевым // Русский архив. Год первый. 1863. С. 910–916; Письма А. А. Саблукова своему отцу 1771 г. // Русский архив. 1866 г. С. 330–339; *Сметанин Д. В.* Чума и Российская империя. Борьба с эпидемиями в XVIII–первой трети XIX века. СПб., 2020. С. 53–101; *Соловьев С. М.* Москва 1770–1771 г. // Русская старина. октябрь 1876. С. 189–204; *Чеботарев А. М.* Информационно-рекламная деятельность правительства по пресечению «прилипчивой болезни» 1770–1775 гг. Челябинск, 2016; Alexander, J. T. ***Bubonic Plague in Early Modern Russia. Public Health and Urban Disaster***, Baltimore and London: The Jones Hopkins University Press, 1980, Ch. 4–9.

3 Mertens, Charles de, ***An Account of the Plague which Raged at Moscow, 1771,*** London, 1799, Newtonville, Mass.: Oriental Research Partners, 1977, pp. 27, 33–34; *Брикнер А. Г.* Указ. соч. С. 18.

4 *Болотов А. Т.* Указ. соч. С.18.

5 СИРИО. 1876. Т. XIX. С. 243 (St. Petersburg, November 18 (29), 1771).

6 ПСЗ. Т. XIX. № 13695. С. 364–371.

7 *Брикнер А. Г.* Указ. стат. С. 548.

8 *Алефиленко П. К.* Указ. стат. С. 87.

9 *Дубровин Н. Ф.* Указ. соч. Т. I. С. 334.

10 *Семевский В. И.* Указ. соч. Т. I. С. 52.

11 *Дубровин Н. Ф.* Указ. соч. Т. I. С. 335.

12 *Рубинштейн Н. Л.* Указ. стат. С. 34.

13 *Тхоржевский С. И.* Пугачевщина в помещей России. М., 1930. С. 36. なお、本文中のパーセントについては修正した。

14 *Семевский В. И.* Указ. соч. Т. I. С. 374–375.

15 *Макаров В. И.* Положение государственных крестьян по наказан к комиссии 1767–1768 гг. Л. 1951 (Кандидатская диссертация. Рукопись). Приложение I. С. 81 (*Рубинштейн Н. Л.* Указ. стат. С. 38 より転引用).

16 *Соловьев С. М.* История России с древнейших времен. Кн. XIII. Т. 25. СПб., М.: «Мысль», 1994. С. 133.

17 Русский архив. 1865. Т. III. С. 479; *Соловьев С. М.* История России с древнейших времен. Кн. XIII. Т. 25. С. 113.

18 Там же. С. 113, 133.

19 *Петров С.* Указ. соч. С. 3–6.

20 *Рубинштейн Н. Л.* Указ. стат. С. 38.

21 Кижское восстание 1769–1771 гг. Документы. Петрозаводск, 1977. С. 5–26; *Рубинштейн Н. Л.* Указ. стат. С. 39; *Индова Е. И., Преображенский А. А. и Тихонов Ю. А.* Указ. соч. С. 76.

22 *Мавродин В. В.* Из истории классовой борьбы крестьян накануне восстания Пугачевва // Вестник Ленинградского ун-та. 1958. № 8. С. 7.

23 Там же.

24 Там же. С. 7–8.

25 Там же. С. 9.

26 *Соловьев С. М.* История России с древнейших времен. Кн. XII. Т. 23. С. 96; *Рубинштейн Н. Л.* Указ. стат. С. 36.

27 *Соловьев С. М.* История России с древнейших времен. Кн. XII. Т. 23. С. 99, 163; Т. 24. С. 365, 559–560; *Рубинштейн Н. Л.* Указ. стат. С. 36

28 *Рубинштейн Н. Л.* Указ. стат. С. 39.

29 *Мавродин В. В.* Из истории классовой борьбы крестьян накануне восстания Пугачевва. С. 10.

30 *Семевский В. И.* Указ. соч. Т. II. xxviii–xxix; Portal, R. *L'Oural au XVIIIe siècle*, pp. 348–349, 368; Blum, J. *op. cit.*, pp. 313–314.

31 *Соловьев С. М.* История России с древнейших времен. Кн. XII. Т. 23. С. 98.

32 *Рубинштейн Н. Л.* Указ. стат. С. 35.

33 Там же.

34 Там же.

35 近代ロシアにおけるカルムィク人の状況、および彼らの一七七一年のジュンガルへの帰東問題に関しては以下の文献を参照されたい。Khodarkovsky, M. *Where Two World Met? The Russian State and the Kalmyk Nomads, 1600–1771,* Ithaca and London: Cornell University Press. 1992. 中村仁志「ロシア国家とカルムィク――一七‐一八世紀」『ロシア史研究』第四二号、一九八六年、二一〜一七頁。

36 *Андрущенко А. И.* Классовая борьба яицких казаков накануне Крестьянской войны 1773–1775 гг. // История СССР. 1960. № 1. С. 149.

37 Там же.

38 Документы восстания 1772 года на Яике // Советские архивы. 1972. № 4; *Андрущенко А. И.* Указ. стат. С. 158.

39 Там же. С. 159.

40 *Дубровин Н. Ф.* Указ. соч. Т. 1. С. 183–185.

41 *Рознер И. Г.* Яик перед бурей. С. 192.

42 Там же.

43 Там же.

44 *Петрухинцев Н. Н.* Раскол на Яике // Родина. 2004. №. 5. С. 78.

45 Там же. С. 78–79.

46 *Андрущенко А. И.* Указ. стат. С. 145.

47 *Рознер И. Г.* Яик перед бурей. С. 83.

48 *Андрущенко А. И.* Указ. стат. С. 144–146.

49 *Рознер И. Г.* Яик перед бурей. С. 103.

50 オレンブルク遠征隊によってバシキール人が蜂起する経緯については次を参照されたい。前掲拙著『ロシア帝国民族統合史の研究』二〇四〜二二六頁。またこの遠征隊の形成過程については次を参照されたい。前掲拙著『十八世紀ロシアの「探検」と変容する空間認識』一五〇〜一九一頁。

51 同右、一三四〜一三六頁。

52 *Петрухинцев Н. Н.* Указ. стат. С. 80–81.

53 *Соловьев С. М.* История России с древнейших времен. Кн. X. Т. 20. С. 587–588.

54 Там же. С. 587.

55 *Петрухинцев Н. Н.* Указ. стат. С. 81.

56 Там же.

57 Материалы по истории Башкирской АССР. Ч. 1. док. № 175. С. 392–393.

58 *Андрущенко А. И.* Указ. стат. С. 148.

59 Там же.

60 *Дубровин Н. Ф.* Указ. соч. Т. 1. С. 49; *Андрущенко А. И.* Указ. стат. С. 148.

61 詳しくは前掲拙著『ロシア帝国民族統合史の研究』第三・四章を参照されたい。

62 *Гвоздикова И. М.* Указ. соч. 1982. С. 183 およびその註を参照されたい。

63 РГАДА. Ф. 6. Д. 427. Л. 9–10; Крестьянская война 1773–1775 гг. на территории Башкирии. Уфа, 1975. док. № 193. С. 303.

64 ユライ拘束後の陳述で、クレイ・バルタシェフはユライとサラヴァトの活動について政府寄りの証言をしている(РГАДА. Ф. 7. Оп. 2. Д. 2043. Ч. XIV. Л. 156 об., 157 об.–158, 159 об.–160)。

65 Там же.

66 РГАДА. Ф. 6. Д. 427. Л. 15; Крестьянская война 1773–1775 гг. на территории Башкирии. док. № 193. С. 303.

67 Салават Юлаев. К 200 летию со дня рождения. Уфа, 1952. С. 9.

68 Там же. С. 8–9.

69 Русский государственный исторический архив (Далее: РГИА). Ф. 892. Оп. 1. Д. 384. Л. 1; Материалы по истории Башкирской АССР. Т. IV. Ч. 2. М., 1956. док. № 405. С. 166–171.

70 РГИА. Ф. 892. Оп. 1. Д. 384. Л. 1 об.; Материалы по истории Башкирской АССР. Ч. 1. док. № 192. С. 246–248.

71 Там же. Т. IV. Ч. 2. С. 595.

72 РГИА. Ф. 892. Оп. 1. Д. 382. Л. 1 об.–21;*Гвоздикова И. М.* Указ. соч. 1982. С. 186.

73 Там же. С. 186–187.

74 Материалы по истории Башкирской АССР. Т. 1V. Ч. 2. С. 595.

75 *Гвоздикова И. М.* Указ. соч. 1982. С. 187.

76 Там же.

77 Крестьянская война 1773–1775 гг. на территории Башкирии. док. № 91. С. 223.

78 史学史的検討ではあるが、次の論稿も参考になる。土肥恒之「皇太子アレクセイ事件——その史学史的考察」『小樽商科大学 人文研究』第一三五輯、二〇一八年、一一一～一三二頁。

79 *Таранец С.* Указ. соч. С. 309–310.

80 *Ключевский В. О.* Указ. соч. С. 27〔ヴェ・オ・クリュチェフスキー（八重樫喬任訳）『ロシア史講話』第三巻、恒文社、一九八二年、三一頁〕.

81 *Чистов К. В.* Указ соч.

82 РГАДА. Ф. 7. Оп. 1. Д. 905, 907, 992, 997, 1000, 1021, 1028, 1073, 1150, 1542, 1724, 1733, 1745, 1874, 1879, 1899, 1918, 1939, 2001, 2002, 2022; *Сивков К. В.* Указ. стат. С. 90, 96–97; Дело о самозванце Ф. И. Каменщикове-Слудникове. С. 13.

83 РГАДА. Ф. 7. Оп. 2. Д. 2053, 2057, 2070, 2075, 2076, 2121, 2144, 2170, 2174, 2180, 2193, 2205.

84 Там же. Оп. 2. Д. 2102. Л. 11–28 об.

85 Там же. Ф. 6. Д. 405. Л. 6; Дело о самозванце Ф. И. Каменщикове-Слудникове. С. 13–14.

86 僭称者の数について、一七六四年から九六年までに、僭称問題の専門家コンスタンチン・シフコーフ(К. В. Сивков, 一八八二～一九五九)はプガチョーフを除いて二一人以上出現し、その最大数はプガチョーフ叛乱以降のこととしている(*Сивков К. В.* Указ. стат. С. 133)。他方、イギリスの歴史家Ph・ロングワースによると、僭称者の数は、十七世紀には二三人、十八世紀には四四人とし、なかでもエカチェリーナ二世時代には二六人ととくに多かったという(Longworth, Ph. "The Pretender Phenomenon in Eighteenth-Century Russia," *Past & Present*, no. 66, (Feb. 1975), pp. 61, 66)。

87 *Сивков К. В.* Указ. стат. С. 97–113.

88 РГАДА. Ф. 6. Оп. 2. Д. 2047. Ч. 1. Д. 2. Л. 233; Ф. 7. Оп. 2. Д. 2047. Ч. 1. Л. 179 об.

89 *Сивков К. В.* Указ. стат. С. 102, 108. この論文で、シフコーフは、僭称と古儀式派の関係について言及しているソロヴィヨーフの見解、およびコズロフ郡とタンボフ郡における郷士である古儀式派教徒の動きに注目しているシチャーポフの考えを利用しながら考察している(Там же. С. 102)。

90 *Мордовцев Д. Л.* Новые данные о Черногорском Лжепетре III // День. 26 мая 1862. № 33. С. 2–3; Записки сенатора Павла Степановича Рунича о Пугачевском бунте. С. 351; *Мыльников А. С.* Легенда о русском принце. Л., 1987. С. 3–4, 11, 60.

91 РГАДА. Ф. 7. Оп. 2. Д. 2161. Л. 1–4.

92 Там же. Д. 2170. Л. 2–2 об.

93 Там же. Д. 2193. Л. 3–3 об.

94 Там же. Д. 2305. Л. 1–9 об.

95 Там же. Д. 2348. Л. 4.

96 Там же. Д. 2382. Л. 2–9 об.

97 この節は以下の文献に基づいている。拙稿「18世紀前半のロシアにおける民衆と宗教——ピョートル一世の教会改革と古儀式派教徒」『駿台史学』第一六二号、二〇一八年、七二～七三頁。なお、古儀式派と民衆運動の関連、その研究史および著者の研究視角については同六八～七〇頁を参照されたい。また、ロシアの民衆運動の主力であるカザークや政府との関係、および古儀式派による影響については、拙稿「古儀式派とコサック——民衆運動の源泉」阪本秀昭・中澤敦夫編『ロシア正教古儀式派の歴史と文化』明石書店、二〇一九年、所収を見てほしい。

98 Церковь в истории России. (IX в.–1917 г.). Критический очрки. М., 1967. С. 203.

99 Там же. С. 203–204. なお、フェドセーエフ派の詳しい活動に関して、次を参照。*Смирнов П. С.* История русского раскола старообрядчества. СПб., 1895. С. 105–109; *Рындзюнский П. Г.* Старообрядческая организация в условиях развития промышленного капитализма (На примере истории Московской общины федосеевцев в 40-х годах XIX в.) / Вопросы истории религии и атеизма. Т. 1. М., 1950. С. 188–248.

100 Церковь в истории России. С. 204–205.

第三章　叛乱前夜のプガチョーフと古儀式派

プガチョーフ叛乱に代表される民衆運動には古儀式派的な要素が多く含まれており、この叛乱も古儀式派教徒の状況改善要求の一つの現れとみることもできよう。プガチョーフ叛乱の中心勢力となったヤイーク・カザークの大多数が古儀式派教徒であったからである。叛乱以前、プガチョーフは古儀式派教徒のネットワークを利用して、官憲の手から逃れ、ポーランドに行き、ロシアに戻ってきた。他方、古儀式派教徒たちも、彼を利用することを考えていた。

本章では、叛乱前夜のプガチョーフと古儀式派教徒との関係について、政府を震撼させた僭称問題を中心に据えて検討する。こうした点については、従来あまり研究されてこなかったのである。[1]

第一節　僭称以前のプガチョーフ

古儀式派教徒のなかへ

プガチョーフの経歴は多彩である。[2] 一七四二年(あるいは四〇年)、ちょうど一一〇年前にステンカ・ラージンが生まれた同じドンのジモヴェイスカヤ大村(Зимовейская станица)で誕生したプガチョーフは、プロイセンとの七年戦争と第一次ロシア＝トルコ戦争に従軍する。七〇年にはカザーク騎兵少尉に任じられた。病を得て帰郷したのち、七一年末、カザークに対する正規軍による差別に嫌気がさして北カフカースへ逃亡し、そこでテレク・カザークに登録されるも、翌七二年二月にテレク川左岸のモズドークで捕まっている。同年春と夏には、ウクライナのチェルニーゴフ（チェルニーヒウ）とベラルーシのゴメリ（ホメリ）近郊の古儀式派教徒のなかで暮らすことになる。[3] プガチョーフをピョートル三世とみなすカザークたちの逃亡中にどこにいたのかという質問に、彼はエジプトやイェルサレムに行っていたと答えている。[4] 短期間で遠隔地への移動ができない当時、これを事実とするのは無理がある。[5] ポーランドとロシアの各地を遍歴していたというのが正しいであろう。

プガチョーフは、ウクライナ北東部のスロボツカヤ・ウクライナ（Слободская Украина）の古儀式派教徒たちの協力を得て、拠点の一つであるスタロドゥービエ（スタロドゥーブ地方）へ向かった。同地で古儀式派修道院の修道士たちは、彼がロシアとポーランドの国境を越えるのを手伝った。古儀式派の地であるドブリャーンカを越えてロシアに戻ったのち、プガチョーフはイルギースの古儀式派教徒の商人ピョートル・コジェーヴニコフ（П. Кожевников）のもとに赴いている。この商人はプガチョーフに同地の古儀式派修道院長フィラレートに会うように勧めた。彼はモスクワ商人の家の出身であり、叛乱を経済的に支える用意のあるモスクワ、カザンおよびスタロドゥービエの古儀式派教徒の商人たちと広く関係をもっていた。以上の経緯について詳しく見てみよう。

軍隊勤務から逃亡する道すがら、立ち寄った古儀式派教徒の農民オシプ・コロフカ（О. И. Коровка）の家で時を過ごしたプガチョーフは古儀式派教徒として振る舞っている。彼は、この家の主人に対して、「〔軍隊〕勤務は神を決して満足させることはできないため、神への敬虔さゆえ」にドンから逃れてきたと述べた。[6] 従来から逃亡者たちの世話をしていたコロフカは、プガチョーフにシンパシーを抱き、古儀式派の窮状について、いかに古儀式派教徒が大切にしている「十字架と顎鬚のために」苦しんできたか、またどのように「ラスコール税」不払いの取り調べを当局から受けてきたかについて語ったのである。[7]

しばらくコロフカのもとで過ごしたのち、プガチョーフはポーランドに行くことを決心する。とはいえ、そこで暮らすことを考えていたわけではなかった。国境で「ポーランド出身」の古儀式派教徒であると申告することで、容易にパスポートを取得してロシアに戻ることができるという噂を耳にしていたからだった[8]。これは単なる噂ではなく、実際にユダヤ人を除いたポーランド出身の古儀式派教徒たち（ロシアから逃亡した古儀式派教徒を含む）には、希望すれば、ウクライナの聖エリザヴェータ要塞近郊、オレンブルク県（イルギース川沿岸を含む）、シベリア（ウスチ＝カメノゴルスク要塞近郊のベラビンスク・ステップ）、その他の場所への移住が認められていたのである[9]。

一七七二年六月、プガチョーフはコロフカの息子アントンとともにポーランド国境を越えた。その際、彼らはポーランド分割のために派遣されたロシア軍将校に拘束されて尋問を受けている。解放後、二人は古儀式派の拠点の一つヴェートカ近郊のラスコールのスロボダーに向かった。アントンは同地に留まることになるが、プガチョーフはドブリャーンスク前哨基地（現在ベラルーシと国境を接するウクライナのチェルニーヒウ州に存在した）へ赴いた。同地にはペストに対する「検疫の家 карантиной дом」があり、検疫のためにプガチョーフはここに留め置かれた。そこで彼は幾人もの逃亡ロシア人と出会い、ロシアに戻るための情報を得ている。彼が会った人々のなかに逃亡兵士アレクセーイ・ロガチョーフ（А. Логачев, セミョーノフと呼ばれていた）がいた。彼こそプガチョーフが「ピョートル三世」を僭称する要因を作った一人とされている[10]。

パスポートの取得

プガチョーフとロガチョーフが検疫所から解放された一七七二年八月十二日、二人は前哨基地の衛戍《えいじゅ》司令官のもとに行き、イルギースのマルィコフカ皇室郷（дворцовая Малыковская волость, マルィコフカ村 село Малыковка は現在のヴォリスク Вольск）に移住する希望を伝えた。プガチョーフの記憶によると、マルィコフカを選んだのは「同地が自分のような人間にとって移住するのにふさわしいといわれていたからである[11]」。

二人はパスポートを受領する。プガチョーフのパスポートは次のように記されていた。

陛下、君主たるエカチェリーナ・アレクセーエヴナ女帝、全ロシアの専制君主、その他、その他、その他の布告。

本申立人、ポーランド出身でドブリャーンスク前哨基地近郊に自ら出頭したラスコールのエメリヤーン・イヴァーノヴィチ・プガチョーフは、その希望に従って生活すべくカザン県シンビルスク郡イルギース川沿岸に行くことが定められる。同地への通行にあたって自由通行許可が与えられる。侮辱や税、さらには迫害を加えてはならず、布告により住居が与えられるものとする。到着後、彼は本パスポートをもってカザン県シンビルスク郡官房に、また同じく次には他の郡および都市の官房に出頭すること。彼はいたずらに別の所に住んではならず、誰も彼を留め置いてもならない。

当のプガチョーフはドブリャーンスク前哨基地で上記の検疫所に留め置かれたが、彼は健康であり、医師の診断によって危険な病気に罹っていないことが判明した。

彼の特徴は以下の通りである。頭髪は暗い亜麻色、口髭と顎鬚は白いものが混じった黒である。左のこめかみには瘰癧《るいれき》による傷跡がある。瘰癧のため左右の乳頭の下に二つ小さいくぼみがある。身長は二アルシン四・五ヴェルショーク〔約一六二・二センチメートル〕、年齢は四十歳〔実際は三十歳か三十二歳〕である。彼は日常の衣服と靴以外にはいかなるものも所持していない。

ドブリャーンスク前哨基地本部事務所から、一七七二年八月十二日、良き場所にて以上のことが確認された。

メーリニコフ少佐

国境医師アンドレーイ・トマシェーフスコイ

この前哨基地を去る前に、プガチョーフとロガチョーフは商人ピョートル・コジェーヴニコフのもとを訪れている。この商人は二人に「たっぷりのパン」を与えたうえで、彼らがイルギース（ヴォルガ中流域の古儀式派の中心地）に行くことを知ると喜び、「フィラレートに挨拶してはどうか。イルギースでは皆が私のことを知っているのだ」と語った。[13]

イルギースへの道

イルギースに向かう途中、プガチョーフは古くからの知り合いの家に立ち寄っている。そこでプガチョーフは「イルギースで暮らすことが不都合なら、ネクラーソフ派のいるクバンに行く」、と述べている。[14] ネクラーソフ派とは、ブラーヴィン叛乱時（一七〇七～〇八年）、ドン・カザークのアタマン、イグナート・ネクラーソフ（И. Ф. Некрасов, 一六六〇頃～一七三七）に率いられたカザークたちが、首謀者コンドラーチー・ブラーヴィン（К. А. Булавин, 一六六七頃～一七〇八）の死後、クリム・ハン国の領域だったカフカースのクバンに逃れたカザークである。彼らは、十七世紀末にドンから逃れてきた古儀式派教徒たちである古くからのクバン・カザークと徐々に融合していった。ネクラーソフ派の人々は「ムスリム」君主の支配下で良い生活をしている、という噂をプガチョーフも耳にしていたのである。[15]

プガチョーフは、ドンを経由してサラトフ市を通った際に官憲に捕まったものの、先のパスポートを見せながら自らを「ポーランド出身」だと説明して難を逃れ、一七七二年十一月初旬、マルィコフカに到着した。その足でメチェトナヤ・スロボダー近郊のラスコールの修道隠舎を訪れた。そこにコジェーヴニコフが会うように勧めたフィラレートその人がいたのである。[16]

フィラレートとの会話

プガチョーフはフィラレートと何を語りあったのだろうか。一七七四年二月八日のカザンでの尋問で、フィラレートは予審判事に次のように供述している。彼の所にやってきた人物(プガチョーフ)はパスポートを示して、「定住するのにより都合のよいところを探している」、と語ったというのである。ロガチョーフは尋問で、「自分は古儀式派教徒ではないので、二人とは一緒のテーブルにつくことはなかった」。彼は大半の時間を、プガチョーフと一緒に乗ってきた覆いのある「ほろ馬車 кибитка」で過ごした。それゆえ両人の会話の内容については何も知らなかったという。プガチョーフはというと、尋問でフィラレートとの関係についていろいろと述べている。不明な点もあるが、プガチョーフがヤイーク・カザークをクバンに連れていくという計画をはじめて述べた相手はフィラレートであるということは否定できない。[17]

フィラレートのもとに三日ほど居て、プガチョーフとロガチョーフはフィラレートとともにマルィコフカへ戻る。プガチョーフはそこにフィラレートと留まり、ロガチョーフは食い扶持を得るために、以前逃亡したシンビルスク守備隊に戻って軍隊勤務をすることになった。[18]

プガチョーフはメチェトナヤ・スロボダーで「ラスコールの」農民ステパン・コーソフ(С. Косов)の家に一週間滞在した。その妻の父セミョーン・スィートニコフ(С. Сытников)がヤイーク・カザーク軍団の中心地ヤイーツキー・ゴロドークへ行くことを知った。プガチョーフは、そこに自分とフィラレートへの魚を買うために同行したいと述べ、さらに、「同地で自分の兄弟から手形で……一〇〇ルーブリのお金を受け取るために」も行きたいのだと説明した。[19] しかし、実際にはヤイーツキー・ゴロドークにプガチョーフの兄弟はいなかったのである。なぜ彼はそのようなことを言ったのだろうか。

第二節　プガチョーフの「ピョートル三世」僭称

ヤイークでの目的

一七六〇～七〇年代、ヤイークやドンのカザーク社会では緊張状態が続いていた。十七世紀末から、事あるごとに、ロシア政府はカザーク社会に対してその保持していた自治と自由に制限を加えていた。その際、政府はカザーク上層を取り込み、彼らを利用することで不満分子の下層カザークを抑え、カザーク社会全体に対する支配の強化をめざそうとした。こうした状況のもと、立ち上がった一七七二年のヤイーク叛乱にはその中心に古儀式派の司祭ミハイール・ヴァシーリエフ(М. Васильев)がいた。しかし、すでに述べたように、同年後半、叛乱は当局によって鎮圧された。[20]

ヤイーク軍団には、ピョートル三世がツァリーツィンに現れ、同地から逃れてヤイークにやってくるという噂が流れていた。それが現実のものとなったのが逃亡農民フェドート・ボゴモーロフ(Ф. И. Богомолов, 一七四七～七二あるいは七三)による僭称事件である。逮捕された彼は一七七二年に懲役刑を宣告され、シベリアの流刑地への途中ネルチンスクで死去している。[21]プガチョーフのヤイーク出現はそのような問題がくすぶっていた時期であった。

プガチョーフは、ヤイーツキー・ゴロドークへ向かった真の目的について、道連れであるスィートニコフに次のように語っている。現在、ヤイーク・カザークは政府による迫害に苦しんでいるが、それについて彼らと語り合い、同意すれば彼らをクバンへ連れていきたい。自身は国境に二〇万ルーブリ相当の商品を保管しており、それで彼らの生活を賄うことができる。しかも国境の向こう側ではトルコのパシャがわれわれを待っている。もし必要なら、パシャは五〇〇万ルーブリまで提供する用意がある。これを聞いたスィートニコフが驚くと、プガチョーフは自分自身が軍団アタマンになる計画を説明した。もし、それが成功したなら、スィートニコフをスタルシナに就かせるとまで約束した。[22]以上の話は宿泊するために立ち寄ったヤイーツキー・ゴロドークから約六〇ヴェルスタ手前のタロヴィー旅宿(умет)でのことであった。

プガチョーフの「ピョートル三世」僭称

実際には、スィートニコフに語った内容とは異なり、プガチョーフは「ピョートル三世」としてヤイークに現れた。広く流布している見解として、プガチョーフによる「ピョートル三世」の僭称およびヤイークからカザークを率いて行動するという思いつきが、イルギースの古儀式派修道院スレドネ゠ニコーリスキーの修道司祭にして院長のフィラレートによって教唆されたものだとされている。まずはこの点から検討することにしよう。

フィラレートは、すでに述べたように、ヤイークにプガチョーフが現れる以前にこの人物に隠れ家を提供し、また出発にあたって彼を祝福した。プガチョーフが「ラスコールの精神によって汚染された заражены духом раскола」この地方を選んだのは偶然ではなかった。[23] タラネツによると、プガチョーフ軍の主要な勢力はカザーク、ムスリム、そして「古の信仰」を奉ずる人々であった。[24] 僭称者の旗のもとに、古儀式派の聖職者や商人が大変警戒していたにもかかわらず、ヤイーク、ヴォルガそしてウラルから司祭派の古儀式派教徒たち(поповцы)がやってきた。プガチョーフの言動を無司祭派の人々(беспоповцы)は支持していなかったというのは傾聴すべき指摘であるが、[25] この点については別途考えなければならない問題である。

プガチョーフは、逮捕後の一七七四年十月二〜六日、シンビルスクにおける予審委員会での尋問で、ヤイーク・カザークたちをクバンへ逃亡させるという計画について、ルガンスク村のドン・カザーク、アンドレーイ・クズネツォーフ(A. Кузнецов)が教唆したものだと語っている。「……いまやイルギースでも古儀式派教徒に対して大いなる迫害が始まっている。だから、どこか他の場所へ潜り込んだほうがよいのではないか」。また僭称に関して、プガチョーフがフィラレートのところに現れたときには、すでにその考えが彼にはあったというのである。それはカザークのミハイール・

コジェーヴニコフ（M. Кожевников）とコロフカによって示唆されたものでもあった。尋問でプガチョーフは次のように述べる。「私〔プガチョーフ〕がコジェーヴニコフのもとに一緒にいて、逃亡した国境警備兵と話し合ったのです。彼は私に……私がピョートル三世とそっくりで、コジェーヴニコフとコロフカは私がその名前〔ピョートル三世〕を名乗るようにと助言したのです」[26]。このように、プガチョーフのピョートル三世僭称は自ら思いついたというよりも他の人によって教唆されたのであり、しかもフィラレートに会うより前にそうした考えがあったことになる。しかし、この点については次節でより詳しく検討することにしよう。

第三節　僭称の背景と経緯

プガチョーフの僭称目的

プガチョーフは以前の僭称者たちが古儀式派教徒の支持を得ていたということをたしかに知っていたに違いない[27]。またプガチョーフ本人は古儀式派教徒が多くいたドンの出身であり、そのことは先に述べたことに加えて、プガチョーフと彼らとの密接な関係が強く推測される[28]。このような状況からすれば、僭称の思いつきについては、フィラレートでなくとも、その他の多くの古儀式派教徒によって与えられたとみることもできるし、政府もプガチョーフと古儀式派との結びつきに注目していたとするのは当然であろう。

研究者たちは、デニース・ピヤノーフ（Д. Пьянов）こそ、一七七二年十一月にプガチョーフが自らツァーリであるという「秘密」を明らかにした最初の人物であると考えているが[29]、後述するように、事は複雑である。とはいえ重要なのは、なぜ一介のカザークがピョートル三世を名乗ったのかということである。多発する僭称問題は、エカチェリーナ二世とその政府を悩ませることになった。当局は、尋問の結果、僭称のイニシアティヴはプガチョーフ本人であったと確信した。しかし、ヤイーク・カザークはプガチョーフがツァーリなどではなく「普通の人間 простой человек」であると知っていたが、そのことは問題ではなかった。彼らは軍団の立場を高めるためにプガチョーフを利用して支持したのである。[30]

尋問での証言と現実の行動

政府はプガチョーフの僭称の理由とそれにいたる過程について本人を尋問で厳しく追及している。シンビルスクの予審委員会で、パーヴェル・ポチョームキン（П. С. Потёмкин, 一七四三～九六、グリゴーリー・ポチョームキンの又従兄弟、一七八二～八七年に北カフカース戦争、八七～九一年に第二次ロシア＝トルコ戦争に参加。プガチョーフ叛乱後、叛乱を調査する秘密予審委員会委員長に就任）による尋問を間近で見ていたパーヴェル・ルニチ一等少佐（П. С. Рунич, 一七四七～一八二五、フリーメーソン会員、ウラジーミル県とヴャトカ県の知事、プガチョーフ叛乱秘密予審委員会委員、元老院議員）は、ポチョームキンの質問によってプガチョーフが顔から汗がしたたり落ちるほど混乱した様子だったとメモに書き残している。秘密予審委員会委員長の脅迫ともとれる質問は、「不法にも自らを皇帝ピョートル三世と宣言するために、彼がいかなる外国人によって、あるいはペテルブルクやモスクワというのいずれかの首都（帝政時代、二つの都市はともに首都としての地位を与えられていた）の誰かによって買収されていないかどうかを」見極めることに向けられていた。[31]

この質問に対して、その他の場合と同様、プガチョーフはそれを否定した。ただし、そのなかで唯一明瞭に肯定しているのは、ヤイーク・カザークをクバンに連れていくことはドン・カザークのクズネツォーフから教唆された考えだという点である。当のクズネツォーフはプガチョーフをフィラレートに会わせるためにイルギースに向かわせ、プガチョーフの話を聞いたフィラレートはクバンへ逃走（уход）するという考えに賛同している。[32]

さらに、ポチョームキンが刑吏による拷問をちらつかせて脅すと、プガチョーフは「すべての真実を洗いざらい話す」と言って窮地を脱しようとした。同時に、プガチョーフはどのように答えるべきか、すなわち自ら僭称することを決心したか、あるいは別の人との「相談によって」そうしたのか、いずれを明確に答えるべきかを理解した。したがって、予審判事には次のように述べることになる。「同地の商人コジェーヴニコフの助言によって」、ドブリャーンスク前哨基地で自らツァーリを名乗る決心をした、と。さらに、プガチョーフはピョートル・コジェーヴニコフ以外にもこの問題に関与している幾人かの人々の存在を明らかにした[33]。

一カ月後の一七七四年十一月四〜十四日に、元老院機密局モスクワ支部でおこなわれた尋問で、プガチョーフは前述の内容を説明している。プガチョーフは、七二年夏に、彼がロガチョーフと「検疫の家」で知り合ったことから話を始める。「検疫の家」での暮らしを終えて、彼ら二人は商人コジェーヴニコフの倉庫を建てるために雇われた。三日間は何事もなく働いたが、四日目にプガチョーフの運命を変えることになる出来事が起きた。

プガチョーフとロガチョーフ、および他に幾人かがコジェーヴニコフの家に昼食をとるためにやってきた。そのとき、ロガチョーフはプガチョーフをまじまじと見て商人に向きを変え、プガチョーフを指して、「コジェーヴニコフ、見ろよ！　この人こそまさにピョートル三世その人なのだ！」と叫んだ。プガチョーフは瞬時にこれを否定したが、昼食後、小屋にはプガチョーフ、コジェーヴニコフそしてロガチョーフが残り、ロガチョーフが前の話を繰り返した。プガチョーフは自分について、「古の信仰のために迫害されているただのドン・カザークだ」、と言った。コジェーヴニコフは、旧教徒(староверы, 古儀式派教徒のこと)はどこでも迫害されているとそのことを認めた。ヴェートカやスタロドゥープにもカザークは多くいる。そしてヤイーク川地方もそうだ。そこにも苦しんでいる旧教徒が住んでいる。だから「ピョートル三世」を名乗ってはどうかと勧めた。ロガチョーフは、プガチョーフと一緒に行って、プガチョーフが「ピョートル三世」であると人々に認めさせると言った。またコジェーヴニコフは、カザークがプガチョーフを受け入れた場合には三〇〇〇ルーブリかそれ以上を送金すると約束した。このように具体的に述べることで、プガチョーフは予審判事たちにロガチョーフの言葉を信じさせることになった。すなわちプガチョーフは故ピョートル三世に似ていて、コジェーヴニコフの説得と安心させるための保証がプガチョーフ自身に僭称させたのだと予審判事に確信させた。プガチョーフはツァーリを名乗り、ヤイークに行く決心をした。そこで、プガチョーフが考えていたように、不満を抱くカザークたちが彼を喜んで受け入れたと述べたのである。[34]

コジェーヴニコフはさらに積極的な行動にでる。商人クルィローフ(Крылов)と話をし、プガチョーフにコロフカや修道士フィラレートに援助を求めるように助言した。実際、コジェーヴニコフはフィラレートに手紙を書いている。そのなかで、プガチョーフが「ピョートル三世を名乗り」、ヤイーク・カザークをクバンに連れていく予定だと伝えている。フィラレートはこの計画に賛同し、コロフカはプガチョーフに経済的支援を申し出た。プガチョーフは三七〇ルーブリを彼から受け取ったと証言している。プガチョーフの言葉によると、イルギースへ向かう途上、他の人々からも経済的な援助を受けている。すなわちドン・カザークのクズネツォーフとドロティン(Долотин)であるが、前者は七四ルーブリ、後者は四二ルーブリを支援したという。プガチョーフによると、こうした古儀式派教徒たちが、彼ら自身「ピョートル・フョードロヴィチ」やヤイーク・カザークとともにクバンに逃れるという理由で援助したのである。[35] かくして一七七二年十一月、ヤイーツキー・ゴロドークには、プガチョーフ一人ではなく、古儀式派教徒たちもやってきた。

以上の検討から、ピヤノーフは、プガチョーフが自らを「ピョートル・フョードロヴィチ」だと告げた最初の人物ではなかったことがわかる。しかし、すでに述べたようなシンビルスクやモスクワでの大審問における自白を、「矛盾を示すことになることを恐れて」、結局、プガチョーフは一七七四年十一月十八日のモスクワにおける審問で打ち消すことになる。[36]

なぜプガチョーフは自白を打ち消したのか。プガチョーフの自白の信憑性を確認するためモスクワへ当局によって連れてこられたコロフカは、プガチョーフが虚偽の自白をしていると陳述する。その後、予審判事たちによってプガチョーフが真実をすべて述べるように「説諭された」とき、彼は先の自白を打ち消すことになったのである。
他のこの「陰謀の参加者たち участники заговора」もプガチョーフによる告発（обвинение）に反駁する。そのうえ、こうした人たちの一人であるカザークのドロティンについて、プガチョーフは彼にはまったく会ったことがないと断言した。結局、プガチョーフによって告発された人々は何のお咎めもなく、ただフィラレートを除いて放免されたのである。
一七七四年一月末、政府軍に対してプガチョーフが勝利すると述べていたフィラレートは逮捕されてカザンに送られた。しかし、同年七月、他の囚人と同様、彼はカザンを占領した叛乱軍によって牢獄から解放され、一度プガチョーフの前に現れたが、その後の足取りは杳としてわかっていない。[37]
審理はどのような結論に達したのだろうか。はたして古儀式派の「陰謀」なるものは存在したのだろうか。これに対して、いかなる「陰謀」もなかったというのが予審判事たちの下した結論である。実際、ピョートル・コジェーヴニコフは約束した資金を送っていない。ロガチョーフはヤイークに行って兵を集めたものの、プガチョーフが真の皇帝であるとカザークを説き伏せることはなかった。むしろ反対に、カザークのクズネツォーフはプガチョーフに対して自ら武器を手にして戦いを挑んでいる。唯一「陰謀」の役割を引き受けた人物としてフィラレートがいる。しかし、彼はのちにプガチョーフが敗北するとの考えや噂を流すことになる。さらにフィラレートは、ヤイーク・カザーク叛乱直後の一七七二年十二月にはプガチョーフの逮捕に、またプガチョーフ軍の敗北が続く七四年八月には彼の追跡に手を貸したことも付け加えておくべきであろう。結局、フィラレートは「陰謀」に加わらなかったことになる。[38]

野心を抱くプガチョーフ

プガチョーフは自らの意思で皇帝を名乗った。これはなんら驚くことではない。というのも、以前にも「信心深い旧教徒」であるとか、金持ちの商人であるとか、自らを大きく見せていたからである。その際、プガチョーフは社会的にはるかに高い地位の人になると公言した。これは彼の豊かな想像力だけでなく、とてつもない野心がそうさせたといえるのかもしれない。

この点に関連して、次のエピソードをあげれば十分であろう。第一次ロシア＝トルコ戦争時、プガチョーフは、自分はピョートル一世が洗礼の代父である「名づけ子 крестник」だと公言している。その虚言は当局にまで届いていたが、ヤイーツキー・ゴロドークでの尋問で、プガチョーフはこの告発を認めなかった。シンビルスクでの尋問調書には興味深い内容が記されている。クリミア・タタール人による南ロシアへの攻撃を防ぐために一七七〇年に占領したドニエストル川西岸のベンデル近郊で、プガチョーフはピョートル・パーニン指揮下の軍隊にいた。あるヤイーク・カザーク（プガチョーフは彼の名前を覚えていない）と酔っていたプガチョーフのやりとりがある。「彼（プガチョーフ、尋問による記録のため三人称となっている）がどこでサーベルを手に入れたのか？――悪人（プガチョーフ）は、良きサーベルは君主から、その働きの褒美によって与えられるものなのだ。そして、そのようなカザークは尊敬されているとして、自分のサーベルは君主から与えられたものだ」と答えた。プガチョーフは、まだいかなる勲功も立てていない当時、いつも抜きん出ていたいと望んでいたので次のようにも述べている。サーベルは、彼が君主ピョートル一世の「名づけ子」という理由で与えられた。「自分が他の人と異なって優れているということ以外になんら意図はなかった」[39]、と断言するのである。

ここで重要なのは、プガチョーフがピョートル一世の「名づけ子」を公言していることよりも、他の人と比べて「いつも抜きん出ていたいと望んでいた」とか、「自分が他の人と異なって優れている」という考えをもっていた点である。たしかにカザークの指導者として統率するだけの優れた指導力もあったであろう。それなくして短期間のうちにヤイーク・カザークをまとめあげて行動を起こすことはできなかったはずである。ポーランドから帰ったのち、プガチョーフはイルギースで新たに平穏な生活を始めることもできた。しかし、そうした生活は明らかに彼の性には合わなかった。プガチョーフの証言によると、戦いのとき、プガチョーフはとてつもない勇敢さを示し、再三にわたって自らの命を危険にさらした。パーヴェル・ポチョームキンも、「すべての人を意のままに動かす彼の大胆さはその勇敢な精神からきている」と述べたほどである。[40]

プガチョーフはツァーリを名乗ったあとでどのような目的を追求したのだろうか。一七七四年十一月のヤイーツキー・ゴロドークでの審問で、プガチョーフは次のように供述する。「〔自分は〕全ロシア国家を手に入れようとするさらなる企図をもってはいなかった。なぜなら自分自身について考えてみると、読み書きができないのだから統治することができるとは思えなかった。そして次のように考えるにいたったのである。たとえ戦いでうまく儲けたり殺したりしても、それはすべて死に値するし、戦いで死ぬほうがましなのだ」[41]。プガチョーフの尋問にも立ち会って彼の考えを熟知したルニチも同様の考えである。「プガチョーフの一揆（бунт）は、女帝の権力に反対を目論む国家内部の陰謀から生じたのではなく、政治的に巧妙な思いつきとは別のものから生じたものである」[42]、と。これは審問という外の世界と隔絶された場所での意見の表出であり、叛乱の最中にはどう考えていたのかという疑問は残る。とはいえ、この供述はプガチョーフの主な考えを表しているといえよう。

プガチョーフを援助する古儀式派教徒たち

ヤイーク・カザークを説得してクバンへ逃亡するというプガチョーフの試みは成功しなかった。彼は捕えられてシンビルスクの監獄へ送られたが、古儀式派教徒の手助けでシンビルスクからカザンへ移送される。さらに賄賂のおかげでプガチョーフにかけられた重い枷は軽い枷へと代わり、通常の牢獄へ移され、さらには町へ出ることも許された。ついには、トヴェーリの徴税請負人ショーロコフ（В. Шороков）とモスクワの商人フレーブニコフ（И. Хлебников）の手助けで監獄から逃亡することができたのである。

叛乱前夜の一七七三年九月、プガチョーフは再びヤイーク・カザークのなかに現れた。彼はすでにイルギースに赴き、フィラレートから祝福を受けていた。しかし、このとき、ロシアの支配を脱すべくクバンへ逃れるという件は話題にのぼらず、蜂起した人々はロシア国内にいて国家の古い秩序・体制を覆すことができると感じていた。彼らは不満をあらわにし、「古のために、すなわち正しい百姓の神のために、「古の信仰」およびその神の神性に備わる人間性のシンボルである「顎鬚のため」(顎鬚はすなわち神の似姿であり人間における神の相似形である)」に戦った。ソ連時代の歴史家ウラジーミル・カルツォフ(В. Г. Карцов, 一九〇八〜七七)の象徴的な表現によると、「プガチョーフの背後で古儀式派の組織が幻影として動いていた」のである。[43]

一七七三年十二月、オレンブルク近郊のプガチョーフ陣営に、七二年のヤイーク・カザーク叛乱の積極的な参加者であった古儀式派教徒アファナーシー・ペルフィーリエフ(А. П. Перфильев)が現れた。彼はエカチェリーナ二世とオルローフの命によりプガチョーフの逮捕・殺害を目的として派遣されたのである。しかし、プガチョーフに会って考えに共感したペルフィーリエフは自分がなぜ派遣されたのかを包み隠さず述べた。ヤイーク・カザークのなかにペルフィーリエフが出現して寝返ったことは、蜂起した者たちにプガチョーフが真の皇帝であることを確信させることになった。のちに、ペルフィーリエフはプガチョーフにもっとも近しい指導者の一人となる。[44]

イルギースの古儀式派修道院長フィラレートが逮捕されてカザンの要塞に幽閉されたとき、プガチョーフ陣営にイヴァン・イヴァーノフ(И. Иванов)なる人物が現れた。彼こそルジェフの古儀式派教徒の商人アスターフィ・ドルゴポーロフ(А. Т. Долгополов)であり、プガチョーフにカザンに赴くように説いた人物であった。[45]

以上、プガチョーフ叛乱前夜のプガチョーフと古儀式派との関わりについてみてきた。それによると、彼自身の行動に古儀式派教徒たちが深くかかわっていることが明確になった。とはいえ、このことによって彼自身が古儀式派教徒であったということを示唆しているわけではない。また、ピョートル三世僭称についても、その直接的な契機を古儀式派との関係に求めることもできない。
しかし、まず何よりも大切なのは、叛乱前夜、プガチョーフは古儀式派と接触し、彼らと作り上げた関係を叛乱の過程のなかで利用しようとする姿勢がみられたということである。とりわけ、この叛乱の中心勢力となったそのほとんどが古儀式派教徒であるヤイーク・カザークと深い関係を築くうえで、以上のことは重要な意味をもったと考えるべきであろう。

註

1 この章は次の拙稿を基にしている。「18世紀ロシアの民衆運動における古儀式派――プガチョーフ叛乱における古儀式派教徒の役割」『明治大学人文科学研究所紀要』第八七冊、二〇二〇年、五四～六五頁、"Old Believers and the Pugachev Rebellion: Pugachev's Strategy and Support by Old Believers," *Cross-Cultural Studies: Education and Science*, Vol. 8, Issue III, November 2023, pp. 15-30.

2 *Мавродин В. В.* (под отв. ред.) Крестьянская война в России в 1773–1775 годах. Т. II. С. 67–90.

3 *Панин Т. С.* Петр III, Пугачев, самозванцы / Портретная галерея повести А. С. Пушкина «Капитанская дочка». Четвертные научные пушкинские чтения. Оренбург, июнь 2012 г. Оренбург: Издательский центр ОГАУ. 2013. С. 37.

4 РГАДА. Ф. 6. Д. 512. Ч. 2. Л. 116 об.; Емельян Пугачев на следствии. док. № 1. С. 74. また、ピヤノーフとの会話ではツァーリグラード(コンスタンティノープル)にも行っていたという(РГАДА. Ф. 6. Д. 512. Л. 258 об. и 260; Емельян Пугачев на следствии. док. № 1. С. 147, 148)。史料学の権威レジナルド・オフチーンニコフによると、「一七七三～七四年、プガチョーフによって何度も繰り返して語られる「ピョートル三世」の奇跡の救済、およびその後の外国やロシアにおける放浪についての空想的な作り話」ということになる(Там же. С. 369. Примечание 134)。

5 ホスキングは本文で記したことを事実とみなしている歴史家の一人である。Hosking, G. *op. cit.*, p. 229.

6 РГАДА. Ф. 6. Д. 512. Ч. 2. Л. 246–246 об.; Емельян Пугачев на следствии. док. № 3. С. 139.

7 РГАДА. Ф. 6. Д. 512. Ч. 2. Л. 246 об.; Емельян Пугачев на следствии. док. № 3. С. 139.

8 РГАДА. Ф. 6. Д. 512. Ч. 2. Л. 104 об., 246 об.; Емельян Пугачев на следствии. док. № 1. С. 61, 62, 139, 140.

9 ПСЗ. Т. XV. № 11420, Т. XVI. №№ 11683, 11720, 11725.

10 РГАДА. Ф. 6. Д. 512. Ч. 1. Л. 346 об.–347; Ч. 2. Л. 47–47 об., 105 об., 429, 429 об., 431; Емельян Пугачев на следствии. док. № 1. С. 62; док. № 2. 107; док. № 3. 141; док. № 9. 224.

11 РГАДА. Ф. 6. Д. 512. Ч. 2. Л. 431, 431 об.; Емельян Пугачев на следствии. док. № 1. С. 62; док. № 2. С. 107; док. № 3. С. 141; док. № 9. С. 224–225.

12 РГАДА. Ф. 6. Д. 414. Л. 198; Емельян Пугачев на следствии. примечание к док. № 1. С. 250, 251.

13 РГАДА. Ф. 6. Д. 512. Ч. 1. Л. 347; Ч. 2. Л. 431 об.; Емельян Пугачев на следствии. док. № 9. С. 224–225.

14 РГАДА. Ф. 6. Д. 512. Ч. 1. Л. 340; Ч. 2. Л. 432; Ч. 3. 62, 62 об.; Емельян Пугачев на следствии. док. № 9. С. 225.

15 См. *Сень Д. В.* «Войско Кубанское Игнатово Кавказское»: исторические пути казаков – некрасовцев (1708 г.–конец 1920-х гг.). Краснодар, 2002. 2-е изд. С. 80–113. また前掲拙稿「古儀式派とコサック」一四〇頁も参照されたい。

16 РГАДА. Ф. 6. Д. 512. Ч. 2. Л. 432, 432 об.; Емельян Пугачев на следствии. док. № 1. С. 62; док. № 3. С. 144, 145; прложение III. С. 242.

17 РГАДА. Ф. 6. Д. 506. Л. 26; Д. 512. Ч. 2. Л. 432; Емельян Пугачев на следствии. док. № 1. С. 62; док. № 2. С. 110; док. № 3. С. 145, 149.

18 РГАДА. Ф. 6. Д. 512. Ч. 2. Л. 432 об.; Емельян Пугачев на следствии. док. № 1. С. 62; док. № 2. С. 110; док. № 3. С. 145, 149.

19 РГАДА. Ф. 6. Д. 506. Л. 10 об.; Д. 512. Ч. 1. Л. 450, 450 об.; Емельян Пугачев на следствии. док. № 1. С. 63; док. № 2. С. 108; док. № 3. С. 146; док. № 12. С. 228–229; приложение III. 242.

20 プガチョーフと古儀式派およびヤイーク・カザークとの関係については、前掲拙稿「古儀式派とコサック」一四四〜一四五頁を参照されたい。

21 *Игнатович И.* Крестьяство второй половины XVIII века и пугачевщина // Трудовой путь. 1907. № 2. С. 41–42.

22 РГАДА. Ф. 6. Д. 512. Ч. 1. Л. 394–394 об.; Д. 512. Ч. 2. Л. 257–257 об.; Емельян Пугачев на следствии. док. № 3. С. 146–147; док. № 12. С. 228–229.

23 *Бартенев А.* Краткий исторический очерк мер, принимаемых против раскола преимущественно в новейшее время // Странник. Духовный учено-литературный журнал за 1861 г. СПб., 1861. Т. 2. С. 317.

24 *Таранец С.* Указ соч. С. 309.

25 Там же. なお、ロシア教会の分裂は、まず司祭を受け入れる「司祭派」と受け入れない「無司祭派」を生み出した。このあたりの事情については、セルゲイ・タラネツ（阪本秀昭訳）「司祭派の展開」前掲阪本秀昭・中澤敦夫編『ロシア正教古儀式派の歴史と文化』所収を参照されたい。

26 Сб. Восстание Емельяна Пугачева. С. 76; Емельян Пугачев на следствии. док. № 3. С. 145.

27 *Кадсон И. З.* Восстание Пугачева и раскол. 1960. С. 229.

28 *Он же.* Восстание Пугачева и раскол. 1970. С. 349.

29 *Дубровин. Н. Ф.* Указ. соч. Т. I. С. 156–158; *Мавродин В. В.* (под отв. ред.) Крестьянская войнав России в 1773–1775 годах. Т. II. С. 84, 85; *Овчинников Р. В.* (под ред.) Следствие. . . 1995. С. 131, 132. もちろん、すべての研究者がそう考えているわけではない。たとえば次のような研究も参照されたい。*Андрущенко А. И.* Крестьянская война 1773–1775 гг. на Яике, в Приуралье, на Урале и в Сибири. М., 1969. С. 22, 23; *Клибанов А. И.* Указ. соч. С. 154, 155.

30 Пугачевщина. Т. II. С. 127; *Овчинников Р. В.* (под ред.) Следствие и суд на Е. И. Пугачевым // Вопросы истории. 1966. № 3. С. 131; Емельян Пугачев на следствии. док. № 1. С. 71.

31 Записки сенатора Павла Степановича Рунича о Пугачевском бунте. С. 351. この手記は、政府軍に参加したルニチが、蜂起参加者と直接話をし、また尋問に立ち会って記したいわば第一級の史料である。

32 РГАДА. Ф. 6. Д. 512. Ч. 2. Л. 48–49 об.; Емельян Пугачев на следствии. док. № 2. С. 106–108.

33 РГАДА. Ф. 6. Д. 512. Ч. 2. Л. 50–52; Емельян Пугачев на следствии. док. № 2. С. 108–112.

34 РГАДА. Ф. 6. Д. 512. Ч. 2. Л. 249 об.–251; Емельян Пугачев на следствии. док. № 3. С. 141–142.

35 РГАДА. Ф. 6. Д. 512. Ч. 2. Л. 252 об.–255; Емельян Пугачев на следствии. док. № 3. С. 143–145.

36 РГАДА. Ф. 6. Д. 512. Ч. 2. Л. 344–349; Емельян Пугачев на следствии. док. № 9. С. 222–226.

37 РГАДА. Ф. 6. Д. 506. Л. 16а–33; Д. 512. Ч. 1. Л. 336–343, 371–373 об., 405 об., 406, 418–421, 429–430 об., 459, 459 об.; Ч. 2. Л. 349 об., 431–432 об.; Ч. 3. Л. 19–23, 131–132, 134–136, 146–147, 180–181, 198, 211, 215–215 об; Емельян Пугачев на следствии.

примечание к док. № 1 (56). С. 252.

38 РГАДА. Ф. 6. Д. 414. Л. 197, 230–231 об.; Д. 506. Л. 10 об., 26, 26 об., 57; Д. 512. Ч. 1. Л. 406, 418; *Дубровин. Н. Ф.* Указ. соч. Т. I. С. 159.

39 РГАДА. Ф. 6. Д. 662. Л. 61–62 об.; Емельян Пугачев на следствии. док. № 1. С. 58; док. № 2. С. 119, 120.

40 *Овчинников Р. В.* (под ред.) Следствие. . . 1966. № 5. С. 118.

41 РГАДА. Ф. 6. Д. 512. Ч. 2. Л. 139; *Овчинников Р. В.* (под ред.) Следствие. . . 1966. № 3. С. 132; Емельян Пугачев на следствии. док. № 1. С. 104.

42 Записки сенатора Павла Степановича Рунича о Пугачевском бунте. С. 121.

43 *Карцов В. Г.* Религиозный раскол как форма антифеодального протеста в истории России. Ч. I. Калинин, 1971. С. 38; *Таранец С.* Указ. соч. С. 310.

44 См. РГАДА. Ф. 6. Д. 425. Л. 36–44.

45 Емельян Пугачев на следствии. примечание к док. № 2. С. 339–341.

第四章　カザークの参加と叛乱の組織化

本章では叛乱の開始以来中心的な役割を担ったヤイーク・カザークの動向に焦点を当ててみよう。カザークの意向が叛乱の帰趨《きすう》を決定づけることになるが、彼らはそもそもいかなる経緯でプガチョーフを受け入れ、叛乱に積極的にかかわるようになったのか。叛乱において彼らは何をめざし、またどのような役割を果たしたのだろうか。以上の疑問に対して具体的に考えようとするのがここでの目的である。

ヤイーク・カザークの動きについては、それが中心勢力として叛乱を推進したこともあってかつてのソ連史学でもかなり詳しく研究されてきた。しかし、従来、カザーク社会内部の詳細、およびカザークとそれ以外の社会層との連携と軋轢《あつれき》についてはあまり論じられてこなかった。この点に注目して詳細に考察するのが本章の主旨である。

第一節　叛乱参加前夜のヤイーク・カザーク

プガチョーフのヤイーク出現

話は古儀式派の修道院長フィラレートに会った一七七二年十一月に遡る。十一月十五日、プガチョーフはヤイーツキー・ゴロドークに行き、カザークのピヤノーフの家で、ヤイークの叛乱について詳しく聞いている。その後、魚を買うためにメチェトナヤ・スロボダーに戻ったが、十二月十八日、逮捕され、シベリアに送られた。そこから獄中の友人と一緒に逃げたのが翌七三年三月二十九日のことである。[1]

八月前半、プガチョーフはタロヴィー旅宿のステパン・オボリャーエフ（С. М. Оболяев, 別名エレミン・クーリッツ Е. Куриц）のところに現れ、ヤイーク・カザークたちと食事をともにする。彼らはトラウベンベルク将軍を殺害し、また彼の所持していた金銭を略奪したため、追っ手から逃れてきた。彼らとの会話のなかで、プガチョーフにはツァーリ僭称の考えが浮かんだという。[2] しかし、この僭称については、さまざまな見解を述べているのも事実である。

プガチョーフのツァーリ僭称とカザークの反応

オボリャーエフの家でプガチョーフが風呂に入った際、この家の主人は将来の僭称者に胸のところにある病痕（パスポートに記されていた左右の乳頭の下の二つの小さいくぼみ）は何かと尋ねた。それに対して、プガチョーフは「これこそまさに君主の標なのだ」[3]、と答えている。

ヤイーク・カザークのグリゴーリー・ザクラドノフ（Г. Закладнов）がオボリャーエフのところに馬のことで頼みにきたとき、オボリャーエフはデニース・カラヴァーエフ（Д. К. Караваев）を連れてくるように頼んだ。カラヴァーエフはセルゲーイ・クニシニコフ（С. Кунишников）とともにきて、プガチョーフに真の皇帝かどうか尋ねた。プガチョーフはそのとき、逆に彼らの被っている困窮や侮辱、考えている企図や志向について詳しく質問した。その後、次のような約束をする。ヤイーク・カザーク各人に年一二ルーブリの給料と一二チェートヴェルチの食糧を与える。また、「ヤイーク川とそのすべての支流、漁場、土地と収益地、草刈地を、貢租を納めることなく、また税金を払うことなくあなた方に下賜する。また私は塩を四方八方すなわちいたる所に配る。それを希望する人がいるどこでも下賜する。なぜなら、私は前の皇帝だからである。そのために、あなた方は私に忠誠と正義とをもって仕えなさい」[4]、と述べた。

カラヴァーエフはヤイーク軍団に戻って仲間たちと相談すると言っていったん引き上げた。次にきたときには、彼とともにマクシーム・シガーエフ、ザルービン、ティモフェーイ・ミャースニコフ(Т. Мясников)らをともなってやってきた。彼らとの話合いのなかで、プガチョーフは自分の傷跡を見せ、それについてペテルブルクで近衛兵にステッキで打たれた痕だと説明している。彼らは、皇帝は死んだがどこかで生きているという話を聞いた、と語った。これに対して、プガチョーフは自らの素性を明かし、もし自分を皇帝と認めるのであれば、カザークに味方すると述べている。この話合いはプガチョーフとヤイーク・カザークとの「協定」とでも呼びうるものであった。[5]

プガチョーフたちは一緒に馬に乗ってヤイーツキー・ゴロドークから三〇ヴェルスタのところで野営し、その後、ミハイール・コジェーヴニコフのところに一週間滞在している。その間、カザークたちが四方に出向いて仲間に加わるように説得した。ところが、ミハイールの兄のアンドレーイがヤイーツキー・ゴロドークに行くと、あらゆる所に軍隊が派遣されていて、まもなく皇帝の名を騙っている人物を逮捕するために彼らがここにやってくるだろうということを聞いて戻ってきた。そのこともあって、皆はウシフ川のほとりに移動したのである。[6]

プガチョーフはここでヤイーク・カザークの援助を得るために次のように語っている。「もし、神が、私が帝位に就くことに力をお貸しくださるならば、ヤイーツキー・ゴロドークをモスクワやペテルブルクの代わりに位置づけるであろう。また、ヤイーク・カザークをすべての人に対して首位に立たせもしよう」[7]、と。この言葉には、プガチョーフのヤイーク・カザークへの並々ならぬ配慮をうかがうことができる。こうした特権の賜与を内容とする表現はヤイーク・カザークに対するときにだけ使われ、叛乱の目標や志向を考えるうえで大きな指標となるのである。

ウシフ川にまで官憲の手が伸びてきたので、プガチョーフたちはトルカチョーフ部落へ移動した。そこで住民二〇人が集められた。のちに、プガチョーフは一七七四年九月十六日のヤイーツキー・ゴロドークでの査問で次のように語っている。七三年九月十五日の夜、ポチターリンに次のような内容の布告を書くことを命じた。「君主である皇帝ピョートル三世が王権を得て、川、海、森、十字架、および顎鬚を下賜する。なぜならば、これらはヤイーク・カザークにとって必要だからである」[8]。プガチョーフはヤイーク・カザークの希望を熟知していたのである。

カザークのプガチョーフ受容と彼らの企図

最初の布告は一七七三年九月十七日に読み上げられた。それがプロローグ冒頭に掲げた布告(七頁)である。この布告はヤイーク・カザークだけではなく、そこに集まったカルムィク人、タタール人などにも向けられていた。叛乱がカザークだけではなく、多くの民族を包含する可能性を有していた点は注目すべきである。

ヤイーク・カザークはプガチョーフが皇帝「ピョートル三世」ではないことを知っていた。ザルービンは次のように述べる。プガチョーフがドン・カザークであるということ、「そのことはどうでもよいことである。つまり、あなたがドン・カザークであっても、すでに私たちはあなたを皇帝として受け入れた。それでよいのだ」[9]。ザルービンやカラヴァーエフにとって重要なことは、プガチョーフが全ヤイーク軍団にとって自分たちの目標を達成するのに役立つかどうかということであり、またウリヤーノフにとっては、すでにプロローグで述べたように、プガチョーフが国家を手に入れて、ウリヤーノフ自身が「偉大な人間」になることであった。多くのカザークは、「自分たちが抑圧され、ほとんど衰えてしまっている儀式や慣習の」再興をめざしており、彼の素性を重要視してはいなかった[10]。一七七四年十二月五日の査問で、プガチョーフ自身、ヤイーク・カザークは、自分が「皇帝ではなく、ドン・カザークであるということを正しく理解していた」、と述べている[11]。

ポチターリンによると、プガチョーフがカザークの間に現れたとき、彼らはプガチョーフを「利用しよう」と決めていた[12]。叛乱当初、そしてその後もそうなのだが、プガチョーフはヤイーク・カザークの影響を強く受け、叛乱自体の動きも、彼らの利益を反映する面が顕著になる。

トルカチョーフ部落で最初のプガチョーフの「布告」が読み上げられたその日の後半には、一〇〇人ほどの騎乗したカザーク、そして近隣の村々や前哨基地から労働者たちが集まってきた。プガチョーフは彼らを前にして簡単な演説をした。そのなかで、プガチョーフはカザークたちに「あらゆる自由」を与えることを約束した。それは首都を占領し、彼の帝国の復興後、はじめて実現するものであることを強調した。[13] また、カザークの大多数が現在の支配的な正教教会を認めていない古儀式派教徒であったので、古儀式派を認めることをもプガチョーフは述べている。それに対して、カザークは皆声を合わせてプガチョーフに服従することを誓った。[14] 以上のことすべてがカザークの利益に叶っていたからである。

第二節　ヤイーク・カザークの叛乱参加過程

ヤイーツキー・ゴロドークへ

プガチョーフの「布告」が発せられた一七七三年九月十七日、一隊はヤイーツキー・ゴロドークへ向かった。そのときプガチョーフ軍はカザーク一〇〇人、タタール人二〇人、カルムィク人二〇人の計一四〇人であった。[15] 同日、ブダリンスキー前哨基地を占領する。

二日後の九月十九日、プガチョーフはヤイーツキー・ゴロドーク防衛の兵士と将校たちへ向けて、またカザークや他のすべての人々に対して布告を発する。彼は皇帝ピョートル・フョードロヴィチを名乗り、自分に仕えることを要求した。その代わりに俸給と穀物、および官位(чин)を下賜するという内容である。[16] しかし、同日、ヤイーツキー・ゴロドークの占領に失敗してヤイーク川を渡り、オレンブルクへと向かった。

ヤイーク・カザークたちはプガチョーフを利用しようとしたが、じつはヤイーツキー・ゴロドークへ向かわせたのも彼らであった。ヤイーツキー・ゴロドークは下ヤイークの強化地帯の中心地であり、カスピ海に臨む港湾都市グーリエフ(現アティラウ)まで五〇〇ヴェルスタの距離である。[17] プガチョーフが発した最初の「布告」にある「河口」とはグーリエフのことであり、川とはヤイーク川のことであった。漁労を生業としていたヤイーク・カザークにとっては大変重要な生活の場でもある。したがって、ヤイーク・カザークがヤイーツキー・ゴロドーク占領を企てるのは自然であった。

諸民族に対するプガチョーフの「布告」

プガチョーフたちはカザフ人をも叛乱に引き込もうと考えた。ヤイーツキー・ゴロドークへ向かった一七七三年九月十八日、プガチョーフは、タタール出身のヤイーク・カザークであるイドルカ(Идорка あるいは Идеркей Байменов, 通訳も務める)の進言で、小ジュズのヌラリ・ハンに援軍を送るよう、イドルカの息子バルタイ(バルタイ・イデルケーエフ Балтай Идеркеев, プガチョーフの書記役を務める)にタタール語で「布告」を書かせている。しかし、結局のところ援軍はこなかった。[18] また、中ジュズのスルタン、アブルハイル(Аблухайл, あるいはアブライ Аблай)へもタタール語による九月二十日付「布告」が送られている。そのなかで、プガチョーフは彼らに自分に仕えるように命じる。その代わりに、「土地、水と草、銃、糧食、川、塩と穀物、弾丸」を下賜するというのである。また、「将軍たちや貴族たち」の言うことに耳を貸さないようにとも呼びかけ、さらにはプガチョーフに二〇〇人の援軍を送ることを求めた。[19]

ヤイーク・カザークはその中心地ヤイーツキー・ゴロドークに近いオレンブルクの包囲に執着する。しかし、プガチョーフとその他のいわば急進的な叛乱軍指導者たち、たとえばザルービンやバシキール人指導者の一人キンジヤ・アルスラーノフたちはオレンブルク包囲に断固反対であった。理由は、包囲のためには多大の犠牲と時間を要し、政府側に強大な軍隊を集める時間の余裕を与えるからというのである。それはのちに現実のものとなった。

九月二十四日、ラッスィップナヤ要塞の守備隊と住民たちへ、プガチョーフ側から「布告」を持ったカザークが到着した。そのなかで、プガチョーフは自分に仕えることを命じ、その代わりに次のものを下賜するとした。「永遠の自由

（вечная вольность）、川、森林、あらゆる利益、俸給、糧食、火薬、弾丸、官位、および名誉を。自由は……すべての人が永久に受け取るであろう」[20]、と。

ここで、布告が与えられた対象を考えてみると、それはヤイーク・カザーク、タタール人、カルムィク人、カザフ人（キルギス人）、兵士など武器を持って戦うことができる人々である。彼らの参加に、プガチョーフ軍が当初成功を収めることができた原因があった。さらにまた、叛乱の勃発した地方はロシアの辺境であり、ロシア人農民は比較的少なかった。

第三節　オレンブルク包囲

ロシア南東の拠点オレンブルク

叛乱の第一期における目標はオレンブルクである。プガチョーフ軍はオレンブルクへと進軍した。このオレンブルクをめぐる戦いが叛乱全体の流れを決定づけることになる。

オレンブルクは政治軍事的かつ社会経済的にも重要拠点であった。第一に、バシキーリアという広範囲な地域の行政上の中心地である。第二に、ロシアの南東ヨーロッパ部分におけるツァリーズムの根本的な土台をなす権力と軍隊が集中していた。第三に、すべての指揮と絶大な権力のある県知事がこの都市から布告を発し、県内の民事・軍事の行政を指導した。あらゆる社会層のロシア人や非ロシア人諸民族を服属させておくために、県知事の指揮下に多くの守備隊がいた。第四に、この都市は中央への重要なすべての道の要衝であり、軍事と戦略上の重要拠点であった[21]。第五に、中央アジアとロシアを結ぶ重要な結節点として、交易の拠点でもあり、さまざまな民族が混住していた。

一七七三年九月二十三日、叛乱軍に対して周辺の要塞すべてが守備側についた。十月一日、防衛のための準備が整った。守備隊側は総勢二九八八人であり、その内訳は正規軍一一〇四人、カザーク四三九人、砲手八二人、非正規軍一三六三人であった。武器に関しては、大砲七〇門を保有していた。これに対して、十月初めのプガチョーフ軍は総勢二四六〇人であった。そのほかに県知事レインスドルプの命令に応じてオレンブルクにやってきたバシキール人四〇〇人が加わった。彼らは十月二日に参加したのである。なお、大砲は二〇門(二門は角砲)を有していた。[22]

十月一日「布告」とオレンブルク包囲の開始

一七七三年十月一日、プガチョーフはサクマルスキー・カザークとクラスノゴールスカヤ要塞へ布告をもって向かった。その布告には、「汝たちの祖父や父たちがそうであったように、余すなわち大君に血の最後の一滴まで忠実にそして裏切ることなく励むならば、それに対して、十字架と顎鬚、川と土地、草と海、俸給、穀物糧食、弾丸、火薬、そして永遠に自由であることを下賜するであろう[23]」、と記されていた。また、プガチョーフは「正規軍の兵士たち、兵卒および官位を有する兵士たち」にも忠勤を求め、その代わりとして、彼らに対しては、「金銭および穀物による手当、そして官位」を下賜するとしている。彼らおよびその子孫は、「帝国における第一の利益を享受することになろう[24]」、というのである。

この同じ十月一日、プガチョーフはオレンブルク県知事レインスドルプ、県の役人たち、オレンブルク市の兵士、カザーク、そしてすべての民衆に宛てた布告を発している。それによると、第一に、自分に仕えるように呼びかけ、第二に、その命令を遂行した際には、官位、川、土地、草、海、俸給、穀物糧食、弾丸、永遠の自由を与え、第三に、しかし、もし自分に反対すれば、公正な怒りを受けるだろうというのである。[25]この布告に対して、翌二日、レインスドルプは相手を侮辱する返答をしている。[26]かくして、十月五日、翌七四年三月二十三日までの六カ月に及ぶオレンブルク包囲戦が開始された。

プガチョーフはオレンブルクを占領したあかつきには、叛乱参加者に次のものを下賜すると約束する。「一人当り一〇ルーブリと良いカフタン、加えて彼らを自由にし、彼らが望むところどこにでも行かせる」[27]。また、食糧は調達によって、プガチョーフ側についた村々から賄われた。穀物や農業用家畜は、占領した要塞、カルガラー村(ロシア名セイトヴァ村)、サクマルスキー・ゴロドークから供給された。叛乱鎮圧後に政府によって組織されたオレンブルク秘密委員会の一七七四年五月二十一日の報告によると、これは皆、「ほとんど重荷に感ずることなく、彼ら(住民)に免除と自由を約束して安心させて」おこなわれたのである[28]。

第四節　叛乱軍の組織化

プガチョーフ軍のカザーク的構成

一七七三年十二月初めのプガチョーフの勢力は一万五〇〇〇人、八六門の各種の口径の火砲をもっていた。十九世紀の歴史家ドゥブローヴィンは彼らの装備について次のように記す。「この義勇軍(ополчение)全員、装備が極めて貧弱であった。槍を持っている者、ピストルを所持する者、将校の剣を持っている者がいる一方で、銃は比較的少なかった。バシキール人は弓矢によって武装していたし、歩兵の大部分は棒に突き刺した剣を持っていた。棍棒で武装している者もいた。残りの者たちはまったく何も武器を持たず、オレンブルク付近では鞭しか身につけていないありさまであった」[29]。しかし、軍団の核となったのは、武装が整い、武器を上手に扱うことができて戦闘経験があり、歴史的に軍事組織を形成してきたカザークである[30]。

叛乱軍の主力に関していうと、しっかりした組織をもっていた。その基礎にはカザークの軍事組織の構造がある。軍隊の基礎は連隊(полк)である。それは連隊長(полковник)の指揮のもと通常五〇〇人(ないし五〇一人)から成り立っていた。連隊の下部構成は、百人隊長、エサウール、および二人のカザーク騎兵少尉が指揮する、約一〇〇人で構成される中隊である。指揮官たちはクルークで「全員一致」の原則によって選出される。その際、プガチョーフや特定の幹部が指揮官の候補者を推薦するのである。[31]

連隊や中隊などは社会的、民族的および領域的な特徴ごとに類別されていた。アンドレーイ・オフチーンニコフ(А. Овчинников)は連隊アタマンとしてヤイーク・カザークの軍団を、ティモフェーイ・パドゥーロフ(Т. И. Падуров, オレンブルク・カザークの百人隊長にして新法典編纂委員会へのカザーク代表)はオレンブルク・カザークおよびプガチョーフ軍によって占領された要塞や前哨のカザークからなる連隊を指揮した。ムッサ＝アリーエフ(Мусса-Алиев)とサディク・セイトーフ(С. Сейтов)はカルガラー村出身のタタール人の連隊を指揮した。キンジヤ・アルスラーノフはバシキール人の連隊を、フョードル・デルベチェフ(Ф. И. Дербетев)は洗礼を受けたスタブロポリのカルムィク人連隊を指揮していた。フロプーシャ(プガチョーフの側近)は工場農民を指揮する「連隊長」だった。[32]

このように、全軍はカザーク的な構造をもっていたが、そのカザーク的性格は組織に限ったことではなかった。叛乱軍に走った兵士たちは自らを「国家カザーク государственный казак」と宣言してカザーク風に髪を切っていた。また、工場労働者や農民は叛乱軍の「カザークに」徴募されたのである(第七・八章を参照)。

軍事訓練と有能な指揮官

叛乱参加者たちは政府軍に対しておおいに善戦した。その理由としてプガチョーフ軍の訓練、および職務と賞与・褒賞のシステムを指摘しなければならない。ここでは主力軍のそれについて見てみよう。

第一に、射撃、駆け足、剣術などの軍事技能において競い合う訓練がおこなわれた。プガチョーフ自身もしばしば自らの豊富な経験から模範を示している。第二に、褒賞の授与である。とくに砲手の熟練度は極めて高く、その職務の熱心さと誠実さに対してプガチョーフ自ら多くの褒賞を与えている。[33] 第三に、勤務と賞与については布告やマニフェストのなかに多くみられるように、明確な関係性をもっていたのである。

主力軍を除いて、叛乱軍は各地で自律的に活動しており、しかもそこでは有能な指揮官が部隊を率いていた。全軍の指揮官の内訳は次の通りである。カザーク五二人、農奴三八人、工場農民および工場労働者三五人、諸民族の指揮官（ウクライナ人、バシキール人、タタール人、カルムィク人、ミシャーリ人、チュヴァーシ人、ウドムルト人など）七〇人以上となっている。[34]

主力軍と地方で展開している各軍隊との関係について述べると以下のようであった。叛乱の第一期には、多かれ少なかれ、絶え間なくかつ規則的に両者の連絡がおこなわれていた。しかし、第二・三期に入ると、その関係性が希薄になり、蜂起軍個々の孤立状態が顕著になるのである。[35]

組織の中心としての「軍事参議会」

主力軍と地方の緊密な関係性を維持できた第一期、叛乱軍内の統制はどうであったのだろうか。プガチョーフ叛乱と他の三つのいわゆる「農民戦争」を分かつ重要な特徴の一つは、秩序や組織の要素が明確に現れていたという点である。それを良く示しているのが叛乱軍の「国家軍事参議会 государственная военная коллегия」（以下、軍事参議会）の存在である。これは、当時ロシア政府内に存在していた同名の組織を模したものである。カザークには馴染みのある政府組織であったためにこの名前が採用されたのであろう。

「軍事参議会」の役割は多方面にわたり余すところがなかった。[36] つまり、第一に布告・マニフェストの作成、第二に裁判の審理と刑の執行、第三に占領地域におけるカザーク的自治の導入、第四に叛乱の拠点とのコミュニケーションの維持、第五に軍事活動の指導、第六に工場との関係の調整、第七に武器の調達、第八に軍資金、糧秣の調達と貯蔵、第九に兵力の補充、第十に指揮官の任命、第十一に叛乱軍内における参加者の地位の昇降、第十二にメダルや金銭などによる賞与や褒賞の管理、以上である。[37]

この制度が必要となり、また有効に機能するためには次のような背景があったことをまず考えなければならない。第一に、勢力範囲が大きく広がったことである。一七七三年十一月初めまでに、叛乱軍がオレンブルク県、カザン県、アストラハン県といった大きな県を掌握しつつあった。十一月二十日ですでに主力軍は一万人になっていたのである。第二に、複雑な状況に対応する必要があった。ドゥブローヴィンはこの組織設立の主たる要因の一つに、本営ビョールダ村にはあらゆる地方からくる人々が集まり、指揮が複雑になっていた点をあげている。[38] プガチョーフは読み書きができなかったが、複雑な局面に際して、文書、報告書、請願書を査定し、それに対して迅速で的確な回答を出さねばならなかった。第三に、カザークの利益を前面に出さざるをえなかったことである。事実、「軍事参議会」の創設には、プガチョーフの側近となって叛乱軍に参加したヤイーク・カザーク上層部の利害が反映していた。第四に、プガチョーフ自身の叛乱との関わり合いがあった。「軍事参議会」は国家の既存の組織を模して設立されたが、プガチョーフは、「皇帝ピョートル三世」として、自らの権威を強化することをめざしたのである。[39] ちなみに、政府の軍事参議会は三つの行政部局に分かれている。それぞれの組織は総裁(президент)、副総裁(вице-президент)、および構成員である将軍職の参事官や連隊長職の陪審判事から構成されていた。[40]

十一月六日、ビョールダ村に設立された「軍事参議会」の構成員をみると、ヤイーク・カザークとイレク・カザークが多いことに気がつく。首席裁判官(главный судья)は富裕でスタルシナであったヤイーク・カザークのヴィトシーノフが担当し、裁判官(судья)は同カザークのシガーエフとダニール・スカブィチキン(Д. Скабычкин)、およびイレク・カザークのイヴァン・トヴォローゴフ(И. А. Творогов)が担当した。書記官長(думный дьяк)は最初の布告の作成者であるヤイーク・カザークのポチタ―リンがあたり、秘書官(секреталь)は富裕なイレク・カザークのマクシーム・ゴルシコーフ(М. Д. Горшков)が担当した。[41] このように、カザークとくにヤイーク・カザークが叛乱の最高指導機関である「軍事参議会」で多くを占めていたということは、ヤイーク・カザークの意向が叛乱の動きを大きく左右したと考えることができる。

地方の組織化

地方においても、主力軍におけると同様に、組織の設立がおこなわれて複雑化する地方の叛乱の動きの統制やコミュニケーションの緊密化を図った。郷の中心部には地方自治的選挙制による組織である郷地方役所(волостная земская изба)、大きな居住地域においては大村役所(станичная изба)、工場地帯では地方役所(земская изба)、以上の設立がみられたのである。

このような組織を指導する人々はミール(地域の共同体)の選挙で選出された。ミールでアタマンやエサウールが選ばれたのである。村では、村長あるいは長老(староста, スターロスタ)、エサウール、十人隊長を選出した。また、村の活動にあたって共通の管理や指揮のために、別のアタマンが選出された。つまり、組織は「取り決め приговор」や選出された長(начальник)を有する既存のミールが基盤となっていた。[42] なお、前述の郷地方役所は政府軍から郷を守る組織でもあり、叛乱軍と関係を保ちつつ、糧秣の供給もおこない、さらには郷の裁判機能も果たしたのである。[43]

第五節　叛乱軍内の対立と主力軍の移動

オレンブルク包囲をめぐる対立

オレンブルク県知事の補佐官であり、ロシア最初のアカデミー準会員となるピョートル・ルィチコーフ(П. И. Рычков,

一七一二〜七七)は、オレンブルク包囲の開始から一月ほど経った一七七三年十一月に次のように書いている。「司令官である彼(プガチョーフ)は、その一味同心の者どもと次のように語り残念がった。彼はこの都市への攻撃にあたってすでに多くの優れた人々を失った。いくら諸都市(彼が、イェルサレム、コンスタンティノープル、およびドイツの諸都市に行ったと述べている)に行ったとしても……オレンブルクがそうであるかのように、頑丈に防御されている都市を見たことがなく、この都市に対してよりいっそうの攻撃を仕かけることはしないのである」[44]。

プガチョーフ、ザルービンおよびその仲間たちは、叛乱軍の主力をロシア帝国の中心部に徐々に移動させ、農奴やカザーク、そして都市住民を大衆的な闘争に向けて糾合し、モスクワやペテルブルクを奪取すべく進軍した。一七七四年五月八日、プガチョーフ軍内の「軍事参議会」秘書官役のゴルシコーフは逮捕後の尋問で次のように語っている。「オレンブルクを占領したのち、僭称者(当局による尋問という性格上、叛乱参加者の述べた言葉さえ、政府側の用語で置き換えられる)の企図はカザンに向かうことだった。その都市の占領後には、モスクワ、さらにペテルブルクへとのぼり、国家を支配し、主たる大貴族たち(бояре)の根絶を誓うことであった」[45]。

時あたかもオレンブルク包囲から軍を撤収し、急ぎカザンへと移動することが必要だとするプガチョーフと彼の仲間たちの意見が勝利していた。しかし、現実には、包囲は一七七四年三月まで続くことになる。かくして七三年十二月中旬には、ヤイーク・カザーク叛乱の鎮圧者でもあるフレイマーン陸軍中将がブグリマーから入手した噂について政府に宛てて次のように報告する。「すべての……プガチョーフの群衆(толпа)はカザンに向かうことを目論み、そこでこの近郊を動揺させています」[46]。政府軍に先んじて、オレンブルクからカザン、モスクワおよびペテルブルクへ騎兵部隊だけで向かうというプガチョーフの計画について、「連隊長」と呼ばれたオレンブルク・カザークの百人隊長パドゥーロフが確認し報告しているところでは、プガチョーフは次のように語っていた。「もし、私がオレンブルクとヤイークの占領に成功するならば、そのときには、私は騎兵部隊のみを引き連れてカザンに向かい、その占領後にはモスクワとペテルブルクに赴く」、というのである。[47]

シガーエフと「軍事参議会」の「穏健なумеренные」メンバーたちは、絶えずプガチョーフを説得することに努めていたが、オレンブルク占領が一番近い将来の問題であり、その時期を早めることを相談していた。プガチョーフはというと、カザン、モスクワおよびその他の都市へ進軍する必要性があると考えていた。このことについて、たとえばプガチョーフの書記を務めていたポチターリンは次のように回想する。あるとき、「彼らシガーエフとザルービンの間で次のような会話がなされていた。まずどのような手段によってオレンブルクを占領するのが一番良いか長時間にわたって話し合い、そしてそこでどのような管理をすることができるのか、またカザンについてはどうか、など多くを語った」のである。[48] 問題を具体的に考えていたこと、しかも将来を見据えて議論していたことがわかる。

バシキーリアへの移動とウファー占領の試み

これより先、包囲をおこなうべく叛乱軍がオレンブルク近郊に到着するとまもなく、全バシキーリアも叛乱の勢力圏に入った。叛乱参加者の数は急速に増加し、政府の役人、領主、工場主たちは恐怖に駆られてこの地域から逃げ出した。一七七三年十二月、エカチェリーナ二世はビービコフ将軍に宛てて次のように書いている。「受け取った報告によると……バシキール人の大部分は……叛乱に加わり、殺害を……おこなっている」。デコロング将軍はまさに同じ時期にヴェルフネヤイーツカヤ要塞から「すべてのバシキール人の一揆について」報告していた。[49]

「軍事参議会」の指導者たちは、オレンブルク近郊で叛乱軍をバシキール人やその他の民族、およびロシア人で補充することができるのではないかと考え、またバシキーリア内の諸事情を利用することも検討した。このため、バシキーリアへはバシキール人の長老キンジヤ・アルスラーノフと若き指導者サラヴァト・ユラーエフとが派遣され、彼らは新たな参加者を得てプガチョーフ軍本営のあるビョールダ村に帰還する。

図13　ウファーの冬（氷結したベーラヤ川〈アギデーリ川〉を望む。2005年２月撮影）

バシキール人自身は、叛乱軍の主力がまもなくオレンブルク近郊のビョールダ村からバシキーリアに移動すること、および叛乱軍の助力を得て嫌悪すべき農奴制下の抑圧とツァーリ権力からの解放を期待していた。十一月十七日、叛乱軍の「連隊長」バシキール人カスキン・サマーロフ（К. Самаров）とウファー・カザークのアレクセーイ・グバーノフ（А. Губанов）によって指揮されたバシキール人および農民と工場の労働者からなる五〇〇人の叛乱軍部隊が、バシキーリアの行政上の中心都市ウファー包囲を開始した。叛乱軍は主に弓矢と槍だけで武装し、幾度かウファーを占領すべく攻撃をかけたが、結局は失敗に終わった。その後、指揮官たちはビョールダ村の本営に請願を送って彼らに戦闘員と大砲の増援を願い出た。というのも大砲がないためにこの町が占領できないというのである。しかし、指導部はこの訴えに耳を貸さなかった。たとえば、一七七三年十二月十二日、ビョールダ村からオレンブルクへ、すなわちのちに叛乱軍から政府軍へ寝返ったタタール人ザイヌルガブジーノフ兄弟（Зайнулгабдиновы）は次のように証言している。バシキール人は「彼らにカザークの部隊と大砲を送るようにと要求してきたが、「彼らにはカザークも大砲も何も送りはしなかった」[50]、と。

一七七三年十二月一日、サマーロフとグバーノフは新たにいま一度ウファー占領を試みたが、またしても失敗に終わった。今度はサマーロフ自身が本営のビョールダ村に赴いた。そこで彼は状況を説明することになる。ウファー占領のためというよりは、むしろカザンからビョールダへ派遣される政府軍の進軍を食い止めるために、彼らを援助することが必要であると説いた。サマーロフの要請書には一五名に及ぶバシキール人長老たちの署名が付されていた。しかし、この要請に対しても、「軍事参議会」の「穏健派」指導層はその立場を変えるにはいたらなかった。彼らはサマーロフに次のような布告を手渡したにすぎなかったのである。「各戸から……ありったけの武器を携えて行軍する準備をし、……ウファー市に向けて……進軍するため」に、人々を動員するというバシキール人長老の計画を認めるという内容であった。それはまた、「八門の大砲を擁したカザン道沿いの」政府軍を撃破すべしという内容もサマーロフたちに命じられていた。[51]

バシキール人とヤイーク・カザークの亀裂

「軍事参議会」指導層のこうした態度に対して、オレンブルク包囲に参加していたバシキール人は満足していなかった。彼らの多くは自らの領域内での叛乱に備えてひそかにあるいは公然とバシキーリアへ立ち去ったのである。一七七四年一月十日、ビョールダ村からオレンブルクへ転じたタタール人アブドゥサリャン・ハサーノフ（A. Хасанов）はのちに次のように証言する。「バシキール人たちは、……長老のキンジヤ・アルスラーノフから休暇をもらい、長期にわたって自分の家に帰りはじめた。……〔ここに〕もう戻ることはなかった。それとともに、領主その他の人々を強奪するために、ウルス〔天幕集落を指すが、本来はバシキール人の種族共同体〕ごとに帰っていったのである」[52]、とバシキール人が戦場を離れて帰還する様子とその理由が明確に述べられている。

一七七四年一月に、ペテルブルクからの急使として赴いたヤイーク・カザークのグリゴーリー・シネルニコーフ（Г. Синерников）は次のように語っている。精進の前日（заговенье, 最後の肉食日）頃、「僭称者」はヤイーク・カザークを前にしてオレンブルク占領を放棄してヤイークへ行きたいと述べている、と聞いた。しかし、バシキール人たちはプガチョーフが立ち去ることを許さなかった。というのも、彼がオレンブルクを占領して県を廃止し、バシキール人を従属の軛《くびき》から救うことを約束していたし、バシキール人もそのことを信じていたからである。いまやプガチョーフはそうした約束から逃れようとしており、バシキール人を以前の一揆や暴動——十八世紀には幾度も蜂起し、最近では一七五五年にも立ち上がっていた——で被った不幸に陥ったままにしようとしている。だから、彼らはプガチョーフが実際にその約束を果たすまで、彼を自由にはさせないのだと述べた。[53]

この話の細部における真実性について調べることは困難である。とはいえ、疑いもなくその話のなかでは、他の地域は叛乱にとって不利であるとしてヤイークから移動しようとせず、またあらゆる状況を考慮して行動することを避けようとする「軍事参議会」指導部——その主要メンバーはヤイーク・カザークである——に対するバシキール人やその他の人々の不満が表明されている。なぜなら、バシキール人は包囲に成功しなかったオレンブルク近郊に限定・局地化されたプガチョーフ軍主力の援助を受けなかったからである。

ヤイーク・カザークは叛乱において主導的な役割を果たした。その戦闘に関する豊かな経験と高い能力もあって、第一期に叛乱が成功を収めるうえで大きな力を発揮した。その最大の成果は六カ月に及ぶオレンブルク包囲である。しかし、それは同時にその後の叛乱の運動方針をめぐって大いなる議論を巻き起こすことになる。

これとは別に、この時期に叛乱内部では大きな変化がみられた。組織性の出現である。拡大し複雑化する叛乱を統制して監督するための組織として、当時の政府にあった組織を真似て「軍事参議会」が形成された。これが管轄する内容は多岐にわたっており、しかもそれは十分に機能していた。しかもその組織性は叛乱の中央だけではなく辺境においてもみられたのである。

他方、叛乱内部で運動の方針をめぐる意見の相違が徐々に明らかになった。それは参加者の社会層の違いによるところが大きい。ヤイーク・カザーク内部でもロシアの中央部へ向かうことを主張する叛乱首脳部(「急進派」)、それに対してオレンブルク包囲を続けて最終的にここを占領すべきだとして地域に生きることをめざす人々(「穏健派」)である。また、ヤイーク・カザークの方針に対して、自らが被ってきた苦難からの解放を願うバシキール人からの批判があった。こうした問題の解決はこの時期にはみられず、次の段階に持ち越すことになるのである。

註

1 РГАДА. Ф. 6. Д. 512. Л. 106 об.–107; *Овчинников Р. В.* (под ред.) Следствие и суд над Е. И. Пугачевым // Вопросы истории. 1966. № 3. С. 134–135; Емельян Пугачев на следствии. № 1. С. 63–64.

2 РГАДА. Ф. 6. Д. 512. Л. 106 об., 113; *Овчинников Р. В.* (под ред.) Следствие. . . 1966. № 3. С. 137–138; Емельян Пугачев на следствии. № 1. С. 63, 71.

3 РГАДА. Ф. 6. Д. 512. Л. 114, Д. 512. Ч. 2. Л. 275–275 об.; *Овчинников Р. В.* (под ред.) Следствие. . . 1966. № 4. С. 111; Емельян Пугачев на следствии. № 1. С. 70–71, № 3. С. 159.

4 *Дубровин Н. Ф.* Указ. соч. Т. I. С. 189.

5 *Андрущенко А. И.* О самозванстве Е. И. Пугачева и его отношениях с яицкими казаками / Вопросы социально-экономической истории и источниковедения периода феодализма в России. Сборник статей к 70-летию А. А. Новосельского, М., 1961. С. 150.

6 РГАДА Ф. 6. Д. 512. Л. 118–118 об.; *Овчинников Р. В.* (под ред.) Следствие. . . 1966. № 4. С. 113; Емельян Пугачев на следствии. № 1. С. 75–76.

7 РГАДА. Ф. 6. Д. 512. Л. 119; *Овчинников Р. В.* (под ред.) Следствие. . . 1966. № 4. С. 112; Емельян Пугачев на следствии. № 1. С. 76–77.

8 РГАДА. Ф. 6. Д. 512. Л. 120; *Овчинников Р. В.* (под ред.) Следствие. . . 1966. № 4. С. 113; Емельян Пугачев на следствии. № 1. С. 78.

9 Пугачевщина. Т. II. док. № 41. С. 131.

10 *Андрущенко А. И.* О самозванстве Е. И. Пугачева и его отношениях с яицкими казаками. С. 150.

11 Там же.

12 Там же. С. 146.

13 *Рознер И. Г.* Яик перед бурей. С. 189.

14 Там же. С. 189–190.

15 РГАДА. Ф. 6. Д. 512. Л. 121; *Овчинников Р. В.* (под ред.) Следствие. . . 1966. № 4. С. 114; Емельян Пугачев на следствии. № 1. С. 79.

16 Пугачевщина. Т. I. док. № 7. С. 31–32; Документы ставки. . . док. № 3. С. 24.

17 *Семенов-Тян-Шанский В. П.* (под ред.) Указ. соч. С. 504.

18 *Овчинников Р. В.* (под ред.) Следствие. . . 1966. № 4. С. 114; Емельян Пугачев на следствии. док. №. 1. С. 78.

19 Пугачевщина. Т. I. док. № 3. С. 26–27.

20 *Дубровин Н. Ф.* Указ. соч. Т. II. С. 18; Документы ставки. . . док. № 5. С. 25.

21 *Мавродин В. В.* (под отв. ред.) Крестьянская война в России в 1773–1775 годах. Т. II. С. 119.

22 Там же. С. 122, 125–126.

23 Пугачевщина. Т. I. док. № 8. С. 32.

24 Там же. док. № 7. С. 31–32.

25 *Дубровин Н. Ф.* Указ. соч. Т. II. С. 47.

26 Там же. С. 47–48.

27 *Пушкин А. С.* Указ. соч. С. 243.

28 *Дубровин Н. Ф.* Указ. соч. Т. II. С. 136.

29 Там же. С. 135.

30 *Мавродин В. В.* Классовая больба и общественно-политическая мысль в России в XVIII в. (1773–1790-е гг.) Л., 1975. С. 95.

31 *Дубровин Н. Ф.* Указ. соч. Т. II. С. 134; *Мавродин В. В.* Классовая больба и общественно-политическая мысль в России в XVIII в. (1773–1790-е гг.) С. 88.

32 Там же.

33 Там же. С. 89.

34 Там же. С. 89–90.

35 Там же. С. 90.

36 *Мавродин В. В., Кадсон И. З., Ржаникова Т. П. и Сергеева Н. И.* Указ. стат. С. 74; Допрос Е. И. Пугачева в тайной экспедиции в Москве в 1774–1775 гг. С. 230.

37 *Мавродин В. В.* (под отв. ред.) Крестьянская война в России в 1773–1775 годах. Т. II. С. 444.

38 *Дубровин Н. Ф.* Указ. соч. Т. II. С. 134.

39 *Мавродин В. В.* (под отв. ред.) Крестьянская война в России в 1773–1775 годах. Т. II. С. 445.

40 Там же.

41 Пугачевщина. Т. II. док. № 34. С. 113; Допрос Е. И. Пугачева в тайной экспедиции в Москве в 1774–1775 гг. С. 200, 236–237.

42 Пугачевщина. Т. II. С. 114, 133–134, 140, 178, 180–185, 190, 193, 202, 242–243, 269.

43 *Мавродин В. В.* Классовая больба и общественно-политическая мысль в России в XVIII в. (1725–1773 гг.) С. 101.

44 *Пушкин А. С.* Указ. соч. С. 253; *Рознер И. Г.* Казачество в Крестьянской войне 1773–1775 гг. С. 79. Львовского Университета, 1966. С. 79.

45 Там же.

46 Пугачевщина. Т. III. док. № 7. С. 13.

47 Пугачевщина. Т. II. док. № 60. С. 188.

48 РГАДА. Ф. 6. Д. 506. Л. 235; *Рознер И. Г.* Казачество в Крестьянской войне 1773–1775 гг. С. 79.

49 Там же.

50 Там же. С. 85–86.

51 Там же. С. 86.

52 *Усманов А. Н.* Кинзя Арсланов – быдающийся сподвижник Пугачева // Исторические записки. Т. 71. М., 1962. С. 125.

53 Пугачевщина. Т. II. С. 414–416 (Приложение № 89).

第五章　政府・貴族・外国の動向

本章では、プガチョーフ叛乱中のオレンブルク包囲期(一七七三年十月〜七四年三月)におけるロシア政府の動向を検討する。このオレンブルク包囲をめぐる叛乱の第一期は、以後の叛乱の動向と政府の対応を決定づけるほど重要な意味があった。

しかし、このテーマを本格的に扱った研究は少ない。というのも、革命以前における研究では、プーシキンの『プガチョーフ叛乱史』のような例外的に叛乱にシンパシーをもって書かれた研究はあるものの、その多くがツァーリ政府に反抗を示したということで叛乱を否定的に扱う傾向にあった。政府の困惑ぶりを公然と記すことははばかられたのであろう。

他方、革命以後の研究の傾向には変化がみられた。民衆、とくに革命で積極的な役割を担った労働者階級に焦点を当てた研究が目立って多くなり、近代以前の民衆運動史研究もその恩恵にあずかった。しかし、そうした肯定的評価がみられた一方で、問題も残った。都市住民(商人や手工業者)、聖職者、貴族そして何よりも政府の具体的な動向についての研究の停滞である。この問題は現在にいたるまで続いている。

ここでは、先述のような研究状況とその問題点を念頭に置きながら、叛乱期の政府の対応を検討することが目的である。その際、叛乱を通してではあるが、対外関係を含め、どのような課題を当時のロシア政府は抱えていたのか、そして叛乱はいかなる影響を政策に与えていたのかを考察することもいま一つの目的である。[1]

第一節　政府の受けた衝撃

叛乱発生直後の地方当局の対応

エカチェリーナ二世は一七七三年九月十七日にヤイークで起きた叛乱に関する情報を事件発生後ただちに得たわけではなかった。すでに述べたように、臨時の国務諮問会議が開催されたのは叛乱発生から一カ月経った十月十五日である。こうした政府側の動きの遅さの原因として指摘されるのが、オレンブルク県知事レインスドルプが叛乱の発生について幾日も秘密にし、しばらくは何も手を施さなかった点である。それは、知事が状況の複雑さを理解せずにこの叛乱を過小評価し、政府首脳部への忖度もあってこの出来事を隠そうとしていたというのがその最大の理由であるが、他方で、当時の情報確認や伝達手段の抱える技術的な問題もあった。

九月二十一日まで、オレンブルクでは、プガチョーフの動きについてなんら不安も抱かず、彼が一カ月以上もオレンブルクの県境にいたことさえ知られていなかった。同日、オレンブルクにイレク・カザークの早馬が到着して、イレツキー・ゴロドークが叛乱軍によって占領されたことを知らせた。しかし、オレンブルク県知事レインスドルプは受け取った報せがどれほど確実なものであるのかを検証することもおこなわなかった。そのため、九月二十二日夜には、エカチェリーナ女帝即位を祝う舞踏会は何事もなかったかのように催されたのである。[2] このことは、オレンブルク県で余計なパニックを引き起こさず、またペテルブルクとモスクワの上層に過敏な不安を掻き立てないようにという、オレンブルク県知事の配慮によるものではあったが、他方では、叛乱に対して過度に対応することは彼自身の勤務評価に影響を与えかねないとの知事自身の思惑もあった。しかし、九月二十一日、県知事は「訓戒」をもってヤイーク・カザークとイレク・カザークに訴えている。数日後、それがヤイーツキー・ゴロドークでカザークたちに読み上げられたとき、「この名だたる僭称者に対して明らかな嫌悪を示す」カザークはわずかしかいなかった。「まるで気落ちしたり物思いにふけったりしているかのように、カザークたちは押し黙って散り散りになっていったのである」[3]。なお、イレツキー・ゴロドークはすでにプガチョーフ軍につき、オレンブルク県知事の「訓戒」は届いていなかった。レインスドルプはオレンブルクの衛戍《えいじゅ》総司令官カール・ヴァレンシュテルン少将（К. И. Валленштерн）に、外出している人々を要塞に帰還させ、防衛の準備につくことを求める極秘書簡を送っている。

レインスドルプによってペテルブルクへ向けて伝令の派遣が命じられたのは九月二十五日である。しかし、急使が病気になったため、報告の到着は遅れることになった。結局、叛乱に関する最初の九月二十八日付報告が首都に届いたのは叛乱発生後ほぼ一カ月も経った十月十四日のことである。そのときにはすでにプガチョーフ軍はオレンブルク包囲を開始していた。

政府の基本方針

一七七三年十月に入り、政府はやっとプガチョーフの檄文が全国に流布することを阻止するため一連の政策を中央および地方のレベルでとることになる。十月十五日、ペテルブルクに召集された国務諮問会議に、オレンブルクとカザンの両県知事から、プガチョーフの発した「布告」を添付した報告書が提出された。この会議では、第一に、ヤイークでの「事件」に関連して、中央と地方の当局によってとられている政策が十分であるか否かについて検討された。第二に、その事件は国家を揺るがすほどの民衆運動ではなく、「暴動 мятеж」であるとされた。中央政府の当局者たちは、従来そうであったように、民衆の力とその可能性を過小評価して次のように考えていた。「この暴動は、新兵の募集を混乱させ、不従順者や略奪者を増加させる以外になんら結果をもたらすものではない」、というのである。そして、諮問会議は叛乱の動きを食い止めるため鎮圧軍を組織することについてエカチェリーナ二世と軍事参議会の承認を得たのである[4]。

かくして政府はヤイークでの「事件」に対して可能な限りあらゆる措置をとることに専念するようになる。オレンブルクに向けて、カール将軍を指揮官とする、ニージニー・ノヴゴロド、モスクワおよびカザンの砲兵部隊の一部をも加えた鎮圧軍が派遣された。こうしたこと以外にも、カザークの一大集結地帯であるドンに叛乱が飛び火しないように、予防策を講ずべき旨の極秘の布告、すなわち同地で軍隊の増強をおこなうべしという布告が発せられた。それに続いて、プガチョーフを「僭称者」にして「略奪者」であると公に宣言するマニフェスト発布の用意もなされた。「誰も(プガチョーフ側の)書いたものを信じることがないように」[5]、そしてすべて元老院からの布告によって確認するようにと指示されたのである。このことは官営の印刷所で印刷・刊行された布告およびマニフェストのみを信じるべきことを意味し、実際に一七七三年十月十七日付元老院布告でそのことが宣言された[6]。

鎮圧軍の敗北と政府の混乱

叛乱が拡大するという情報がペテルブルクとモスクワの両首都に到達すると、事態は深刻さを増した。そもそも叛乱発生の当初から政府部内においては混乱が生じていた。それは、先に派遣されたカールの部隊が一七七三年十一月八日に敗北を喫するよりもかなり以前のことである。しかし、このカール軍の敗北は政府首脳部に驚きだけではなく恐怖心さえも抱かせることになった。

政府の鎮圧軍へ叛乱軍による最初の攻撃が加えられた理由は、カール軍が比較的小規模であり、かつプガチョーフ軍の本営のあるビョールダ村に接近しすぎたためである。カールを迎え撃ったのは、五〇〇人のヤイーク・カザークを主力として、四門の大砲および二門の一角砲を装備したアンドレーイ・オフチーンニコフとザルービンの率いる部隊であった。その後、カールを支援するはずであった五〇〇人の農民と工場で働く人々、ならびに六門の大砲その他を装備しているフロプーシャ(プガチョーフの側近)の部隊、さらには一五〇〇人にものぼるバシキール人騎馬兵(そのなかにはのちに詳述するサラヴァト・ユラーエフも含まれていた)を味方に引き入れ、カール軍と対決したのである。[7]

すでに一七七三年十一月だけで、国務諮問会議は「プガチョーフ問題」を討議すべく七回も開催された。以後、会議の大部分は政府軍に対して叛乱軍が勝利を収めている時期に開かれることになる。すなわちプガチョーフ叛乱への対処のために開催されたものとして知られている五五回に及ぶ国務諮問会議のうち、叛乱当初の七三年には一六回、叛乱が広範囲に展開し、その主力が中央諸県に迫る勢いをみせた七四年には三七回、叛乱が終息に向かって叛乱参加者の逮捕・裁判・刑の執行がおこなわれるようになる七五年には二回開かれた。そのうち、プガチョーフ軍がウラルの要塞都市チェリャービンスクの住民やヴォルガ地帯の農民に向けて檄を飛ばす七四年一月と七月(各々八回ずつ)、および叛乱初期の七三年十一月(七回)に集中して開催されているのは政府の危機感の表れである。[8]

しかし、オレンブルクからの報せは政府上層部をはなはだ不安に陥れたものの、実際にとられた政策は叛乱勢力の急速な拡大を阻止するまでにはいたらなかった。叛乱鎮圧に参加したエカチェリーナ二世の桂冠詩人ガヴリール・デルジャーヴィン(Г. Р. Державин, 一七四三〜一八一六)によると、一七七三年十一月の終わりまで宮廷ではこの事件について話題にのぼることはまったくなかったという。当時、最大の関心事は大公パーヴェル・ペトローヴィチの結婚祝典であり、高位高官たちは皆その準備に追われていたのである。[9]

第二節　叛乱と貴族

貴族たちの不安と当局の反応

貴族たちはこの叛乱に対する深刻な不安と懸念を抱いていた。アンドレーイ・ボロートフは次のように叛乱勃発の衝撃を受けた。貴族たちは、農奴制を厳しく批判し、その打倒を謳っているこの叛乱に関する報せを受け取ると、大変なパニックに陥った。「このとき、突如モスクワ中の住民にもたらされた〔プガチョーフ叛乱についての〕全般的な噂が私の心を激しく揺さぶった」[10]、と当時の心境を吐露している。一七七一年のモスクワにおけるペスト感染拡大に対する恐怖を感じたときと同様の感情の表出である。

鎮圧軍に参加したフリーメーソン会員オシプ・ポズデーエフ(О. А. Поздеев, 一七四二〜一八二〇)も、このロシアに起こった民衆蜂起とその後のフランス革命とを比較しながら、ロシアでプガチョーフによって広められた「自由」と既存の農奴制などの社会制度との関係について次のように記している。すなわち、もしここで「いくつかの支柱を下部のところで伐るならば、垣根そのものも倒れてしまうものだ」。そして彼は現実の状況を見て、叛乱の指導者が「農民を自由にしはじめている」と嘆くのである[11]。

危機意識を抱く政府はプガチョーフが民衆に呼びかけるスローガンの基本的な考えに反対した。たとえば、カザンの秘密委員会の長としてプガチョーフの尋問にあたったパーヴェル・ポチョームキンは「いと清き帝国ロシアの国民へ」と題するアピールを発し、そのなかでプガチョーフに直接論争を挑むことになる。それによると、プガチョーフは「徴兵や徴税からの解放を約束している。しかし、その約束〔の実現〕を彼に求めるのは無理である。この自由は事実上存在しないからである」。というのも、政府にとって徴兵や人頭税を回避してはやっていけないからである。「軍隊が存在しない場合、いったい誰がわが国の境界を守るのか。軍隊は徴兵によって満たされるのである。また、人頭税の徴収がおこなわれない場合、どのように兵隊を養っていくのか。もしロシアに兵隊がいなかったら、トルコ人たちが侵入してくるのではなかったか」。さらに、こうした議論に続けて、社会にとって貴族が必要であるとまで主張する。いわく、「プガチョーフは領主を根絶せよと命じている。そして民衆は彼に服従している。……しかし、もし頭たち(начальники)がいなければ、はたして都市や村を誰が統治するというのか。もし合法的な権力がなければ、はたして誰が裁判をし、不遜な行動を阻止し、抑圧された人々を守るというのか。もし官位がなければ、はたして誰が軍隊を統率するというのか」[12]。

ポチョームキンの訴えは農奴制を支持する立場からのものであり、そこには民衆を叛乱へと駆り立てた「自由」や「解放」を求める志向に断固反対し、それを阻止するという明確な意図を読み取ることができる。しかし、これはポチョームキン個人の考えというより、政府や貴族一般の考えを代表しているとみたほうがよいであろう。

政府の緊急対策

政府は行き詰まった状況からの出口を慎重にしかも迅速に探すことを迫られた。一七七三年十一月二十三日、モスクワ総司令官ヴォルコーンスキーは、派遣された部隊は十分ではなく、「暴動」を鎮圧するために、全連隊の派遣を執拗に女帝に進言した。なぜなら、「災厄（зло）がさらに波及しないように」することが必要だからである[13]。この進言の背景には彼が後始末をした一七七一年のモスクワ・ペスト暴動の記憶があったのかもしれない。

しかし、オレンブルクからの情報は政府首脳部を騒然とさせたにもかかわらず、プガチョーフ軍に対する施策は叛乱の迅速な展開を阻止するにはいたらなかった。カール将軍の敗北後、政府はビービコフ元帥を司令官とする新たな遠征隊の派遣を決定した。これは一七七三年十一月末のことである。元老院総裁ヴャーゼムスキー（在任一七六四〜九二）の手紙から次のことが明らかである。ビービコフには軍事上の権力が、ドミートリー・ヴォールコフには民事上の権力が、それぞれ委任された。しかし、当局者は明らかに事態の深刻さを考慮して、もっぱら全権をビービコフに集中させることが肝要であると考えた。エカチェリーナ二世の十一月二十九日付布告は、彼に「すべての権力」を委ねることを確認している。そのなかには、カザン県の貴族たちに義勇軍を創設させることも含まれていた[14]。

これは、政府が是が非でも叛乱軍を鎮圧させるという強い意志で対処していることの証であった。エカチェリーナ二世によると、「帝国全体の至福、安寧および一体であるという統一性」の維持には早急の叛乱鎮圧が必要であるというのである。一七七三年十一月二十九日付ビービコフ宛詔勅のなかで、女帝はプガチョーフの行動がヴォルガ地方の拠点にしてモスクワへの中継地であるカザン県に波及することを危惧していた[15]。

叛乱の激化する様子をみて、政府は十二月十三日付元老院布告と同月二十三日付マニフェストを発布する。すなわち、「カザーク・プガチョーフの叛乱とこの悪人を根絶するためにとるべき方策について」がそれである[16]。この時期、国務諮問会議の決定によると、多くの県および郡当局、何よりもカザン県、ニジェゴロド県、アストラハン県、イセト郡およびエカチェリンブルク庁、および他の地方政府は、プガチョーフを強盗で僭称者、加えて暴徒（бунтовщик）であると規定して、そのことを全民衆に知らせなければならないとした。また叛乱者たちを支援した場合には、そのことに対して懲罰をもって臨むと威嚇するのである。

エカチェリーナとヴォルテールの往復書簡

フランスの啓蒙主義者ヴォルテール（一六九四〜一七七八）とエカチェリーナ二世との往復書簡は有名である。女帝は啓蒙君主であることを自任し、それを証明するためにも啓蒙主義者との関係を密にしていたのである。叛乱の指導者に興味をもったヴォルテールは次のようにエカチェリーナに書き送っている。「私は寛大にも陛下の沈黙をお認めいたします。また新たに自ら以前の枷を背負うことといたします。あなた様に怒りを向けることは、スルタンにとっても、また私にとっても、あまり有益なことではありません。いと慈悲深きわが陛下に対してあえてただ一つだけ申し述べます。私がプガチョーフ侯爵《マルキズ》氏〔女帝と啓蒙主義者によるプガチョーフに対する嘲笑的な言い方〕について知りたいのは次の理由からです。〔彼は〕誰にとっても益のない〔人物なのでしょうか？〕、あるいは何かの手先ではなかったのでしょうか？……私はあらゆる職務上の慎重さをもってプガチョーフと話をしてみたいのです。しかし、私は、あなた様が興奮しておられる侯爵氏に会うことをあえて望むものではありません。ただただ知りたいのです。〔プガチョーフが〕自分自身のためにか、あるいは誰かほかの人のために行動しているのかを。いうなれば、〔プガチョーフは〕主人なのかあるいは誰かのホロープ〔奴隷〕なのか、ということなのです」。

女帝はこれに対して次のように答えている。「プガチョーフについて知りたいというあなたの好奇心を叶えたいと思いますのであなたに申します。彼は読み書きができません。しかし、この人物は大変大胆ですし、決断力があります。これまで彼がどこかの宮廷の手先か、あるいは〔情報を〕受け取る側なのか、それについていかなる痕跡も明らかになっていません。ただ次のことだけは請け合います。彼自身まさしく強盗団のアタマンなのです。決して誰かのホロープなんかではありません。ティムール〔一三三六～一四〇五、チャガタイ・ハン国の軍事的指導者、ティムール朝の創始者〕ののち、同じような根絶やしにする者は、〔その行為が〕とても人間の役割とは思えないのです。第一に、彼はいかなる裁判や赦免もなく、容赦なく、女性や子どもを、またすべての貴族を絞首刑にする命令を下しました。彼の手に落ちたすべての将校や兵士を処刑しました。彼が通った村は一つとして自由を奪われず略奪されなかったところがあるでしょうか。役所も、彼の蛮行を逃れようと、彼に良いもてなしをして満足させようとしました。しかし、誰も、また何も、彼の暴力、殺害、そして略奪行為から隠れることも逃れることもできなかったのです」[17]。

この書簡のなかでは、ヴォルテールの疑問に対して回答しながらも、エカチェリーナ自身の叛乱とプガチョーフに対する否定的で断固たる決意が表明されていたのである。

ドイツ語で書かれた「布告」の衝撃

一七七三年十二月二十日、十二月十七日付のプガチョーフの布告と同月十九日付のドイツ語で書かれた別のプガチョーフの布告が、オレンブルクの城壁近くで叛乱軍によって持ち込まれた[18]。十二月十七日付布告は同月二日付プガチョーフのマニフェストの内容を文字通り繰り返している[19]。ただし、マニフェストのなかにある「神の慈悲により、全ロシア、その他、その他、その他の皇帝にして専制君主である余ピョートル三世」という称号は十二月十七日付布告にはない。また「全民衆に知らせるべく布告する」という宛先を述べた文言は、「わが県知事であるレインスドルプへの命令」と個人宛になっていた。[20]

十二月十七日付布告のなかでプガチョーフは言う。「しかしながら、余は、忠良な人々に対して、代々受け継がれかつ名状しがたい余の生まれながらの寛大さによって、もし、いま無知の闇から生まれたものの、のちにわが権威を肌で感じ、熱心に服してもっとも忠良に職務においてその非を認める者は誰でも、いと深き慈悲をもってそのことを許すであろう。さらに、父祖伝来のあらゆる自由を汝に与えよう。しかし、もし、このことに対してかくのごとき冷酷さと峻厳さに留まるならば、すなわち汝に高き権威の創造者からの食べ物を得る用意がないのであれば、そのときには公正なる余のそして避けがたい怒りを自らに招くことになろう[21]」。

十二月十七日付布告は、無筆のプガチョーフによって「自筆（肉筆）」の署名らしきものが書き込まれた同月十九日付のレインスドルプに宛てた「ドイツ語」の布告とともに、同月二十日のこの要塞近郊での小競り合いののちに、叛乱軍によってオレンブルク守備隊のカザークに「話合いのうえで」手渡されたものである。[22]この事実はオレンブルク県官房の記録簿[23]およびルィチコーフの日記[24]でも確認されている。

十二月十九日付オレンブルク県知事宛ドイツ語の布告は、ミハイール・シュヴァンヴィチ（М. А. Шванвич, 一七四九〜一八〇二）によって本営のあるビョールダ村で書かれた。この布告の基本的内容は十二月十七日付布告に類似している。ちなみに、シュヴァンヴィチは貴族出身の第二擲弾兵《てきだんへい》連隊中佐であった。一七七三年十二月初頭、カール少将の鎮圧部隊の前衛部隊に所属し、戦闘で叛乱軍の捕虜となり、プガチョーフによって捕虜歩兵連隊のエサウールに、その後アタマンに任命された。それと同時に、叛乱軍の「軍事参議会」で書記官の役割を務めた。七四年三月二十三日、前日の夕チーシチェフ要塞近郊でのプガチョーフの敗北を知り、シュヴァンヴィチは降伏する。エカチェリーナ二世によって承認された元老院の決議に従い、シュヴァンヴィチは官位と貴族の位を剥奪されたのちにシベリアへ無期懲役となり、一八〇二年十一月に流刑先のトゥルハンスクで生涯を終えている。[25]

十二月二十四日、レインスドルプは軍事参議会に報告書を送り、そこに「ドイツ語」布告およびプガチョーフ陣営の他の書類（十二月十七日付および二十一日付の両布告、プガチョーフの「自筆署名」など）も添付した。プガチョーフ陣営からドイツ語で書かれた書類が出されたことは、民衆蜂起が諸外国の諜報活動による扇動かのように考えていたエカチェリーナ二世を心の底から震撼させた。

一七七四年四月二十六日付オレンブルク秘密委員会宛指令のなかで、エカチェリーナ二世は命じている。「次のことを知るように努めよ。悪人たちからオレンブルクに送られたドイツ語の手紙を書いた者は誰か、悪人たちのなかには外国人がいるのか、そうした人物はいかなる人間か、私に真実を知らせよ[26]」、と。叛徒たちの拘束後の取り調べで、すなわちプガチョーフ叛乱で重要な役割を担ったシガーエフ、ポチターリンおよびゴルシコーフに対する七四年五月八日の

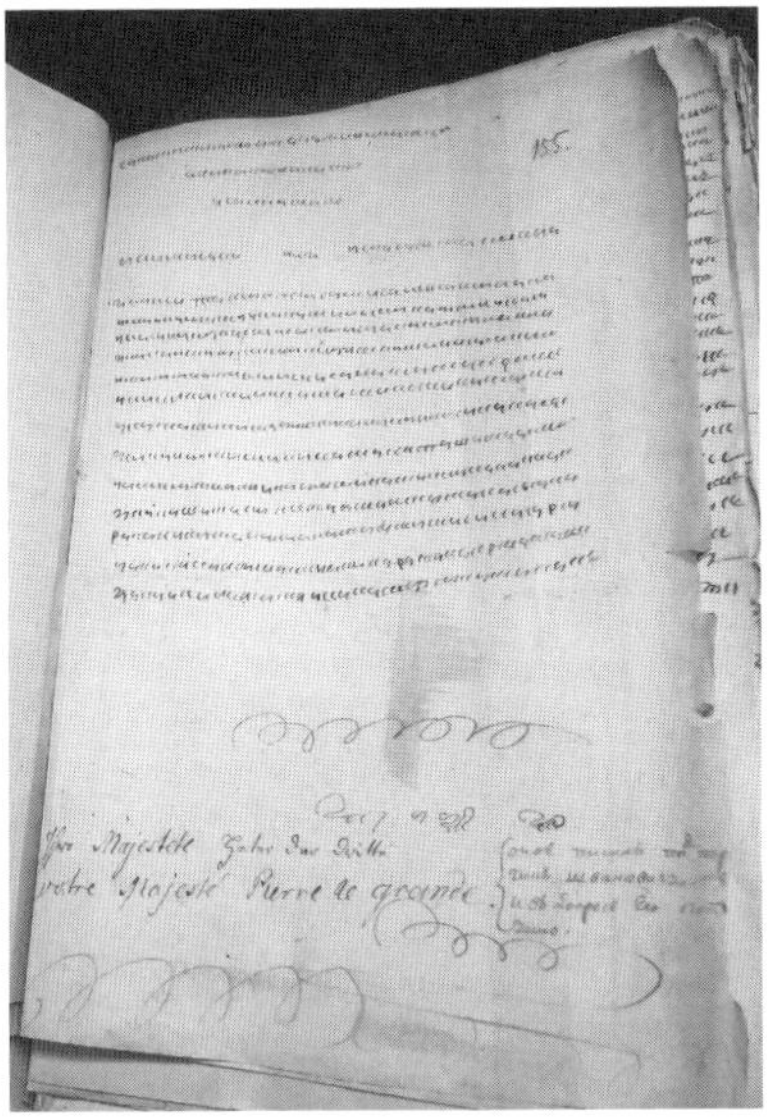
図14　プガチョーフが書いた文書にプガチョーフ自身が記した署名　読み書き能力がなかったため，文書と署名は文字ではない記号らしきものが記されている！（ロシア国立古法文書館）。

審問で、秘密委員会はドイツ語で書かれた布告の作成がシュヴァンヴィチであることを突き止めた。[27] またシュヴァンヴィチ自身五月十七日の尋問の供述でそのことを認めたのである。[28]

五月二十一日、以上の情報に基づいて、秘密委員会はエカチェリーナ二世に次のように報告する。「悪人たちによるオレンブルク県知事閣下宛ドイツ語の手紙に関しまして、これは第二擲弾兵連隊中佐シュヴァンヴィチが書いたものであります。彼は連隊にいたとき、悪人側の擲弾兵連隊において捕虜たちのアタマンになりました」[29]。この報告はエカチェリーナ二世を安心させた。彼女は、シュヴァンヴィチが戦闘で叛乱軍の捕虜になってプガチョーフ軍の列に加わっただけの人物であること、外国とは関係がないことを理解したのである。[30]

ちなみにドイツ語の布告がもたらされたその同じ十二月二十日、オレンブルク・カザークの百人隊長パドゥーロフの十二月十九日付手紙がプガチョーフの書信とともにオレンブルクに伝えられた。[31] パドゥーロフの手紙は、ヤイーク・カザークのスタルシナであるマカール・ボロディーン(М. М. Бородин)に宛てられており、オレンブルクにいる自らの家族の後見を引き受けてほしいという内容であった。[32]

第三節　国外への伝播

諸外国における報道

エカチェリーナ二世とその政府は、叛乱が発生したという事実を国内のみならず外国にも漏れないように極秘にしていた。ノヴゴロド県知事ヤーコヴ・シーヴェルス(Я. Е. Сиверс, 一七三一〜一八〇八、ノヴゴロド県知事在任一七六四〜七四)に宛てた一七七三年十二月の手紙のなかで、女帝はプガチョーフ叛乱を上手に切り抜けるのは容易ではないと認めている。エカチェリーナは叛乱を「政治的疫病 политическая чума」とまで呼んだ。というのも叛徒たちの標榜する農奴制に対する批判や打倒というスローガンが病魔のように政府を悩ませていたからである。エカチェリーナによると、これはロシアの威信に不利な影響を与えかねないから、この事件を秘密にしておかなければならないというのである。

叛乱を隠蔽しようという政府のあらゆる努力にもかかわらず、この出来事についてのさまざまな噂がヨーロッパ中に広まっていた。各国のペテルブルク駐在大使・公使たちはオレンブルクの事件について重大な関心を抱き、その情報を得るために奔走し、自国に至急伝を送ったのである。すでに一七七三年十月末には、ベルリン、パリ、ロンドン、ウィーンおよびその他のヨーロッパ中の首都にプガチョーフの行動に関する情報が伝わった。エカチェリーナ二世はこの事件が深刻なものであるという諸外国の認識に対して、これは叛乱(восстание)ではなく単なる略奪行動(разбой)であり、その点で局地的なものであると強弁し反論した。しかし、現実にはこの動きはロシアのすべての民衆が参加する様相を帯びながら拡大の一途をたどっており、そのことについて政府は口を閉ざしていたのである。とはいえ、外国には歪曲され誤解の入り混じった民衆運動についての噂——たとえば、イギリスの新聞『デイリー・アドヴァタイザー *The Daily Advertiser*』と『ロンドン・クロニクル *The London Chronicle*』は、叛乱軍がビービコフ将軍を破り、そのためエカチェリーナ二世は帝位を息子のパーヴェルに譲ったと伝えている——と並んで、事件の真相を的確に捉えた情報も広まっていた。[33]

ペテルブルク駐在外交官の動向

ペテルブルク駐在の外交官たちは、一七七三年十月十四日(グレゴリウス暦では十月二十五日、以下同じ)、首都に事件の第一報が届けられるや否や彼ら自身も叛乱の発生を知った。これが「国家機密」であるにもかかわらず、イギリス、プロイセン、フランスおよびオーストリアの在外公館では、ロシアの南東辺境で何かが進行中であると察知していた。

十月二十二日(十一月二日)、イギリス大使ロバート・ガニング卿(Sir Robert Gunning, 一七三一〜一八一六)は「新兵徴集を拒否していたオレンブルク地方でのドン・カザークによる新たな蜂起(a fresh insurrection of Don Cossacks (*sic*))」について報告している。[34] プロイセンの駐露大使ソルムス伯爵(Solms)は、その三日後の十月二十五日(十一月五日)にガニング報告をそっくりそのままフリードリヒ二世に送り、さらにその約一〇日後には叛乱はすでに物故した先のツァーリ、ピョートル三世を演じている何者かによって指導されているとフランス語で伝えた。[35] 十一月一日(十一月十二日)と十一月五日(十一月十六日)、フランスの駐露公使デュラン(Durand)も事件について報告することになる。[36] オーストリアのロブコヴィッツ公(Prince Lobkowitz)の報告は十一月九日(十一月二十日)であった。[37]

もちろん彼らはその情報の収集にあたってさまざまな妨害に遭遇した。すでに述べたように、ロシア政府はこの事件をできる限り秘密にしようと努めていたし、この叛乱をただちに抑えられるほど小規模なものと偽っていた(もっとも実際にそのように認識していた当局者もいた)。また当時のロシアには政府から独立したメディアが存在しなかったということもより正確な情報を得るうえで障碍になった。すなわち、外国人は政府によって印刷・出版を認められていた『モスクワ報知』と『サンクト・ペテルブルク報知』の新聞によってしか情報を得ることができなかったのである。こうした情報不足が、イギリスの観察者に、プガチョーフ叛乱によってロシアの「あたかも半分は破壊され、残りの半分は事件のことを何も知らないかのようだった[38]」、と指摘される要因である。

そのような状況下でも各国の使節たちはさまざまな情報提供者からより確実な情報を得ようと躍起となっていた。なかでもガニングはいち早く、しかもかなり正確な情報を得ていた点で特筆に値する。ロンドンにいるガニングの上司もプガチョーフ叛乱について多大な興味を示していた。一七七三年十二月、北部担当国務大臣サフォーク伯爵は、ガニングとその協力者に対して、事件の経過を詳しく調べるようにと訓令を発する。それには次のようなコメントも付されていた。「その重要性と悪人についての問題がこれまで諸外国の宮廷の注目をほとんど引かなかったというのは何か異常である」。さらに、国王ジョージ三世(一七三八～一八二〇、在位一七六〇～一八二〇)もこのロシアからの報告に目を通していた。[39] 七四年三月のタチーシチェフ要塞近郊におけるプガチョーフ敗北の知らせを受けて、サフォーク伯爵はガニングに次のように書いている。「ガリツィン(Galitzin)〔ピョートル・ゴリーツィン〕公がオレムブルグ(Oremburug)〔オレンブルク〕地方で暴徒を首尾よく打ち破ったという報に、陛下はことのほか喜ばれた」、と。また、興味深いことに、諸外国に駐在するイギリス代表使節は、ガニングにこの叛乱の報せを受けた各国政府・宮廷がどのような反応を示したかを伝えている。[40]

プロイセンのフリードリヒ二世は、この叛乱は最終的には敗北することを確信していると語っているものの、その書簡でしばしばプガチョーフに注意を向けながら、この叛乱が当時戦争状態にあったロシアとオスマン帝国の平和条約締結を遅らせることになるかもしれないと危惧していた。一七七四年二月、ソルムス宛書簡のなかでフリードリヒ二世は、「この度の一揆は最初の報告で知らせてきたよりもさらに危険なものである。……それはより深刻な結果をもたらすであろう」、と同盟国ロシアを気遣っている。[41]

ハーグからは、ジョゼフ・ヨーク卿(Sir Joseph Yorke)が、ロシアの海外での経済的信用問題と結びつけ、もし叛乱がただちに鎮圧されなければ、ロシアの国際金融の信用に傷がつくとガニングに報告してきた。また、コンスタンティノープル駐在のジョン・マレイ(John Murray)大使は、ロシアとオスマン帝国との間の平和条約締結にあたり、フランスがオスマン帝国の非妥協的態度を支援すべく、ロシアの国内問題を誇張して伝えていると報告した。[42]

しかし、ガニングの優れている点は、この叛乱の重大さを他国の外交官たちよりも先んじて正確に認識していた点である。一七七三年十二月、彼はオレンブルクの状況は極めて危険なものであると考えていた。「二〇〇〇人ないし三〇〇〇人にのぼる暴徒たちがこの国全体を荒らしている。彼らが撒き散らした恐怖はすでにカザンから主立った住民の多くを引き上げさせている」。この叛乱の拡大された範囲および先鋭化し深刻さを増した点を指摘して、彼はさらにドナウ川沿いでオスマン帝国の軍隊と戦っているロシア軍を叛乱鎮圧のために差し向けなければならないとまで述べた。[43] この予言は的中することになる。

ガニングは叛乱に対してシンパシーを抱くことはなかったが、それにもかかわらず叛乱はロシア民衆の社会体制に対する根深い不満の発露であると直感していた。さらにエカチェリーナ二世統治最初の一〇年間におこなわれた政策が民衆の間に「見せかけ」の希望を育んだことがその背景にあるとした。とくに、一七六五年には自由経済協会が設立され、六七〜六八年には新法典編纂委員会が開かれた。そしてその両者で農奴制の問題が間接的ながらも取り扱われていたのである。慧眼にも、このイギリス大使はそうしたことが民衆にある種の期待を抱かせて立ち上がらせた原因であるとみていた。叛乱発生後に書き付けた日付のないメモのなかで、彼は蜂起の源泉と運動の勢力の評価を次のように記している。

解放というような問題が解決されるまで検討に付されている。それが農民たちにも知れ渡るような悪い政策がとられた。これが刺激する分不相応な精神と観念とが、最近の叛乱の主な原因の一つであった。たいていの民衆は、プガチョーフが山師であることを十分によく知っていた。しかし、彼らは自分自身を解放するという旗印のもとに参加した。それゆえかなりの数にのぼる領主たちなどの大虐殺がおこなわれたのである。[44]

他方、フランス公使による叛乱についてのかなり潤色した本国への公文書はロシア政府を苛立たせた。事態の重大性をわざと誇張してロシアの敵をけしかけているのではないかと疑わせたのである。とくに、ロシア政府は、フランス公使デュランがウィーン公使時代(一七七〇〜七二年)、ポーランド連盟党支援をおこなっていたために彼を深く疑っていた。デュランはロシア政府とヨーロッパの反フランス宮廷にとって嫌悪の的であった。彼は、一七七三年九月から翌年二月までエカチェリーナ二世の客としてペテルブルクに滞在していた百科全書派のディドロ(一七一三〜八四)を利用していると非難された[45]。プロイセンからは、デュランがプガチョーフと秘密の関係を結んでいるとされた。フリードリヒ二世自らがフランス駐在ロシア大使に対して、「フランスはオレンブルクの叛乱を刺激し、かつ叛徒たちがその特別の目的のために硬貨を製造するように、硬貨を送ることによって叛乱を活気づかせているのです[46]」、と述べたほどである。ロシアで外交を統括するニキータ・パーニンは少なくともデュランの暗号文解読の鍵をもっており、彼のいくつかの公文書を途中で奪ってその内容を知っていた[47]。他方、ガニングはデュランとルイ十五世〔一七一〇～七四、在位一七一五～七四〕との極秘の書簡のいくつかを読んではいたもののあまり感銘を受けてはいなかった。七四年一月、「私が見た手紙は、ここでのあまりに不完全な事態の状況〔把握〕しか含んでいませんし、まったく興味深いものではありません[48]」、と否定的な見解を述べるに留まっている。使節により情報収集および分析の能力には差があったのである。

情報の流失を抑えるロシア政府

外国への情報流失や民衆蜂起の発生を恐れるロシア政府の危惧は、叛乱鎮圧後ずいぶん経っても続いている。たとえば、オレンブルク県軍務知事グリゴーリー・ヴォルコーンスキー(Г.С. Волконский, 一七四二～一八二四、オレンブルク県軍務知事在任一八〇三～一七)の一八〇五年十月二十四日付陸軍少将オクロフ(Окулов)宛秘密指示書にそれが表れている。

フランスはさまざまな陰謀を企て、スパイを通して他の列強の状況を知ろうと試み、また社会秩序を乱し、思想穏健ではない人々を刺激して民族国家への懐疑を呼び起こさせようと画策しています。一七七〇年代はそれを証明しています。当時、卑怯なフランスは、ウラリスク〔叛乱鎮圧後の一七七五年にヤイーツキー・ゴロドークから改称〕に自国の秘密使節を派遣することを譲らなかったのです。彼らはおそらくそのときの流血の事件に最大の影響を及ぼしていました。こうした過去と現在の状況が、外国から、またロシア国内から、そのスパイがいかなる民族であり、いかなる外観をしていようとも、ウラリスクに潜入できないようにするためのあらゆる予防措置を講じることを閣下に対して提案する義務を私は負っています。もしそのような疑わしい人物が現れましたら、すぐさま彼を捕えて監視をつけて拘束し、そのうえで私にお知らせください。[49]

このように、ロシア政府は外国の諜報活動に対する危惧を抱いていた。そもそもプガチョーフ叛乱を外国の影響とみなす考え方がロシア国内に色濃く存在していたのである。このことに関連して、最近の研究では、ヨーロッパにおける「メディアの誇大宣伝 media hype」という観点から検討しようとする動きもある。これはステンカ・ラージン叛乱以降のロシア・メディアの変化について論じる。その理由の第一には、ラージンの叛乱後、ペテルブルクにおける政府および外国の観察者が著しく増大したことがある。第二には、ロシア政府が情報の流通を削減すべくさまざまな方法を開発したことである。叛乱の発生した近郊からくる手紙が横取りされ、検閲され、もし必要なら差出人に戻されたのである。[50]

たとえば次のような例がある。フランス公使デュランは書いている。「〔ロシア政府は〕できる限り、カザンへ送られた公的な手紙の内容を、またそこから届いた公的な手紙の内容を秘密にしようとしています。これらの地域からの私的な手紙に関しては、それらを押さえつけようとする懸念から逃れようとすることは稀なことです[51]」。また、ドゥブロブニク共和国の公使フラン・ラニン（Ф. С. Ранин）が一七七四年一月七日付本国宛手紙のなかで指摘するのは、「誰もそれ〔叛乱〕について述べることは許されません。まったくその詳細について知らないのです。私を悩ませるのは、このことが、〔オスマン帝国とロシアの〕講和〔締結〕を遅延させかねないことです。なぜなら、この報せは講和を望まない人たちによっておそらくコンスタンティノープルで誇張されるでしょうし、また〔彼らは〕トルコ人たちを、この小さな蜂起（piccola sollevacione）がより大きな結果をもたらすことになる、と説得するでしょうから」。公使によると、叛乱のことは、「その詳細について知らない」当局者自身に対して衝撃を与えたというのである。[52] ここでは、ロシア政府の外国の諜報活動阻止以外に、諸外国の外交官たちによって国際関係のなかで叛乱を理解しようとする姿勢をうかがうことができる。

第四節　政府の思惑

書簡にみる女帝の意図

エカチェリーナ二世の「宣伝」は巧みであった。叛乱について外国でもよく知られるようになってから、哲学者ヴォルテールに宛てた彼女の一七七四年一月九日付手紙では、プガチョーフについて、オレンブルク県を荒らしまわる略奪者として描き、「農民を脅かすために」自らをピョートル三世あるいはその代理人であると名乗っているとした。また女帝は叛乱発生の中心を「略奪者たち」や「ろくでなしたち」によって居住された地域であるとみなしたのである。さらにエカチェリーナはカザン地方の選り抜きの軍人四〇〇〇人からなる軍隊で「当県の秩序回復には十分すぎるくらいである」と自信満々に述べたうえで、「プガチョーフの計画に思い煩わされることはほとんどないであろう」とさえ断言した[53]。さらにドイツ時代に女帝の母親と近しかったベルケ夫人宛一七七四年二月九日付書簡で、このロシア皇帝は「われわれを妬む人々がかくも多くのことを騒ぎ散らしています。……オレンブルクの叛乱はほとんど崩壊しているのです[54]」、と書いている。

このように、先のシーヴェルス宛の手紙で表明された女帝のいわば本音とでもいうべき見解とは大きく異なるものとなった。ここに国内問題を外交（とくに交戦中であった対オスマン帝国との）の駆け引き材料にしたくないというエカチェリーナの明瞭な意図を読み取ることができるであろう。

政府の民衆対策

以上は、プガチョーフ叛乱の一刻も早い鎮圧に向けて、政府がすべての物質的人的資源およびあらゆる国家機関のシステムを総動員していた時期でもあった。大部隊が叛乱鎮圧のために派遣され、叛乱参加者に対してはなはだ残酷な懲罰的態度で臨んだ。しかし、いかに厳しい追及も叛乱が新しい領域へ拡大することを食い止めることはできなかった。

叛乱はロシア中央諸県に迫る勢いをみせた。そのことは両首都に新たなパニックを引き起こすことになる。一七七四年三月、首都ではこの突如出現した「ピョートル三世」の正当性が囁かれていた。これは厳しい懲罰でさえ多くの人々をひるませなかったことにもつながった。そのため政府は、民衆を鎮静化するために、プガチョーフの部隊が撃破されたという噂を町ごとに流した。さらには個人の手紙は検閲され、疑わしい内容が含まれているとみなされた郵便物は留め置くように命じられた。また家主からは政府に忠誠を誓うという内容の誓約書の提出が求められたのである。

状況は緊迫していた。モスクワ中に「暴動の雰囲気 дух возмущения」が漂っていたという。他方、ペテルブルクでは多くの人が逮捕されたが、それは「ピョートル三世」(すなわちプガチョーフ)の名前を公然と口にしたという理由からである。ここにエカチェリーナ二世政府の危惧が現実のものになりつつあった。

叛乱を秘密にするというエカチェリーナの政策には理由があった。即位してまだ一〇年余りで政権基盤が万全ではないことに加えて、諸外国(オスマン帝国やポーランド)による叛乱への干渉に対する危惧が背景にある。ガニングは、プガチョーフ逮捕後、その尋問についていろいろな噂を耳にしている。それによると、政府はプガチョーフが国内のロシア人か外国人によって唆されたのかどうかを聞き出そうとしているというものであった。しかし結果は極秘にされ、「どのような外国勢力も最近の叛乱〔プガチョーフ叛乱〕に干渉したことを疑わせるような根拠はない[55]」、と結論づけることになるのである。

第五節　政府と民衆

民衆の動きを危惧する政府

偽ツァーリの出現やオレンブルクでの事件についての噂に影響されて、モスクワの貴族たちは怯えていたが、民衆の雰囲気は別だった。一七七三年十二月十三日にやってきたビービコフ元帥は次のように述べている。「この広大な首都は、疫病と以前の一揆〔モスクワにおけるペストと一七七一年のペスト暴動のこと〕のために、恐怖に駆られ、意気消沈している。また今回の災難はこの都市の住民に新たな禍による動揺をもたらした。恐れを抱くのには理由がないわけではなかった。なぜならば、ホロープ、工場民およびモスクワのおびただしい数の民衆は……ほとんど明らかに凶暴な気性をあらわにし、僭称者〔プガチョーフ〕に対して支持を表明している。彼らの言葉によると、彼らに希望する自由をもたらしているからである[56]」。

モスクワの住民たちを周囲の諸郡（уезд）の農民たちも支援した。たとえばモスクワ郡アンツィフェーロヴァ村の農奴ピョートル・エメリヤーノフ（П. Емельянов）は一七七四年の初頭にドンにやってきて、同地のカザークたちに次のように語っている。「わがモスクワはいまやおおいに苦しんでいる。はたしてあなた方のところでは、ピョートル・フョードロヴィチ〔プガチョーフが僭称しているピョートル三世〕がオレンブルクに現れて七〇〇〇人もの軍隊を集め、……農民たちをすべて貴族たちから取り戻し、彼ら〔農民〕を自らの名のもとに所有するのを望んでおられると聞いているのだろうか？[57]」。

また同じ時期に、モスクワ近郊のリャスカ地区で、農民フィラートフ（Филатов）は他の仲間たちと一緒に穀物小屋で働きながら、領主のいる前で次のように述べた。「有難いことに、われわれがご主人のために生きるのはそう長いことではないのだ。なぜなら農民すべてがピョートル・フョードロヴィチのところに向かい、彼は〔われら農民を〕自らのものとし、他方でご主人たちを多数絞首刑にしているのだから。それゆえ彼こそ真の皇帝なのだ[58]」。

一七七四年のモスクワにおける状況の特質を明らかにして、オーストリア大使ロブコヴィッツはウィーンに次のように報告をする。「モスクワには、誰はばかることなく、かなり自由に思ったことを言う相当数の不平家がいる」。したがって、「……もし、わずかな数でも暴徒たちがここやモスクワ近郊にいるとすると、そのことは重大な結果をもたらすことになるだろう[59]」。

首都ペテルブルクでも状況は同様に緊迫していた。ヤイーク・カザーク百人隊長のペルフィーリエフは、ペテルブルクからビョールダ村に一七七三年末に戻ったが、この都市の様子について次のように語っている。ペテルブルクでは、とくに「庶民 черные」は「オレンブルク近郊に皇帝ピョートル三世が現れ、その都市と諸要塞を奪取するということをひそかに語り」、他方、貴族たちは「彼らの間でひそひそ囁きながら女帝陛下ともども海の向こうに行こうとしているありさまなのだ[60]」。

ヤイークで発生した叛乱の影響を受けて、ロシアの中央地帯での闘争が活発になった。一七七四年一月二十九日、ビービコフ元帥はカザンから次のような手紙を送る。「ほとんどの民衆が参加している大きな騒擾を鎮静化するのは困難である。……プガチョーフは重要ではないが、一般に広まっている不満が重要なのだ」と嘆くのである[61]。

これより以前の一七七四年一月二十四日〔二月四日〕、ガニングはイギリス政府に次のように報告する。「もしオレンブルクに留まらずに、彼ら〔叛徒とその指導者たち〕がカザンへとその進路をとり、政府軍に防衛のための時間を与えることなく、さらにモスクワへ向かうならば、政府ははなはだ困難な状況に陥るであろう[62]」。しかし、実際には、叛乱の主力はビョールダ村の本営にある「軍事参議会」上層部の危険極まりない戦略のため、同地からどこにも動くことができなかったのである。

ビービコフの鎮圧軍総司令官就任

叛乱軍によってカールとピョートル・チェルヌィショーフの部隊が撃破されたという知らせを受け、またロシアにおける全般的な状況を考慮して、政府は叛乱鎮圧にあたって早急な措置をとらざるをえなかった。一七七三年十一月二十八日、すでに述べたように、鎮圧軍総司令官にはビービコフが任命された。彼の経歴は輝かしい。六三年、カザン県およびシベリアにおける「工場登録農民」による蜂起の鎮圧を指揮した指揮官の一人としてその名を馳せていた。六七年、エカチェリーナ二世は彼を新法典編纂委員会の式部官に任命した。七一年、彼はポーランドの要塞都市バールに集まった貴族(シュラフタ)の蜂起の鎮圧にあたっている。

同日に開催された国務諮問会議の席上、軍事参議会総裁であるザハール・チェルヌィショーフは次のように発言する。「オレンブルクに増援隊として新たな軍隊、すなわちまず擲弾兵連隊、騎兵銃兵連隊および驃騎兵連隊各一個連隊、ならびにポーランドから帰国する予定のチュグエフスキー・カザーク五〇〇人、以上が派遣されるべきである」[63]。そこでビービコフには一連の指令が発せられた。「一揆鎮圧の手段を講ずるために、あらゆる権力を彼に与える」という訓示、および「彼がその地域への到着後に公布する」というマニフェストである。そのうえで、地方当局者に宛てて、「彼の命令に従うことを命じ、防衛のための手段を……カザンの貴族たちが講ずる義務を負う」という内容の布告である。これはすなわち貴族による義勇軍創設を意味した。さらに一七七三年十月十七日には、すべての脱走した兵士およびカザークに対し、翌七四年「四月一日までに……出頭するという期限付きで」、「恩赦」が公布されることになったのである[64]。

以上、叛乱軍によるオレンブルク包囲期の政府の対応を中心に、政府首脳や貴族の動きをみてきた。叛乱に対する政府および貴族たちの驚きと恐怖の念、そして防衛の様子、他方では意気高揚した叛乱参加者の気運といったものがある程度明らかになった。

　また、パーヴェル・ポチョームキンのように叛乱がめざす打倒目標に対して明確に反対し否定する考えを提出する政府首脳もいた。こうしたことは、事態が重大な局面を迎えていたことを示している証拠である。しかし、政府のとった政策が必ずしも首尾一貫していたとはいえず、叛乱の推移をみながら、さらには諸外国の動向にも目を配りながら対策をとらざるをえなかった。とりわけ重要なのは、政府の対外政策もあって、叛乱を当初は過小評価し、のちにこれが大きくなるにつれて認識も変化したものの、外国への情報流出を危惧して秘密主義を通した点である。

　しかしながら、ロシア駐在の外交官たちはさまざまな手段でより詳細な情報を得ようとした。そうした外交官のなかには、ガニングのように、正確に地方社会のロシアの体制への根の深い不満の表れであると見抜き、ロシア政府のそれに対する杜撰な対応を読み解く者もいた。また、外交官同士の確執や何より当時の錯綜した外交の様子も見て取れるのである。他方、ロシア政府は、その秘密主義を完遂するために、さまざまな情報統制をおこなったが、必ずしも成功したわけではなかった。

註

1　本章は次の拙稿を基にしている。「プガチョーフ叛乱とロシア政府——オレンブルク包囲期（一七七三年十月〜一七七四年三月）を中心に」『史観』第一三二号、一九九五年、三一〜四六頁。

2　*Дубровин Н. Ф.* Указ. соч. Т. II. С. 20. しかし、ローズネルはその著書で、レインスドルプは叛乱軍接近の報せを受け取るとただちに動いたとしている（*Рознер И. Г.* Казачество в Крестьянской войне 1773–1775 гг. С. 51）。

3　*Мавродин В. В.* (под отв. ред.) Крестьянская война в России в 1773–1775 годах. Т. II. С. 111.

4　АГС. Т. I. Ч. 1. Стб. 439.

5　Там же.

6　ПСЗ. Т. XIX. № 14047.

7 Допрос Е. И. Пугачева в тайной экспедиции в Москве в 1774–1775 гг. С. 231.

8 АГС. Т. I. Ч. 1. Стб. 437–458.

9 *Иконников В. С.* Время Екатерины II. Специальный курс. Вып. III. Киев: Лит. Г. Розенталя, 1882. С. 338.

10 *Болотов А. Т.* Указ. соч. С. 377. なお、「ボーロトフ」ではなく、「ボロートフ」と発音することについては次を参照されたい。*Бердушев А. Д.* Андрей Тимофеевич Болотов. М., 1988. С. 19–23.

11 Из писем О. А. Поздеева // Русский архив. 1872. № 10. С. 1879 (К графу Алексею Кириловичу Размовскому), 1886 (К С. С. Ланскому).

12 РГАДА. Ф. 6. Д. 489. Л. 210–211; *Мавродин В. В.* (под отв. ред.) Крестьянская война в России в 1773–1775 годах. Т. II. С. 437–438.

13 Осьмнадцатый век. Кн. 1. М., 1868. С. 100.

14 Отдел рукопись Российской национальной библиотеки (Далее: ОР РНБ). Эрм. 355. Л. 90.

15 ОР РНБ. Эрм. 352. Л. 33–34 об.; *Крумачева М. Д.* Начало восстания под предводительством Е. И. Пугачева и правительство Екатерины II // Географический страницы истории народов нашей Родины. Доклады все союзной научной конференции, посвященной 200-летию Крестьянской войны 1773–1775 гг. в России под предводительством Е. И. Пугачева. Челябинск, 1976. С. 123.

16 Российский государственный архив военно-морского флота (Далее: РГАВМФ). Ф. 212. Отд. 2. Д. 43. Л. 278; *Пушкин А. С.* Указ. соч. С. 165–173.

17 *Бибиков А. А.* Записки о жизни и службе А. И. Бибикова. СПб., 1817. С. 273–275.

18 十二月十七日付布告は次を参照。Документы ставки. . . док. № 26. С. 39. また、十二月十九日付ドイツ語の布告は次を参照。Там же. док. № 27. С. 39–40.

19 十二月二日付のマニフェストは次を参照。Там же. док. № 23. С. 36–37.

20 *Овчинников Р. В.* (под ред.) Манифесты и указы Е. И. Пугачева. С. 89.

21 Документы ставки. . . док. № 26. С. 39.

22 *Овчинников Р. В.* (под ред.) Манифесты и указы Е. И. Пугачева. С. 89–90.

23 ОР РНБ. Ф. 73. Д. 209. Л. 35 об.

24 *Пушкин А. С.* Указ. соч. С. 276.

25 ОР РНБ. F. IV. 480. Л. 151; *Блок Г. П.* Путь к Берду (Пушкин и Шванвич) // Звезда. 1940. № 10. С. 208–217; Там же. № 11. С. 139–149; *Овчинников Р. В.* «Немецкий» указ Е. И. Пугачева // Вопросы истоии. 1969. № 12. С. 133–141.

26 *Овчинников Р. В.* (под ред.) Манифесты и указы Е. И. Пугачева. С. 91.

27 Там же.

28 Пугачевщина. Т. III. док. № 103. С. 212; См. Допрос Е. И. Пугачева в тайной экспедиции в Москве в 1774–1775 гг. С. 202.

29 *Овчинников Р. В.* (под ред.) Манифесты и указы Е. И. Пугачева. С. 91.

30 Там же.

31 Документы ставки Е. И. Пугачева. . . док. №№ 26 и 27. С. 39–40.

32 Там же. док. № 107[a].

33 Alexander, J. T. "Western Views of the Pugachev Rebellion," p. 530.

34 СИРИО. СПб., 1876. Т. XIX. С. 380–381 (№ 188. Sir Robert Gunning to the Earl of Suffolk, October 22 (November 2), 1773).

35 Hoffmann, Peter und Schützler, Horst, *op. cit.*, S. 354–355; Alexander, J. T. ***Autocratic Politics in a National Crisis***, p. 116.

36 Sumner, B. H. "New Material on the Revolt of Pugachev," ***The Slavonic and East European Review***, VII (June 1928), p. 122; Alexander, J. T. ***Autocratic Politics in a National Crisis***, p. 285 (note 37).

37 СИРИО. СПб., 1906. Т. CXXV. С. 283–284 (№ 117. Fürst Lobkowitz au Fürst Kaunitz, den 9 November 1773).

38 Alexander, J. T. "Western Views of the Pugachev Rebellion," p. 522.

39 СИРИО. СПб., 1876. Т. XIX. С. 385–388 (№ 192. The Earl of Suffolk to Sir Robert Gunning, December 17, 1773); Alexander, J. T. "Western Views of the Pugachev Rebellion," p. 524.

40 *Ibid.*

41 СИРИО. СПб., 1891. Т. LXXII. С. 508–509 (№ 776. Le roi au comte Solms, Potsdam, le 15 de Février 1774).

42 Alexander, J. T. "Western Views of the Pugachev Rebellion," p. 525.

43 *Ibid.*, p. 526.

44 *Ibid.*, pp. 527–528.

45 СИРИО. СПб., 1876. Т. XIX. С. 383–385 (№ 191. Sir Robert Gunning to the Earl of Suffolk, November 12 (23), 1773). デュランのバール連盟支援については Sumner, B. H. "New Material on the Revolt of Pugachev," p. 115 を参照。

46 Alexander, J. T. *Autocratic Politics in a National Crisis*, p. 118.

47 СИРИО. СПб., 1906. Т. CXXV. С. 320 (№ 134. Fürst Lobkowitz au Fürst Kaunitz, den 15 März 1774).

48 Alexander, J. T. *Autocratic Politics in a National Crisis*, pp. 117–118.

49 Подлинные бумаги, до бунта Пугачева. Относящиеся. М., 1860. С. 83.

50 Griesse, M. *op. cit.*, p. 14. また次も参照。 Alexander, J. T. *Autocratic Politics in a National Crisis*, pp. 9–10.

51 Griesse, M. *op. cit.*, p. 14.

52 *Фрейденберг М. М.* Новая публикация о пугачнвском восстании // История СССР. 1965. № 1. С. 208–209; Alexander, J. T. *Autocratic Politics in a National Crisis*, p. 117.

53 Переписка Екатерины Великия с господином Вольтером. Ч. 3. М., 1803. С. 162, 163. なお、この手紙は次の往復書簡集には含まれていない。 Екатерина II и Вольтер. Переписка. М.: Университет Дмитрия Пожарского, 2022.

54 СИРИО. СПб., 1874. Т. XIII. С. 387.

55 Alexander, J. T. "Western Views of the Pugachev Rebellion," p. 527.

56 Записки о жизни и службе А. И. Бибикова сыном его сенатором А. А. Бибиковым. М., 1865. С. 125–126.

57 Дон и Нижнее Поволжье в период Крестьянской войны 1773–1775 годов. Сб. документов. Ростов на Дону, 1961. док. № 12. С. 38.

58 *Пионтковский С.* Архив Тайной экспедиции // Историк Марксист. М., 1935. Кн. 7. С. 96.

59 Анналы. Т. III. Пг., 1923. С. 172.

60 РГАДА. Ф. 6. Д. 506. Л. 368–378; *Рознер И. Г.* Казачество в Крестьянской войне 1773–1775 гг. С. 72.

61 Пимьма А. И. Бибикова // *Пушкин А. С.* Указ. соч. С. 201; *Рознер И. Г.* Казачество в Крестьянской войне 1773–1775 гг. С. 76.

62 СИРИО. СПб., 1876. Т. XIX. С. 398 (№ 202. Sir Robert Gunning to the Earl of Suffolk, St. Petersburg, January 24 (February 4), 1774).

63 АГС. Т. I. Ч. 1. Стб. 443–444.

64 Там же.

第六章　諸民族の叛乱参加

叛乱第一期の特徴は、ヤイーク・カザークが蜂起すると同時に、周辺諸民族もそれに応じて立ち上がったことである。ウラル・ヴォルガ地域は、十六世紀中葉のイヴァン四世によるカザン・ハン国とアストラハン・ハン国の征服以降、ロシア国家に併合されることによって、ロシアの植民政策の影響を直接受けてきた。もちろん、時代により為政者や地方官僚の考え方の変化に応じた政策があり、それに対する民族の動きにも差異が生じた。

以上のこともあって、プガチョーフ叛乱においても民族の動きが一様ではなかった。また民族の居住する地域との関係も運動を左右した。叛乱の主力が当該民族の地域から移動すると、民族は運動から後退していった。そうした動きのなかでもバシキール人の行動は特筆に値するほど頑強で一貫していた。十六世紀の併合以来、頻繁に発生する反植民の闘いは、プガチョーフ叛乱においても先鋭的な形をとって現れることになる。これについての研究は、著者のモノグラフも含めて、ソ連崩壊前後から民族地域で積極的におこなわれてきており、本章はそれに棹さした形になっている。[1]

第一節　オレンブルク県当局と諸民族の動向

カザフのヌラリ・ハンの申し出

すでに一七七三年九月二十四日、ヤイーツキー・ゴロドークの衛戍《えいじゅ》司令官イヴァン・シーモノフ大佐（И. Д. Симонов）

図15　プガチョーフ叛乱時の武器その他の展示品（「大尉の娘」博物館）

の報告がカザフにもたらされると、プガチョーフ軍に対抗するために援助したいという申し出を携えたカザフのヌラリ・ハンの使節がオレンブルクにやってきた。このことが県知事レインスドルプを積極的な行動に駆り立てることになる。[2]

しかし、史料はヌラリ・ハンが政府軍か叛乱軍かのどちらにつくべきか逡巡する様子を伝えている。一七七三年秋、ヤイーツキー・ゴロドークのある地域および隣接するオレンブルク軍事防衛線上の要塞で、プガチョーフ軍が活動していた。再三にわたり、カザフ人アウル（аул, 民衆および彼らの住む村落を指す）の冬の牧場へと遊牧地を変えることを妨害していた政府軍や要塞線を守るカザークと戦闘に入った。ヌラリ・ハンの不安が増したからである。昔からの遊牧地では、ハンの私的な財産をも脅かす叛乱の炎が吹き荒れていた。ヤイーク川沿いの多くの場所で繁茂していた草や葦が焼き払われ、オレンブルクでの家畜売買が延期されたりもしたのである。

一七七三年十一月末から十二月初めに、ハンはヤイーツキー・ゴロドークでプガチョーフと第二回目の会見をおこなわなければならないと考えた。そしてもしプガチョーフが「ヤイーツキー・ゴロドークとオレンブルクを平穏にしておくなら、すなわち彼、盗賊（政府側の陳述史料での表現）の思惑通りになるなら」、そのときにはプガチョーフにカザフの「巧みな騎手たち（джигит）」を提供することを約束した。[3] 叛乱軍によるオレンブルクとヤイーツキー・ゴロドークの包囲が長引く様相を呈していた。それでもヌラリ・ハンは、七三年十二月十日付手紙で、自分に従うカザフ人は、「そのときには、われわれと一緒になるために、身支度を整えて馬に乗り急いでやってきます。あなたを君主と認め、あなたにお仕えするでしょう」、とプガチョーフに保証を与えて安心させているのである。[4]

ヌラリ・ハンの権謀術数

実際、ヌラリ・ハンはオレンブルク近郊でのプガチョーフ軍の迅速な動きとその勝利をみて、叛乱軍援助のために部隊を集めようとしていた。ジェルカンダル・バイテミーロフ（Желкандар Байтемиров）は、ハンに従うアウルでそのことを聞いて知っていた。ヌラリ・ハンは、「名門の人々および自らに従う人々にこのことを知らせ」、自分のもとにこさせるつもりであった。そのことに「人々は同意した」。[5] しかし、ハンは疑念を抱いていた。それゆえプガチョーフとの話合いの約束を取りつけながらも、彼は同時に地方政府当局とも手紙のやりとりをしていたのである。当局は賄賂を惜しまず、包囲されているオレンブルクを援助する場合には次のものを約束さえした。「彼ら〔＝叛乱参加者〕悪人の財産すべてを自らのものとして奪い、生きている者をこちらに引き渡すこと。とくに悪人のうちの誰か主要な人物を捕まえて差し出すならば、女帝陛下の国庫から多額の褒賞が与えられる。また彼スルタンでありキルギス〔すなわちカザフ〕の首長〔ヌラリ・ハン〕には、とくにこの努力に対して、いと高き女帝陛下の慈悲の印が褒賞として与えられるであろう」[6]、というのである。

ハンは豊富な戦利品が自らの手からこぼれ落ちることのないように四〇〇〇人から成る部隊を集め、イシム（Ишим）とピラルィ（Пиралы）の両スルタンを先頭に立て、次のような訓令を持たせてオレンブルクに赴かせた。「彼らがそこに近づいたなら、まずは状況を見極めること。もし幸運がその悪人〔プガチョーフ〕のほうにあるのであれば、彼のほうを助力すること。しかし、もし彼に運がなければ、そのときには忠良な臣民の側〔すなわちロシア政府軍の側〕に立つこと」[7]。このように、部隊派遣に際して、ヌラリ・ハンはプガチョーフ側にもそして政府にも援助を請け合っていたのである。

シーモノフ大佐への手紙で、ハンはヤイーツキー・ゴロドークから二五〜三〇人のカザークを案内者としてオレンブルクまで自らの部隊を派遣するという提案をした。とはいえ、これは実行されないことを前もって理解していた。というのも、ヤイーツキー・ゴロドークの要塞はつねに危険にさらされ、その守備隊の勢力を弱めることができなかったからである。[8] 一七七四年九月、ヤイーツキー・ゴロドークにまで達することができなかったので、ヌラリ・ハンは手紙でピョートル・パーニンに、そのことを「当時、道路を覆っていた大雪が妨げました」[9]、と言い訳をしている。しかし、部隊帰還の本当の理由は、オレンブルク包囲が続いていることであった。レインスドルプへの手紙のなかで、ヌラリ・ハンは包囲されている都市に対する助力の断念を次のように説明する。「彼ハン〔自分のことを第三人称で語っている〕の不在によって、キルギス人〔カザフ人〕たちのなかに動揺が生じたり、また悪いことをおこなうことをしたりすることがないよう、つまりそのために彼がこの行軍による恥辱に陥らないように」、部隊派遣をしなかったというのである。[10]

諸民族の動き

地方政府の動きもヤイークにおける叛乱の勝利の噂を広める要因となった。一七七三年九月二十四日、レインスドルプはタタール人のカルガラー村の村長アブドゥル＝ラヒク・アブドゥリン（Абдур-Рахик Абдурин）に、次のような要請の手紙を送っている。「商業に従事しているタタール人から軍事勤務に役立つ者三〇〇人から成る部隊を組織して準備万端整えておくように。というのも、まもなく彼らは要請されて、私のいるここまで二時間で派遣できるようにするためである」[11]。

翌九月二十五日、レインスドルプはヤイーク近郊にあるバシキール人諸郷のスタルシナ（ここでは郷長の意味）や百人隊長に対して「真実の верный」指令を送った。このなかで、県知事は現在の女帝に対する忠誠の誓いを破ることなくプガチョーフ拘束の協力を命じた。プガチョーフを生きたまま捕縛した場合には五〇〇ルーブリ、殺害した場合には二五

○ルーブリを報奨金として約束する(一七七四年八月には、プガチョーフ捕縛に対する報奨金は三万ルーブリにまで跳ね上がり、生きたままの捕縛を推奨した)。[12]

レインスドルプは、イレクに叛乱軍が接近していることを知り、代将フォン・ビロフ男爵(фон Билов)に対して六門の大砲を備えた兵四一〇人(アレクセーエフスク連隊の一一〇人の兵士、守備隊九〇人の兵士、一七六七年の新法典編纂委員会代表でオレンブルク・カザークの百人隊長であるパドゥーロフを指導者とするカザーク一五〇人、スタブロポリのカルムィク人六〇人)から成る部隊をイレツキー・ゴロドークへ派遣するように命じた。このほかに、シーモノフ大佐は、第六・七軽野戦部隊からスチュパーン・ナウーモフ一等少佐(С. Л. Наумов)を指揮官とする部隊を組織しなければならなかった。そして最終的に、ビロフとナウーモフを支援するために、ヤーコーヴ・セミョーノフ少佐(Я. Семёнов)を指揮官にしたスタブロポリのカルムィク人五〇〇人が別に配置された。オレンブルクにはメンデエイ・トゥペーエフ(Мендей Тупеев〈Тюпеев〉、カザン道のミシャーリ人あるいはバシキール人の長老)を指導者とするバシキール人五〇〇人、および行軍スタルシナのアフメル・アブリャーゾフ(А. Абуляэов)を指導者とする三〇〇人のカルガラー村のタタール人が派遣されることになった。ビロフは事態の推移を注視していた。ビロフ部隊のタチーシチェフ要塞への攻撃ののち、この要塞の守備隊は一三門の大砲を備えて一〇〇〇人にまで膨れ上がっていた。しかし、他の要塞の守備隊と同様に、このタチーシチェフ要塞の守備隊も、オレンブルク当局への忠誠というよりはプガチョーフに心が惹かれていた。事実、夜になると要塞からカルムィク人たちが立ち去ったのである。[13]

ポーランドの連盟党員の動き

この時期、オレンブルク県にいたポーランドの連盟党員の捕虜たちに関して大きな問題が発生した。[14] 彼らは県全体で九八〇〇人が暮らしていた。そのうち五六〇〇人が軍隊に登録され、祖国に帰る権利を喪失した。三五六人が死去し、四二九人が正教に改宗していた。残りは、オスマン帝国とロシアの平和条約締結後に自分たちの指揮官とともに祖国に帰った。かくして、叛乱前夜のポーランド人は、カザンに約七〇〇〇人[15]、オレンブルク地方の各要塞に約一〇〇〇人、キジルスカヤ要塞に二二五人、そしてトボリスクに二六八人がいた。

捕虜となった連盟党員に関するエカチェリーナ二世の布告によって、プガチョーフ叛乱初期にはすでに政府、カザン県、オレンブルク県、およびシンビルスク県の県知事たちは一連の政策をとった。一七七三年九月二十八日付のオレンブルクの軍司令官たちと官僚たちとによる評議会の決定によって次のことが定められた。オレンブルクにいる連盟党員たちには、「動揺しやすいことや悪行の痕跡〔連盟党の叛乱を起こしたこと〕があること」を考慮すると、武器やあらゆる軍装を取り上げ、「要塞線上に沿って、決められた場所から次の所定の場所まで、すなわちトロイツカヤ要塞まで、警護隊に付き添われて送り出すこと」[16]。そこで、「厳しい監視のもと、こののち指令があるまで監禁すること」[17]、である。この決定に対して、以前「守備隊やそれ以外でもオレンブルクで勤務していた」連盟党の捕虜たちは、「叛乱を起こし、プガチョーフの悪事を働く徒党に協力することに同意していた」。しかし、彼らの「奸計 умысел」は機先を制せられることになる。連盟党員たちは「拘束され」、オレンブルク防衛線上にあるさまざまな要塞に送られたのである[18]。また、オレンブルク守備隊のアレクセーイ・コルフ代将（A. A. Корф, ヴェルフネ＝オーゼルナヤ要塞管区司令官）は次のように報告していた。「もし彼ら〔連盟党員たち〕が敵〔叛乱者たち〕に熱心さをもって行動し、忠実に自らの熱心さを証明するなら、彼らの祖国への帰還について、陸軍中将にして勲章保持者〔レインスドルプ〕からいと高き女帝陛下に〔帰国の〕お願いを提出することになるだろう[19]」。

当時、レインスドルプは、プガチョーフの僭称について、これを偽の皇帝であると説明しながら、彼を支持している者に合法的な権力の側にあらためて服従するよう呼びかけ、再三にわたりオレンブルクの人々に向けて訓戒と通告を発していた。なかでもオレンブルク県の住民に向けて発せられた一七七三年九月三十日付公示が有名であるが[20]、その後も、十月二日には、「僭称者に付き従っているヤイークとイレクのカザークたちに」向けて訓戒を発したものの、その効果はほとんどなかった。[21] プーシキンが書いているように、レインスドルプの通告や布告は一般民衆の社会意識にいかなる影響も及ぼさなかったのである。[22]

十月一日、プガチョーフは情報を得るためにオレンブルク要塞に小部隊を派遣した。オレンブルク県官房の日誌には、十月一日付忘備録として、「住民を動揺させる目的で」叛乱軍によってオレンブルクにひそかに送り込まれた退役兵士イヴァン・コスティツィン（И. Костыцин）が逮捕されたことが記されている。尋問で、彼は「ここの司令官たちを」刺殺すること、そして何よりも県知事レインスドルプを殺害することを任されたと自白している。[23]

連盟党員たちの動揺

一七七三年十二月、オレンブルク防衛線上の諸要塞では、捕虜になっていたバール連盟党員兵士の間に動揺が広まった。十二月二十二日、タナリツカヤ要塞で「暴動 мятеж」が発生した。彼らは衛戍司令官フォン・ラス（фон Рас）に、自分たちの指導者ヤン・クリチツキ（Ян Кульчицкий）、フランチク・ヤン・ラトケヴィチ（Франциж Ян Раткевич）、ヤン・チュジェフスキ（Ян Чужевский）、さらにもう一人の名前を知られていない連盟党員の歩兵を通して申し出があった。「暴動」は鎮圧され、指導者のヤン・チュジェフスキはセルゲイ・スタニスラフスキー少将（С. К. Станиславский）の命令でオルスク要塞に送致され、「それ〔暴動〕について、よりいっそう告白させるべく」、拷問を用いて尋問がおこなわれた。「暴動」の鎮圧と事件に関する状況説明ののち、スタニスラフスキーは次のように述べている。連盟党員兵士の情報について、「彼らが不従順のままでいるなら、そのときには実際の悪に対するごとく、法によって彼らに対処するであろう」。[24]

政府軍での勤務に対する集団による抵抗や拒否と並んで、連盟党員兵士たちは叛乱軍へ集団で逃亡するようになった。

たとえば、キジルスカヤ要塞衛戍司令官デニーソフ一等大尉（Денисов）は県知事レインスドルプに次のように報告する。「要塞内では混乱が生じています」。「先の十二月二十六日と二十八日、連盟党員の大隊にいた四人およびロシア人看守兵一人が、夜、手に武器を持って軍装を整えて、バシキール人の手引きによってかの悪人のもとに逃げていきました」[25]。一七七四年一月八日、前記の要塞から叛乱軍へ、一人の下士官のもと「武器、弾薬、完全武装をして」連盟党員兵士がさらに一〇人逃亡した[26]。実際に、この時期、オレンブルク近郊の叛乱軍ではポーランドの連盟党員たちが活躍していた。連盟党員の何人かは叛乱軍の大砲の周りで砲手として働いた。プガチョーフの側近の一人ポチタ―リンは、拘束後の尋問で彼らの働きを否定的に述べている。オレンブルク包囲の時期、「僭称者の群れのなかには連盟党員がいた。しかし、彼らは面汚しだ。自分の任務を全うしないのだ。ただ他のカザークと並んで働いていただけなのだ[27]」、と。実際にそうだったのか、あるいはヤイーク・カザークからみた連盟党員に対する不満だったのか、さらなる調査のための史料は残されていない。

連盟党員兵士の間での騒動および叛乱軍側への彼らの逃亡は、政府部内に重苦しい不安を掻き立てている。エカチェリーナ二世によって、連盟党員を安心させる目的で、すでに一七七三年十一月に特別な命令が出された。そこでは、連盟党員兵士の祖国ポーランドへの完全な送還は彼らの熱心な勤務いかんにかかっているとした。また、もし彼らが「ロシア国家にいかなる悪行も」なさないのであれば、「彼らに対して任命された長たちに」「従順」となるべきである、と説明されている。布告では、同時に、彼らが「ロシア国家に害悪をなさない」ように、プガチョーフ叛乱が終結したら、彼らを解放すると述べている。しかし、こうした説諭と並んで、ツァーリ当局は「不従順な」連盟党員を弾圧する。連盟党員兵士の反抗に対して、「手足を縛り」、厳しい監視のもとに置き、一切食べ物や飲み物も与えることはなかったのである[28]。

第二節　バシキール人の行動とその規範

キンジヤ・アルスラーノフの参加

叛乱で顕著な動きを示したバシキール人はプガチョーフ陣営のなかでどれほどの数で、またいかなる働きをしたのだろうか。この点について、オレンブルク県知事レインスドルプのペテルブルク政府宛一七七三年十一月十九日付報告は次のように伝えている。当時、叛乱軍は総勢約一万人であり、その内訳は、ヤイーク・カザーク一〇〇〇人、イレク・カザーク四〇〇人、バシキール人五〇〇〇人、スタブロポリのカルムィク人七〇〇人、兵士およびオレンブルク近郊のカザーク、タタール人、「工場農民」が約三〇〇〇人である。[29] このように、バシキール人は総勢の半数を占めており、その数はさらに増える傾向にあった。

バシキール人とプガチョーフとの最初の出会いは一七七三年九月三十日である。この日、プガチョーフはオレンブルクの北二〇ヴェルスタのところにあるタタール人のカルガラー村に陣を張っていた。ここにノガイ道ブシュマン＝キプチャクスカヤ郷二一〇戸を代表してバシキール人族長キンジヤ・アルスラーノフ(Кинзя Арсланов, 生没年不詳)配下の六人がやってきた。キンジヤは一七〇六～一一年のバシキール人蜂起の参加者でタルハン(免税など特権を有した族長)にしてバトィール(勇士、戦功のあった者に対して与えられる称号)のアラスラン・アクックスクーロフ(Араслан Аккускалов)の息子である。またキンジヤの息子もプガチョーフ軍に参加して「連隊長」になっていた。前述の六人はプガチョーフに衷心から仕える旨を述べ、バシキールの全「オルダ(「氏族」ないしは「種族」、あるいはその連合)」がプガチョーフからの布告を受け取るなら、即座に彼に従うと語った。ただちにプガチョーフは書記役のバルタイ・イドルキン(Б. Идоркин)に自らに従うことを命ずる布告を書かせている。「その代償として、オルダすべての土地、水場およびあらゆる自由を下賜することを約束した」。十月一日、この布告はバシキール人の一人に持たせてキンジヤ・アルスラーノフのもとに届けられた[30]。

これに応えて、キンジヤは部下を引き連れてプガチョーフ陣営にやってきた。その様子について、イドルキンは拘束後の尋問で次のように述べている。

〔プガチョーフが〕この陣営にいたとき〔プガチョーフはカルガラー村からその陣営をサクマラ川河岸に移していた〕、他日述べた族長のキンジヤが彼のところにバシキール人三六〇人を連れてやってきた。彼らのあとから他の多くの人々が到着した。この陣営に約七〇〇人のバシキール人が集まった。以後、日増しに彼らは大人数になっていったのである[31]。

これに対して、プガチョーフは、「彼〔キンジヤ〕に対しては敬意をもって迎え、バシキール人各人に彼〔プガチョーフ〕によってさまざまな場所で集められた資金から一ルーブリずつ与えた[32]」。まもなく、キンジヤ・アルスラーノフの部隊に少なくとも五〇〇〇人以上のバシキール人が集結することになる[33]。

バシキール人宛三通の「布告」

バシキール人が叛乱に参加する契機となった十月一日付「布告」は三通ある。一通は先にイドルキンが述べた布告である。それが対象としているのはオレンブルク県内に居住しているバシキール人である。他の布告二通のうち、一通はもっぱらオレンブルク県内の全バシキール人に宛てたものである。そのなかでプガチョーフは自らに忠実に仕えることをバシキール人に命じ、その代償として彼らに「土地、水場、森林、漁場、居住地、草刈場、海さえも、さらには穀物、信仰と法、種《たね》、身体(тело)、食料、ルバーシカ、俸給、弾丸、火薬、そして糧秣、要するに汝らが永久に己に望むものすべてを、余は汝らに下賜する。また〔汝らは〕ステップの野獣のようにあれ[34]」、と述べている。いま一つは同県のノガイ道とシベリア道のバシキール人宛の布告である[35]。この三番目の布告は、バシキール人以外に、ムスリムおよび仏教徒であるカルムィク人も対象としていた。そのなかでは、とくにバシキール人について言及し、彼らを支配者や監獄などの束縛するものから解放することが述べられている。

以上三通の布告からバシキール人に対するプガチョーフの下賜内容は次のように分類することができる。第一に、牧畜、遊牧、農耕、そして日常の生活に欠かせない必需品である。土地・耕地・水場・森林・漁場・海・居住地・牧場・草・川・穀物・糧食(食糧一般と糧秣)・種子・ルバーシカ・俸給・弾丸・火薬・塩である。第二に、信仰と地方の習慣である。信仰とはイスラームのことであり、地方の習慣とはその土地に伝わる伝統的な風俗習慣である。第三に、「自由」である。これは、布告のなかでは、「ステップの野獣のようにあれ」、あるいは支配者や監獄など「不自由からの解放」という言葉で表現されていた。とくに、「ステップの野獣のようにあれ」という言葉がどれほどバシキール人の心を揺さぶったことであろうか。彼らはこの言葉をロシア帝国の植民政策によるさまざまな軛《くびき》からの解放を意味するものと理解していたに違いない。

ここで塩についても述べよう。塩の下賜はバシキール人やカルムィク人、またその他のイスラーム教徒に限ったことではなく、ヤイーク・カザークやロシア人農民、そしてすべての人々に関係のある問題である。しかし、漁労に従事していたヤイーク・カザークや遊牧・半牧畜民であるバシキール人にとって、塩は運搬時に、あるいは自家保存用の塩漬けのために必要であった。一七五四年以来、バシキール人はヤサーク税の支払いから解放されたが、塩を国家から一プード当り三五カペイカという規定価格で購入せざるをえなくなった。ヤサーク税の支払いの合計よりも塩を購入するための支払いのほうが上回った。そうした制度の廃止をこの布告は意味していた[36]。

バシキール人の積極的参加

以上のように、バシキール人に対してプガチョーフの布告が発布された。しかし、彼らの社会はその構成と志向において多様であり、そのため布告への対応もじつにさまざまであった。族長たちのなかには叛乱軍側につく者、政府の意向に沿って叛徒との闘いを準備する者、状況によって自らの立場を変える者がいた。[37] そうしたなかで、政府側とプガチョーフ側の双方はバシキール人をどのように各陣営に取り込もうとしていったのだろうか。

当局はあらゆる方策を駆使してバシキール人をプガチョーフ軍鎮圧に利用しようとした。叛乱の報せがオレンブルク県庁に届いてまもない一七七三年九月二十二日、県知事レインスドルプはプガチョーフ逮捕のためにバシキール人を使うことを決めた。すでに述べたように、九月二十五日、知事はプガチョーフ拘束のためにバシキール人を利用しようとした。しかし、この方針は、その後の事態がよく示しているように、またバシキーリアへのロシアによる植民の歴史を考えると容易に達成できるものではなかったのである。

当時、県当局は叛乱勢力を過小評価していた。他方、多くのバシキール人たちはいまだどちらにつくべきか躊躇していたものの、有力者で人望のあったキンジヤ・アルスラーノフが叛乱軍についたという報せは、ノガイ道内の他のバシキール人をプガチョーフ陣営に引き入れることになった。[38] さらにキンジヤ自身が布告作成にかかわったことも大きな意味があった。プガチョーフ陣営のなかでただ一人イドルキンが書記役を務めてはいたが、彼はバシキール人の実際の生活について詳しくなかった。その点、読み書きができ、バシキール人であるキンジヤ・アルスラーノフが布告の作成に関与していたということは、バシキール人の社会的要求を布告に盛り込むことができたという観点から非常に重要であった。[39] 先述のプガチョーフの発した三通の十月一日付布告以外にも、九月末から十月初めにかけて多くの布告や宣言がバシキール人に向けて発布されている。[40] プガチョーフ自身の証言によると、キンジヤ・アルスラーノフの叛乱参加および布告作成などにより、すでに十月四日には、彼の陣営に二四六〇人が集まっていた。なお、そこには十月二日に叛乱軍に加わった四〇〇人のバシキール人は数えられていない。同日、レインスドルプの命令に従って、二〇門の大砲、二門の一角砲、およそ一〇樽の火薬を持って、バシキール人はオレンブルクにやってきていたのである。[41] まさにこの日、元老院はカザン県知事フォン・ブラント(Я. Л. фон Брант, 一七一六〜七四)から次のような報告を受け取った。

陸軍中将にして勲章保有者のオレンブルク県知事であるレインスドルプから送られた報告によると、次のことが判明しました。カザンから逃亡したドン・カザークのエメリヤーン・プガチョーフはヤイーク・カザークから数多くの群衆を集めて奸計をめぐらし、自らを故皇帝ピョートル三世と名乗り、いくつかの要塞を奪ってオレンブルク市そのものに攻撃を加えています。この都市は〔カザン県の〕近くであり、そこから彼はカザン県に行こうとしています。その際、領主農民〔農奴〕に自由を〔与えると〕宣言して、領主への当然の服従から解き放つとしています。彼らの軽率さを考えますと、そうしたことは偉大なる国家にとって共通の害悪となるでありましょう。[42]

事態はこの県知事の述べた通りになった。叛乱は社会のすべての層を巻き込みいっそう複雑化していったのである。

政府の思惑とバシキール人の叛乱参加

政府側に立つバシキール人もいたが、それは比較的少数であった。一七七三年十月五日から翌年三月二十四日まで続くオレンブルク包囲の前夜、不安に駆られてバシキール人の力を借りることが必要だと考えた県知事レインスドルプは、ウファー郡庁に援軍として「良質な馬に乗り」、「より装備の整った」五〇〇〇人のバシキール人をオレンブルクに派遣するよう要請する。しかし、彼の努力は功を奏しなかった。というのも、十月四日付県知事報告によると、バシキール人はサクマルスキー・ゴロドーク近郊の四〇〇人しか集まらず、しかも彼らはまもなくプガチョーフ軍に掌握されてし

図16　プガチョーフ叛乱時の政府側ロシア軍将校の服装（サラヴァト・ユラーエフ博物館。2014年６月撮影）

図17　武装するバシキール人（同上）

まったからである。[43] 他方、プガチョーフ側には五〇〇〇人にものぼるバシキール人が集まった。プガチョーフが彼らに「かつての自由やあらゆるものからの解放」を約束していたのである。[44]

一七七三年末までに全バシキーリアに居住するほとんどのバシキール人が叛乱軍に参加した。そうした状況について、七一年からシベリア国境線司令官を務めていたデコロング中将は次のように政府の軍事参議会に報告している。「ウラルのバシキール人たちはすべて悪人〔プガチョーフ〕の徒党に入りました。自分たちの部隊をほったらかしにしたままなのです。また、ゼライルスク要塞の幹線道路上の宿場も焼き払いました」[45]。

ここに、バシキーリア全域において非ロシア人とヤイーク・カザークを中核とした叛乱参加者の連帯が形成されたとみてよいであろう。非ロシア人に向けて発せられた布告とヤイーク・カザークへの布告が内容面で多くの共通点をもつことから考えて、その連帯形成が容易であったのかもしれない。両者の社会的な希望や志向といったものがほぼ同じであり、その目標達成をめざす蜂起という行動において同一歩調をとることができたと考えられる。しかし、叛乱が拡大し、本質的に別個の歴史的体験を有するさまざまな社会層の民衆を叛乱に包摂するようになると、連帯維持は複雑で困難なものになるのである。

ロシア人農村への攻撃

叛乱の第一段階における最大の攻防戦となったオレンブルク包囲の時期、バシキール人はその攻撃対象を明確にした。まず、ロシア人農村に対する攻撃である。彼らは農民に対しても危害を加えている。一七七三年十二月二十日付ザルービン宛「軍事参議会」布告は、バシキール人およびミシャーリ人の部隊による破壊活動からウファー近郊のロシア人村落を守るようにと命じている。というのも、その部隊が「領主だけでなく、皇帝陛下〔「ピョートル三世」であるプガチョーフ〕にとっておおいに役立つ人々〔すなわち農民〕をもすっかり殺害してしまっている」からである。さらに彼らは「ウファー市近郊にあった国家の塩貯蔵所の扉を破り、数え切れないほど大量の塩を運び去った。いまではいつでもそれを取りにきているありさまである」という。そうした人々を罰するようザルービンに命じている。[46]

同様なことは別の史料にもみられる。ロシア人農村の破壊や略奪、および農民そのものに対する攻撃には、史料が語るように、バシキール人以外にミシャーリ人やカルムィク人も参加していた。一七七四年八月十四日付「軍事参議会」布告は、ヴォルガ左岸の中・下流域地方のニコラエフスカヤ村の様子について報せている。それは叛乱軍側に立つカルムィク人たちによるロシア人への「無礼」や「迫害」から彼らを保護するようにとアタマンのミハイール・モルチャーノフ（M. Молчанов）に指令を発したものである。[47] ロシア人の村落や農民以外にも、バシキール人はロシア正教の教会をも攻撃の対象としていた。

工場への攻撃

しかし、何よりも工場に対する攻撃はその激しさと数の多さという特徴がある。一七七三年十月にはバシキーリアのノガイ道に存在していた工場に対して攻撃が始まった。ポクロフスキー銅融解工場、デミードフ家の所有していたアヴズヤノ＝ペトロフスキー工場への攻撃である。当時の工場破壊の様子について、工場の歴史に詳しいニコラーイ・パヴレーンコ（Н. И. Павленко, 一九一六～二〇一六）は、「叛徒が生活していた工場五二のうち一三の民間工場が破壊されたが、それら〔五二の工場〕のうち一二〔の工場〕はバシキーリアの外にあった」[48]、という。この指摘から、バシキーリア内にある工場に対する攻撃がいかに多かったかをうかがい知ることができる。

一七七四年、プガチョーフ軍によって破壊され炎上したトゥーラの商人ラリオーン・ルギーニン（Л. И. Лугинин）所有のズラトウストフスキーとトロイツェ＝サトキンスキーの両工場の様子について、史料は次のように伝えている。

〔それら二つの工場は〕完全に空虚となっています。それが存在した場所は今ではただ荒涼さ以外に何も残っていません。なぜなら、工場だけでなく、住居や最後に残った小屋さえも灰燼に帰してしまったからなのです[49]。

工場のみならず、その付属の労働者の住宅や小屋までもが攻撃の対象となっており、しかも跡形もなくなっているという。攻撃の激しさを示している。

ウラル地方では十八世紀中葉以来多くの工場が設立されたが、プガチョーフ叛乱以前、同地方の諸工場、たとえばトロイツェ・サトキンスキー工場（一七六七年操業開始）およびそこで働く人々が住んでいた村を、バシキール人やカザフ人が攻撃した。それに対して、住民は工場や村を柵で囲むなどして襲撃を防ぐ努力をせざるをえなかったのである[50]。十八世紀に幾度も発生したバシキール人蜂起が示しているように、工場は攻撃目標となっていた[51]。しかし、プガチョーフ叛乱時には工場破壊という行動がいっそう激しさを増すのである。クングール郡の工場管理人がペルミ地方の採鉱責任者に宛てた報告を見てみよう。ピョートル・デミードフ(П. Г. Демидов, 一七四〇〜一八二六)所有のアシャプスキー銅精錬工場の管理人によると、工場に「トゥルヴェン地方のバシキール人、カリエフスク地方のタタール人が四人……オソーキン〔所有の〕ユゴフスキー工場〔付属〕の……シェルミャイツコエやウインスコエといった……各村やクングール郡の村から……多くのロシア人」がやってきた。バシキール人たちは工場事務所を占拠して金銭を略奪し、布告や「主人の命令書、入金や支出の内訳帳簿および日雇い仕事に関する工場の記録すべてを奪い去り、倉庫のなかの融解された銅、鍛鉄、工場の仕事用工具」、はてはロウソク用の油、「鍛冶場のなかにあった手製のフイゴ、金敷、ヤットコ」までも破壊したのである。[52]

またイヴァン・オソーキン(И. П. Осокин, 一七四五〜一八〇八)所有のイルギンスキー工場では、ロシア人ゴルジェイ・イヴァーノフ(Г. Иванов)を首領としたバシキール人、タタール人およびミシャーリ人の一団が工場の事務所や工場主の家で書類を焼却するなど破壊活動をおこなった。[53] まさに産業革命期以降のイギリスでみられたラッダイト運動がロシアにも現れたといえるのかもしれない。史料は多くの工場で前述のような激しい破壊がおこなわれたことを伝えている。

こうした工場破壊というバシキール人の行動について、プガチョーフ叛乱に関する史料研究の泰斗レジナルド・オフチーンニコフは次のように述べる。「カマ川の沿岸地帯、中央および南ウラル諸工場のバシキール人叛徒による破壊と焼却は、農民戦争の期間においては非ロシア人の全ロシア人に対する民族的敵意の表れではない」。「第一に、こうした行動は、ロシア人の労働者および農民と同様に、非ロシア人である先住民を搾取した工場主に向けられたものであった。……この地方において、一七七四年の工場破壊および焼却には、ロシア人も非ロシア人叛乱部隊も参加した」。[54] ソ連期の歴史学では、バシキール人とロシア人との間には民族的な敵意は存在しなかったというのが一般的な見解だった。この考えはポスト・ソ連期になっても大きな変化がない。他方、欧米の歴史家の間では、バシキール人の行動原理をロシア人に対する反抗、すなわち「民族的」敵対意識とする傾向にある。[55]

しかし、はたしてオフチーンニコフが述べるように、工場破壊を「非ロシア人の全ロシア人に対する民族的敵意の表れではない」、とみることでその行動を正しく理解できるだろうか。たしかに工場破壊のような行動は表面的には工場主に向けられたものであった。とはいえバシキール人による工場破壊はプガチョーフ叛乱以前からおこなわれており、しかも彼らが攻撃したのは工場にとどまらず、そこで働くロシア人農民や彼らが住んでいた村もその対象となっていた。こうしたことを考慮すると、バシキール人による工場破壊は遊牧生活やその経済・経営を侵食する植民運動に対するプロテストとみなすべきであろう。

製塩所への攻撃

バシキール人たちは、ウラルを世界の工場地帯にまで発展させた種々の金属工場だけでなく、製塩所も破壊活動の対象とした。魚の保存や運搬のため、また生活全般にわたって塩を必要とするバシキール人は製塩所を攻撃していたので、そうした行動は客観的にみるならばロシア政府による塩の専売制に反対し、その廃止をめざしたようにみえる。実際のところはどうなのであろうか。

ミハイール・ゴリーツィン(М. М. Голицын)が領地管理人のイヴァン・ナウーモフ(И. Наумов)とイヴァン・ヴァロキン(И. Варокин)へ宛てた一七七四年二月十日付命令書が残っている。そのなかで、ゴリーツィンはバシキール人から自身の領地と工場を守るためヴェルホムリンスコエ村に火薬を保管しておくよう次のような指示を出している。「私が所有している他の半分〔の火薬〕のうちから二〇フントずつそれぞれの製塩所で保管し、その他の残り全部を、盗人たるバシキール人たちから〔自らの〕相続地と工場を守るべくヴェルホムリンスコエ村に保管しておくこと」[56]。また同年二月十三日、ペルミの筆頭塩管理官アレクセーイ・モソローフ(А. Мосолов)は先の領地管理人ナウーモフに宛てた製塩所防衛の処置に関する指令を発した。すでに二月九日には、「ペルミのすべての製塩所を、あの騒動および悪人である攪乱者から防ぐこと」について提案がなされたという。[57] 同様の状況を示す史料は多い。

ソ連期の歴史学はこうした動きをプガチョーフによる塩の国家専売制の全廃であると断定した。[58] しかし、著者はプガチョーフたち指導者が塩さらには酒類の専売制廃止をめざしていたとは考えていない。その理由は、塩の販売がアタマンやエサウールの監視のもとでおこなわれ、売上金は指導部に納められ、当面の指揮の必要に応じて支出されていたからであり、またプガチョーフ軍は塩の恣意的分配を固く禁じていたからでもある。[59] この点についていえば、むしろ叛乱のもつ秩序を回復しようとする側面(resilience)に目を向けるべきであろう。これはバシキール人とヤイーク・カザークを中心とする叛乱軍主力の蜂起に対する考え方の違いでもある。

第三節　サラヴァト・ユラーエフの参加

1　叛乱参加

政府からの要請と情報戦

拘束後にモスクワの機密調査局でサラヴァト・ユラーエフが語ったところによると、叛乱が発生した一七七三年秋、ウファー郡庁からバシキール人村落に「印刷された」政府側のマニフェストが送付された。内容は、オレンブルクを包囲し、その地方の村々を攻撃している「悪人プガチョーフ」およびその「徒党」と戦うために援軍を編成して派遣するようにというものであった。これに応じて、父のユライ・アズナリンは「ポーランドでの(バール連盟鎮圧軍で活躍した)名誉の印をサラヴァトに与えて」、彼と共同体メンバー八〇人のバシキール人をステルリタマークの衛戍司令官で八等官のパーヴェル・ボグダーノフ(П. Богданов)のもとに派遣した。[60] ユライ自身の供述によると、派遣したバシキール人は八〇人ではなく九五人となっており、[61] こちらのほうの信憑性が高いようである。[62] いずれにせよ政府側が発したマニフェストが叛乱軍側のものよりも先にバシキール人のところに届き、ユライたちは政府の要請に応じることにした。政府の命令に忠実であろうとする郷長ユライ・アズナリンの姿勢がよく表れていたとみることができよう。

しかし、当局のマニフェストや布告のみが、バシキール人によって「ヤイークの事件」——当初、政府は叛乱を過小評価し、また諸外国に大きく報道されることを危惧してこのように呼んだ——について知りえた唯一の情報源ではなかった。ユライの供述によると、彼らはプガチョーフについて情報を得ていた。「悪人プガチョーフの出現について、彼が故ピョートル三世を名乗り、大いなる破壊と殺害をおこなっていることを、彼ユライおよび同地のバシキール人たちは〔政府側への部隊の派遣以前に〕すでに聞いて知っていた」のである。[63]

一七七三年十月初めにはバシキール人に宛ててタタール語(チャガタイ＝トルコ語)で書かれたプガチョーフの布告が広く流布していたが、まだこの段階では大多数のバシキール人は政府側あるいは叛乱側のいずれにつくべきか躊躇していた。その間、オレンブルク県知事レインスドルプはウファーとイセト両郡のバシキール人とミシャーリ人五〇〇〇人から成る部隊の派遣を命じたのである。しかし、結局その目論見も成就しなかった。[64]

ユライによって派遣されたサラヴァトが指示された目的地のステルリタマーク要塞に着いたのは、故郷を出発して一五日経った十月二十八日であった。約四〇〇ヴェルスタの道程を馬で一日平均二六ヴェルスタ進んだことになる。こうして到着したステルリタマークではプガチョーフ側の扇動もまた活発であった。結局、彼はプガチョーフ側につくのである。[65]

2　ユライとサラヴァトの活動

バシキール人の動きを代表するサラヴァト

一七七三年十一月、サラヴァトはオレンブルク包囲を続ける叛乱の主力軍に参加し、同年十二月初頭までそこで活動した。十二月中旬、一時帰郷したサラヴァトはプガチョーフの命を受けてバシキーリア北東部のシベリア道の住民を集めて部隊編成をおこない、クラスノウフィムスクやクングール地方へと彼らを率いて戦っていた。その後、彼にはプガチョーフ自身から「連隊長」の称号が授けられた。これは、プガチョーフ軍内で抜群の軍功や部隊の組織能力を発揮した者に対して与えられる称号である。[66]

サラヴァトは叛乱軍内部の調整にも力があった。バシキール人はプガチョーフ側についた工場やその付属の村に対してさえ攻撃を加えたので、そのことに対する工場住民の苦情に応えてサラヴァトは彼らの保護を約束するいわゆる「保護証書」を彼らに与えざるをえなかった。[67]

そして、サラヴァトの考えはバシキール人の抱くプガチョーフに対する観方を代表していると考えてよいであろう。

図18　サラヴァト・ユラーエフ博物館前の庭に建っているサラヴァト・ユラーエフの胸像(2014年６月撮影)

図19　ビョールダ村サラヴァト・ユラーエフ通り62番地
「1773〜1775年の農民戦争におけるプガチョーフの戦友でバシキール民族の英雄サラヴァト・ユラーエフを祝して通りは名づけられた」とある(オレンブルクの近郊ビョールダ村。1773年10月，ここにプガチョーフは本営を置き，６カ月にわたってオレンブルクを包囲した。2009年９月撮影)。

一七七五年二月二十五日、サラヴァトは機密調査局での尋問に次のように答えている。バシキール人はプガチョーフを「真のロシア皇帝」であるツァーリ・ピョートル三世とみなし、皆彼に対し忠勤を励んだというのである。[68]

いま一つここで指摘しておかなければならないのは、他の多くのバシキール人とは異なり、サラヴァトの行動がバシキーリアという地域に捉われてはいなかったという点である。族長のキンジヤ・アルスラーノフ同様、彼はバシキーリアを拠点としつつも、同地方に固執することなく、プガチョーフ軍とともに転戦を続けたのである。すでに一七七四年六月、彼はバシキーリアの領域の外に出て戦っている。ここに叛乱全体を通じて抱える「地域性」(M・ラエフ)という問題を打ち破る契機があったといえる。

十月に入り、叛乱軍の敗色が濃厚になると、サラヴァトを支持していたバシキール人の多くはカタフ゠イヴァノフスキー工場包囲に失敗するや政府軍に投降したが、ユライも戦闘行為をやめることを考えてその交渉に入った。サラヴァト自身は政府軍の追跡の手から逃れたが、十一月二十五日、ヴァシーリー・レスコーフスキー中尉(В. Лесковский)指揮下の鎮圧軍によって森のなかで拘束された。彼は工場包囲の叛乱軍を破ったニコラーイ・アルシェネーフスキー中佐(Н. Я. Аршеневский)のもとに護送され、次いでカザンの秘密委員会に、そして翌七五年初めにはユライとともにモスクワの機密調査局に送られている。[69]

シムスキー工場に対する攻撃

叛乱におけるユライとサラヴァトの行動をもっともよく特徴づけるのが工場に対する攻撃である。とくに、タチーシチェフ要塞をめぐる戦いで叛乱軍が敗北し、オレンブルク包囲戦にも勝利できずに包囲を解いた一七七四年三月以降、叛乱からバシキール人が目立って離れていった。そうしたなかでサラヴァトやキンジヤたちは最後までプガチョーフと行動をともにする。ウラル諸工場の労働者が叛乱に多数参加するようになった同年五月二十三日、サラヴァトによって

「トヴォルドィショフの工場〔シムスキー工場〕と彼〔ユライ〕のユラーエヴァ村の地にトヴォルドィショフによって新たに移転させられた諸村落も焼き払われた」[70]。その前の五月二十日、シムスキー工場管理人アントン・イサーエフ(А. Исаев)は、カタフ＝イヴァノフスキー工場から出発してシムスキー工場へ向かう途上、「シムスキー工場から二〇ヴェルスタの距離にあるクデイスク郷シガナイ村付近で、バシキール人サラヴァト・ユラーエフとその父ユライに率いられた約五〇〇人からなる第二の悪党の部隊」の徴集について情報を得る[71]。五月二十三日、シムスキー工場から農民ロマーン・プロートニコフ(Р. Плотников)がウファー郡官房にやってきて次のように語っている。同日正午、ユライとサラヴァトが約一〇〇〇人の部隊を引き連れてシムスキー工場を攻撃した。部隊は工場防衛を組織しようとした工場の吏員を殺害し、「工場、堤を含めた施設、神の正教教会およびあらゆる工場付属の村を焼き払った」[72]。史料は機密調査局での尋問調書に基づくものであり、尋問調書を書く人間が当局の一員であるため、叛乱の首謀者や参加者に対する呼び名には偏向があるのはすでに述べた通りである。

このシムスキー工場の占領と焼却について、のちにサラヴァトは次のように証言している。「過ぎし一七七四年五月、悪人プガチョーフは私の父の名と私の名、およびその他の人々の名に宛てて、文書にしたため命令を発した。それは、

図20　キンジヤ・アルスラーノフの墓　上段に「聖人の墓」，中段以下に「キンジヤ・アルスラーノフ」と表記(2010年８月撮影)。

われわれが全工場を焼きつくすこと、もしそれをおこなわない場合には、われわれを撲滅すると脅した。それゆえ、われわれは他の指導者とともに三〇〇〇人以上もの人々を集めたあと、シムスキー工場を焼却し、敵対する農民を切り殺し……工場の全財産を略奪し、殺害されずにすんだ農民を工場付属のエラリ村へと送ったのである」[73]。ユライも同様の証言をしている。同年同月、シベリア道にある全工場焼却の要求および威嚇をもって、プガチョーフはベロレツキー工場からユライ、サラヴァト、クシトィムスキー郷の長老であるヤザ・ヤクシエフ(Яза Якшиев)「およびその他の長老たちの名前で、タタール語による命令を」発した。「それゆえ、われわれ〔ユライたち〕は、一五〇〇人ほど集まったあと、その同じ五月にシムスキー工場を攻撃し、その工場を焼いたのである」。ただ、サラヴァトと異なって、ユライは工場民の根絶や略奪に参加することを拒否した。ユライの証言によると、農民たちは「全員ステップへ追い出され、その後、クングール郡へ帰されたのである」[74]。なお、サラヴァトとユライの証言にみる「脅し」「要求」「威嚇」といった表現をどのようにみるかという点については、のちに詳しく検討することにするが、ここでは証言が尋問での陳述であることのみに留めておこう。

戦略上の意味とその後の活動

プガチョーフの前述の命令は軍事戦略上の正しい解決策であった。すなわち、工場は蜂起者たちにとって大砲の製造所や拠点ではなくなるが、鎮圧軍にとっても宿営を提供する場所でも、鎮圧のための拠点でもなくなるのである[75]。サラヴァトやユライにとっては、むしろシャイタン＝クデイスク郷の他のバシキール人たちと同様に、工場主トヴョルディショフとの長年にわたる土地をめぐる係争の解決が重要であった。かつてのシムスキー工場建設によるバシキール人相続地の強制的奪取に対する回答だと考えられる[76]。

五月二十三日の工場破壊ののち、ユライたちは故郷へと向かった。三月二十二日のタチーシチェフ要塞近郊での敗北後、プガチョーフがウラル山脈以東（Зауралье）のバシキール人村落に現れると、ユライとその仲間たちは活動を再開した。彼らに対してプガチョーフによって出された主要な課題の一つは、鎮圧軍の潜在的拠点としての工場を破壊することである。ユライは尋問でこの点を明確に述べている。すなわち、プガチョーフはユライとその仲間たちに、「彼〔プガチョーフ〕の命令に従って、はたしてすべての工場がわれわれによって根絶されるべき（истреблены）なのか？」と尋ねた。それに対して、ユライたちはシムスキー工場を除いた工場すべてであると答えた。すると、「彼〔プガチョーフ〕は、装備を整えたあとで、再びわれわれにそれらの工場に対して攻撃することを再確認した[77]」。

サラヴァトとウラル以東のバシキール人長老の大多数は、自らの部隊を引き連れて本隊に合流し、彼らとともにオサ近郊へ移動していった。一方、ユライは故郷に留まり、独自に行動することになる。モスクワの機密局における尋問で、ユライによると、プガチョーフは彼を自分の傍らに置くことを望み、バシキール人を説得した。しかし、バシキール人たちは「彼〔ユライ〕を従来通り彼らの村の指導者のままであるよう悪人その人〔プガチョーフ〕に請願した[78]」。ウファー地方官房での尋問で、ユライはいっそう具体的に証言する。「……彼悪人〔プガチョーフ〕は、民衆をよりよく調査するために、私をわが地方に住んでいるすべての人たちに対する「筆頭アタマン главный атаман」としたのである[79]」。

カタフ＝イヴァノフスキー工場攻撃の特徴

そうしたなかでユライとサラヴァトがもっとも激しく攻撃を加えた工場の一つにカタフ＝イヴァノフスキー銑鉄融解・鋳銅工場がある。その工場は、すでに述べたように（第二章一五四〜一五六頁参照）、ユライの時代に故郷シャイタン＝クデイスク郷に建設された。なお、工場民の多くを古儀式派教徒が占めていたという点は重要かもしれない[80]。当時、中央での弾圧を逃れてやってきた多くの古儀式派教徒がウラル地方全域に住んでいた。しかもこの工場はウファーからチェリャービンスクへ、またチェリャービンスクからクラスノウフィムスクへいたる交通の要衝にあった。

プガチョーフとサラヴァトがオサ近郊へ移動したのち、ユライはトヴォルドィショフとイヴァン・ミャースニコフが共同所有する諸工場のうち主要な工場であるカタフ＝イヴァノフスキー工場攻撃のための準備に入った。このことについて、ユライ自身尋問で次のように語っている。「われわれ長老たちは、一人の悪人〔プガチョーフ〕のあとに、二〇〇〇人ほど自分たちの仲間を集めて、六月十九日、カタフスキー〔カタフ＝イヴァノフスキー〕工場を攻撃しはじめた。……その工場を占領できなかったものの、大勢で工場の付属村であるオルロフカ村へと前進し、その後ウスチ＝カタフスキー工場を焼き払ったのである。その際、私が全員の上に立つ筆頭指揮官であった[81]」。

同様の情報は他の史料にもみえる。一七七四年六月十六日付カタフ＝イヴァノフスキー工場事務所のウファー地方官房宛の報告である。そのなかで、「第三日〔＝六月十三日〕に、悪人プガチョーフの指揮下、この工場へバシキール人たち、すなわちチェレフスカヤ郷のバシキール人で連隊長のアミン・イブラーエフ（Амин Ибраев）、および二人のエサウール、クチュク・ムルタジン（Кучук Муртазин）とヤサーク・アブルガシィモフ（Ясак Абулгасымов）が、総勢約六〇〇人を引き連れて接近し、ここカタフ＝イヴァノフスキー工場を攻撃した」。翌日、工場の人々は話合いのために工場へ派遣されたバシキール人を捕虜にした。その捕虜は次のように述べた。「サラヴァトの父であるシェイタン〔シャイタン〕＝クデイスク郷の叛乱者にして長老のユライは、この工場を破壊すべく援軍として部隊を引き連れてやってきた。彼は自分の指揮下に約一五〇〇人の人々を集めたのである[82]」。

ユライによると、彼らはカタフ＝イヴァノフスキー工場攻撃に失敗したあと、ウスチ＝イヴァノフスキー工場およびその工場で働く人々の村々へ出かけていった。工場事務所の報告によると、「シムスコイ〔シムスキーと同じ〕工場、ユルザン工場は完全に燃やされた。ウスチ＝カタフスコイ工場近郊にあるオルロフカ村、ヤラル村およびカラウロフカ村では、すべての牧場と大小の家畜が残らず掠奪されたのである[83]」。

工場破壊の関与を否定するユライと実際の行動

ただし、ユライはユルザン゠イヴァノフスキー工場に対する放火の関与については否定している。「正確には誰がユルザン工場、エラリ村およびカラウロフカ村を焼き払ったのか、またそこで誰がそのような殺害をおこなったのかを、私は知らない。私はそのようなことを誰にも命じなかった」[84]、と述べているのである。しかし、工場破壊活動へのユライの直接的な関与について、他の叛乱参加者たちは彼とは異なる証言をする。シベリア道クシティムスキー郷のトゥスマン・クルガノフ(Тусман Курганов)ほか一九名は次のように彼の積極的な関与を認めている。ユライは「息子のサラヴァトとともに、多くのシムスキー工場農民のなかにいて、掠奪し、殺害し、工場を焼き払ったのです」。プガチョーフとサラヴァトがクングール近郊へ移動したあと、ユライは、「帰ってきて、〔筆頭〕アタマンと称し、あらゆる身分の人を集め――そのなかには、カタフスキー工場近郊に攻撃をしたイセト地方の悪党にして指導者アミニー・イルタバエフ(Аминий Илтабаев)もいた――、そのウスチ゠カタフスキー工場とオルロフカ村を占領はしなかったものの、農民に対する掠奪をおこない、そこを焼き払った」。証言者の一人であるシベリア道チュベリャッスカヤ郷の長老イルチケイ・ベクトゥガーノフ(Илчикей Бектуганов)は次のように述べている。「ユライ・アズナリンの命令によって、ユルザン工場の農民たちを殺害した。ユライはサマーロフ〔ノガイ道タミヤン郷出身〕とクトゥルギリディ〔・アブドラフマーノフ、Кутлгильды Абдрахманов, ノガイ道ブシュマン゠クィプチャンスク郷のバシキール人、キンジヤ・アルスラーノフの弟〕を呼び寄せるために部隊にいた」というのである[85]。しかし、この証言のあとも、ユライは自身がイルチケイをユルザン工場破壊のために派遣したことを知らないと語った[86]。

ユライによるユルザン゠イヴァノフスキー工場およびエラリ村とオルロフカ村の占拠への参加に関して、一七七五年七月五日のウファー地方官房でのバシキール人の証言は重要である。シベリア道チュベリャッスカヤ郷のバシキール人、サラヴァトとアルスランのスブハングーロフ兄弟(Салават и Арслан Субхангуловы)、同イシンベト・イセケエフ

(Ишбет Исекеев)、シベリア道アイリンスカヤ郷のダヴレト・ヤクーポフ(Девлет Якупов)、同サファ・ムシン(Сафа Мусин)が、ユライはウスチ＝カタフスキー工場とオルロフカ村を占拠して焼き払い、ユライの命令で、イルチケイ・ベクトゥガーノフがユルザン工場を占領し、その住民を殺害した、と証言している。[87]

こうして一七七四年夏、サラヴァト・ユラーエフ、その他のイセト地方出身のバシキール人指導者たちがプガチョーフとともに移動したあと、ユライは民族混住地である南ウラルに広がるバシキーリアで重要なそして誰もが認める叛乱指導者となった。プガチョーフの基本方針に従いながら、ユライの部隊はシムスキー工場、ユルザン＝イヴァノフスキー工場、ウスチ＝カタフスキー工場、そして工場付属の村を占領し焼き払ったのである。また、一七七四年六月十六日付カタフ＝イヴァノフスキー工場事務所からの報告にあるように、ユライの部隊はベロレツキー工場、その付属村落であるアルスカヤとロモフカの両村を焼き払っている。[88]

史料はユライのウファー地方での活動について語る。カンザファール・ウサーエフはブグリマーでの尋問で、プガチョーフは「バシキール人サラヴァトとその父ユライを」オサ近郊からシベリア道へ派遣したが、八月三日、プガチョーフはサラヴァトが「部隊を率いてウファー川に沿って下流の私のところへくるという情報を得た」と述べている。[89] サラヴァトの進軍にはユライも参加していたに違いない。それより以前の七月十三日、政府軍を指揮していたピョートル・ゴリーツィン公(П. М. Голицын, 一七三八〜七五)はビービコフ元帥死去のあとに総司令官となったフョードル・シチェルバートフ公(Ф. Ф. Щербатов, 一七三一〜九一)に宛てて、「サラヴァトの父が指揮する群衆は、ウファー川のこちら側へ渡河するつもりである」[90]、と報告する。

しかし、以上の情報は確かではない。サラヴァトとユライによってカスリンスキー工場とクシトィムスキー工場への攻撃の準備がなされていたという情報は信頼できるものではなかった。[91] 七月から十月末まで、ユライは自らの部隊とともにシムスキー工場、ユルザン工場、およびウスチ＝カタフスキー工場地帯で活動していた。このときの彼の主な方策

図21　18世紀には工場地帯であったユルザン川流域地方(2014年６月撮影)

は、強力な守備隊を備えた堅固な要塞であるカタフ゠イヴァノフスキー工場の包囲であった。八月六日、ウファー市の衛戍司令官ミャソエードフ(С. С. Мясоедов)は、トヴォルディショフの要請でカタフ゠イヴァノフスキー工場に五プードの火薬を送付したことをオレンブルク県知事レインスドルプに報告している。この時期までに、工場はすでに封鎖されていた。積荷を運んだ六人のカザークはウファーに戻り、彼らが荷を工場に届けることに成功したと述べた[92]。

工場民の動きと彼らへのアピール

一七七四年春、プガチョーフ軍接近の報せを受けた工場当局は付属の村の周囲に堀と木製の柵を張りめぐらし、工場で大砲を鋳造するなど準備を整え、さらにウファーから武器の供給を受けた。六月、バシキール人を主力とするサラヴァト指揮下の部隊が工場に接近した。工場住民はパニックに陥ったが、工場管理人が叛乱軍に対する義勇軍の隊長として指揮した。老人・子どもはすべて集められて教会に閉じ籠り、戦える者は男も女もみな銃・斧・大鎌・槍・炉用の引っ掻き棒・熱湯および灰を手にして戦闘に備えた。要塞のすべての門が閉じられ、番兵が立ち、祈禱が昼夜を問わず続けられた。みな涙を流していた。ついにサラヴァト軍の先遣隊が工場近くに現れた。サラヴァトは住民が自分たちの家を捨てて逃げたものと思い、布陣していた山から工場に向けて進軍した。しかし、その軍勢が要塞に近づくや否や銃による一斉射撃と大砲による攻撃を受けた。他日、彼の軍隊は再び工場接近を試みたが、いたるところで撃退されたのである。[93]

八月にはユライが工場に使者を派遣し、彼らと「ともに暮らすこと」を提案する呼びかけをおこなった。これに対して工場当局は「良き、そして信頼できるバシキール人のアタマン」二名を人質として工場に送ることを要求してきたが、叛乱軍はそれを拒否した。その理由は、すでに六月に話合いのために派遣したバシキール人たちを工場管理人たちは拘束しており、バシキール人たちは同じような状況になると恐れたからである。[94]

工場管理人たちに宛てた九月十日付メッセージのなかで、ユライとサラヴァトは自分たちには悪意がなく、友情を育みたいと表明し、ロシア人とともに「平和に暮らすこと」をめざして次のような呼びかけをおこなった。

あなた方がわれわれに降伏するならば、われわれは〔あなた方を〕殺害することはしません。反対に自由にさせるでしょう。しかし、もしわれわれ〔の部下〕が降伏するなら、あなた方は彼を牢獄につなぎ、あるいは殺すかもしれません。もしわれわれに奸計があり、神がそれをお望みなら、われわれはあなた方よりもずっと多くを捕まえ、多数の人を殺害することができるのです。とはいえ、あなた方を脅したりはしません。というのも、われわれには悪意がないからです。……われわれはあなた方と不和のままでいることはできないし、お互いに侮辱し合っていることもできません。なぜなら、われわれは皆ピョートル・フョードロヴィチ陛下の臣民である〔からなのです〕[95]。

サラヴァトとユライは、このメッセージに応じて工場民がすぐにもプガチョーフ軍に参加するものと考えた。しかし、先に述べたように、実際には包囲は十一月まで続き、結局その戦いも失敗に終わったのである。

カタフ＝イヴァノフスキー工場での出来事は軍事当局にも、また地方当局にも不安を掻き立てる事件であった。オレンブルク地方の鉱山・工場の所有者にして支配人であるイヴァン・ティマーシェフ(И. Л. Тимашев)は、自らが放った斥候兵を通して、十月末には、サラヴァトとユライが「勢力を増強させて彼ら悪人たちによってカタフ゠イヴァノフスキー工場を奪取するために、自分の徒党仲間に各戸から一人ずつ」集めているという情報を得た[96]。さらにそれ以前には工場主トヴョルドィショフが県知事レインスドルプに彼の工場に「いくつかの部隊」を派遣してくれるように要望している[97]。フレイマーン中将はカタフ゠イヴァノフスキー工場にチェリャービンスクから第二三軽野戦部隊とウファーから第二五軽野戦部隊の派遣を命じた[98]。

先の二人の呼びかけを基に、ソ連時代の歴史学界では、ロシア人とバシキール人との間にはなんら対立はなく、サラヴァトとユライはプガチョーフたちがめざしたロシア人民衆の統合という目標に忠実であったとする考え方が支配的であった[99]。バシキール人がロシア人に対して抱く敵対感情をイスラームの影響に由来するものとし、しかもそれが両者の友好関係の促進を妨げたとした[100]。そのことはサラヴァトについてモノグラフを著した現代ロシア(バシコルトスタン)の歴史家インガ・グヴォーズジコヴァ(И. М. Гвоздикова, 一九三七〜　)の著書にも受け継がれ、プガチョーフ叛乱におけるバシキール人社会内部の階級闘争のみが強調された。またイスラームとの具体的な関係についてはほとんど言及されてこなかった。しかし、この九月十日付の呼びかけはロシアの植民およびそれに対するバシキール人の抵抗という歴史的文脈のなかで考えるべきであろう。

カタフ゠イヴァノフスキー工場へ九月十日付手紙を送ったあと、まもなく、サラヴァトは父の陣営を離れ、イヴァン・ルィレーエフ中佐(И. К. Рылеев)の率いる鎮圧軍に立ち向かうべくエルジャクスカヤ要塞へと向かった。九月十八日のヌルキノ村近郊、および九月二十二日のエルジャクスカヤ要塞近郊におけるルィレーエフとの二度にわたる戦闘ののち、サラヴァトは再びカタフ゠イヴァノフスキー工場近郊の陣地に戻った。この時期、そこではユライが一人で陣地を守っていた。サラヴァトの帰還後、彼らは一緒に包囲戦を続けた。

十月末、ユライはカタフ＝イヴァノフスキー工場近郊にある自分の陣営を離れ故郷へ帰らざるをえなくなった。ウラルとシベリア地方における叛乱の経緯について博士論文を書いたアンドレーイ・アンドルーシチェンコ(А. И. Андрущенко, 一九〇六〜六七)はこのユライの行動を厳しく非難する。「ユライ・アズナリンは「赦免」を受けたバシキール人長老たちを説得したあと、叛乱における自らの指導的な地位を隠さんがためサラヴァトとその叛徒たちを残してシャイタン＝クデイスク郷の故郷へ去ってしまったのである」[101]。しかし、彼の帰郷は「自分の罪を隠すため」ではなく、病気が原因であった。十月三十一日、彼の家にクトゥルギリディとサマーロフによる訪問を受けてから、ユライはティマーシェフに書いている。「私は現在重い病気にかかっている」[102]、と。

カタフ＝イヴァノフスキー工場近郊からの移動とともに、長老ユライのプガチョーフ叛乱における活動は終わった。

第四節　他の民族の参加

バシキール人以外にも、さまざまな社会的範疇に属する民衆や民族が参加している。以下ではその例をいくつかあげよう。

退役騎兵曹長イヴァン・アファナーシエフ(И. И. Афанасьев)の秘密委員会での一七七四年三月十三日付供述が残っている。このとき四十六歳になる「兵士の子ども」として生まれたアファナーシエフは、一七四三年から七〇年までビリヤルスキー竜騎兵連隊に勤務していた。一七七〇年に足が凍傷に罹ったために退役し、ブグルスランスカヤ村(слабода)にある自分の家で暮らした。以下、少々長いがその供述の記録である。

昨年〔一七七三年〕秋、上述のブグルスランスカヤ村にカルムィク人で連隊長を名乗るフォーマ(Фома)とその弟でアレクセーイ（Алексей）のアレクセーエフ兄弟に率いられた多くのカルムィク人がやってきた。彼らは君主ピョートル・フョードロヴィチ〔ピョートル三世〕に派遣されたと語った。するとたちまちのうちに、同村を悪人〔プガチョーフ〕の侵入から守るために調達されていた二〇〇人ほどのバシキール人が彼らの側についた。バシキール人たちがカルムィク人に加わるや否や、当のカルムィク人たちは、第一に、そこにいた〔領地〕管理人で退役軍曹のヴァシーリー・ズィーコフ（Василий Зыков）をなぜかは知らないけれども打ちのめして射殺したのである。その後、多くの人の家畜や家財道具を奪って、住民たちに対して略奪を始めた。彼らと領主農民〔農奴〕はブグルスランスカヤの近くにある家々を略奪した。……二週間ほど経つと、他のカルムィク人の徒党がブグルスランスカヤ村にやってきた。以前と同様、連隊長を名乗るアンドレーイ・アンドレーエフ（Андрей Андреев, 経済農民出身）の指揮のもと破壊と略奪をおこなった。……その後、ブグルスランスカヤに住んでいる農民イヴァン・オプリャトフ（Иван Опрятов）自身とザフルィストフ（Захлыстов）、および新法典編纂委員会代表のガヴリール・ダヴィードフ（Гаврил Давидов）がオレンブルク近郊にいた僭称者のもとに行き、キリスト生誕の日までにそこから戻り、故君主ピョートル三世の名によるマニフェストを携えてきたのである。彼らのうちダヴィードフは、ブグルスランスカヤ村の人々全員を集め、そのなかには私や他の退役下士官たちも含まれており、そのマニフェストを読んだ。その際、〔ダヴィードフは〕僭称者がプガチョーフではなく、真の君主ピョートル・フョードロヴィチと信じていた。それゆえ全住民もまたそう信じたのである。……私たちも信じているふりをした。当のダヴィードフとオプリャトフとがオレンブルク近郊から帰ってくると、ダヴィードフがアタマンに、オプリャトフがエサウールになって、彼らが全住民の指揮を執ることになった。そのうちに、彼らは付近の村々で、僭称者に対して仕えるために〔村人を〕カザークに取り立てた。彼らが、多数の異教徒やロシア人を集めると、ブズルクから彼らのもとにカザーク騎兵少尉と名乗るイヴァン・チェルネエフ（И. Чернеев）がやってきて、上述のダヴィードフはすべての集められた人々とともにブグリマーへ向かった。

さらに、この供述は、領主の穀物・製粉所を僭称者であるプガチョーフのために没収したと続くのである。[103] この記録には、一つの村にさまざまな出自の民衆が集まり、決起した様子が記されている。また、カザークへの徴集、叛乱軍の組織がカザーク的な特徴を帯びていたことが注目される。なお、供述した当の人物は死を恐れて叛乱軍に加わったと弁明している。[104]

バシキール人とタタール人が共同で参加していたことを示す史料もある。クングール地方の市会(городской магистрат)の議長であるイヴァン・フレーブニコフ(И. Хлебников)は、中央塩事務所(главная соляная контора)へ宛てた一七七四年一月二十七日付報告を残している。そこでは、バシキール人サラヴァト・ユラーエフがクラスノウフィムスク要塞に到着し、住民を叛乱軍側に引き入れたことを報じる。それによると、同要塞にバシキール人やタタール人の一団がやってきた。[105] 加えてチェレミス人の参加もみられたという。[106]

諸民族の叛乱への参加過程については、ロシア国家時代から民族がどのような立場に置かれていたかがおおいに関係していた。ポーランド人にとってはエカチェリーナ二世時代のポーランド分割後の問題が、カザフ人にはロシアとの複雑な関係が、そしてバシキール人については十六世紀以来の併合の問題が色濃く反映していた。こうした状況下で、彼らの叛乱参加の様子が明確になっていくのである。

とくに、バシキール人の叛乱参加の過程には特徴があった。彼らは叛乱以前から、幾度もロシア国家の植民政策に反対して蜂起していた。プガチョーフ叛乱では叛乱の趨勢《すうせい》を左右するほど大きな勢力を有し、また戦闘においてもその実力をいかんなく発揮した。地方当局はバシキール人を政府側に組み入れることができると考えていたが、実際には反対で、叛乱の主力軍となったのである。この動きの中心にいたのが、キンジヤ・アルスラーノフ、ユライ・アズナリン、そしてサラヴァト・ユラーエフであった。彼らの行動に民族的な特徴が現れていた。

註

1 本章の第二・三節は次の拙稿を基にしている。『ロシア帝国民族統合史の研究——植民政策とバシキール人』北海道大学出版会、二〇〇六年、第八章(「プガチョーフ叛乱におけるバシキール人の参加過程」『ロシア史研究』第三五号、一九八二年、五五〜六九頁、「バシキール人サラヴァト・ユラーエフ——プガチョーフ叛乱研究の最近の動向に寄せて」『ロシア史研究』第四二号、一九八六年、一八〜三二頁を再録したもの)。

2 *Дубровин Н. Ф.* Указ. соч. Т. II. С. 21–22; *Мавродин В. В.* (под отв. ред.) Крестьянская война в России в 1773–1775 годах. Т. II. С. 112.

3 Казахско-русские отношения в XVIII–XIX веках. Сборник документов и материалов. Алма-Ата, 1964. док. № 17.

4 *Бекмаханова Н.* Указ соч. С. 84–85.

5 Там же. С. 85.

6 Казахско-русские отношения в XVIII–XIX веках. док. № 29.

7 *Бекмаханова Н.* Указ соч. С. 85.

8 Там же. С. 85–86.

9 Об участии казахов Младшего и Среднего жузов в Крестьянской войне. Составитель Г. Семенюк // Ученые записки Каз. ГУ. Серия историческая. Алма-Ата, 1965. Т. XIV. Вып. 12. док. № 19.

10 Там же. док. № 29.

11 Архив СПбИИ РАН. Ф. 113. Д. 60. Л. 112 об.

12 Крестьянская война 1773–1775 гг. на территории Башкирии. док. № 1. С. 25–26.

13 *Анучин Д.* Первые успехи Пугачева и экспедиция Кара (Материалы для истории Пугачевского бунта) // Военный сборник. 1869. № 5. С. 14–20; *Мавродин В. В.* (под отв. ред.) Крестьянская война в России в 1773–1775 годах. Т. II. С. 112.

14 ОР РНБ. Ф. 73. Д. 209. Л. 5; *Мавродин В. В.* (под отв. ред.) Крестьянская война в России в 1773–1775 годах. Т. II. С. 122.

15 Młynarski, Z. "Udział konfederatiów barskich w powstaniu Pugaczowa," ***Kwartalnik Instytutu Polsko-Radzieckiego***, Warszawa, 1952, N. 1, Str. 69.

16 ОР РНБ. Ф. 73. Д. 209. Л. 5; *Пушкин А. С.* Указ. соч. С. 215.

17 *Мавродин В. В.* (под отв. ред.) Крестьянская война в России в 1773–1775 годах. Т. II. С. 214.

18 *Дмитриев-Мамонов А. И.* Указ. соч. С. 2; Записки К. Хорецкого // Киевская старина. 1883. Т. 3. С. 450; *Спирков В. А.* Крестьянская война под предводительством Е. И. Пугачева в Оренбургском крае – Осада Оренгурга и Яицкого городка. Автреф. Л., 1965. С. 26.

19 ОР РНБ. Ф. 73. Д. 209. Л. 5.

20 *Пушкин А. С.* Указ. соч. С. 220.

21 Там же. С. 719.

22 Там же. С. 371.

23 ОР РНБ. Ф. 73. Д. 2. Л. 7; *Пушкин А. С.* Указ. соч. С. 220–221; *Дмитриев-Мамонов А. И.* Указ. соч. С. 180; Крестьянская война 1773–1775 гг. в России. Документы из собрания Государственного историчесвкого музея. М., 1973. С. 361.

24 *Мавродин В. В.* (под отв. ред.) Крестьянская война в России в 1773–1775 годах. Т. II. С. 186.

25 Там же.

26 *Дмитриев-Мамонов А. И.* Указ. соч. С. 64.

27 *Дубровин Н. Ф.* Указ. соч. Т. III. С. 355.

28 *Мавродин В. В.* (под отв. ред.) Крестьянская война в России в 1773–1775 годах. Т. II. С. 187.

29 РГВИА. Ф. 249. Оп. 1. Д. 1. Л. 17 об.

30 Сподвижник Пугачева свидетельствуют. . .// Вопросы истории. 1973. № 8. С. 110; *Мавродин В. В.* (под отв. ред.) Крестьянская война в России в 1773–1775 годах. Т. II. С. 138; *Овчинников Р. В.* Манифесты и указы Е. И. Пугачева. С. 42; *Усманов А. Н.* Указ. стат. С. 115–116.

31 Там же. С. 116.

32 ОР РНБ. Ф. 859 (К. 33. № 39). Л. 10, 41 об.

33 *Усманов А. Н.* Указ. стат. С. 116.

34 РГАДА. Ф. 6. Д. 415. Л. 16–17; Пугачевщина. Т. I. док. № 5. С. 29–30; Документы ставки. . . док. № 7. С. 28.

35 РГАДА. Ф. 6. Д. 415. Л. 13; Пугачевщина. Т. I. док. № 6. С. 30–31; Документы ставки. . . док. № 8. С. 28.

36 *Мавродин В. В.* (под отв. ред.) Крестьянская война в России в 1773–1775 годах. Т. II. С. 140.

37 Очерки по истории Башкирской АССР. Т. I. Ч. 1. С. 223; *Усманов А. Н.* Указ. соч. С. 117.

38 Там же.

39 実際、布告のなかにキンジヤ・アルスラーノフの名前を見出すことができる(РГАДА. Ф. 6. Д. 416. Ч. 1. Л. 64, 76 и др.; Пугачевщина. Т. I. док. №№ 67, 168 и др.)。

40 РГАДА. Ф. 6. Д. 416. Ч. 1. Л. 64, 67, 76, 164 об, 182; Д. 415. Л. 2, 33; Д. 420. Л. 6, 19; Д. 416. Ч. 1. Л. 164 об, 182; Д. 416. Ч.1. Л. 64, 67, 76 и др.; Пугачевщина. Т. I. док. №№ 9, 13, 16, 45, 55, 56, 167, 168, 170, 172 и др.

41 Емельян Пугачев на следствии. док. № 3. С. 177; Допрос Е. И. Пугачева в тайной экспедиции в Москве в 1774–1775 гг. // Красный архив. С. 198. См. РНБ. Ф. 73. Д. 209. Л. 8 об.–9; Допрос пугаческого атамана А. Хлопуши // Красный архив. 1935. № 1 (Т. 68). С. 169 (примечание 6).

42 РГИА. Ф. 796. Оп. 205. Д. 71. Л. 1.

43 *Мавродин В. В.* (под отв. ред.) Крестьянская война в России в 1773–1775 годах. Т. II. С. 125–126, 149–150.

44 *Усманов А. Н.* Указ. соч. С. 121.

45 *Мавродин В. В.* (под отв. ред.) Крестьянская война в России в 1773–1775 годах. Т. II. С. 238.

46 РГАДА. Ф. 6. Д.512. Ч. II. Л. 7-а; Пугачевщина. Т. I. док. № 25. С. 45; Документы ставки. . . док. № 50. С. 55.

47 РГАДА. Ф. 6.Д. 490. Ч. 1. Л. 271; Документы ставки. . . док. № 91. С. 77–78.

48 *Павленко Н. И.* Указ. стат. С. 189.

49 Там же.

50 *Ушаков И. Ф.* Работные люди Белорецкого завода в Крестьянскрй войне // История СССР. 1960. № 6. С. 131.

51 前掲拙著『ロシア帝国民族統合史の研究』三一四～三一六頁。
52 *Мавродин В. В.* (под отв. ред.) Крестьянская война в России в 1773–1775 годах. Т. II. С. 334–335.
53 Там же. С. 335.
54 Документы ставки. . . С. 424 (примечание).
55 Portal, R. "Pugachev. . ." Raeff, M. *op. cit.*
56 Крестьянская война 1773–1775 гг. в России. док. № 20. С. 65.
57 Там же. док. № 22. С. 68.
58 *Мавродин В. В.* (под отв. ред.) Крестьянская война в России в 1773–1775 годах. Т. II. С. 140; 前掲拙著『ロシア帝国民族統合史の研究』三五六頁。
59 РГАДА. Ф. 6. Д. 416. Ч. 1. Л. 31, 208, 210, 211; Пугачевщина. Т. I. док. № 122. С. 117; 前掲拙著『ロシア帝国民族統合史の研究』三五六頁。
60 РГАДА. Ф. 6. Д. 427. Л. 15 и др; Крестьянская война 1773–1775 гг. на территории Башкирии. док. № 192. С. 300.
61 РГАДА. Ф. 6. Д. 427. Л. 14; Крестьянская война 1773–1775 гг. на территории Башкирии. док. № 193. С. 303.
62 *Гвоздикова И. М.* Указ. соч. 1982. С. 121.
63 Крестьянская война 1773–1775 гг. на территории Башкирии. док. № 193. С. 303.
64 *Гвоздикова И. М.* Указ. соч. 2004. С. 129–130; 前掲拙著『ロシア帝国民族統合史の研究』三四三、三八四頁。
65 *Гвоздикова И. М.* Указ. соч. 1982. С. 123–124; 前掲拙著『ロシア帝国民族統合史の研究』三八四頁。
66 *Гвоздикова И. М.* Указ. соч. 1982. С. 128–130.
67 Там же. С. 130–131.
68 Там же. С. 39.
69 Очерки по истории башкирской АССР. С. 251; *Гвоздикова И. М.* Указ. соч. 1982. С. 142–181.
70 РГАДА. Ф. 6. Д. 427. Л. 9–22; Пугачевщина. Т. II. док. № 100. С. 276–279; Крестьянская война 1773–1775 гг. на территории Башкирии. док. № 192. С. 300–302; док. № 193. С. 302–304.
71 *Кулбахтин Н. М.* «Юлай-атаман, сардар-Салават, Кинзия-абыз. . . »; Очерки из истории Крестьянской войны 1773–

1775 гг. Уфа, 2004. С. 22.

72 Там же. С. 22–23.

73 РГАДА. Ф. 6. Д. 593. Л. 328; Крестьнская война 1773–1775 гг. на территории Башкирии. док. № 200. С. 318.

74 РГАДА. Ф. 6. Д. 593. Л. 328; Крестьянская война 1773–1775 гг. на территории Башкирии. док. № 200. С. 317.

75 *Мавродин В. В.* (под отв. ред.) Крестьянская война в России в 1773–1775 годах. Т. III. С. 67–73; *Андрущенко А. И.* Указ. соч. С. 189–190; *Гвоздикова И. М.* Указ. соч. 1982. С. 156; *Кулбахтин Н. М.* Указ. соч. С. 24.

76 Там же.

77 РГАДА. Ф. 6. Д. 593. Л. 328; Крестьянская война 1773–1775 гг. на территории Башкирии. док. № 200. С. 317.

78 РГАДА. Ф. 6. Д. 427. Л. 14; Крестьянская война 1773–1775 гг. на территории Башкирии. док. № 193. С. 304.

79 РГАДА. Ф. 6. Д. 593. Л. 328; Крестьянская война 1773–1775 гг. на территории Башкирии. док. № 200. С. 317.

80 *Семенов-Тян-Шанский В. П.* (под ред.) Указ. соч. С. 476.

81 РГАДА. Ф. 6. Д. 593. Л. 328; Крестьянская война 1773–1775 гг. на территории Башкирии. док. № 200. С. 317.

82 РГАДА. Ф. 1100. Д. 9. Л. 131, 132; Крестьянская война 1773–1775 гг. на территории Башкирии. док. № 118. С. 192–193.

83 РГАДА. Ф. 1100. Д. 9. Л. 132; Крестьянская война 1773–1775 гг. на территории Башкирии. док. № 118. С. 193.

84 РГАДА. Ф. 6. Д. 593. Л. 329; Крестьянская война 1773–1775 гг. на территории Башкирии. док. № 200. С. 317.

85 РГАДА. Ф. 6. Д. 593. Л. 340 и 340 об.; Крестьянская война 1773–1775 гг. на территории Башкирии. док. № 205. С. 325–326.

86 РГАДА. Ф. 6. Д. 593. Л. 345; Крестьянская война 1773–1775 гг. на территории Башкирии. док. № 207. С. 329.

87 РГАДА. Ф. 6. Д. 593. Л. 345, 346; Крестьянская война 1773–1775 гг. на территории Башкирии. док. №№ 206 и 207. С. 328–329.

88 РГАДА. Ф. 1100. Д. 9. Л. 132; Крестьянская война 1773–1775 гг. на территории Башкирии. док. № 118. С. 193.

89 РГАДА. Ф. 6. Д. 428. Л. 5; Крестьянская война 1773–1775 гг. на территории Башкирии. док. № 140. С. 222.

90 РГВИА. Ф. 20. Д. 1240. Л. 330; Крестьянская война 1773–1775 гг. на территории Башкирии. док. № 130. С. 208.

91 *Кулбахтин Н. М.* Указ. соч. С. 26.

92 РГАДА. Ф. 1100. Д. 11. Л. 223–223 об.; Крестьянская война 1773–1775 гг. на территории Башкирии. док. № 157. С. 237.

93 *Семенов-Тян-Шанский В. П.* (под ред.) Указ. соч. С. 475.

94 *Гвоздикова И. М.* Указ. соч. 1982. С. 175–176.

95 РГАДА. Ф. 1100. Д. 11. Л. 212 об.; Документы ставки. . . № 375. С. 256–257; Крестьянская война 1773–1775 гг. на территории Башкирии. док. № 148. С. 229–230; Салават Юлаев. С. 25; Очерки по истории Башкирской АССР. С. 148.

96 РГАДА. Ф. 1100. Д. 12. Л. 216–216 об.; Крестьянская война 1773–1775 гг. на территории Башкирии. док. № 167. С. 249.

97 *Кулбахтин Н. М.* Указ. соч. С. 28.

98 Там же.

99 Крестьянская война 1773–1775 гг. на территории Башкирии. док. № 167. С. 248.

100 Очерки по истории Башкирской АССР. С. 249.

101 *Андрущенко А. И.* Указ. соч. С. 307.

102 *Кулбахтин Н. М.* Указ. соч. С. 28.

103 Крестьянская война 1773–1775 гг. в России. док. № 26. С. 78–80.

104 Там же. док. № 26. С. 80.

105 Там же. док. № 13. С. 49.

106 Ведомости об участии нерусского населения Башкирии в Крестьянской войне 1773–1775 гг. / Материалы по истории СССР. М., 1957. С. 603.

第七章　工場労働者の蜂起

蜂起していたウラル地方に叛乱の主力部隊が移動する。鉱山・工場地帯の人々が叛乱で大きな役割を果たすのは第二期であるが、第一期から彼らは積極的に叛乱に参加していた。具体的にはどのような参加過程をたどっていたのだろうか。また彼らが参加することで叛乱はどのように変化したのだろうか。さらには彼らのめざした目標はいったいいかなるものであったのだろうか。以上の点を検討することが本章の課題である。

工場で働く人々の運動については、すでにソ連時代から研究があり、この章でも多くをそれに依拠している。しかし、ソ連時代の研究では、工場で働く人々を労働者として一括りにしており、登録農民、占有農民、その他工場で働いていた出自の異なる人々の間での叛乱との関わりの差異に配慮していない。この点を検証しながら考察することにしよう。

第一節　ウラル諸工場の蜂起

工場労働者の動き

ウラル諸工場の労働者たちが叛乱に参加し、そのなかで大きな役割を演じたのは叛乱の第二期（一七七四年三月〜七月）の特徴であるが、すでにそれ以前から彼らは顕著な動きを示していた。一七七三年秋、その蜂起はすでにザウラリエ（ウラル山脈以東の地）でも発生し、同年末には多くの人々を巻き込んだ。共同体（мир）の集会や人々の会話のなかで、自由を与えてくれる者として、新しいツァーリ、ピョートル・フョードロヴィチの出現について語られていたのである。

一七六二〜六四年に、ダルマートフ修道院の支配に抵抗して蜂起したデニース・ジェルナコーフ(Д. Жернаков)は、シャドリンスク郡ザチェテンスキー村での集会で、「いまや法が上からやってきはじめている」、と漠然としてはいるものの希望を表明している。また、ウチャツカヤ村のある農民は、「プガチョーフお父っつぁんがやってきたら、私たちは皆頭を彼のほうへ向けるだろよ」、と述べた。クルガンスカヤ村およびイセト郡のザエヴァヤ村やオクネフスコイ村の農民たち、ウコフスキー工場の労働者たちは、一度ならず叛乱者たちの到来を待ち望んでいると語っているのである。[1]

人々は叛乱に共感しているだけではなく、戦闘の準備もしていた。シャドリンスクの領地管理人ポルチャゴフ(Порчагов)は、メホンスカヤ村とミアッスカヤ村の住民たちがひそかに武器や弾薬を叛乱軍がくるまで蓄えようとしていると報告している。[2]

一七七三年九月にプガチョーフ叛乱が起こると、地方住民の脳裏には、以前に周辺で起こった蜂起の記憶が鮮明に蘇ってきた。シャイタンスキー諸工場に叛乱軍が近づいたとき、人々は七一年に工場主のエフィム・シリャーエフ(Е. Ширяев)に対して暴力をふるったことを思い出している。シリャーエフは家に閉じ込められ、アンドレーイ・プロートニコフ(А. Плотников)を指導者とする逃亡農奴の一団によって殺害された。工場の共同体は指導者を特別に工場主に対する暴行容疑で召喚した。しかし、工場で働いている人の誰もが彼を当局に引き渡そうとはしなかった。工場住民は新たな「皇帝ピョートル・フョードロヴィチ」の出現の知らせを聞いておおいに喜んだ。「皇帝」は領主である農奴制支持者、工場主および工場でのつらい労働からの完全な自由を約束していたのである。[3]

工場民への呼びかけと「布告」——フロプーシャの活動

まず南ウラル地方での叛乱軍による呼びかけとそれに対する工場住民の対応を見てみよう。

諸鉱山への呼びかけはピョートル・クジミン（П. Кузьмин）が担当した。鉱山では、主に移動許可を記した「パスポートに従って」、雇用されたタタール人、チュヴァーシ人、モルドヴァ人、その他のバシキーリアの民衆が働いていた。すでに一七七三年十月五日にはオレンブルク近郊にプガチョーフが現れたという最初の報せを聞いて、「悪い企図（政府側の記述による表現）のもとに鉱山従事者や労働者たちが蜂起した。総勢三〇人」であった。彼らは「武器を強奪し」、プガチョーフ側に走ったのである。十月七日、クジミンは鉱山に現れ、自らをアタマンと名乗り、「ピョートル三世」の布告を持って宣言した。鉱山で働いている労働者たちは喜んでプガチョーフの呼びかけに応じている。彼らは、四門の大砲と銃、弾薬、一〇〇〇ルーブリ、および五〇頭の雄牛を奪い、叛乱軍主力のいるオレンブルクへ向かった[4]。

プガチョーフが発した十月十七日付布告は、アヴズヤノ＝ペトロフスキー工場の管理人であるマクシーム・コプィロフ（М. О. Копылов）とダヴィード・フョードロフ（Д. Фёдоров）、および工場農民に宛てたものである。内容は、「〔汝らの〕祖父や父たちが余の祖先に仕えたと同様に、汝らは、余すなわち偉大なる皇帝に忠誠をもって血の最後の一滴にいたるまで変わらずに仕えるように」、と訴えている。その代わりに、彼らには、「十字架と顎鬚、川と土地、草と海、俸給、穀物と糧食、弾丸、火薬、永遠の自由」を下賜するというのである[5]。

十二月二十一日には、プガチョーフは工場所有者で支配人のティマーシェフ宛に布告を発して、自分の側につくように呼びかけている。そうすれば、管理人たちのおこなった妨害を永遠に忘れ、その他のあらゆる自由と平安を下賜するとしている[6]。

アヴズヤノ＝ペトロフスキー工場ではプガチョーフの側近であったフロプーシャが活動していた。この工場に対して発せられたフロプーシャの命令に従って、森で炭を焼き、クルトゥルスキー工場で働いていたすべての労働者が集められた。また「自らの意思で一〇〇人が、彼のもとにカザークとして……味方したのである」[7]。そして、政府軍からの予期せぬ急襲によって犠牲にならないように、フロプーシャは一〇〇人以上から成る部隊を組織して工場にあった銃や馬を配分し、夜には、「すべての人々を工場に配置し、工場のあらゆるところに見張りを立てる」ことを命じた。[8]

また、フロプーシャの命令に従って、居酒屋や塩倉庫が開放された。工場農民たちは「料金を支払わずに」飲み、塩を持っていく権利が与えられた。[9] フロプーシャのこうした行為は、塩の価格が高騰しているときに、人々を叛乱軍へ引きつける役割をおおいに果たしたのである。[10] フロプーシャによって読み上げられた布告は、雇用労働者（наёмный работник）のセミョーノフ（Семёнов）を魅了する。その布告には、「すべての人々に、あらゆる自由を下賜する」とあり、「同時に、土地、草地、漁場を下賜し、さらには七年間課税を免除する」と述べられていたのである。[11] ソ連時代の研究では、「すべての工場農民と工場労働者にとって、自由というスローガンは、プガチョーフが彼らに向けた他の呼びかけと比較すれば、根本的なものであった[12]」、とされた。

工場住民参加の直接的動機

以上のような布告やマニフェストに応じて立ち上がった工場住民の直接の動機はいったい何だったのか。

ヴォズネセンスキー工場の登録農民たちは、プガチョーフの布告を自由・解放のスローガンとみている。布告は、「ピョートル三世」の名前で工場労働からの解放を謳い、また「工場労働をおこなわないように」と命じる。工場登録農民たちは、「彼らに約束された工場労働からの自由に心を惹かれて」、プガチョーフを皇帝と考えたと語っている。[13]「工場労働を停止せよ」という命令や、「すべての人々に対する自由」の約束が、この工場の労働者たちを惹きつけることになった。[14]

こうした自由の約束は、工場で強制されて働いていた工場農民たちに対しても感銘を与えた。たとえば、ルギーニンの所有するニジェゴロド県にあるズラトウストフスキー鉄工場においては、「自由」の約束が農奴たちを叛乱軍側への参加を促すことになる。[15]

このように、南ウラルの諸工場に向けられた布告やマニフェストにみられる「自由」という言葉に多くの工場住民が揺り動かされて立ち上がった。彼らは自らの利益になる内容が書かれていたからこそ蜂起したのであろう。フロプーシャ自身、布告のなかに「あらゆる農民の利益が書かれている」ことに、工場農民たちの叛乱への積極的参加の原因を帰しているのである。[16]

第二節　蜂起の実態

中ウラルの叛乱におけるベロボロードフの活躍

ここでは、叛乱軍の接近につれて、工場住民はどのような行動をとったのかを検討しよう。

一七七三年十二月前半、エカチェリンブルク管轄区域の東西にわたって動きが現れた。地方当局は同地方に軍隊と役人を派遣して運動の鎮静化を図った。カムリンスキー工場およびクシトィムスキー工場にヤイツェフ（Яищев）とイヴァン・クズネツォーフ（И. С. Кузнецов）の軍隊が派遣された。

一七七三年末と翌年初めにかけて、カンザファール・ウサーエフとベロボロードフに指導された叛乱軍がクングール郡の東方およびエカチェリンブルクの鉱山管轄地域の西方で活動していた。

一七七四年一月初め、スクスンスキー工場が占領された。この工場はクングールから南東に約四八ヴェルスタの距離にあり、ピョートル・デミードフ所有の銅精錬工場であった。毎年、隣接するブィモフスキー工場およびアシャプスキー工場と並んで七〇〇〇〜一万二〇〇〇プードの銅を精錬していた。労働者数は六九〇人である。立ち上がった彼らは事務所や管理人の家屋を破壊し、工場の資材を占拠した。しかし、工場の設備には損害を与えていない。当局もこのことを認めて、「工場の建造物および工場〔設備〕にはなんら被害はなかった」という。しかしながら、叛徒たちは工場にあったあらゆる資料を焼却している。工場当局と労働者との間で結ばれた、鉱石や石炭の調達、さらには他の労働に関する義務協定についての書類が破棄されたのである。被害総額は五四万五〇〇〇ルーブリにものぼった。[17]

同じく一月初め、ビセルツキー工場も占領された。この工場はエカチェリンブルク管轄区域内にあり、ウファー川の東の支流であるビセルト川のほとりにあった。この工場もピョートル・デミードフの所有で約五〇〇人の職工たちが働いていた。労働者たちは自発的に叛乱軍に加わった。さらに職工のなかにはこの地方で活躍していたベロボロードフの部隊に参加する者もいたのである。[18]

叛乱軍はレヴディンスキー工場も掌握した。この工場はエカチェリンブルクから四二ヴェルスタのところにあり、レヴディ川がチュソヴァ川に合流する付近に建てられていた。これもピョートル・デミードフの所有する工場である。ここでは一六二〇人が働き、年間二一万プードの銑鉄を精錬した。工場労働者の約六〇%を占める九五二人の登録農民には、各人毎日三〜五の「仕事 урок」を遂行する義務が課されていた。労働は厳しく、自分たちの村が三〇〇〜六〇〇ヴェルスタ離れているこの工場で働くように登録されていることも困難の一因であった。以上のことから、一七六二年には激しい騒擾が発生し、この工場に登録されているアチツカヤ(Ачитская)とクラスノポリスカヤ(Краснопольская)の村(スロボダー)の農民を巻き込んだ。七四年一月六日、アチツカヤ要塞が叛乱軍の手に落ちた。ここはモスクワへ向かう街道の要衝であり、プガチョーフ側にとって重要な拠点となった。[19]

すでに一七七三年十二月、クングール郡のほぼ全域が叛乱軍によって掌握された。十二月末には、オソーキンの所有するユゴフスキー工場を抱える大冶金工場地帯も叛徒によって占領されたのである。[20]

一七七四年一月十八日、ビリンバエフスキー工場がベロボロードフ指揮の叛乱軍によって占領された。ここは大規模な冶金工場で、毎年一九万六〇〇〇プードの銑鉄を生産していた。労働者数は約一〇〇〇人である。[21]労働者たちは叛乱軍を待っていた。叛乱軍が到着すると、彼らは一緒になって工場の設備を破壊した。職工や登録農民たちは管理当局と結んだ契約をすべて破棄した。さらには、「事務書類や記録が外へ運び出された」のである[22]。

部隊はすぐに移動を開始した。地方住民の参加を得てシャイタンスキー諸工場へ入った。このとき、部隊は数百人の兵と大砲五門をもっていた。この諸工場とは上（ヴェルフネ）と下（ニージニー）を合わせた工場群である。ここはエカチェリンブルクから北西に五〇ヴェルスタの地点にあり、溶鉱炉と三つのハンマーが稼働していた。これらの工場には約四〇〇人の職工および近隣の村々に住んでいた約一〇〇〇人の登録農民がいた。

翌一月十九日、叛徒たちがこの工場に入ったまさに同じ日に、労働者たちは工場の所有者であるシリャーエフの屋敷を破壊し、工場事務所の書類を押収した。すべての借金受領証や隷属契約書（долговые расписки и кабальные договоры）が焼却されたのである。ベロボロードフ部隊の労働者やカザークは、工場にあった約一七〇ルーブリと数百プードにのぼる穀物を押収した。このとき、シャイタンスキー諸工場の住民たちは自発的に部隊を組織している[23]。

これらの工場の占拠は叛乱軍にとって重要であった。第一に、軍事的な面からみて、叛乱軍の背後を保障した。第二に、叛乱軍にとっては、将来、北ウラルの諸工場を占領し、エカチェリンブルクと他のすべての道を結ぶ唯一のヴェルホトゥルスカヤ街道を遮断するうえで有利であった[24]。

一七七四年一月末、ベロボロードフの部隊はエカチェリンブルク管轄区域の北にある政府軍の防衛上の重要拠点ウトキンスキー工場へ移動した。この工場はエカチェリンブルクから中ウトカ川の支流であるチュソヴァ川に沿って九〇ヴェルスタの地点にある。年間二八万七〇〇〇プードの銑鉄を生産しているこの工場には一〇〇〇人以上の労働者がおり、登録農民はいなかった。

第一回目の工場への攻撃は二月一日である。叛乱軍はチュソフスカヤ村（Чусовская слобода）を占領し、さらに工場占拠を試みたが失敗した。これ以後、叛徒たちはウトキンスキー工場占領をめざすことになる。結局、二月十一日に工場は占領された[25]。この包囲戦の成功とシャイタンスキー諸工場の占領は、ベロボロードフ部隊の組織面、戦術面、そして実践面での熟練度によるところが大きかった。[26]

これに対して、フィーシェル二等少佐（Фишер）指揮の政府軍はシャイタンスキー諸工場奪還の作戦にでて、二月十四日にここを占領した。敗北した叛乱軍はビリンバエフスカヤ街道に沿って撤退を始めた。[27] 二月二十六日にはドミートリー・ガグリン二等少佐（Д. А. Гагрин）率いる政府軍がウトキンスキー工場を奪還する。[28] こののち、南のエカチェリンブルクの叛乱軍が重要拠点占領のために激しく戦うことになる。[29] 三月一日にカーメンスキー工場を政府鎮圧軍が占領し、同月末には中ウラルにおける叛乱はおおよそ平定されたのである。[30]

工場住民の組織化

中ウラル地方以外でも叛乱が発生していた。一七七三年十二月末、テルシンスカヤ郷にバコイ・アブドゥーロフ（Бакой Абдулов）指揮の叛乱軍が到着した。周辺にも叛乱の火の手はすでに燃え上がっていた。工場や農地で働いていたオーシプ・テフケリョーフ（О. А. Тевкелёв）所有の農奴たちが立ち上がり、ヴァルジノ＝アレクセーエフスキー銅融解工場および領主の屋敷を破壊した。[31]

十二月二十二日、セミョーン・クラシーリニコフ（С. Красильников）のコリンスキー銅融解工場（エラブガから北へ一〇ヴェルスタの距離にある）で働く農奴、「働く人々 работные люди」および職工（мастеровые）たちが、「少なからず集まり」、工場事務所に押しかけ、支払いについて、「悪口を言いながら大いなる不満」を吐露した。この同じ日、プガチョーフ側から八名のロシア人とタタール人がイジェフスキー工場およびアヴズヤノ＝ペトロフスキー工場に登録されていた農民を連れてコリンスキー工場にきた。このとき、ここには工場主はいなかった。彼らは集まった工場民（заводские люди）を前にして、「今後、彼らは自由であることを享受する」、と言い放った。すると、人々は工場にあった関係文書、命令書、その他の書類を焼却し、工場主の財産を略奪し、工場管理人を拘束してさんざんに殴り、クリュコフ村

(Кулюковская деревня, メンゼリーンスクから一二ヴェルスタの距離にある)に引き連れていった。[32]

工場住民の組織化については次の通りである。一七七三年十二月三十日、オソーキンの所有するユゴフスキー銅融解工場の工場農民および職工たちは、カヴリール・シートニコフ(Г. Т. Ситников)を百人隊長に、クレメーンチー・ズヴェーリェフ(К. С. Зверев)をスタルシナに選んだ。彼らは工場とその住民の管理・運営について任されていた。そのことについての決議内容に関する史料が残されている。それによると、前記の二名は工場住民によるミールの全員一致で選ばれた。両人は工場住民にかかわるすべての問題を処理することになる。また、殺人というような規律違反の場合、その罪に応じて罰金を科すといった罰則規定が作られた。それは、まずはじめに罪人には恐怖を抱かせ、次に棒打ちで懲らしめるというのである。罰則が定められたのは、恐怖を起こさせるものがないと勝手な振る舞いに走ると考え、それを防止するためであったという。[33] しかし、罰則規定が出されたことは叛乱の過激化と統制の乱れを示していると考えられるのである。

第三節　工場住民にとっての希望

工場住民の行動について

先に述べたように、工場で叛乱が起こると、工場住民は記録・文書・書類などを破棄したり焼却したりしている。このことはプガチョーフ叛乱に限ったことではなかった。

一三八一年、イギリスで起きたワット・タイラーの蜂起に際して、叛徒たちのとった行動は民衆の動きの原型である。「叛徒たちは、隷属と不正を一掃しようと決意した。勝利をおさめたあかつきには、もはや農奴はいなくなるであろうし、そうなればマナーの記録ももはや必要なくなるであろう。かれらの屈辱と隷属とは記録類の破棄とともに消失せられたのであった」[34]。実際、叛徒らによって、「大僧正の邸宅は、くまなく捜索され、文書・記録類はすべて、山と積まれ、火を放って、完全に破棄された」のである[35]。

ロシアの工場民にとっても、書類の破棄は隷属からの解放・自由を意味した。しかし、十八世紀ロシアでは事情はより複雑であった。というのも、工場内には出自の異なる二種類の労働者たちが存在していたからである。一つは登録農民と呼ばれるいわば季節労働者、そしていま一つが雇用労働者とみなされる占有農民と呼ばれる恒久的な工場労働者である。

工場登録農民の動向

ミハイール・ゴリーツィンが彼の領地管理人イヴァン・ナウーモフに宛てた一七七四年三月十五日付指令書は、領地および工場を叛乱軍から防衛するよう命じる。その理由を次のように述べている。

悪いバシキール人やロシア人の盗人どもが根絶やしにされないのみならず、大部隊によって官営および民間の諸工場に登録されている農民たちを先導し、彼らと一緒に他の多くの工場を破壊・略奪し、さらに諸要塞を占領してエカチェリンブルクまで迫っており……それゆえ私の数々の相続領地や工場もはなはだ危険な状況にある[36]。

この史料で注目しなければならないのは、バシキール人と「ロシア人の盗人ども〔すなわちロシア人農民〕」、および登録農民たちが同じ工場破壊という行動に走っている点である。すでに述べたように、バシキール人は工場やそこで働くロシア人に対して明らかな敵意を抱いていたが、ひとたびロシア人の農民や工場で働く人々が自らも工場破壊に向かうならば、彼らと行動をともにすることになった。とくに本来農民で、強制的に一年の一定期間を工場で働くことを求められた登録農民には工場破壊へと走る要因はおおいにあった。
ウラルの工場に登録された農民のもっとも厄介な負担は、義務遂行のため工場までかなりの距離を旅しなければならないことである。数百ヴェルスタを移動しなければならないということは何も稀なことではなかった。ときにはこうした移動は一年に幾度もおこなわなければならず、そのために多くの時間と金銭を費やした。ちなみに、一七六九年まで、その旅行費用は農民自身が負わねばならなかったのである。[37]
叛乱鎮圧後、拘束された叛徒たちに対して開かれたオレンブルクでの秘密委員会の報告によると、工場登録農民たちはプガチョーフへの忠勤を励んだという。なぜなら、彼らはプガチョーフから「自由」およびすべての工場の廃止が約束されていたからである。[38]アヴズヤノ゠ペトロフスキー諸工場での場合のように、叛乱直後から自分の村に帰郷する登録農民も多く存在した。[39]プガチョーフ自身、彼らを故郷の村に帰村させるように取り計らっていたのである。[40]
以上のことから、登録農民たちが叛乱に求めていたものは明白である。自らの行動の枷となっていた鎖を断ち切るべく工場そのものを全廃し、しかるのちに故郷の村に帰り、本来の生業である農業に従事することであった。何よりもプガチョーフの出現は、彼を皇帝ピョートル三世と信じて立ちあがった登録農民にとり、工場や鉱山から一刻も早く去って、故郷の村に帰ることが許されるという確信を与えたのである。

「工場労働者」の動向

これに対して、もはや帰るべき村がなく、工場労働によって賃金を得て工場の近くに住みながら工場付属の菜園を耕し、専属の職工すなわち「工場労働者」となったかつての農奴の場合は事情が異なっていた。彼らのなかには登録農民と同様に工場労働の辛苦から逃れることを目的にプガチョーフ軍に参加した者もいた。[41]そうした動機とは別に、彼らが叛乱に加わったもう一つの理由があった。バシキール人の攻撃から自らの働き場所であり生活の拠点でもある工場や村を防衛するために、そしてさらには蜂起軍から助力を得るためにいくつかの工場が叛乱に参加し、プガチョーフ側もバシキール人の攻撃から彼らを守ることを約束したのである。[42]

しかし、他方では、プガチョーフ軍に抵抗した工場で働く人々もいた。それは工場主や工場を防衛するために戦う兵士だけでなく、職人たち熟練工もそうであった。[43]彼らは生活面でも心情的にも「工場労働者」に近い存在であったのである。

以上のように、工場で働く人々の間には出身や生活・労働形態の違いに起因して叛乱に対する関わり方に差異があった。そのことはバシキール人の工場破壊を契機としてより鮮明になっていくのである。

工場労働者たちも、登録農民同様、労働の辛苦をなめており、その状況から逃れようと叛乱軍に参加した。叛乱における彼らの役割は大きかった。大砲や銃の製造、そのほか戦いに必要な物資の提供である。彼らがめざしていたのは「自由」である。工場労働からの解放である。

しかし、それだけが彼らが叛乱に加わった理由ではなかった。いま一つの理由は、叛乱におけるバシキール人たちの行動に由来するものである。バシキール人による工場への攻撃は、登録農民などの工場で働く人々をバシキール人とともに蜂起することを促す一方、生活のすべてを工場と結びつけている熟練した職工や工場労働者にとっては、バシキール人の手から工場を守るために立ち上がることになった。それは必ずしも、工場主のためのものではなく、自らの生活を守るためであった。

註

1 *Мавродин В. В.* (под отв. ред.) Крестьянская война в России в 1773–1775 годах. Т. II. С. 237.

2 Там же. С. 238.

3 Там же. С. 106.

4 Там же. С. 260.

5 РГАДА. Ф. 6. Д. 415. Л. 25; Пугачевщина. Т. I. док. № 10. С. 33; Документы ставки. . . док. № 13. С. 30–31.

6 Пугачевщина. Т. I. док. № 17. С. 39; Документы ставки. . . № 28. С. 40.

7 РГАДА. Ф. 6. Д. 467. Ч. VII. Л. 20 об., 27 об, 104 об. и др.; *Мавродин В. В.* (под отв. ред.) Крестьянская война в России в 1773–1775 годах. Т. II. С. 264.

8 РГАДА. Ф. 6. Д. 467. Ч. VII. Л. 27 об.; *Мавродин В. В.* (под отв. ред.) Крестьянская война в России в 1773–1775 годах. Т. II. С. 264.

9 РГАДА. Ф. 6. Д. 467. Ч. VII. Л. 26, 27; *Мавродин В. В.* (под отв. ред.) Крестьянская война в России в 1773–1775 годах. Т. II. С. 265.

10 Там же.

11 РГАДА. Ф. 6. Д. 467. Ч. IX. Л. 99 об., 100, 172 об.; *Мавродин В. В.* (под отв. ред.) Крестьянская война в России в 1773–1775 годах. Т. II. С. 288.

12 Там же.

13 РГАДА. Ф. 6. Д. 467. Ч. XIII. Л. 274 об.; *Мавродин В. В.* (под отв. ред.) Крестьянская война в России в 1773–1775 годах. Т. II. С. 288 (примечание 335).

14 РГАДА. Ф. 6. Д. 508. Ч. III. Л. 354 об., 598; *Мавродин В. В.* (под отв. ред.) Крестьянская война в России в 1773–1775 годах. Т. II. С. 288 (примечание 335).

15 Пугачевщина. Т. II. док. № 133. С. 348–349.

16 Допрос пугаческого атамана А. Хлопуши // Красный архив. С. 165.

17 *Мавродин В. В.* (под отв. ред.) Крестьянская война в России в 1773–1775 годах. Т. II. С. 295.

18 Там же. С. 295–296.

19 Там же. С. 296–297.

20 Там же. С. 298.

21 ソ連時代の歴史家マルトィーノフは労働者の数を二一〇〇人としている（*Мартынов М. Н.* Указ. соч. С. 22）。
22 *Мавродин В. В.* (под отв. ред.) Крестьянская война в России в 1773–1775 годах. Т. II. С. 305–306.
23 Там же. С. 306–307.
24 Там же. С. 307.
25 Там же. С. 311–312.
26 Там же. С. 313.
27 Там же. С. 317.
28 Там же. С. 318.
29 Там же.
30 Там же.
31 *Пруссак А. В.* Заводы, работавшие на Пугачева // Исторические записки. Т. 8. 1940. С. 180.
32 *Мавродин В. В.* (под отв. ред.) Крестьянская война в России в 1773–1775 годах. Т. II. С. 382.
33 РГАДА. Ф. 6. Д. 416. Ч. I. Отд. 6. Л. 1–2; Пугачевщина. Т. I. док. № 243. С. 197–198; Документы ставки. . . док. № 274. С. 191.
34 ヒルトン／フェイガン（田中浩・武居良明訳）『イギリス農民戦争――一三八一年の農民一揆』未來社、一九七七年（第二刷）、一一九頁。
35 同右、一三四頁。
36 Крестьянская война 1773–1775 гг. в России. док. № 24. С. 73.
37 *Семевский В. И.* Указ. соч. Т. II. xix–xxii.
38 *Дубровин Н. Ф.* Указ. соч. Т. II. С. 136.
39 РГАДА. Ф. 6. Д. 416. Ч. I. Л. 69; Пугачевщина. Т. I. док. № 212. С. 176–177; Документы ставки . . . док. № 129. С. 111.
40 РГАДА. Ф. 6. Д. 416. Ч. I. Л. 70; Пугачевщина. Т. I. док. № 213. С. 177; Документы ставки . . . док. № 129. С. 112.
41 *Мартынов М. Н.* Саткинский завод во время восстания Емельяна Пугачева // Исторические записки. Т. 58. 1956; *Ушаков И. Ф.* Указ. стат.

42 РГАДА. Ф. 6. Д. 416. Ч. I. Л. 189–190; Пугачевщина. Т. I. док. №. 250. С. 202–204; Т. II. № 120. С. 316–317; *Дубровин Н. Ф.* Указ. соч. Т. II. С. 198; *Дмитриев-Мамонов А. И.* Указ. соч. С. 65.

43 *Пруссак А. В.* Указ. стат. С. 181.

第八章　農民の希望と叛乱参加

叛乱の第三期に特徴的な農民の参加状況を考えてみよう。叛乱は異なる社会層の自律的な参加という「複合的」性格を有していたことはすでに述べた通りである。しかし、プガチョーフ叛乱の構造的把握をめざすならば、ロシア社会の基幹的住民であるロシア人農民の行動に注目するのは当然である。

本章では、先行研究を参考にして、十八世紀全般の農民運動を視野に入れながら、とりわけこの叛乱における農奴（領主農民）のめざしたものを考えてみることにする。ソ連時代の研究では、農民の運動を反農奴制という目標に還元してきた。この点を評価しつつも、それとは別の日常的な抵抗の側面があることに注目して検討する。[1]

第一節　農民の運動

1　農民への呼びかけ

ピョートル三世は、いわゆる「貴族の自由に関する布告」（一七六二年）で、貴族の国家勤務を原則的に廃止した。この布告が発布されたとき、農民たちは自分たちにも諸義務から解放されるマニフェストが近々発布されるであろうと噂していた。彼らの期待は先の布告にのみ根拠を置くものではなかった。他に次の二つの点についても考慮に入れる必要がある。一つは、ピョートル三世によって修道院領の国有化をめざすべく発せられた一七六二年二〜四月の諸布告——実際の国有化はエカチェリーナ二世による一七六四年である——が、修道院領農民に国有地農民に移行しうるという期待を抱かせた点である。二つ目は、六二年一月二十九日付元老院布告がもっともよく示しているように、彼の古儀式派対策すなわち宗教的寛容政策であった。[2] しかし、事実は逆で、農民に対する厳しい義務負担が増大した。期待が裏切られたために、かえって逃亡から領主殺害にいたるあらゆる種類の農民プロテストが激化したのである。[3]

プガチョーフは彼自身の豊富な経験からこのような農民の気運を熟知していた。彼は、一七七四年ヴォルガ川沿いを行軍していく際に、農奴(領主農民)たちをその領主から解放して彼らを御料地農民・国有地農民、さらにはカザークに転化するという布告やマニフェストを数多く発布した。七四年七月三十一日、ペンザおよびペンザ地方の住民へマニフェストを発布して次のように語っている。

……古い十字架と祈り、頭と顎鬚、自由と解放、および永遠にカザークであることを、徴兵、人頭税やその他の金銭支払いの賦税を求めず、土地、森林、草刈場、漁場、鹹湖《かんこ》の占有を無償で、しかも貢租なしで、余は下賜する。

続けて、「悪質な貴族や都市の収奪者である裁判官」からの解放を述べつつ、貴族を捕えて絞首刑に処すことを命じている。[4]

これと同じ内容のマニフェストがすでに三日前の七月二十八日に、サクマルスキー・ゴロドークおよびその周辺の住民に向けて読み上げられていた。[5] また、七月二十四日、「軍事参議会」はアラトィルスキー郡エヴロ村の農民を貢租と賦税から解放する内容の布告を発したのである。[6]

一七七四年六月から七月にかけて領主農民(農奴)に向けて発布されたプガチョーフの布告は、大別すると次の内容を含んでいる。第一に農奴的隷属からの解放や自由な生活の保障、第二に租税および義務負担の免除、第三に土地およびすべての農地の獲得である。これらはみな領主農民である農奴の希望を先取りした形で表現したものであった。同様のスローガンは、すでに叛乱の第一期の布告・マニフェストのなかでもみられたが[7]、第三期のそれらにこそより明瞭な解放思想が表れている。それは、第二期までは叛乱軍がヤイーク・カザークを主力にしつつも、農民を抱え込みながら、バシキール人やタタール人そのほかの非ロシア人が混住する多民族地帯ウラルを主舞台に運動を展開していたこと、言い換えれば各カテゴリーの民衆相互の利害関係が錯綜しているために、お互いの利益の調整が困難であったからである。

第三期に入ってからのプガチョーフ側からの呼びかけに対し、沿ヴォルガ地方の農民たちは積極的に応じている。この地域における貴族所領では、賦役が義務の主要形態であり、領主による農民に対する収奪が一段と激しい地域であった。ルビンシュテーインによると、この地の領主たちは、自らの社会・経済的地位を支えるため、その手に農業生産物を集中することになった。それゆえ、「金納による貢租に対して賦役を対置」させたといわれる[8]。たとえば、ヴォロネシ県では、叛乱時に農民によって攻撃された三八四カ所の領地のうち九八%が賦役(барщина)を主要な義務の形態とし、残りのわずか二%が貢租(оброк)立てであった[9]。

それでは農民たちはどのような過程を経て叛乱に参加していったのであろうか。

2　参加状況と「ミール」の役割

史料は農民の叛乱参加の過程を示している。カラムジンスキー村の農民たちの例である。それによると、彼らは「ミールの同意」を得てプガチョーフの陣営に農民の代表を派遣した。代表者たちはプガチョーフと会談し、彼から「慈悲深い布告」を受け取った[10]。また領主所有のカラウロフ村では、「その相続領地の農民全員一致で」プガチョーフ軍に参加している[11]。このような経過は史料的にペンザやサラトフ地方の多くでみられる現象であるが[12]、そのことは他の領主経営の村でも同様に一般的なことであった。

　ここで注目すべきは、叛乱に際してのミール〔農村共同体〕が果たした役割の重要性である。種々の史料から、「ミールの同意」を得て叛乱に参加するという経緯がみられる。しかし、より詳細に検討すると、運動の基盤となったのもまたこのミールであった点に気づく。すなわち、農民たちは蜂起するか否かについてミールで合議している。そして、ひとたび蜂起することに決したならば、彼らの間から指導者を選出し、資金を徴収し、武器を作り、村を守るための防壁を建て、当局の動きに関する情報を集め、隣人や隣村とのコミュニケーションを絶やさないようにした。さらには農民たちの間には組織性さえもみられたのである。他方、「全員一致」という原則は、共同体の団結を表すとともに、その強制的側面さえも示していた。[13]

　以上のことは、叛乱以前にすでにロシアの農村で広くみられた現象である。たとえばトロイツキー゠カリャジンスキー修道院領農民の例をあげよう。彼らは修道院によって法外な重税を課されていた。このことに対し、農民たちは自分たちのなかから首都にのぼって訴えるべく「ミールの請願人」を選出した。また、農民たちは、この「ミールの仕事のために」資金を集め、「ミールの請願人たち」が当局へ訴え出るためにモスクワやペテルブルクでの滞在費用を調達した。[14] これもミールの果たした重要な役割である。[15]

　農民の積極的で自立的な叛乱参加を示す史料が残っている。デコロング将軍は、シベリアからウラル以東のいわゆるイセト地方を転戦し、政府に宛てた一七七四年二月十六日付報告で次のように語っている。

　　多くの国有地農民、経済農民および他の〔官庁〕管轄下にある農民たちは、〔自分の〕**自由な意思で**〔強調は著者ドミートリエフ゠マモーノフ〕、すなわち悪人〔プガチョーフ〕からまったく強制されることなく彼の足元にひれ伏している。それだけではなく、その一味に伝令を派遣し、自分たちの住んでいるところに〔くるように〕呼びかけているのである。[16]

これは叛乱の主力が沿ヴォルガ地帯へ移る以前の第一期のことであるが、同様な状況を示す史料は多い。以上のように、叛乱への参加に際して、農民は自分たちのあらゆる側面の日常生活を規定するミールの全員一致の原則に従い、しかも積極的に参加することになる。また、こうした農民の動向に対する政府の対応もそのことを助長していた。

当局も、農民の叛乱参加を鎮めるため、強制的な手段を含め、さまざまな方策を講じたのはいうまでもない。それに対して農民たちは激しく抵抗することになる。

一七七三年十月二十四日、アクタシ村で政府側のステパーノフ(Степанов)某によって当局のいわゆる「訓戒のマニフェスト」が読み上げられた。農民が叛乱軍に走らないように教え諭す内容であった。これに対してヤサーク農民のガヴリール・ポドリャチコフ(Г. Подрячиков)は、そのような命令を持ってきた人物および彼らを送り込んだ人々を縛り首にせよ、と農民たちに呼びかけたのである。[17]

また、ロマノーフスキー少尉(Романовский)が住民に政府の「訓戒のマニフェスト」を読むべく派遣されたときの報告が残されている。ダリャノフ公(Далянов)所有の農民たちは、「布告に従う旨の署名をしなかっただけではなく、それを完全に拒絶した。ロマノーフスキー少尉その人に対して、自分たちはその布告には従わない。ただオレンブルクからの命令に従うのみだ」と申し立てた。そのうえで、彼らはミールから一人選出してプガチョーフのいるオレンブルクへ送り、またこの少尉を打ち据えたうえで、本営に自分たちの部隊を派遣しようとしたのである。[18] 叛乱の第一期に、プガチョーフは本営をオレンブルク近郊のビョールダ村に置いていた。農民はプガチョーフに服従していると述べている。

このように、叛乱への参加をとめようとした当局の行動は、逆に農民たちの意識を高揚させ、叛乱への参加をいっそう煽っている。ところで、先鋭化した農民の攻撃・打倒の対象はいったい何であったのか。それが次に考えるべき課題となる。

3　攻撃対象と叛乱における組織化・秩序化

攻撃対象

攻撃の対象は、プガチョーフの発した布告・マニフェストとも関連するが、大きく次の二つに大別される。第一に、領主・領地管理人・聖職者など、ツァーリ体制の代弁者であると農民がみなした人々である。第二に、農民の生活にとって必要不可欠な品を貯蔵する農村内にある領主の倉庫などであった。

次に示す史料は、一七七四年一月、シベリア県(エカチェリンブルク管区を除く)で最初に蜂起したヤルトロフスキー地方の農民たちについてである。そこは県内でもっとも大きな地域の一つであった。一二カ村(スロボダー)と多くの登録された部落(ジェレーヴニャ)から成り立っていた。[19] そのうち、一カ村を除いた一一カ村と一七八部落の男女合わせて一万六四五〇人が叛乱に参加した。叛乱の指揮はウチャツカヤ村、クルガンスカヤ村、およびイコフスカヤ村の農民たちが自らとった。翌二月には、同地方のほとんどすべての村が蜂起している。

この蜂起で農民たちは地方権力や軍隊の指導者を捕縛し、彼らを叛乱の指導者たちによる民衆裁判に委ねた。また、塩やワインの倉庫が破られ、しばしば廉価で売られたり、無償で配分されたり、さらには略奪されたりもした。その後、叛乱軍の財産としてそれらの倉庫には鍵をかけられることになる。そのうえ役所にあった国庫金および叛乱軍に敵対する官吏や聖職者の財産はすべて没収され、叛乱軍の本営に送られたのである。[20]

ヴォルガ川流域に叛乱軍主力部隊がくる以前に、農民たちは自分たちの領主を襲撃していた。一七七三年十一月七日には、カザン郡のボゴロヅコエ村、ヤズィコヴォ村にオレンブルク近郊から部隊が到着した。これに力を得た農民たちは、自らの領主であるボルホフスキー公(Болховский)の屋敷を部隊とともに破壊している。[21]

叛乱における組織化・秩序化

ここで注目しなければならないのは、攻撃にあたって叛乱参加者には一定の組織化や秩序化があったという点である。これは他の「農民戦争」とは大きく異なる点である。われわれはその顕著な例を叛乱軍中に創設され、本営の軍事や行政、さらには裁判さえも執行した「軍事参議会」の存在とその機能にみることができる。すでに述べたように（第四章第四節を参照）、これは当時政府内に存在していた同名の組織の名称を借用しながらも、カザーク軍団的組織を利用した機構であり、その役割は多方面にわたり余すところがなかった。この機構が必要となり、有効に機能するためには叛乱の状況が次のような局面にあったことがあげられる。第一に、一七七三年十一月初めまでに、広大な領域（オレンブルク県・カザン県・アストラハン県）を叛乱軍がすでに掌握していたこと、また同月二十日の段階ですでに主力部隊が約一万人に膨れ上がったという点である。第二に、それによって生ずる複雑な状況に対応する必要があったことである。プガチョーフには識字能力はなかったが、複雑な局面に際して、文書・報告書を審査し、かつ迅速に回答を出さねばならなかったのである。第三に、彼の側近になったヤイーク・カザークとの関係である。彼らはこの制度を通して（本営の構成員の多くを占めることによって）自らの利益を追求したのである。そして第四に、プガチョーフ自身の志向が働いていたという点も指摘しなければならない。彼自身が「皇帝ピョートル三世」を僭称するのと同様、この機構を通して自らの権威強化の方向性を試みることができるとしたのである[22]。

以下の点についてもすでに述べたことではあるが確認しておく必要がある。叛乱軍の組織化・秩序化は、主力部隊にのみに限ったことではなく、地方においてもみられた現象である。郷においては郷地方役所、それより小規模な地域においては村役所、工場地帯にあっては地方役所の創設であった。このような組織・秩序を農民たちに維持させたのはミールのさまざまな働きであり、そうした状況を基盤に、プガチョーフの発した布告・マニフェストのなかに多くみられる勤務＝賞与の関係を軸とした軍事訓練[23]、および各地の自律的な運動を指揮する有能な指導者たちの存在があったことも指摘しておかなければならないであろう。[24]

叛乱における以上のようなミールの重要な役割に注目するとき、われわれには次のような新たな疑問が生ずる。ミールが農村内において本来の機能を果たしている限りにおいては、言い換えると、農民の自治的組織と相互扶助・連帯の場として、さらにはツァーリ体制の行政執行の末端を担う農奴制的支配の一装置として存在している限りにおいて、なぜ農民は蜂起したであろうか、と。何よりもミールは、農民の日常性を規定し、秩序を維持する組織であったのだから。それでは、こうした日常性を打破し、それを乗り越えて蜂起という形態の民衆運動にいたる回路とはいったい何だったのだろうか。[25]

第二節　「伝統」と「近代」の挟間に生きる農民

1　運動の「合法化」

ロシアの「近代化」と嘆願書

農民の蜂起にいたる契機を考えるにあたり、彼らを取り巻く社会的状況をみなければならないが、ここでは次の三点に焦点を当てて考察しよう。第一は、十八世紀という国家の「近代的」編成過程のなかで、農民たちは自らをどのように位置づけていたのかということ。第二は、それとは反対に、どのような「伝統的」な意識が農民の生活世界を支えていたのかという点。そして第三に、その両者はどのように絡み合っていたのかということである。

まず、ここでは農民とロシアの「近代化」過程との関係を考えてみよう。その際、十八世紀中葉の主に修道院領農民の嘆願書を扱ったダヴィード・ラースキン(Д. И. Раскин, 一九四一〜　)の研究に依拠して、[26] 嘆願書中に引用されている政府の発布した法令の利用のされ方、さらにそのことを通して農民は自らの立場や行動をどのように位置づけたのかという点を検討してみよう。

十八世紀三〇〜六〇年代初めまでの現存する修道院嘆願書は二九八通（そのうち四〇〜六〇年代初めのものが二一三通）、領主農民のものは二七通（そのうち四〇〜六〇年代初めのものが二三通）である。これらは中央および北西ロシアの広い範囲に及んでいる。そうした嘆願書における政府の発布した法令と布告の引用は、三〇年代には散発的であるのに対して、四〇年代末から増え続け、六〇年代初めに頂点に達し、それ以後減少の傾向にある。このことは、一七六四年の修道院領農民の要求を満足させた修道院領の国有化によって説明されると同時に、農奴（領主農民）がその主人についての告訴を禁止されたこと（一七六七年八月二十二日付布告）も大きく影響している。[27]

ここで注目しなければならないのは、嘆願書のなかで表現された農民の法律に関する知識の豊富さと多様さである。そのことは必然的に農民の法に対する意識の高まりを示すものであった。この点については、ミールの嘆願人に対する審問調書が詳しく物語っている。また、法令や布告の引用にあたって、農民たちは地方の書記や事務官などの下級役人からも法令や布告の情報を得たり、協力を受けたりしていた。たとえば、ノヴォ＝スパッスキー修道院領の農民たちの場合である。農民の持参した「下書きの嘆願書」を基礎にして、書記のイヴァン・ミハーイロフ（И. Михайлов）は一七二二年四月十七日付布告を引き合いに出しながら清書していたという。[28]

このように、嘆願人たちは引用すべきいくつかの布告に関する知識を有していた。また、彼らはそうした知識を人々との会話から得ていた場合もある。それというのも耳で聞いたためであろうか、嘆願書のなかには布告の日付の誤記などが散見されるからである。たとえば、六月（ユーニ）の代わりに七月（ユーリ）、十一月（ナヤーブリ）の代わりに一月（ヤンヴァーリ）などの誤り（あるいは勘違い）が嘆願書にみられる。[29]

嘆願書の内容

嘆願書そのものと引用された布告を検討すると、バフチエヴォ＝ポクロフスキー修道院領農民の場合は次のようである。それは「過剰な重税」や同修道院長およびその管理人の「攻撃」に対する嘆願書であった。まず嘆願者たちは新たな重税は不法であるとみなし、その証拠として一七一四年十二月二十四日付布告を逐語的に引用する。さらに、すでに発せられた元老院管轄下の経済官房（Экономическая канцелярия, 旧聖界領監督官庁）の決定に対して先の布告の引用に基づいて反駁したのである。こうした事例は領主農民の場合にもみられた[30]。以上のような布告の引用などはパーヴェル一世治世下の十八世紀末まで散見される現象であった[31]。

農民がその嘆願書のなかで引用し、また彼らの間で流布した法令や布告はじつにさまざまである[32]。一方で、そのことはわれわれに農民の苦しい状況・要求・願望といったものを示している。他方で、農民が立法の文言を利用するということは、彼らの法意識の発展を刺激し、その法意識がよりいっそうの明確性と国家的広がりを帯びてきたことをも意味している[33]。そのことはさらに農民である嘆願者たちの社会的意識に影響しないわけにはいかなかった。これは究極のところ、農民が法の前の平等という要求を突きつけることになる。ペレスラフスキー＝トロイツキー＝ダニーロフ修道院領ウソリエ村の農民嘆願書がそのことをよく示している。「皇帝陛下の法と布告に基づき、裁判は下の者から最高位の者まで、その権勢にかかわらずおこなわれることが命じられた[34]」。まさにこの点をプガチョーフの発したマニフェストや布告が強調するのである。

ここに、われわれは絶対主義国家の法に基礎を置きながら、自らの行動を「合法化」する農民の姿を見て取ることができる。しかし、農民たちは自らの行動を単に「合法化」しただけではなかった。彼らは生きている世界を自分たちに反対する世界と厳しく対立させながらいっそう明確にし、さらには自らのめざす世界さえも意識にのぼらせていくことになるのである。

農民運動の「モラル」

リトヴァクは、十八世紀後半から十九世紀前半の農民の社会心理を研究して、農民の抱く世界観の一端に迫ろうとする。彼はそれを「われわれ мы」と「彼ら они」の対比において分析する。「われわれ」の世界には、農民の日常の基盤となるミールのみではなく、ツァーリや神さえも含まれる。[35] 他方、「彼ら」という認識には領主だけでなく、近隣の国有地村落ではない村のさまざまなカテゴリーの農民も入る。[36]

「われわれ」の認識要素としてのツァーリや神は、農民にとって、彼らの同盟者であり、「彼ら」から自分たちを庇護してくれる存在であった。そのことは、農民が自らの利益を守るために立ち上がる決断を下すことを容易にしたともいえる。前項で述べた蜂起の法的裏付けのための引用同様、プロテストの正当化あるいは「合法性」を、農民たちはこのような宗教的・道徳的規範（モラル）によってもつねに基礎づけたのである。[37] 他方、「彼ら」である領主たちの行動は、農民たちからすれば、ツァーリに背く「不法な незаконные」ものとされた。[38]

農民の以上のような認識に、そしてその運動にいっそうの拍車をかける契機となったのが、十八世紀末パーヴェル一世の発した布告、つまり農奴（領主農民）をも含めて全身分の民衆が臣従の宣誓をおこなうことについての布告であった。[39] これが農民たちの領主に対する多くのかつ嵐のごとき反対運動の基盤となった。農民たちはこの布告に彼ら独自の理解をもって接することになる。すなわち、ツァーリが「われわれ」に宣誓を呼びかけるなら、当然の結果、「われわれ」はツァーリの直接の臣下・家臣となる。他方、「彼ら」である領主たちは「われわれ」に対する権利を失うのである、と。実際、いたる所で農民たちは「服従から逃れた」。彼らは自分の行動の正当性を証明しながら、パーヴェルに対し、先の布告を利用して、逆に領主たちは「宣誓することを許可されていない」と訴えたのである。またある場合には、農民たちはツァーリに次のように申し立てる。自らの領主について言うと、「陛下に対する忠誠に励んでいる者は、年少の頃からでさえ、そして今日にいたるもどこにもいない」[40]、と。さらに、のちのデカブリスト運動に関与した領主たちの逮捕が、農奴(領主農民)たちに領主に対する全農民蜂起の正当性すなわち「合法性」を確信させたのである。[41]

以上のように、農民の意識のなかで形成された正当性(「合法性」)の観念は、実際に存在していた「現実の規範」と農民にとって「望ましい規範」との奇妙な結合であったともいえるであろう。[42] このような観念を支えるいま一つの意識がロシア農民の伝統的なユートピア思想である「ツァーリ幻想」、および「白水境」伝説ないしは「はるかなる土地」の諸伝説であった。しかし、それらは単にユートピア思想に留まらず、実際の運動となって現れたのである。

2　伝統とユートピア思想

農民の理想とユートピア思想

農民たちは、土地についての独特な所有観、解放・自由・自治を本来もっている過去の遺産とする意識、さらに昔の栄光を将来の理想とする考え、以上を伝統的にもっていた。[43] このような観念が具体的なユートピア的思想となって現れるのが、一つには「ツァーリ幻想」であり、二つ目には理想郷の存在を謳う「白水境」伝説ないしは「はるかなる土地」についての諸伝説である。

「帰りきたるツァーリ」あるいは「救済者ツァーリ」を待望するロシア人農民の観念は、プガチョーフ出現以前に多くのツァーリ僭称者を生み出した。プガチョーフをも「ピョートル三世」として容易に受け入れる下地を作ることにもなる。さらに、後述するように(次節1の第二項)、農奴(領主農民)や聖界領農民たちが国有地農民ないし御料地農民への転化を希望したのは、まさにこの「ツァーリ幻想」と密接な関係がある。農民たちは、聖俗の領主たちではなく、ツァーリによる直接の支配や庇護のもとで暮らしたいと考えていたのである。

伝説的観念と具体的な闘争形態

ここでは、十八世紀末・十九世紀初頭から二十世紀まで普及した「白水境」伝説や「はるかなる土地」伝説の観念に焦点を当てて考えてみよう。これは自分たちの理想郷を求めて流浪するという伝説である。この伝説成立の社会的基盤は、十六世紀以来、北ロシア、ヴォルガ・ドン・ヤイークの各河川の沿岸、そしてウラルやシベリアへの合法および非合法(逃亡)の形で移住した自由農民による植民であった。[44] 彼らは、農奴制の抑圧から逃れ、未開墾のそして「主人のいない」自由な土地に移り住んだ。しかし、これら「約束された土地」は、現実には彼らがめざした理想からは程遠かった。なぜなら、新天地においても、ロシア国家の諸制度が創設され、また農民のなかにも「富裕な人々」が出現したからである。[45] かくして、理想的な共同体全体の平等を求めるという観点からいくつかの伝説が生まれた。[46] それが民俗学者チストーフが研究し、中村喜和(一九三三〜)が日本に紹介した「白水境」伝説であり、「はるかなる土地」についての諸伝説であった。[47]

とくに、「白水境」伝説は、十八世紀後半に古儀式派から分かれたいわゆる「逃亡派」と関連があるとされる。彼らはツァーリや教会、法や裁判、身分や官位、金銭や富、徴兵や税金、さらにはパスポートさえも拒否し、唯一逃亡することに救いを見出していったのである。[48]

ここで注目すべきは、「「はるかなる土地」の諸伝説が単なる空想つまり作り出された受け身的な幻想ではないということである。それらは政府やあらゆる現象面における社会的な諸体制(桎梏《しっこく》)と農民の特別な闘争形態であり、しかも極度にまで素朴で悲劇的なほどにパースペクティヴが存在しない」のである。[49] しかし、これらは単なる伝説ではなく、「ロシアの多くの農民をしばしば実践的な行動に駆り立てる恐るべきアピールを秘めていた。それは単に素朴な聞き手の想像を楽しませるための幻の楽園の叙述というより、たしかに実在するはずの理想郷への旅立ちを同胞に呼びかける檄文の役割を果たしたのである」[50]。

以上のようなユートピア思想が複雑に入り混じる「伝統的」な世界や観念に生きる農民たちの眼前に広がっていたのは、「父たる」ツァーリと「子たる」農民・民衆の血族の絆を再興する家父長制的社会制度に立脚する、あるいはそれさえも排するほどの抑圧のない社会体制である。つまり、自由な土地での自由な労働、世俗権力による支配・納税義務・徴兵制度・搾取がないこと、民衆の同権である。さらには「古の信仰」を固守するという連帯意識が古儀式派のみを念頭に置くのではなく、広く他の宗教を信じる諸民族の混在をも容易に受け入れさせたという点である。[51] プガチョーフ叛乱は、そのような農民の意識を先取りして、実現に向けて展開していった運動だとみなすことができる。それでは次に、農民の志向を具体的に検討してみよう。

第三節　農民のめざしたもの

1　「自由」

「自由」の内容

一七七三年十二月九日、リャホフカ村のある聖職者は農民の運動に敵意を抱いて次のように証言している。彼によると、農奴レヴォンチー・トラーフキン(Л. И. Травкин)が彼に次のように語ったという。「領主を死ぬまで殴り、その人の館を破壊する人には褒賞が与えられるのだ。一〇〇ルーブリが。また、貴族の館を破壊する者には一〇〇〇ルーブリと将軍の称号が与えられる」。プガチョーフは、農民たちに自らの領主からの解放を明言していたのである。[52] 実際、これに呼応して農民たちは叛乱に参加した。すでに彼らの攻撃対象を検討してきたが、この同じ地方の農民プロートニコフ(Е. Плотников)によると、立ち上がった農民たちは何よりもまず「主人〔すなわち領主〕からの自由」を念頭に置いていたという。[53]

歴史家ペトローフは、その著書のなかで、農民たちは「経済の自立をめざして、領主権力に反対して立ち上がり、土地〔獲得〕のため、領主のための支払いを廃絶するため、そして農民を国有地農民にするために戦った」という。[54] それが明確に表現されている史料の一つとして、この歴史家は一七七三年十月一日付プガチョーフの布告をあげている。そこには、「いまや、余はあなた方に……子々孫々にいたるまで、土地を……耕地を……あなた方が望むように、生涯にわたってあなた方に下賜する」と記されていた。[55] しかし、この布告は農民に対してというよりは、バシキール人に向けられており、彼らの助力を求める内容であった。そのことは、ペトローフの引用部分の前には、「バシキール地方のスタルシナ……へ」という宛名があり、また引用した部分のすぐあとに、「ステップの野獣のようにあれ」という文言があることによってもわかるのである。

嘆願書にみる農民の希望

ペトローフのあげた史料の代わりに、農民の指導者に向けたプガチョーフの布告、および農民によるプガチョーフ宛嘆願書を見てみよう。

前者の史料は、一七七四年七月十二日、プガチョーフがベロヤルスカヤ村の農民であるフェドート・コーチネフ（Ф. Т. Кочнев）に宛てたものである。まず、プガチョーフはコーチネフに対して、ベロヤルスカヤ村や他の場所で布告を公にするようにと命じている。その内容は、一つには、あらゆる階層から誰彼を問わずカザークに徴募せよというものである。いま一つは、王である自分すなわちプガチョーフに頭《こうべ》を垂れる者は、悪者である領主に課された労働の軛《くびき》と賦税から解放され、なんら抑圧のない自由（свободная вольность）が与えられるという。具体的には、「ロシアは悪者の強欲なたかりや都市に満ちている貴族たち、県知事たち、軍司令官たち、および他の同類の搾取者たち――彼らは貪婪《どんらん》な自らの羨望によってほとんどすべてのロシアをすでにわが物とした――によって課せられた貧困や労働の重荷によって圧迫されてきた。……すべては余によって根絶されるであろう。人の感情を害する者、富に貪欲な裁判官、そして貴族たちは厳しい余の怒りを受けずにはおかないであろう」[56]、というのである。コーチネフはアタマンを名乗ってはいるが、それは農民部隊がカザークの部隊組織で構成されていたため、指導者はアタマンを名乗ったのであろう。

農民のめざしたものを探るための後者の史料は、一七七四年七月二十三日のアラトィルスキー郡アルフェリェフ村の農民によるプガチョーフ宛嘆願書である。内容は次の三点からなる。第一は、今後、自分たち農民はいったい何をしたらよいのか指示を与えてほしいということ。第二は、自分たちのもとにある領主所有の穀物や馬、および他の農業用家畜を自分たちのものにできるようにという請願。第三は、領主所有のいま一つの村であるヴェルフノエ・タルィジノ村の農民についての訴えである。この村は貢租立てである。自分たちはその土地に領主の穀物の種を蒔いた。彼らは私たちによって播種された穀物をわれわれに与えない。その穀物は彼らのものではなく、私たちのものなのだ。この点について、ツァーリの裁可を仰ぎたいというのである。追記として次のような文言が続いている。「自分たちの〔主人の〕相続領地には、慈悲深い君主よ、いかなる賦税も払えないだけではなく、食糧もないほど貧しい農民が多く住んでいます。偉大なる君主よ、あなた様のお慈悲により、食糧として、また播種用として、主人の穀物をわれわれに与えるというご命令を乞い願います。そのために、あなた様の孤児である私たちは、偉大なる君主のため、永久に神に祈るに相違ありません」[57]。

第一の史料は、次節で検討する「カザーク」への徴募および強制労働からの解放を内容としている。第二の史料は、農民自身が自らの要望について語っている貴重な史料である。何よりもわれわれがその史料において注目しなければならないのは、ツァーリであるプガチョーフに対する農民の恭順な態度である。ここに農民とツァーリとの直接的な関係を願う農民の意識の一端をうかがい知ることができる。次に、この点について検討する。

2　農民とツァーリの直接的関係の樹立

国家の農民、ツァーリの農民

プガチョーフ軍の指導者の一人で、ペンザ郡カメンスク村〔アンナ・ゴリーツィナ〈А. А. Голыцина〉公夫人所有の相続領地〕の農民イヴァン・イヴァーノフ（И. Иванов）は、この村の領地管理人や農民の求めに応じて、彼らにピョートル三世すなわちプガチョーフの「布告」を公にした。それには次のように記されていた。

汝らは国家の〔農民〕となるであろう。しかし、主人の〔農民〕とはならないのである。[58]

このような史料は多い。たとえば、アレクサーンドル・クラーキン（А. Б. Куракин）の相続領地であったボリソグレプスコエ村にいたプガチョーフ軍の指導者フェドゥショーフ（Федюшёв）は、農民に対して、同様に、彼らは「すべて国家の〔農民〕となるであろう。主人の〔農民〕とはならない[59]」、と語っている。さらに、アルハンゲリスコエ村でも他の部隊の指導者イヴァン・オーシポフ（И. Осипов）が次のように述べる。「……あなた方は国家の〔農民〕となるであろう。領主の〔農民〕とはならないのだ。それに、あなた方にはいかなる賦役をも求めはしないであろう[60]」、と。

この史料は間接的ながらも農民たちの根源的な希望の一つを表現している。彼らは領主の隷属下で生きるよりも、ツァーリに直接支配される農民になることを希望していたのである。彼らはツァーリ・ピョートル三世すなわちプガチョーフが農民を領主の専横やさまざまな賦役から解放するものと固く信じて疑わなかった。こうした農民の願望を、プガチョーフ側の布告やマニフェストが先取りした形で汲んでいたからこそ、領主による収奪が一段と激しかった沿ヴォルガ地帯で多数の農民を自らの運動に吸収していくことができた。

以上のことは少なくとも十八世紀全体を通じていえることである。農民史家アレフィレーンコは、プガチョーフ叛乱にいたる十八世紀中葉(三〇〜五〇年代)における農民の日常的闘争を研究し、領主農民および修道院領農民が御料地農民あるいは国有地農民への移行を求めていたと結論づけた。[61] まさにこの点にこそ、農民の明確な要求の一端があったとみるべきであろう。[62]

またプガチョーフ側に立った農民への土地の「下賜」がもたらす実際の影響も見逃すことができない。周知のように、農民にとって土地は重要な意義をもつが、ツァーリであるプガチョーフによる土地の「下賜」とは、農奴制的隷属からの解放を意味すると同時に、ツァーリ直々による「解放《スヴォボーダ》と自由《ヴォーリャ》」の「下賜」として農民には理解されたのである。[63]

以上のように、農民たちの志向したものが明確になっていくなかで、依然検討しなければならない問題が存在する。それは叛乱全体の志向したものと農民のそれとのズレである。その点について、ソ連時代に歴史学の論点の一つとなった「カザーク化」の問題と関連させて検討しよう。

3 「カザーク化」

「カザーク」になること

プガチョーフ陣営の発布した布告やマニフェストのなかには、すでに述べたように、具体的な打倒対象や下賜の内容が記されていた。そこでは、ロシア人農民や工場の労働者に対して、「カザーク」であること、「カザーク」になることの保障、「カザーク」に徴募するという文言がわれわれの関心を惹くのである。[64]

他方、叛乱に参加した農民や兵士、さらには非ロシア人さえもがカザークとして徴募され、カザーク風に頭を刈り、カザーク軍団の職名や位階を名乗り、あるいは軍団の組織構成に倣った部隊編制をおこなっていたのはよく知られている。たとえば、プガチョーフ軍の指揮官の一人カンザファール・ウサーエフはボゴロヅコエ村の住民から二五人を「カ

図22　プガチョーフ時代の面影を残す、タタール人の商店を兼ねた倉庫の跡（オレンブルク近郊のカルガラー村。2010年９月撮影）

ザーク」として徴集した。[65] 同じく、バトィルカイ・イトキニン（Б. Иткинин）は百人隊長や「老練な」タタール人らを遠征軍のため「カザーク」として徴募するという協定を結んでいる。[66] ここでは、対象が農民以外にも及んでいる点に特徴がある。また、叛乱軍に参加したビリンバエフスキー工場の書記デメーンチー・ヴェルホラーンツェフ（Д. Верхоланцев）は頭をカザーク風に刈っていた。同じことは、一七七三年九月二十七日、タチーシチェフ要塞を占領したときに、政府側の守備隊兵士に対してもおこなわれている。[67] イジェフスキー工場とヴォトキンスキー工場の住民およびこれらの工場に登録されている諸村落の住民たちは、彼らが権力を掌握したのち、自らのアタマンあるいはエサウールを名乗ったという。[68] そして先のタチーシチェフ要塞の兵士たちも「国家カザーク」を名乗っている。[69]

「カザーク化」とは何か

以上から、運動全体として「カザーク化」の傾向をみることができるであろうし、またそこに農民たちもある種の理想社会の実現を夢見ていたともいえよう。しかし、他方で、この「カザーク化」が叛乱参加者たちの志向した本質的なものかどうかという疑問もある。

第一に、「カザーク」への徴募がなかば強制的におこなわれていたと考えられる点である。史料では、カザーク徴募は脅迫の文言をともなっておこなわれている。プガチョーフ軍はつねに兵員の補充という難問を抱えていた。とくに叛乱の主力がヴォルガ沿岸地方に移った第三期には、すでに政府軍によって甚大な打撃を受け、死亡や逃亡などのために多くの兵力を失っていたのである。こうした点と強制的徴募は無関係ではなかろう。

第二に、農民がカザーク社会に「自由」をみていたにせよ、農民とカザークとの生活のありようがあまりに大きく異なっており、それゆえ容易に「カザーク」に移行したとは考えがたいという点もあげられる。とりわけ農民にとっては、カザークのように土地と遊離した生活は考えられないのである。また、政府によって工場に登録され、そこで働くことを義務づけられていたいわゆる工場登録農民が、叛乱時に工場を離れ、「カザーク」にもならずに帰村する姿をわれわれはみることができる。[70]

第三に、カザーク自体の志向したものの問題がある。後述するように(次の4)、ヤイーク・カザークにとって、この叛乱はそれまでに喪失した自由や自治を回復し、自らがロシア帝国のなかで首位に立つことをめざすためのものであり、「カザーク化」もこの文脈のなかで考えねばならないからである。

以上の点から、著者には叛乱時における「カザーク化」が農民にとり、めざした本質的なものかどうか、という疑問が完全には解消しないままである。しかし、現実にはすでに示したように、ある程度の「カザーク化」の動きがあったという事実も見逃すことができない。おそらく農民にとって、国有地農民あるいは御料地農民への移行とは若干異なるニュアンスを帯びながらも、「カザーク的自由」という大きな理想もまた、彼らに与えられた選択肢の一つだったのではなかろうか。

この「カザーク化」の問題をより深く掘り下げて考えるために、次にヤイーク・カザーク自体の志向したもの、あるいは彼らの農民観を考えていくことにしよう。

4　ヤイーク・カザークの志向

ヤイーク・カザークの目標

ヤイーク・カザークの歴史は、軍団の自治や自由をめぐる闘いの歴史であった。すでに述べたように（第二章第四節）、とくに一七七一年三月九日のカザークのクルーク（集会）を経て政府の要求を拒否したヤイーク・カザーク軍団は大弾圧を被った。それは、政府の要求する中国へ逃亡したカルムィク人追跡およびキズリャールへの部隊派遣の拒否に対する報復である。カザークたちは逮捕され、鞭打たれ、顎鬚を剃られ、全員オレンブルク軽野戦部隊の竜騎兵として編入された。この事件は翌七二年一月から叛乱となって拡大した。その結果は、同年六月四日付勅令により、軍団事務所が閉鎖され、新しく百人隊長・十人隊長が政府より任命されることになる。さらにカザーク的自治を体現する機関であった集会も廃止に追い込まれるにいたった。ここにヤイークにおけるカザーク的民主主義の体制が消滅した。しかし、その自由・自治の回復を願う精神は消えることなく、三カ月後にはプガチョーフ叛乱でそれが再び顕在化し、その最中においてカザークは軍事的指導力や能力をいかんなく発揮した。

叛乱を通して、ヤイーク・カザークのめざしたものは一貫していた。それは自由と自治の回復に留まらず、カザーク自らが国家権力を掌握し国家第一の身分になることであった。プガチョーフ自身もその点に配慮していた。政府軍に捕われたあるヤイーク・カザークの証言はそのことを裏づけているようである。プロローグでも述べたことをあえて繰り返すと、自分たちを苦しめていた人々に代わって、自分たち自身がその地位に就くために立ち上がったと言うのである。

カザークの農民観

また他方では、自由人としての自負から、ヤイーク・カザークはロシア人農民を軽蔑さえしていた。それを直接的ではないが、後世の伝承のなかに確認することができる。たとえば、彼らはプガチョーフ叛乱敗北の要因を次のようにみなしていた。

叛乱の終わり頃に、叛徒のなかには敵対者《ラーチ》、しかも多くの敵対者が存在していた。「農民のすべてがそうであった。……そのような敵対者はどうしようもなく始末に負えない。せめて敵対者がいなければよかったのだが」、と。なぜなら「大ロシアからきた労働者ども〔すなわち農民〕は戦士なんかではない。彼らは単なる羊なのだ」から。[71]

これは、伝承という性格上、史料的には全面的に利用することは難しいが、それにもかかわらず叛乱敗北の原因を農民に帰すとともに、彼らに対する蔑視の念をうかがい知ることができる。それは叛乱における農民の軍事的組織力や能力の欠如、したがって運動における敗北という過程を目の当たりにしたカザークが抱く驚きと怒りの感情が入り混じって表現されたものであるといえよう。なお、伝承中にみえる「大ロシアからきた労働者ども」という語が示しているように、カザークは自らの地域がロシアの辺境に位置しており、中央とは別の世界であるという認識があったのであろう。

いずれにせよ、「カザーク化」や理想的なカザーク社会、言い換えれば自由な「農民共和国」(マヴロージン)の建設を、叛乱がめざしていたかという点に関して、次のように述べることができる。つまり「カザーク化」とは農奴制下で農民や他の民衆が長く培ってきた自由への幻想的観念を実際に具体化するものの一つであった。その意味では、本章第二節で扱った農民の意識をいっそう明瞭にすることができるものであった。しかし重要なのは、プガチョーフ叛乱の経過のなかでカザークのみならず、ほかのすべての参加民衆にとって「古の信仰」と並ぶ自由・自立(自律)の希求、そして伝統への回帰が施行の具体的な旗印ともなり、それが連帯を形成し、またその度合いを強めたということである。

本章では、プガチョーフ叛乱における農奴（領主農民）の動向に注目し、彼らの広義のイデオロギーである社会的要求という問題に立ちいたって考察してきた。それを通して、彼らは自らを取り巻く「近代的」環境と接触しながらも、自身の伝統的で自律的な世界への回帰をめざしていたのである。

日頃、農民たちは「近代的」編成を図っている国家や行政に支配されて従属しているかのようにみえながらも、嘆願書における法令の引用にみるごとく、それを逆手にとって利用さえしていたのである。そして農民の日常的なさまざまな行動を規定するミールが、運動の過程のなかでその基盤へと転化していった。

とはいえ他方では、叛乱中に具体相となって現れた彼らの伝統的世界観・ユートピア的思想（「ツァーリ幻想」「はるかなる土地」の諸伝説など）、独特な自由への志向（「カザーク化」「ツァーリ幻想」と密接な関係にある国有地農民あるいは御料地農民への転化、信仰の自由）は、上からの「社会的紀律化」の過程に真っ向から反対するものとして存在していたし、また全民衆の連帯形成に際してその契機ともなったのである。

註

1 本章は次の拙稿を基にしている。「18世紀ロシアにおける民衆運動とその世界――プガチョーフ叛乱における領主農民を中心にして」『社会科学討究』第三三巻第三号、一九八八年、三〇三～三五七頁。

2 *Мыльников А. С.* Указ. соч. С. 128–129.

3 *Семевский В. И.* Указ. соч. Т. I. С. 374-375; *Он же.* Волнения крепостных крестьян при Екатерине II. Очерки из исторического исследования // Русская старина. Т. 18. (февраль). 1877; *Рубинштейн Н. Л.* Указ. стат. С. 38; *Петров С.* Указ. соч. С. 36. なお、マヴロージンによると、十八世紀ロシアの闘争形態は次の八つに分類される。すなわち、逃亡、封建的諸義務遂行の拒否、領主およびその家臣に対する不服従、嘆願書提出、異端、略奪、蜂起、そして農民戦争である（*Мавродин В. В.* Классовая борьба и общественно-политическая мысль в России в XVIII в. (1725–1773 гг.). Л., 1964. С. 3）。

4 Пугачевщина. Т. I. док. № 19. С. 40–41; Документы ставки. . . док. № 41. С. 48.

5 Там же. № 39. С. 46.

6 Пугачевщина. Т. I. док. № 34. С. 53; Документы ставки. . . док. № 80. С. 72.

7 См. Пугачевщина. Т. I. док. № 13. С. 36.

8 *Рубинштейн Н. Л.* Указ. стат. С. 34.

9 *Тхоржевский С. И.* Указ соч. С. 36.

10 Пугачевщина. Т. III. док. № 4. С. 8.

11 Там же. С. 49, 108, 113–115, 131–132, 139–143.

12 *Коган Э. С.* Волнения крестьян Пензенской вотчины А. Б. Куракина во время движения Пугачева // Исторические записки. Т. 37. 1951.

13 この点については、日本の一揆に関してではあるが、次の文献を参照されたい。勝俣鎮夫『一揆』岩波書店(岩波新書)、一九八二年。

14 *Мавродин В. В.* Из истории классовой борьбы крестьян накануне восстания Пугачева. С. 7; См. *Он же.* Классовая борьба и общественно-политическая мысль в России в XVIII в. (1725–1773 гг.). С. 13–16.

15 日常的な闘争形態の一つである嘆願書作成と提出という一連の行動について、旧ソ連の歴史家ダヴィード・ラースキンの諸研究、およびそれを日本に紹介した土肥恒之の論稿がある(*Раскин. Д. И.* Крестьянские челобитные в крупной монарстырской вотчине в первой четверти XVIII в. / Пробремы истории феодальной России. Сб. ст. Л., 1971; *Он же.* Мирские челобитные монастырских крестьян / Вспомогательные исторические дисциплины. Вып. XVI. Л., 1974; *Он же.* Требование монастырских крестьян в России 30-х – начала 60-х годов XVIII в. / Проблемы отечественной истории. Ч. II. М.; Л., 1976; *Он же.* Использование законодательных актов в крестьянских челобитных середины в XVIII в. Материалы и изучению общественного сознания русского крестьянства // История СССР. 1979. № 4; 土肥恒之「ロシア近世農民闘争とイデオロギーの問題――ソヴェト史学の現況について」『小樽商科大学人文研究』第六一巻、一九八〇年、一四八〜一七八頁)。

16 *Дмитриев-Мамонов А. И.* Указ. соч. С. 70.

17 *Мавродин В. В.* (под отв. ред.) Крестьянская война в России в 1773–1775 годах. Т. II. С. 381.

18 Там же.

19 ロシアの村は、その発生史的状況・規模の差異によってスロボダー(слобода)・ジェレーヴニャ(деревня)・セロー(село)・セリツォー(сельцо)の異なる名称をもつ(cf. French, R. A. and Smith, R. E. F. *The Terminology of Settlements and their Lands in Late Medieval Russia, Discussion Papers*, University of Birmingham, 1970, pp. 22, 62, 64–65)。

20 *Мавродин В. В.* (под отв. ред.) Крестьянская война в России в 1773–1775 годах. Восстание Пугачева. Т. I. Л., 1961.. С. 361-366.

21 РГАДА. Ф. 6. Д. 507. Ч. I. Л. 65; *Мавродин В. В.* (под отв. ред.) Крестьянская война в России в 1773–1775 годах. Т. II. С. 382.

22 Там же. С. 445.

23 *Мавродин В. В.* Классовая борьба и общественно-политическая мысль в России в XVIII в. (1725–1773 гг.). С. 75.

24 ヤイーク・カザークを指揮したアンドレーイ・オフチーンニコフ(А. А. Овчинников)、オレンブルク・カザークやプガチョーフによって占領された要塞および前哨地域のカザークを指揮したティモフェーイ・パドゥーロフ、カルガラー村のタタール人軍団を指揮したムッサリ・アリーエフとサディク・セイトーフ、バシキール人を指揮したキンジヤ・アルスラーノフ、サラヴァト・ユラーエフ、カルムィク人を指揮したフョードル・デルベチェフ、そして工場農民を指揮したフロプーシャ(アファナーシー・ソコローフ)たちが有名である。ほかに、チーカ・ザルービン、イヴァン・ベロボロードフ、イヴァン・クズネツォーフ、バトィルカイ・イトキニン、バフチャル・カンカーエフ(Б. Канкаев)、イヴァン・グリャズノーフ、ミャサグト・グメーロフ(М. Гумеров)なども有能な指揮官であった。

25 この「回路」については、次が参考になる。勝俣前掲書、三~四頁。喜安朗(書評)「柴田三千雄著『近代世界と民衆運動』」『史学雑誌』第九三巻第四号、一九八四年、一一二~一一三頁。

26 註15にあげた諸研究を参照されたい。なお、かつてのソ連史学では、嘆願書が階級闘争やロシア人農民の社会意識の研究にとって多く利用されてきた経緯がある。*Алефиренко П. К.* Крестьянское движение и крестьянский вопросы в России 30–50-е годы XVIII в. М., 1958; *Мавродин В. В.* (под отв. ред.) Крестьянская война в России в 1773–1775 годах. Т. I; *Он же.* Классовая борьба и общественно-политическая мысль в России в XVIII в. (1725–1773 гг.); *Панина Э. С.* Жалобы помещичих крестьян первой половины XIX в. как исторический источник // История СССР. 1964. № 6; *Гальперин Э.*

Ю. Крестьянские жалобы периода второй революционной ситуации в Роосcии как исторический источник / Исследования по отечественному источниковедению. М.; Л., 1964; *Генкин Л. Б.* Крестьянские жалобы первой половины XIX в. как исторический источник / Вопросы истории сельского хозяйства и революционного движения в России. М., 1961; *Пушкаренко А. А.* Крестьянские челобитные как источник для изучения классовой борьбы русского крестьянства в феодальную эпоху / Советская историография аграрной истории СССР (до 1917 г.). Кишнев, 1978.

27　*Раскин Д. И.* Использование законодательных актов в крестьянских челобитных середины в XVIII в. С. 180–181.

28　Там же. С. 181. なお、ラースキンは嘆願書作成における役人の助力を過大評価すべきではないという(Там же)。しかし、彼らの手助けなくして嘆願書は完成しなかったのは事実である。

29　Там же.

30　Там же.

31　Там же. С. 181; Крестьянское движение в России в 1796–1825. Сборник документов М., 1961. С. 77–79, 155–156.

32　ラースキンによると、次のような布告が農民嘆願書に引用されていた。「収賄について」(一七一四年十二月二十四日付布告—九件)、「種々の国家の徴税について」(一七二〇年六月二十二日付布告—六件)、「訴訟当事者(原告・被告)から裁判官に対する疑惑について」(一七二四年十一月十三日付布告—六件)、「過剰な重税徴収に対する刑罰」(一七二〇年二月十日付布告—五件)、「不正なく賦税徴収をおこなうことおよび賄賂に対する刑罰について」(一七二〇年十月三日付布告—五件)、「臣民からの徴収に際しておこなわれる強奪の根絶について」(一七一三年八月二十五日付布告—一五件)、「会議法典による決定について」(一七一四年六月十五日付布告—五件)、「交付された諸布告に違反した場合の刑罰について」(一七二〇年二月九日付布告—四件)などである。さらに、こうした個々の法令以外にいわゆる全般的法令も流布した。なかでも、会議法典(五件)、一般法規(Генеральный регламент—六件)、軍政官指令の第二九項(三件)、人頭税についての一七二四年のプラカート(一三件)がそうであった(*Раскин Д. И.* Использование законодательных актов в крестьянских челобитных середины в XVIII в. С. 183–184)。

33　Там же. С. 186.

34　Там же. また、このことからラースキンは次のように述べる。「臣民の抱く君主に対する信仰や農奴制国家の「全国民的な」性格という信念を強める絶対主義の法は、単に農民意識のなかにある素朴な君主主義の保持のみではなく、その意識の発展、その具体化、そしていっそうの仕上げに貢献したのである」(Там же. С. 188)。彼によるこの定式化については詳しく検討する必要があるが、少なくとも当時の法が農民の意識に及ぼした一定の役割は疑うべくもないのである。

35 ただし、リトヴァクによると、ツァーリと神は「われわれ」という認識の構成要素として普遍というわけではないという(*Литвак Б. Г.* Указ. стат. С. 208–209)。しかし、この指摘については疑問が残る。

36 Там же.

37 Там же.

38 Там же.

39 実際には周知のように、エリザヴェータ女帝時代に農奴がツァーリに臣従の専制をおこなうことが禁じられており、パーヴェルの布告はその禁示が解かれたことを示している。しかし、重要なのは、農民がこうした法令の有無にかかわらずツァーリと直接的な関係にある、またそうなりたいと感じていた点であろう。

40 Там же; Крестьянское движение в России в 1796–1825 гг. С. 55, 115, 145 и др.

41 *Литвак Б. Г.* Указ. стат. С. 209; См. Крестьянское движение в России в 1826–1849 гг. Сборник документов. М., 1961. С. 39, 87–88.

42 *Литвак Б. Г.* Указ. стат. С. 209.

43 とりわけ土地については、農奴解放前夜の史料ではあるが「われわれはあなた〔=領主〕のものだが、土地はわれわれ〔=農民〕のものだ」という農民の土地についての考え方は注目すべきである(*Кавтрадзе Г. А.* К истории крестьянского самосознания периода реформы 1861 г. // Вестник Ленинградского ун-та. 1969. № 14. С. 55)。また農民自治については次を参照されたい。土肥恒之「農民自治の伝統――17世紀北ロシアの郷について」『社会史研究』第八号、一九八八年(同『ロシア社会史の世界』日本エディタースクール出版部、二〇一〇年に再録)。

44 「日常的闘争形態」である逃亡の問題については次の論稿を参照されたい。土肥恒之「逃亡農民をめぐる若干の問題」『ロシア史研究』第三九号、二〜一三頁、一九八四年。同『ロシア近世農村社会史』創文社、一九八七年、第一章第三節。

45 逃亡と植民との関係についてはさしあたり次の論稿を参照されたい。拙稿「土肥報告「逃亡農民をめぐる若干の問題」について」『ロシア史研究』第三九号、一九八四年、二七〜三〇頁。同「ロシアにおける植民問題――18世紀の南ウラルを中心にして」『史観』第一一二冊、一九八五年、八〇〜九五頁。

46 *Мавродин В. В.* Классовая борьба и общественно-политическая мысль в России в XVIII в. (1725–1773 гг.). С. 166.

47 *Чистов К. В.* Указ. соч. С. 239–305. また、史料的に追求したソ連史家の手になるものとしては次の論稿がある。*Мамсик Т. С.* Белободцы и Беловодье (по материалам следственного дела о побеге 1827–1828 гг.) / Источники по культуре и классовой борьбе феодального периода (Археография и источниковедения). Новосибирск, 1982. この伝説を日本に紹介した次の文献も参照されたい。中村喜和「日本国白水境探求――ロシア農民の一ユートピアについて」金子幸彦編『ロシアの思想と文学――その伝統と変革の道』恒文社、一九七七年(のちに、同『聖なるロシアを求めて――旧教徒のユートピア伝説』平凡社、一九九〇年、第三章に再録。さらに、同『〔増補〕聖なるロシアを求めて――旧教徒のユートピア伝説』平凡社ライブラリー、二〇〇三年も参照)。十九世紀についてではあるが、実際に「白水境」を求めて日本にまでやってきたウラル・カザークの旅については以下を参照。エレーナ・ダニルコ（拙訳）「「オポーニアの島々」における白水境――ウラル・コサックの日本への旅」伊賀上菜穂・阪本秀昭編『ロシア正教古儀式派と国家――権力への対抗と共生』明石書店、二〇二四年、所収。

48 *Чистов К. В.* Указ. соч. С. 240–250.

49 Там же. С. 318.

50 См. Там же. С. 318–319.

51 *Клибанов А. И.* Указ. соч. С. 164. 中村喜和前掲論文、五三二頁。また、プガチョーフ叛乱における宗教的要素は重要な問題である。しかし、歴史家イリヤー・カドソンは、叛乱と古儀式派との関係を論じながらも、当時の原則論に陥っている。すなわち「ラスコールも、またいかなる他の宗教的イデオロギーの形態も、一七七三～一七七五年の農民戦争の基本的客観的諸課題の表現とはなりえなかった」と述べるに留まっているのである(*Кадсон И. З.* Восстание Пугачева и раскол. 1970. С. 363; См. *Он же.* Восстание Пугачева и раскол. 1960. С. 222–238)。

52 Пугачевщина. Т. III. док. № 3. С. 7.

53 *Мавродин В. В.* (под отв. ред.) Крестьянская война в России в 1773–1775 годах. Т. II. С. 405.

54 *Петров С.* Указ. соч. С. 108.

55 РГАДА. Ф. 6. Д. 415. Л. 2–3; Пугачевщина. Т. I. док. № 5. С. 30.

56 Документы ставки. . . док. № 34. С. 43; Крестьянская война 1773–1775 гг. в России. док. № 34. С. 96–97.

57 РГАДА, Ф. 6. Д. 416. Ч. I. Л. 95; Пугачевщина. Т. I. док. № 266. С. 216–217; Документы ставки. . . док. № 536. С. 353–354.

58 Пугачевщина. Т. III. док. № 32. С. 67.

59 *Коган Э. С.* Указ. стат. С. 109.

60 Там же.

61 *Алефиренко П. К.* Указ. соч.; См. *Мавродин В. В.* Классовая борьба и общественно-политическая мысль в России в XVIII веке (1725–1773 гг.). С. 16, 33–35, 46, 48.

62 このような農民の志向を、アレクサーンドル・ムィーリニコフが「はなはだ控え目」なものとみたのは疑問である(*Мыльников А. С.* Указ. соч. С. 31)。

63 Пугачевщина. Т. I. С. 26, 28, 30, 32, 33, 36, 40–42; См. *Рубинштейн Н. Л.* Указ. стат. С. 42.

64 Пугачевщина. Т. I. док. № 19. С. 40–41; Документы ставки. . . док. № 41. С. 48.

65 *Мавродин В. В.* (под отв. ред.) Крестьянская война в России в 1773–1775 годах. Т. II. С. 301.

66 Там же.

67 *Дубровин Н. Ф.* Указ. соч. Т. II. С. 28; Вопросы истории. 1966. № 4. С. 115–116.

68 *Мавродин В. В.* (под отв. ред.) Крестьянская война в России в 1773–1775 годах. Т. II. С. 387.

69 *Дубровин Н. Ф.* Указ. соч. Т. II. С. 28; *Мавродин В. В.* (под отв. ред.) Крестьянская война в России в 1773–1775 годах. Т. II. С. 467.

70 Пугачевщина. Т. I. док. № 212. С. 176–177; Документы ставки. . . док № 128. С. 111.

71 *Мавродин В. В.* Классовая борьба и общественно-политическая мысль в Рии в XVIII веке (1773–1790-е гг.). Л., 1975. С. 162–163.

第九章　叛乱と宗教

本章では、叛乱における古儀式派的要素について考える。そのため、叛乱と古儀式派との関係を論ずる際に重要なプガチョーフの発した「布告」やマニフェストに表現されているスローガンのみならず、古儀式派と正統派正教との関係についても詳しく検討する。具体的には、正教会のプガチョーフに対する対応、叛乱と教会との関係、同時代人の叛乱やプガチョーフに対する観方について検討する。以上を通して、われわれは十八世紀ロシアの叛乱と宗教の関係、そして当時の社会に生きた民衆の状況について、とくにその宗教的意識を探ることができるであろう。

こうした問題については、帝政時代にはある程度おこなわれていたが、革命後は否定的にしか扱われず、そのため研究が停滞した。ポスト・ソ連期になって研究が再開されたもののいまだ不十分である。この点を一歩進めて考えようとするのがここでの狙いである。[1]

第一節　プガチョーフ叛乱における古儀式派

1　スローガン、旗そして「十字架」

「十字架と顎鬚」というスローガン

従来、古儀式派との関係を考えるうえで、プガチョーフの発する布告やマニフェストに表現されている「古の信仰」や「十字架と顎鬚 крест и борода」の下賜という事実の重要性が指摘されてきた。このことが、きたるべき「農民王国」ないしは「農民共和国」建設のために民衆が立ち上がったのだという言説を支える根拠の一つとして、古儀式派について言及する機会を歴史家に与えたのである。また叛乱の思想的旗印を古儀式派にみようとする議論に注目するなら、その主な理由の一つは「プガチョーフが古儀式派教徒（ラスコーリニク）であった」という主張に帰するであろう。この点の真偽についてはあとで詳しく検討するにせよ、歴史書のなかでプガチョーフはいわゆる「古の信仰」を奉じる古儀式派教徒であるという評価が確立することになった。[2]

実際、「古の信仰」や「十字架と顎鬚」というモチーフは、クラスノゴールスカヤ要塞とアヴズヤノ＝ペトロフスキー工場の住民へ宛てたプガチョーフの「勅令」（一七七三年十月）、ヴォルガ右岸の農奴（領主農民）へ向けたマニフェスト（一七七四年七月）、ドン・カザークへ宛てたマニフェスト（一七七四年八月）のなかにみられる。[3] そしてドン・カザークやヴォルガ・カザークへの「聖なる教父たちの古の伝説による、十字架と祈り、頭（すなわちカザーク風に髪を刈ること）と顎鬚」の下賜についてはプガチョーフ軍の「軍事参議会」布告のなかでも述べられている。[4] また農奴のトラーフキンとオレンブルク郡ミハイロヴァ村の他の住民に宛てたプガチョーフの一七七三年十月二十三日付布告で、彼らの忠実で裏切りのない勤務に対して、十字架と顎鬚、川と土地、草と海、俸給と穀物糧食、弾丸と火薬、そしてあらゆる自由が下賜された。[5]
「十字架と顎鬚」がその後の運動のなかで普遍的なスローガンとなったかどうかはともかくとしても、これがおそらくプガチョーフによる古儀式派教徒との関係を強調するときだけではなく、旧来の慣習や習俗に固執して国家の制度的束縛からの解放をめざしてさまざまな範疇の民衆を蜂起軍に引き入れる際に大きな役割を果たしたと考えられる。ただここで留意すべきは、プガチョーフが先述のようなマニフェストを古儀式派教徒だけに向けて発したのではなかったという点である。バシキール人にも、[6]カルムィク人にも、[7]そして他の民族に対してもそれを発したのである。宗教的にも抑圧を被っていたウラルやヴォルガ沿岸地方の諸民族は、[8]前記のマニフェストを信仰の自由、すなわち民族の保持する伝統的な宗教的礼拝を自由に信奉する宣言と捉えた。おそらく古儀式派教徒たちもプガチョーフのマニフェストをそのように解釈したのであろう。

　このことについては次のような事実が知られている。一七七三年十一月、オレンブルク包囲の時期、蜂起軍に加わっていたカノニコリスキー工場の吏員(конторщик)が政府軍に捕まった。この人物が尋問で述べたのは、プガチョーフが工場住民の多くがそうである古儀式派教徒に対して、「彼らが馴染んでいるように」、顎鬚を伸ばし二本指で十字を切るのを許したということである。吏員によるこの指摘は、「ラスコールへの彼らの親愛の情を知って」、プガチョーフがヤイーク・カザークに向けて発した布告のなかでも述べられているものであった。[9]プガチョーフによってヤイーツキー・ゴロドークのアタマンに任命されたニキータ・カルギーン(Н. Каргин)は、プガチョーフの発したいくつものマニフェストのなかにそのような考えを見出している。カルギーンは、初期のマニフェストのなかで、プガチョーフはヤイーク軍団に「十字架と顎鬚、ヤイーク川、そして以前に彼らの間にあったすべての儀式」を下賜したことを覚えていたのである。[10]

　かくして「十字架と顎鬚」の下賜を謳ったプガチョーフのマニフェストの対象となった住民は、ここに国家宗教として古儀式派を承認するプログラムをみていたというよりは自分たちの伝統的な権利の再興を思い描いていたのであろう。この点に関して、一七七四年九月十七日付パーヴェル・ポチョームキンのエカチェリーナ二世宛書簡が明瞭にそのことを物語っている。ポチョームキンはヤイーク・カザークについて次のように書いている。「彼らの言い方によると、最古の時代から彼らヤイーク・カザークにはツァーリから下賜された十字架と顎鬚が禁じられずに使用されていた。しかし、いつグラモータ（勅令）のなかに十字架と顎鬚について言及されたのかは知られていないと彼らは明言している。なぜなら、彼らはラスコーリニキとしてこれらを主張してはいるが、読み書きができず、もっともばかげたやり方で無知のなかに陥っている人々」だからだというのである。[11] いずれにせよヤイーク・カザークの間には、彼らに「十字架と顎鬚が禁止されずに使用すること」を認めるグラモータが発給されるという「伝説」が広まることになった。[12]

同様に、非ロシア人もプガチョーフの証言を彼らの伝統的な権利の再興と解釈していたことを指摘しなければならない。たとえば、バシキール人アックチカル・チュラグーロフ（Аккучкар Чурагулов）は次のように断言する。プガチョーフは、「彼ら〔バシキール人〕が以前の皇帝ピョートル一世治世下の時代に倣って、その忠実な勤務に対して彼らを自由にすることを約束しつつ訓戒を与えた」のだ。[13]

プガチョーフのマニフェストはたしかに「事実」を記述した史料ではあるが、より「真実」に接近して別の角度から考えるためにフォークロア研究者の見解にも耳を傾ける必要がある。彼らは、これらのマニフェストがカザークたちにドン川、テレク川そしてヤイーク川をその上流から河口まで下賜するというカザークの歌や伝説という独特な形式を繰り返している、とみなしている。「十字架と顎鬚」の下賜に関して、これらのモチーフは伝統的なものであり、口髭や顎鬚を強制的に剃る命令に対する拒否は十八〜十九世紀のカザークの歌謡のなかでもしばしばみられるものであった。十七〜十八世紀に発生した叛乱についての歌謡や伝説を研究したソコローヴァ（В. К. Соколова）によると、農奴たちの社会的希望やカザークの願望はその根本において「過去」に向かっており、しかもそれは保守的で伝統的なカザーク固有の日常生活における特殊性によって生み出されたというのである。[14]

ヤイーク・カザーク軍団には多数の古儀式派教徒がいたが、[15]彼らに宛てた叛乱の開始となる最初の一七七三年九月十七日付プガチョーフの布告をみると、川上から河口までヤイーク川全域、土地、俸給、弾丸、そして火薬と糧食の下賜を述べているにもかかわらず、「古の信仰」や「十字架と顎鬚」についての言及はない。[16]しかも、それはプガチョーフが古儀式派教徒の村からやってきたすぐあとのことであった。この点を最初に指摘したのは帝政時代の軍人ドミートリー・アヌーチン（Д.Г.Анучин、一八三三〜一九〇〇、元老院議員、少将、東シベリア軍務知事）である。[17]

以上のことは、はたしてヤイーク・カザークの利益を熟知していたはずのプガチョーフが「十字架と顎鬚」を彼らに下賜することを忘れたということなのか。あるいはプガチョーフにとって、「古の信仰」についてのスローガンは扇動目的でのみ使い、そのスローガンは彼には副次的な意味しかなかったということなのであろうか。こうした疑問に答えてくれる史料はない。ただ特徴的なことは、「十字架と顎鬚」を下賜するというマニフェストのなかで、正統派すなわちニーコン派正教（Никонианство）に対してなんら反対を唱えていないことである。唯一の例外がドン・カザークに宛てた一七七四年八月のマニフェストである。そこにはプガチョーフ叛乱の古儀式派的な要素が余すところなく示されている。マニフェストは次のように述べる。「上述の悪人である貴族たちによって、古の師父たちによるキリスト教の信仰を伝えることが完全に乱され侮辱された。それに代わって、ドイツの慣習によって彼らから有害な空想の悪が、すなわち別の〔すなわち正教とは異なる〕信仰、もっとも不信心な顎鬚剃り、十字架その他におけるキリスト教信仰に対して凶暴に振る舞うさまざまなことがロシアにもたらされたのである」。[18]しかし、このマニフェストのなかで述べられている外国の影響を受けたキリスト教への批判はそれほど意味があるとも思われない。というのもヴォルガ右岸地方と同様、プガチョーフ軍がヤドリンスキー郡とクルムィシュスキー郡の占領を諦めて立ち去ったのち、叛乱はその苛烈さと規模を縮小することになったからである。また「ドイツの慣習」に対する攻撃は、アンナ女帝（一六九三〜一七四〇、在位一七三〇～四〇）の布告やエカチェリーナ二世の呼びかけに応じてヴォルガ流域に故郷から移り住んだドイツ人住民に対して迫害することもなく、ましてやカトリックやルター派の教会に対する抑圧を引き起こすことはなかったのである。

以上の点がもっとも端的に表れているのがチェリャービンスクへ宛てた一七七四年一月八日付グリャズノーフによる有名な二つの檄文である。一つはチェリャービンスクの知事ヴァシーリー・スヴェルベーエフ（В. И. Свербеев）とその部下に宛てたものであり[19]、いま一つは住民に宛てたものである[20]。前者の檄文では、知事とその仲間たちが正教キリスト教を「零落させ」、また叛乱の指導者であるプガチョーフをピョートル・フョードロヴィチ（すなわちピョートル三世）と認めないことを非難している。後者では、「われわれ正教徒の血が必要なのではない。われわれは、あなた方が正教の信仰を正しく信仰しているように〔あなた方を〕信頼しているのです」、と語っている[21]。すなわちプガチョーフは正教を正しく信仰する住民に対する信頼の念を表明して、彼らに叛乱への参加を呼びかけているのである。

しかし、グリャズノーフはチェリャービンスク住民の宗教意識を扇動目的に利用したのだという研究者もいる。プガチョーフのマニフェストにも、またグリャズノーフの檄文にも古儀式派的な信条（credo）はなかったとし、ただ宗教的な要素を叛乱のために手段として利用したというのである[22]。とはいえ、彼のマニフェストは、異教徒、ムスリム、そして古儀式派教徒たちにとって信教の自由を宣言したという考えを内包するものであるということが、すでに帝政時代の文献で論じられていたのである[23]。

また同様なことはラージンの乱についてもいえるのかもしれない。ただ異なるのは、プガチョーフ自身はラージン同様に宗教的な敬虔さからかけ離れてはいたが、住民の宗教問題に関して、ラージンよりも敏感（あるいは先鋭的）で、しかも一貫性を有していたという点である。たとえばカザークたちが教会を破壊し強奪する一方で、プガチョーフは信心深さを、また敬虔さを強調したのである。カドソンが述べるように、これを偽りとみるかどうかは別として[24]、民間伝承によると、「農民の家に入ると、〔プガチョーフは〕イコンに短い祈りを捧げ、そこで神に向かって礼拝し、その家の主人に挨拶をし、そのあとに卓についた。飲み始めたものの、その一杯ごとに十字を切ったのである[25]」。とはいえこれは多くの民衆にみられる慣習的な態度であったともいえる。

叛乱の旗、「十字架」および古儀式派

プガチョーフのマニフェストにみえる古儀式派の「十字架と顎鬚」の下賜と並んで、歴史家はプガチョーフ軍の旗にはラスコールの十字架が縫いつけられていたことにも注目している。このことをプガチョーフ自身が証言し[26]、またあらゆる状況から判断して、それは疑いのない事実である。この八端の十字架が縫いつけられた旗を翻して、プガチョーフ軍はトルカチョーフ部落から進軍した。

事の起こりについて、プガチョーフの戦友であるザルービンは拘束後の尋問で次のように述べている。「ハルチョーフ〔Харчёв, ヤイーク・カザークの百人隊長〕のように、〔私は〕四つの旗を運び〔それらはトラウベンベルク将軍に反対してヤイーク・カザークが蜂起したとき〔一七七二年〕からハルチョーフのもとに存在していたのであり、それらを勝手に持ってきた〕、それらの旗を半分ずつに分けて小さい旗に作り直しました[27]」。こうした旗を掲げてプガチョーフ軍は包囲をしているオレンブルクの城壁近郊で戦いを繰り広げたのである[28]。その後、ラスコールの十字架が縫いつけられた旗は姿を消した。プガチョーフ軍によるカザン占領に際してラスコールの十字架が縫いつけられた白い旗が掲げられていたという史料は確認されてはいない[29]。

ザルービンの証言によると、プガチョーフ陣営に翻る旗はすでに一七七二年一月のヤイーク・カザーク叛乱時におおいに役立っていた。しかし、このときまで、この叛乱が思想的あるいは他の点で古儀式派と関係があると確信できる者は誰もいなかった。それゆえ、プガチョーフ軍における前記の旗の存在が同時代人の関心を惹いていないこと、また叛乱ではその証拠の痕跡が残っていないこと、以上の点を指摘しないわけにはいかないのである。

2　叛乱と古儀式派の関係

叛乱指導者・参加者たちと古儀式派

　はたしてプガチョーフとその仲間たちには古儀式派の拠点となるイルギースやモスクワのラスコーリニキたちと関係があったのだろうか。読み書きができなかったという事実を差し引いたとしても、プガチョーフが彼らと手紙のやりとりをしたという事実はない。[30] 叛乱指導者の一人トヴォローゴフは尋問のなかで次のように証言している。「私は、悪人〔尋問記録における、当局側書記によるプガチョーフの呼称〕が、外国や同地のラスコーリニキたち、商人そして修道隠者たちのうちの誰かとどのような書簡をやりとりしたのかを決して見たことも、また聞いたこともなかった」[31]。プガチョーフの側近であったシガーエフ、ペルフィーリエフ、そしてポチターリンは、「イルギースに住んでいるラスコーリニキの修道隠者たちのうち誰かを、悪人を助けるために派遣しなかったかと別々に尋ねられたが」、彼らはそのようなことはなかったと答えている。[32]

　以上のような予審委員会によるあらゆる努力にもかかわらず、叛乱の指導層と古儀式派の関係を明らかにすることはできなかった。プガチョーフ軍のなかには、キルギス人（すなわちカザフ人）の捕虜となったのちにヤイーク・カザークによって解放されるグーリー某（некий Гурий）を除けば、「ラスコーリニキの隠者はいなかった」のである。[33] もし、彼がプガチョーフ軍によって包囲されたヤイーツキー・ゴロドークの衛戍《えいじゅ》司令官宛説諭の手紙の著者でないとするならば、かつてイルギースの古儀式派修道隠者として自らの真価を発揮することはなかったと考えるべきなのかもしれない。[34]

　しかし、たとえ叛乱指導者たちが古儀式派教徒たちと直接的な関係をもたなかったとしても、叛乱に参加した民衆は古儀式派に共感を抱いて動いていたと考えるほうが自然ではなかろうか。広く知られているところでは、その多くが古儀式派教徒であるヤイーク・カザークは数知れず「神聖冒瀆《ぼうとく》 святотатство」をおこない、また多数の教会を破壊した。

同様に、バシキール人、タタール人、ウドムルト人さらには正教徒さえもそうした行動をとったのも事実である。こうした点をも考慮に入れなければならないであろう。

ヤイーク・カザークたちは聖職者に古儀式派風に教会での勤務を厳格に果たすよう求める場合のあったことが知られている。住民に関していうと、帝政時代の歴史家ドゥブローヴィンが確認しているところでは、ツァーリ＝プガチョーフが命じて現在の教会を壊して七つの丸屋根のある教会を建設し、三本指ではなくて二本指で十字を切るように命じ、ヤイーク・カザークは住民に古儀式派風の信仰生活をするように教唆していた。[35] かつてピョートル・チェルヌィショーフ連隊に所属し、一七七三年にはプガチョーフ軍に捕虜となった将校付曹長グリゴーリー・アファナーシエフ（Г. Афанасьев）は次のように述べる。「ヤイーク・カザークたちは、全員カザーク風に髪を刈り、もし誰か他のやり方で十字を切る者がいると、お父っつぁん（叛徒たちによるプガチョーフに対する親しみを込めた呼び方）がその指を切り落とすことをお命じになると言って二本の指で十字を切るように諭した[36]」。とはいえそのような例を示す史料はわずかなのかもしれない。

叛乱がめざしたもの

かくしてプガチョーフのマニフェストも、叛乱陣営から出された別の史料も、めざされた新しい国家体制が古儀式派を承認する綱領のようなものとみなすことはできない。さらにはモスクワ、イルギース、ケルジェーネッツそしてウクライナにおける古儀式派の主要な拠点が、プガチョーフ軍の指導者たちと確固たる関係を結んでいたとはいえないであろう。個々の例外を除いて、ヤイーク・カザークも、また他の古儀式派教徒たちも、彼らは叛乱軍が占領した地域の住民を自らの教えに改宗することはなかったのである。

以上の点を考慮に入れると、プガチョーフ叛乱にどれほど古儀式派教徒の参加があったかにのみ力点を置いて考えることはあまり重要ではない。むしろ大事なことは、古儀式派を含めた当時の社会的状況、すなわち時代や地域の雰囲気がいかにこの叛乱に反映していたのかを見極めることである。叛乱に参加した農民、カザークおよび工場の労働者たちは何よりも自らの社会的利害のために、そして「良きツァーリ」の名のもとに立ち上がったことは確かなのである。こうしたことから、叛乱のイデオロギー研究にとって必要不可欠な史料であるプガチョーフのマニフェストそのものに注目するのは当然のことである。とくにプガチョーフ軍がヴォルガ川流域地方へと転戦しながら、その地方の農奴〔領主農民〕を引き入れるために発した一七七四年七月三十一日付マニフェストは極めて明白に農民の想いを表明している。「君主および父として、わが慈悲あるこの勅令によって、以前は農民で、いまや領主のもとにある者たち、すなわちわが王冠に忠誠をつくす奴隷である者たちに目をかけ、新兵徴集および人頭税やその他の金銭による徴税をおこなわず、彼らに古の十字架と祈り、頭〔すなわちカザーク風頭髪〕と顎鬚、自由と解放、そして永遠にカザークであることを下賜するものである。また土地、森林および草刈用の収益地、漁場、鹹湖《かんこ》、以上を購入することなく、またオブローク〔貢租〕を納めることもなく所有することを認める。かつて悪人である貴族や都市の収賄者たる裁判官によって、農民やすべての民衆が被った税およびあらゆる負担から解放するものとする」[37]。

十九世紀の農民史家セメーフスキーは、プガチョーフの発したマニフェストについて述べながら、古儀式派特有の「八端の十字架」は決してすべての人々を魅了したわけではなかったという[38]。マニフェストは民衆の意識や感情に強く訴えかけつつも、土地や森林を所有すること、貢租や税の取り立て、貴族や官僚の抑圧から永久に解放すること、これこそが民衆の希望に叶うものであった。その意味では、民衆が抱く宗教的な感情よりは彼らの社会的利害のほうが優っていたといえよう。

第二節　正教会と古儀式派

1　正教会のプガチョーフ叛乱観

正教会によるプガチョーフ非難

政府は、教会を通して、プガチョーフの呼びかけに応じないようにとの布告を発している。たとえば、一七七三年十二月十八日、宗教的な最高機関の一つであるカザン宗教庁（Казанская духовная консистория, 一七四四年設立）は、「名だたる悪人、盗賊、僭称者そして叛乱者であるドン・カザークのエメリヤーン・プガチョーフ」からもたらされる噂を真に受けないように、各教会でカザン地方の住民宛に読み聞かせるべく布告を発した。[39] 翌年一月のツァレヴォコクシャイスク（現在のイオシカル＝オラ）総督管区官房からの元老院宛報告は、オレンブルク県にいる「裏切り者でドンからの逃亡カザークであるエメリヤーン・プガチョーフについての情報とその公表のために」、ツァレヴォコクシャイスクの住民に知らせるべく配布されたとある。[40]

さて、政府や教会指導部がプガチョーフを古儀式派教徒であると弾劾することは、「キリストの教会の残忍な敵 лютый враг церкви христовой」としてプガチョーフを規定するだけにまったく自然なことであった。しかし、こうしたことはそれ自体プガチョーフが古儀式派に実際に属していたことの完全な証明とはなりえないのである。政府側のもっとも重要な史料でさえ、このことに関して必ずしも一致していない点は注目しなければならない。たとえば、一七七四年四月と同年八月に住民と聖職者に向けて発した宗務院の訓戒では、「ラスコーリニキのプガチョーフ」とは一言も述べていない。また叛乱鎮圧に関する一七七四年十二月十九日付エカチェリーナ二世のマニフェスト、およびそれに添付された「蜂起者にして僭称者である悪人エメリカ（エメリヤーンの蔑称）・プガチョーフの素性、事案および破壊についての記述」でも、プガチョーフが「古の信仰」に属していたとはみなしていない。[41]

またニジェゴロド・アラトール管区監督局の主教アントーニイ（Антоний）に宛てた地方宗務局からの報告のなかでも、プガチョーフは皇帝ピョートル三世を僭称する「詐欺師」であるとみなされ、その仲間を盗賊団であると規定している。[42]同じ主教に宛てた別の地方からの報告書（一七七四年八月十一日付）では、プガチョーフを国家の悪人（государственный злодей）で野蛮人（варвар）であると決めつけ、彼の「背神的」な行動について信徒たちに対して説諭し、その仲間に決して加わらぬように厳命しつつ、叛乱そのものについては言葉をつぐんでいる。[43]

さらには宗務院から発せられたアントーニイ主教宛エカチェリーナ二世の布告（一七七四年九月九日付）においては、聖職者はプガチョーフを認めてはならず、この敵を根絶すべく努力すべきだというのである。[44]アントーニイ本人からの報告（一七七四年八月二十九日〜九月十七日）では、プガチョーフをピョートル三世と認めて彼を迎え入れた司祭の聖職位が剥奪された事例が述べられている。[45]

プガチョーフの宗教観

一七七四年五月十日の尋問で、エカチェリーナ二世の新法典編纂委員会にカザーク代表として参加し、その後プガチョーフ側近の一人として活躍したオレンブルク・カザーク百人隊長のパドゥーロフは、カザークに語ったプガチョーフの言葉として次のように証言している。「まさに私〔プガチョーフ〕は教会から〔ルター派の教会のような〕四端の十字架を剝ぎ取り、八端の十字架を掲げるようにしたかっただけなのです」。彼はさらに続ける。プガチョーフは、正統派教会に対して侮辱を加えているヤイーク・カザークを非難しないだけではなく、おそらく「そうすることを彼らに許したのです」。[46]

また、パドゥーロフによると、プガチョーフはしばしば次のようにも語っていた。「もし神が私を支配者の座につかせるならば、私はすべての者たちに古の信仰を守ること、そしてロシア風の服を着ること、および顎鬚を剃らないことを命じ、〔むしろ〕カザーク風に髪を短く刈るように命じるであろう」[47]。これと同じ内容のことを、プガチョーフの戦友の一人であるシガーエフも述べている[48]。

プガチョーフはその書記役のポチターリンにも同様の内容を話していた。「私は教会から、あるいはルター派の教会ではしばしばそうであるような西洋風(あるいはカトリック風)に作られた(彼らの感覚では「ゆがんだ」)十字架を取り外すように命じた。それらの十字架の代わりに、神の聖書が命じているように、本物の十字架を掲げるべきなのだ」[49]。

こうした発言について、十九世紀後半、聖職者の息子にしてペテルブルクの神学アカデミーを卒業し、サラトフの統計委員会書記を務めたのち、同学術古文書委員会書記となったソコローフは、ウラル・カザーク(プガチョーフ叛乱後にその記憶を消し去るために政府はヤイーク・カザークをウラル・カザークと改称した)と古儀式派の関係を調べたヴィテーフスキーの研究に依拠しながら、ウラル・カザークの(政府によって任命された)アタマン、アルカージー・ストルィピン(А. Д. Столыпин, 一八二二〜九九)の次のような発言を紹介している[50]。プガチョーフは、「彼はどこまでも**ペテン師**〔強調は原文〕であった。すなわち、ラスコーリニキとともにいるときにはラスコーリニキであったが、正教徒と一緒のときには正教徒であった。その証拠は次の点にある。プガチョーフによって占領された都市や村では、通常、イコン、聖幡(хоругвь)〔十字架行進などの先頭に立つキリストや聖人を描いた教会の旗〕、十字架を持った聖職者たちがプガチョーフを出迎え、プガチョーフはその十字架に恭しく接吻した。ヤイーツキー・ゴロドークのミハイール＝アルハンゲリスキー大聖堂で、正教会の司祭ジヴェチン(Жветин)はプガチョーフが二度目の妻として選んだウスチーニヤ・クズネツォーヴァ(У. П. Кузнецова, 一七五七〜一八〇三以降)との結婚式を司式した。**このとき、もしカザークたちがラスコーリニキであったならば、彼らの間で誰がプガチョーフに教会で結婚式をあげさせるであろうか**〔強調は原文〕。だから、プガチョーフはラスコーリニキから最初の仲間を選んだのではなく、不満をもった人々のなかから、そこにはラスコーリニキも少しはいたであろうが、そうした人々から集めたのである」[51]。以上のことに注目して、ソコローフは古儀式派教徒が宗教的な信条として再婚を決して許すはずがないと結論づけ、プガチョーフ自身が宗教上の二面性を有していたということが本当のところではなかったかとしている[52]。十八世紀ロシアで、いわゆる「多重信仰」はよくみられた[53]。また、この時代は伝統的な世界観と啓蒙思想とがぶつかり合う時代であった[54]。すなわち、民衆が固執するロシア的な伝統・慣習と政府が推進するヨーロッパ的な価値観の導入や新しい社会の創造への志向とが対立していたのである。

政府軍に捕縛されたプガチョーフは、一七七四年九月十六日のヤイーツキー・ゴロドークでの尋問で、自身について「他のドン・カザークやヤイーク・カザークたちとは異なり、ラスコーリニクではなく、全世界的宗教である正教ギリシアの信仰の信者であり、すべての正教キリスト教徒たちと同じ十字によって神に祈りを捧げ、最初の(最後のではない)三本指(親指、人差指および中指)で十字を切る」と述べている[55]。彼の最初の妻ソフィア・ドミトリエヴナ(С. Д. Пугачева)の証言もそのことを裏づけている[56]。

これがプガチョーフの宗教観とでも呼びうる正教に対する態度および観念なのである。

信仰と現実の社会

以上のように考えると、プガチョーフ軍の「布告」やマニフェストに表れる「十字架と顎鬚」「古の信仰」「信仰と法」というスローガンが、叛乱を通じて民衆を運動へと駆り立てるほどの普遍性をもっていたと考えることは難しい。これらのスローガンはプガチョーフが古儀式派教徒と関係をもったときだけに現れたのかもしれない。カドソンは、前述のマニフェストを除いて、叛乱側の農民・カザーク・工場労働者から発せられたいかなる史料においても、古儀式派的なイデオロギーを跡づけることはできないとまでいう[57]。そのような史料的状況から、帝政時代の研究者が論じるように、彼はプガチョーフと古儀式派教徒の関係が明らかだとはいえないとする。とくに、この歴史家は、民衆叛乱のイデーが古儀式派の庵である修道隠舎で発生したという説、つまり古儀式派教徒が叛乱の教唆者であり指導者であったとする説を強く否定した[58]。

しかし、叛乱の根本原因を考える際には、カドソンによる古儀式派的要素を完全に排除する見解から少し距離を置いて考える必要がある。重要な点は、フィラレートの修道隠舎で問題となったのが反政府という大義に基づいて叛乱を起こすということではなく、ましてやロシアのアジアへの橋頭堡《きょうとうほ》たるオレンブルクやカザンへの行軍についてでもなかったということである。叛乱がめざしたのは、むしろ農奴制に代表されるようなロシア民衆を取り巻く厳しい状況から逃れること(уход)であり、現実の救い(спасение)を得ることであった。これこそが民衆の切なる願いだった。しかもそれらは古儀式派の世界観──とくにそのセクトの一つである「逃亡派」のそれ──と一致しているとみなすこともできる[59]。

事実、数千人にものぼる古儀式派教徒たちがイルギースやケルジェーネッツへと逃亡したのである。プガチョーフが古儀式派教徒だったかどうかについて、明確な答えを見出すことのできる史料は存在しない。むしろ本人が拘束後の審問で述べたように、事実はそうではなかったであろう。しかしながら、すでに述べたように、彼が古儀式派の修道隠舎を経巡り、彼らから多大な援助を受けていたのは事実である。またその多くが古儀式派教徒であったヤイーク・カザークのもとで、自身がツァーリ、ピョートル三世であると印象づけようとし、さらには蜂起するにあたって彼らの支援を得ていたことを忘れてはなるまい。

2　叛乱と教会

叛乱と教会の関係

次に問題となるのがプガチョーフ軍の行動と正統派教会との関係である。近年、蜂起軍が移動した地域ごとの詳細な研究が進んでいるものの[60]、以下に述べるような問題もある。

第一に、プガチョーフ軍に参加した人々と教会の儀式・典礼との関係をどのように考えるべきかという問題である。プガチョーフはカザークの娘ウスチーニヤ・クズネツォーヴァと結婚（再婚）する際、教会の儀式に則って婚礼をあげている。他の叛乱指導者たちもそれに倣っている。たとえばプガチョーフ軍の「連隊長」アレクサーンドル・スホドロフ（А. Суходолов）は「見ず知らずの召使いの女を妻として」連れてきて、司祭のパヴロフ（Г. Павлов）とイヴァーノフ（Г. Иванов）が両人を正教の規則に則って結婚を司式した。[61]

しかし、以上の事例だけで教会との関係を判断することは難しい。事例が少なすぎるし、また結婚に際しては教会の儀式という形式を重んじただけだともいえる。さらにプガチョーフにとってこの結婚は二度目であり、厳格なキリスト教徒として再婚に対して厳しい古儀式派教徒たちはこれに不満であった点も考慮しなければならない。

第二に、下級聖職者との関係についてである。ほとんどの下級聖職者は貧しく無権利な状態にあり、そのことが彼らに蜂起した農民と共同の行動をとらせることになった。そのため、叛乱後、多くの聖職者が、プガチョーフを歓迎して彼のために祈った責任を問われている。また一七七四年八月二十日、宗務院は正教徒・聖職者・堂役者（церковник）が叛乱に直接参加する数多くの事実を確認した。実際、プガチョーフは住民への影響を考慮して、堂役者などの下級教会勤務者と連携を密にしていたのである。

以上のことは、叛乱中、多くの教会や修道院が破壊され、また一七七四年八〜九月だけで二三七人の堂役者とその家族が殺されたという事実に反するものではなかった。叛乱によって占領された広大な領域には何千人という堂役者が住んでいたので、むしろこの数字はそれほど多いというわけではないかもしれない。比較のために、この同じ時期に貴族が一五七二人の叛乱参加者を殺害した事実を指摘しておこう。[62] 帝政時代の教会史家ピョートル・ズナーメンスキー（П. В. Знаменский, 一八三六〜一九一七）によると、貴族よりも多くの聖職者がプガチョーフ側からの圧迫に苦しんでいたという。プガチョーフは自身の意に従わない者たちに対してあらゆる苛烈な手段を用いたというのである。[63]

こうした指摘に対して、すでに前節でも述べたが、次のことも考慮する必要がある。まずプガチョーフ軍のなかには古儀式派教徒が多いヤイーク・カザーク、ムスリムであるバシキール人やタタール人、仏教徒であるカルムィク人、その他の異教徒がいた。彼らと同じ信仰をもつ者たちは正教の教会を破壊して聖職者を駆逐した。そうした行動には、教会の官僚的側面やそこで働いている人々に対する民衆による嫌悪が明瞭に表れていた。次に、十八世紀にはマリ人、チュヴァーシ人、モルドヴァ人たちは強制的に正教に改宗させられたが、彼らは伝道者である正教の聖職者を社会的・民族的な抑圧の尖兵とみていた[64]。こうしたことのため、自らの信仰を捨て、キリスト教の洗礼を受け入れることを余儀なくされた地方の住民は、正教会のなかでは下層で、しかも彼らと身近に接していた堂役者殺害へ向かったと考えるのが自然である[65]。

聖職者の被害

具体的にどれほどの聖職者がプガチョーフ軍によって死傷したのであろうか。先にあげた一七七四年八〜九月の期間、クルムィシュスキー郡では殺害された人の半数以上が聖職者であった。ヤドリンスキー郡では三八人の堂役者とその家族が殺害された。以上を合わせると、七七人が殺害されたが、それは両郡の聖職者数の三分の一に相当している。また隣のペンザ郡では殺害された大多数がロシア人であり、その多くは貴族と官吏であった。聖職者のうち殺害された者はわずかに五人であった[66]。

これに対して、予審委員会でルニチは次のように証言している。「クルムィシュ山からプガチョーフは自軍を率いてアラートィリへと向かった。そこからサランスク、ペンザ、ペトロフスク、サラトフ、カルウィシェンスク、カザークの大村であるドゥボフスクおよびツァリーツィンへと、すべての地方を自分が通ったあとに……追い剝ぎ、破壊、死の惨状を残しながら進んでいった。また貴族や官僚の称号や位階をもつ者のみが殺害された。しかしながら、修道院、神の教会、聖なる教会に対する破壊、および今現在教会でお勤めをする人たちに対して殺害や追い剝ぎをおこなったかということについては、いかなる場所でも、またいかなる人にも触れることなく何事もなかったのである。しかもプロテスタント教会の居住地やカトリック教会に対してもそうであったのである」。[67]

以上の証言は、「背教者」ないし「教会の敵」としてのプガチョーフという定式化された政府による言説とは相容れないように思われる。プガチョーフの発した檄文は教会に対する攻撃そのものを禁止するのみならず、むしろ住民の宗教的共感を得ようとさえしているのである。先に述べたグリャズノーフの檄文がまさにそのことをよく示していた。

下級聖職者との関係

叛乱指導部は下級聖職者との密接な関係の構築と支持をめざした。宣誓を示す十字架への接吻、荘厳な祈り、僭称したツァーリ「ピョートル・フョードロヴィチ」万歳を唱える歌、それらの華麗な儀式すべてが住民に強い印象を与え、また同時に聖職者を敬服させることになる「ツァーリの慈悲」への希望を呼び起こしながら以上のことがおこなわれたのである。[68]

たとえばニジェゴロド郡スパッスコエ村の司祭セミョーン(Семён)は、尋問で次のような自らの「罪」を認めている。同村の集会における農民たちとの話合いでは、広場にて村民総出でプガチョーフを君主として出迎え、教会の鐘を鳴らし、歓迎の意を示すべく「パンと塩」でもって迎えることに決めたのである。[69] カザン大主教管区サラプルの司祭ダニール(Данил)は皇室郷ベリョーゾフ村の農民を引き連れて、プガチョーフを迎え入れている。[70] こうした例は枚挙にいとまがない。[71]

たとえばサランスクでは、ペトロフスキー修道院の掌院を先頭に、その町すべての聖職者が厳かにプガチョーフ軍を歓迎した。これに応えるかのように、プガチョーフは皆との食事が終わると、聖職者全員に三〇ルーブリを気前よく振る舞った。のちには堂役者が「ツァーリの食卓」に招待され、そこで彼らはプガチョーフの健康のために杯を乾した。他日、プガチョーフは掌院アレクサーンドル（Александр）のもとで食事をした際にも修道院に五〇ルーブリを献金している。そのため、叛乱鎮圧後、掌院は聖職位を剝奪された。[72]

また宗務院の布告によると、アルザマス郡ポクロフスコエ村の司祭マクシーム（Максим）は尋問で次のように述べた。司祭は聖体祭儀（ミサ）でエカチェリーナ・アレクセーエヴナ（エカチェリーナ二世）のためではなく、ピョートル三世（すなわちプガチョーフ）のためにその健康を祈り、彼が玉座にあることを寿ぐために短い祈りを捧げた。そのことに対して、マクシーム神父はプガチョーフより一六アルシンのラシャを「下賜された」。以上のこともあって、叛乱鎮圧後、彼は聖職位を剝奪されることになるのである。[73]

またプガチョーフ軍がサラトフを過ぎ去ったあとの一七七四年九月二十二日、政府軍司令官ピョートル・パーニンの尋問に対し、同地のトロイツキー大聖堂の司祭長アレクセーイ（Алексей）は答えている。八月六日にサラトフにプガチョーフがその仲間とともに襲来した。ヴヴェジェンスキー教会の輔祭イリヤー（Илья）のところにプガチョーフの仲間であるカザークが書付をもってやってきた。それには次のような人々に短い祈りを捧げるようにと書かれていた。ピョートル三世、彼の妻であるウスチーニヤ某（プガチョーフの二番目の妻であるウスチーニヤ・クズネツォーヴァ）、その他のためにという。事が重大だと思い、輔祭は司祭長のもとに相談に行った。八月九日と翌十日はピョートル時代の北方戦争におけるナルヴァ市占領に対する感謝の祈りを捧げ、プガチョーフの一団がしばしば教会にやってくるので、殺されるのではないかという恐怖からピョートル三世の名前で、その後、後継者である皇子および大公パーヴェル・ペトローヴィチ、后妃にして大公妃ナターリア・アレクセエーヴナ（Н. Алексеевна, 一七五五〜七六）、そして書付に書かれている誰かは不明のウスチーニヤの名前で短い祈りが捧げられた。聖餐行進でも祈りが捧げられた。同月十一日にはプガチョーフの一団は出て行ってしまい、祈禱はおこなわれていない。[74]

プガチョーフ軍の「軍事参議会」は地方で叛乱の活力を維持するために次のような指令を発している。「あらゆる身分の人々すなわちバシキール人あるいはメシチェリャーク〔ミシャーリ〕人から神の教会のロシア人にいたるまで侮辱も略奪もせず、彼らの指導者も、また彼の支配下にある人々も、すなわち異族人たちがいかなる破壊もすることがないように[75]」、と。

叛乱の最中、民衆による新たな改宗への拒否がおこなわれたというのは特徴的なことである。こうした戦術はプガチョーフだけでなく、たとえばグリャズノーフ、イヴァン・クズネツォーフ、ザルービンといった叛乱指導者の行動にも共通していた[76]。そのことはすでにラージンの叛乱のときにもみられたのである。

3　同時代人のプガチョーフ観

政府・聖職者

以上とは別に、いま一つ考えなければならないのは、叛乱当時の人々がプガチョーフをどのように見ていたのかという問題である。

革命前の歴史書の多くは、プガチョーフを「ラスコーリニク」であると断言しているが、そうした文献は本章で幾度も述べたプーシキンの『プガチョーフ叛乱史』の文言の繰り返しで始まっている。その背景にあるのは、一つには叛乱前夜に構築されたプガチョーフと古儀式派教徒との関係からであり、いま一つにはプガチョーフ叛乱当時の政府側史料に叛乱の首謀者を「ラスコーリニク」と呼んでいたという事情からである。

そもそもロシア政府は古儀式派をどのように見ていたのだろうか。元老院の史料から、機密局管轄下の予審委員会その他の機関で拘束されていたプガチョーフ叛乱参加者はヤイーク・カザークが三〇七人、「ラスコーリニキ」が一八人いた[77]。ちなみにアルハンゲリスクで「ラスコーリニキ」を理由に処罰されたのは四人である[78]。罰せられた「ラスコーリニキ」はときとしてその信仰を有するということだけで罪に付される場合があった点はあらためて認識する必要がある。とはいえオレンブルク予審委員会に保存されている史料から、プガチョーフ叛乱で指導的な役割を担った二〇〇人以上のヤイーク・カザークがいたが、少し考えにくいことではあるが、そのなかには「ラスコーリニキ」はいなかったのである。[79]

外交官たちの見解

ペテルブルクに駐在していたヨーロッパの外交官や外国に赴任したロシアの外交官たちもプガチョーフは「ラスコーリニク」だという考えを抱いていた。たとえばイギリス大使ガニングが本国のサフォーク伯爵へ宛てた一七七三年十一月付書簡にそれが明瞭に表れている。ガニングは、ピョートル・パーニンとの会見で、オスマン帝国との戦争について論じながら、プガチョーフはカザンの監獄から逃亡した古儀式派教徒であり、のちに彼のもとに多くの古儀式派教徒が集まったという見解を表明しているのである。ガニングは次のように述べる。「オレンブルク県の暴徒たち(insurgents)の展開についてさまざまな報告を受け取りました。ピョートル三世を僭称する男は教会分離論者のカザーク(a schismatic cossack)であります。彼はなんらかの罪でカザンに収監されました。そこから逃亡を企て、大勢の同じセクトの人々のなかに加わっています。この国の軍隊がさまざまなところに分散しているので、時の業によってこの暴動を鎮圧することは可能ではありますが、しかしながら、非常に不都合なことには、徴兵することに気を使わなければならず、また徴兵が困難なのです」。[80]

多くの外国人はプガチョーフ叛乱における「ラスコーリニキ」の役割に対して次のように考えていた。すなわち、ヤイーク・カザークは単にカザークに対する侮辱に仕返しをしただけではなく、その主導的な役割を果たした教会に報復することをも望んでいたというのである。とはいえ政府側の史料にはプガチョーフを「ラスコーリニク」とする史料とは異なる史料も存在していた。[81] たしかにプガチョーフの陳述によると、彼は自分の生まれ故郷であるジモヴェイスカヤ村の教会で洗礼を受け、子どもの頃から教会に通い、懺悔聴聞司祭がいて、聖体秘儀を受けたというのである。[82]以上、本章で述べたことから次のように結論づけることができるであろう。第一に、古儀式派やその他の異端がプガチョーフ叛乱の思想的標識であったという根拠を見出すことは困難である。あるいは視点を変えて、叛乱における古儀式派の参加程度の問題については次のようにいうことができる。

プガチョーフ軍の中核を占め、叛乱のイニシアティヴをとったヤイーク・カザークと、ケルジェーネッツやイルギースに逃れた古儀式派の熱心な味方を混同してはならない。ヤイーク・カザークのなかには古儀式派教徒が多数いたが、彼らヤイーク・カザークが教会を破壊し、司祭を殺害した事実も見逃すことはできないのである。そうしたことから必ずしも彼らがロシアに「古の信仰」を再建することをめざしたとはいえないであろう。

そもそも古儀式派のスローガンは叛乱全体のスローガンのなかでどれほどの役割を果たしたのだろうか。史料から判断する限り、必ずしも大きなものでも普遍的なものでもなかったのではなかろうか。とはいえ民衆が叛乱に参加する契機となったことは間違いないであろう。

第二に、プガチョーフの戦友たちがめざしたものは、まず何よりもカザークであること(ないしはカザークになること)、次いで古儀式派教徒(ラスコーリニキ)たることであった。彼らの社会的理想は「良きツァーリ」やカザークの自治として体現されたが、右手の人差指と中指を合わせた二本指で十字を切る古儀式派教徒であることはそうではなかった。プガチョーフ叛乱は社会のすべての要素が加わった民衆運動であるということをまず何よりも考えなければならないであろう。

その点について、ヴィテーフスキーは象徴的に次のようにいう。「ウラル・カザークたち(女性を除いて)の間でラスコールはファナティズムの問題ではなかったが、しかし何よりもカザークの熱烈な擁護者たちを統合するためのすべてのスローガン、すなわちカザークの特権や自由となった。そしてウラルのラスコールはモスクワ、すなわちカザーク共同体の基盤であるその民主制を直接的に侵害する新たに導入されたものからカザークを守る支えなのである」[83]。この指摘はプガチョーフ叛乱時に限ったことではないが、古儀式派のカザーク社会（共同体）内における基本的な役割を明快に述べている。

第三点目として、以上のことから判断すると、プガチョーフ叛乱における古儀式派の目的や性格の利用という可能性は限定的なものであったものの、古儀式派が一定程度そうした闘争の宗教的な拠りどころであったということができよう。これはポクロフスキーの見解とも重なる点である。

結局、叛乱は苛烈に鎮圧された。ドルゴポーロフには笞刑と流刑が宣告され、ペルフィーリエフには破門が言い渡された。死を前にしたシガーエフは断頭台で公式教会の聖職者による聖餐式を拒否した。プガチョーフの側近で罪を悔い、より早くに破門された他の人々は破門を解かれた。すべての罪はプガチョーフのみに背負わされることになったのである。一七七五年一月十日、プガチョーフはモスクワで処刑された。とはいえ古儀式派への配慮を示すプガチョーフの戦略を通して、社会のすべての要素を包摂した叛乱それ自体がいったい何をめざしたのかを探ることは、近世ロシア社会のあり方を考えるうえでも重要な問題を提起することになるのである。

註

1　本章は次の拙稿を基にしている。「18世紀ロシアの民衆運動における古儀式派——プガチョーフ叛乱における古儀式派教徒の役割」『明治大学人文科学研究所紀要』第八七冊、二〇二〇年、六五～七八頁。

2　*Кадсон И. З.* Восстание Пугачева и раскол. 1970. С. 349.

3　Пугачевщина. Т. I. док. № № 8, 9, 18–21, С. 32–33, 40–42.

4 *Овчинников Р. В. и Слободчиких Л. Н.* Новые документы о крестьянской войне 1774–1775 гг. в России // Исторический архив. 1956. № 4. С. 138.

5 РГАДА. Ф. 6. Оп. 1. Д. 433. Л. 19–19 об.

6 Пугачевщина. Т. I. С. 28.

7 Там же. С. 30–31.

8 諸民族の宗教的抑圧の状況については、前掲拙著『ロシア帝国民族統合史の研究』四六〇〜四六九頁を参照されたい。

9 *Пушкин А. С.* Указ. соч. С. 247.

10 РГАДА. Ф. 349. Оп. 1. Ч. II. Д. 7279. Л. 5 об.

11 *Грот Я. К.* Материалы для истории Пугачевского бунта: бумаги, относящиеся к последнему периоду мятежа и к поимке Пугачева – приложение к XXV-му тому «Записок императорской академии наук» № 4. СПб.: тип. Имп. АН. 1875. С. 78.

12 Архив СПбИИ РАН. Ф. 36. Оп. 1. № 422. Л. 5.

13 РГАДА. Ф. 349. Оп. 1. Ч. II. Д. 7183. Л. 187 об.

14 *Соколова В. К.* Песни и предания о восстаниях Разина и Пугачева // Сб. Русское народно-поэтическое творчество. Материалы для изучения общественно-политических воззрений народа. Труды Института этнографии, новая серия. Т. XX. М., 1953. С. 54.

15 この軍団にどれだけの古儀式派教徒がいたのかを明確に示すことは難しい。しかし、古儀式派教徒は正統ロシア正教徒を凌駕するほど広まっていた。たとえば、一八五八年のウラルの正教会台帳によると、軍団における古儀式派教徒は男性一万八二〇三人、女性一万九〇九七人、合計三万七三〇〇人であった。そのうちの約半数は教会(すなわち正統派の教会)に所属していたという。しかし、この数字は公式記録によるもので、真実とはかけ離れているという。たとえば、「任命アタマン(政府によって任命されたアタマン)」のストルィピン(一八五七〜六二年にウラル・カザーク軍団任命アタマン、内務大臣ピョートル・アルカージェヴィチはその子)はオレンブルク県総督アレクサーンドル・カテーニン(А. А. Катенин, 一八〇〇〜六〇、一八五七〜六〇年にオレンブルク・サマーラ県総督)への手紙のなかで、その数字の不正確さについて次のように述べている。「カザークの多くは、たとえ教会に行く場合でも、それは勤務義務からそうするのです。他の者たちは、教会のすべての機密(秘跡)

を認めていないにもかかわらず、教会で結婚式をあげます。それを通して、子どもたちを祝福し、それに加わっている者として教会台帳に登録してもらうためなのです。結局、一定の額を支払って、この台帳に登録している者が大部分なのです」。かくして、ストルィピンは適切な数字をはじき出している。教会に所属している者は男性三〇〇〇人、女性三五〇〇人、合計六五〇〇人である。古儀式派教徒は男性二万六〇〇〇人、女性二万七五〇〇人、合計五万三五〇〇人である(*Витевский В. Н.* Раскол в Уральском войске и отношение к нему духовной и военногражданской власти в половине XVIII в. С. 1–2)。

16 Пугачевщина. Т. I. С. 25.

17 *Анучин Д.* Указ стат. С. 10.

18 Пугачевщина. Т. I. док. № 21. С. 41–42.

19 Там же. док. № 69. С. 73–74.

20 Там же. док. № 70. С. 74–75.

21 Там же. док. № 70. С. 75.

22 *Кадсон И. З.* Восстание Пугачева и раскол. 1970. С. 354–355.

23 *Игнатович И.* Указ. стат. С. 43.

24 *Кадсон И. З.* Восстание Пугачева и раскол. 1960. С. 232.

25 Песни и сказания о Разине и Пугачеве. М.; Л.: «Academia», 1935. С. 193.

26 Допрос Е. И. Пугачева в тайной экспедиции в Москве в 1774–1775 гг. С. 188.

27 РГАДА. Ф. 6. Д. 506. Л. 330; Пугачевщина. Т. II. док. № 41. С. 131–132.

28 Архив СПбИИ РАН. Ф. 36. Оп. 1. № 422. Л. 61 об.

29 См. П-льев. Казань 12 июля 1774 г. // Казанский биржевой листок. 1874. № 54; *Гаврилов И. Н.* Казанский календарь на 1869 г. С. 59. ドゥブローヴィンはこの情報を事実であるとする(См. *Дубровин Н. Ф.* Пугачев и его сообщиники. Т. III. С. 397)。

30 *Овчинников Р. В.* (под ред.) Следствие. . . 1966. № 5. С. 116.

31 Пугачевщина. Т. II. док. № 44. С. 162.

32 РГАДА. Ф. 6. Д. 455. Л. 22; См. *Кадсон И. З.* Восстание Пугачева и раскол. 1970. С. 356.

33 РГАДА. Ф. 6. Д. 455. Л. 9 об., 22 об.

34 *Кадсон И. З.* Восстание Пугачева и раскол. 1970. С. 356.

35 *Дубровин Н. Ф.* Указ. соч. Т. II. С. 81.

36 РГАДА. Ф. 6. Д. 436. Л. 2 об.

37 Пугачевщина. Т. I. док. № 19. С. 40–41.

38 *Семевский В. И.* Крестьянский вопрос в России в XVIII и первой половине XIX века. СПб., 1888. Т. I. С. 178.

39 *Иванов, А. Г.* (Составитель и автор пояснительного текста) Крестьянская война под предводительством Е. И. Пугачева в Марийском крае. Документы и материалы для практических занятий по курсу истории Марийской АССР. Йошкар-Ола: Марийское книжное издательство, 1989. док. № 3. С. 93–94.

40 Там же. док. № 5. С. 94–95.

41 Описание происхождения дел и сокрушения злодея бунтовщика и самозванца Емельки Пугачева. СПб., 1774.

42 ЦАНО. Ф. 570. Оп. 555. Д. 14. Л. 1, 2, 3, 4, 5–5 об., 6–6 об., 7, 8–8 об., 9–9 об., 10, 11–11 об, 12, 13, 14, 15, 16, 17.

43 ЦАНО. Ф. 570. Оп. 555. Д. 16. Л. 8.

44 ЦАНО. Ф. 570. Оп. 555. Д. 18. Л. 1.

45 ЦАНО. Ф. 570. Оп. 555. Д. 23. Л. 1.

46 Пугачевщина. Т. II. док. № 60. С. 187–188.

47 Там же. С. 188.

48 Архив СПбИИ РАН. Ф. 113. Оп. 1. Д. 58/2. Л. 43 об.

49 Пугачевщина. Т. II. док. № 64. С. 194.

50 *Соколов Н. С.* Указ. соч. С. 45.

51 *Витевский В. Н.* Раскол в Уральском войске и отношение к нему духовной и военногражданской власти в конце XVIII и XIX в. С. 19.

52 *Соколов Н. С.* Указ. соч. С. 45.

53 *Лавров А. С.* Колдовство и религия в России. 1700–1740. М., 2000. С. 51–60; *Покровский Н. Н.* Указ. соч. С. 296, 312, 358;

Трефимов Е. Указ. соч. С. 15.

54 *Смилянская Е. В.* Волшебники, Богохульники, Еретики: Народная религиозность и «духовные преступления» в России XVIII веке. М., 2003. С. 189.

55 РГАДА. Ф. 6. Д. 512. Ч. 2. Л. 100–100 об.; Емельян Пугачев на следствии. док. № 1. С. 57; *Овчинников Р. В.* (под ред.) Следствие. . . 1966. № 3. С. 132.

56 *Пушкин А. С.* Указ. соч. С. 107.

57 *Кадсон И. З.* Восстание Пугачева и раскол. 1960. С. 230.

58 Там же. С. 229.

59 この点については次の論文を参照されたい。拙稿「18世紀ロシアの民衆運動とその世界――プガチョーフ叛乱における領主農民を中心にして」『社会科学討究』第三三巻第三号、一九八八年、三〇三～三三七頁(本書、第八章に再録)。

60 たとえばトボリスクの教区民や神父たちとプガチョーフとの関係を描いたものに次のような研究がある。*Зольникова Н. Д.* Духовенство Тобольской епархии и прихожане во время крестьянской войны 1773–1775 гг. / Русское общество и литература позднего феодализма. Сборник научных трудов. Отв. редактор Н. Н. Покровский. Новосибирск, 1996. С. 84–103.

61 *Кадсон И. З.* Восстание Пугачева и раскол. 1960. С. 232.

62 Там же. С. 233.

63 *Знаменский П.* Приходское духовенство в России со времени реформы Петра. Казань, 1873. С. 483–484.

64 とくに、十七～十八世紀に起こった諸民族の叛乱の原因としての宗教的抑圧については、さしあたり前掲拙著『ロシア帝国民族統合史の研究』一五二～一五三、二二九～二三〇頁を参照されたい。

65 *Кадсон И. З.* Восстание Пугачева и раскол. 1960. С. 233.

66 *Тхоржевский С. И.* Указ. соч. С. 135.

67 Записки сенатора Павла Степановича Рунича о Пугачевском бунте. С. 116.

68 *Кадсон И. З.* Восстание Пугачева и раскол. 1960. С. 233–234.

69 ЦАНО. Ф. 570. Оп. 555. Д. 28. Л. 2.

70 РГАДА. Ф. 6. Д. 426. Л. 1–1 об.

71 サランスク地方でプガチョーフや彼の戦友たちを迎え入れた聖職者の一覧表が、サランスク県知事官房によって作成されている（РГАДА. Ф. 6. Оп. 1. Д. 448. Л. 30–44 об.）。

72 РГАДА. Ф. 6. Д. 448. Л. 1–22.

73 ЦАНО. Ф. 570. Оп. 555. Д. 27. Л. 3.

74 *Майорова А. С.* (под ред.) Саратов во время пугачевского восстания. Сборник документов для семинарсиких занятий по истории Саратовского края. Саратов: Издетельство Саратовского университета, 2001. док. №№ 2, 3, 4. С. 24–33.

75 Пугачевщина. Т. I. док. № 215. С. 179.

76 Там же. С. 77–78; *Дубровин Н. Ф.* Указ. соч. Т. II. С. 201–202.

77 Пугачевщина. Т. III. С. 466–468.

78 *Коган Э. С.* Указ. стат. С. 111.

79 Пугачевщина. Т. III. С. 466 (приложение № 10).

80 СИРИО. 1876. Т. XIX. С. 385 (№ 191, Sir Robert Gunning to the Earl of Suffolk, St. Petersburg, November 12 (23) 1773).

81 *Кадсон И. З.* Восстание Пугачева и раскол. 1960. С. 228.

82 РГАДА. Ф. 6. Д. 512. Л. 100–100 об.; Сб. Восстание Емельяна Пугачева. С. 92.

83 *Витевский В. Н.* Раскол в Уральском войске и отношение к нему духовной военно-гражданской власти в половине XVIII в. С. 4.

第十章　叛乱参加者の最後

叛乱は一七七四年九月のプガチョーフの逮捕および翌年一月の彼のモスクワ赤の広場での処刑で終焉《しゅうえん》する。しかし、流刑になった多くの叛乱参加者がいた。彼らのその後の運命をたどることも叛乱とロシアの国家と社会を考えるうえで重要である。何よりも、叛乱に驚きおののいた政府は二度とこのような大叛乱がロシアで発生しないための方策を考えた。叛乱発生地から遠く離れた流刑地への追放によって民衆から叛乱の記憶を消そうとすることはその良い例である。叛乱後の刑罰や流刑に関する研究は、ソ連時代、叛乱参加者の出身地域の研究者を中心にわずかにおこなわれたにすぎなかった。しかも、ソ連崩壊後に生じた構成共和国の独立が、古文書利用と研究者間の相互連携を阻んでいる。先行研究が少ないこの分野の進展を図るためには、ロシア連邦以外の古文書史料の利用があらためて重要となる。[1]

第一節　尋問・判決・流刑

尋問

一七七五年十一月二十九日、プガチョーフ叛乱のバシキール人指導者サラヴァト・ユラーエフとその父ユライ・アズナリンは、ウファーから遠く離れたバルト海に臨む港町バルティースキー・ポルトへ無期懲役囚として送られた。プガチョーフ叛乱で活躍した彼らの流刑地での様子については、断片的ながら史料が残されているものの、不明な点が多い。

審理それ自体は七カ月以上の長きにわたって続いた。二人は手足に鉄の枷をはめられたまま、カザン、モスクワ、オレンブルクそしてウファーへと護送されたが、その間、尋問、拷問、対審がおこなわれた。サラヴァトは、取り調べの当初から、この叛乱への参加は偶然であり、また強制されたものであると証言している。彼は父の叛乱参加について一言も触れず、仲間についても言及することはなかった。しかし、その証言とは反対に、当局は彼の積極的な叛乱参加を示す多くの証拠をつかんでいた。なお、当局の手に落ちることになる手紙をサラヴァトはウファーの監獄から送ろうとさえした。シャイタン＝クデイスク郷にいる自分の親族に宛てて家族を守ってもらうように依頼する手紙である(一七七五年五月七日頃に出したと考えられる)[2]。

サラヴァト・ユラーエフの裁判

叛乱参加者のなかでもバシキール人のサラヴァト・ユラーエフについては、その逮捕後の詳細な裁判史料が残されている。尋問は彼が拘束された日(一七七四年十一月二十五日)から数えてちょうど三カ月経った一七七五年二月二十五日、モスクワの機密調査局で開始された。通訳官はモスクワ在住のバシキール人が担当したが、彼によるとサラヴァトは寡黙であったという。サラヴァトは七三年十一月にプガチョーフ軍に加わって戦闘をおこない、叛乱に参加していた期間を通じて、戦闘以外で「誰も己の意思で、また自らの手で殺害をおこなわなかった」。さらに、プガチョーフを「真のロシア皇帝」と認め、同地方のバシキール人は誰もが彼を信頼して付き従っていたという[3]。

一七七五年五月五日、サラヴァトと父ユライはウファーに移送され、そこで彼らの審理が継続された。ここでも提出された数々の告発内容に対してサラヴァトは多くを否認する。とくに、モスクワでの陳述と同様に、ロシア人の殺害は決して意図したものではないと主張した[4]。当局は対応に苦慮し、証拠を示しながら、フレイマーン中将の報告、およびサラヴァト逮捕の状況に関するアルシェネーフスキー中佐の報告をサラヴァトに突きつけた。しかし、こうしたことも彼の罪状否認を覆すにはいたらなかったのである。[5]

判決と刑の執行

すべての尋問が終了したのち、判事たちは収集された資料の総括に取りかかった。一七七五年七月六日、証言の抜粋とウファー地方官房の命令がオレンブルクへ送られた。同月十五日、それらをもとにサラヴァトとユライについての件に関する判決が下された。それを受けて、オレンブルク県知事レインスドルプは「正確な執行のために」二人をウファーへ送っている。七月二十二日、ウファー地方官房は「サラヴァト・ユラーエフとユライ・アズナリンに対する体刑の執行について」命令を下す。すなわち、「彼らユライとサラヴァトには、指令に添付されているメモにある場所すべてにおいて、以下に記されている数だけ鞭打ち刑に処すべきこと。ユライカ〔ユライの蔑称〕に対しては、シムスキー工場で四五回、ウスチ゠カタフスキー〔工場〕で四五回、カタフスキー〔工場〕で四五回、オルロフカ村で四五回である。サラヴァトカ〔サラヴァトの蔑称〕にはシムスキー工場で二五回、ユラーエヴァ村で二五回、ラク村で二五回、クラスノウフィムスクで二五回、クングールで二五回、オサで二五回、彼がエルジャクスカヤ要塞の手前でルィレーエフ中佐と戦闘を繰り広げたところで二五回、以上である。最後の場所、すなわちユライにとってはオルロフカ村で、サラヴァトカにとってはエルジャカ近郊で……鼻を裂かれたあと、額と頬に定められた烙印〔鉄製の文字をかたどった釘が打ちこまれてある印章で三文字「ЗБИ」――悪人〔злодей〕、叛徒〔бунтовщик〕、反逆者〔изменник〕――の烙印〕が押され、……この官房へ戻すこと」[6]。その後、彼らは無期懲役囚としてバルティースキー・ポルト〔Балтийский Порт, あるいはロゲルヴィク Рогервик, 現エストニア共和国パルディスキ市 Paldiski〕への流刑が命じられた。体刑を受ける場所は、叛乱中に彼らが包囲・攻撃・戦闘をおこなった所である。

囚人と同行することになる通訳官フョードル・トレチャコーフ〔Ф. И. Третьяков, 一四等官〕に対するウファー地方官房の指示は次の通りである。「手足を鉄の枷でつながれたシベリア道ウファー郡の長老ユライ・アズナリンとその息子サラヴァトを、確実な〔刑の〕遂行のために尉官殿〔トレチャコーフ〕の指揮のもと監視下において添付された目録にある場所に連れてくること。……それぞれの場所で目録に記された数だけ彼らを鞭打つこと。しかし、最初にそれをしてはならず、まず初めに民衆の集まっている前で彼らの罪についてここに添付された決定を公に読み上げられるべきこと。……道中、記されている悪人たちをともなっている際、貴下自身は絶え間なく監視するとともに、貴下と派遣された部隊長と一緒に法的に厳格な措置を守るべきこと。それは、当の囚人たちが逃げ出し、あるいは何か特別な悪巧みによっても何もなすことができないようにするためである。道中、彼らを奪取しようと企てられないように、そのような人を撃退するためでもある」[7]。

サラヴァト父子は厳しい拷問を耐え抜いた。鞭打ちには長い生皮の鞭が使われた。「鞭刑」吏（мастер «кнутобойного дела»）は思い通りに自分の「生贄」を「脊柱まで」打ち割ることができたという。しかし、サラヴァトもユライもそれぞれ一七五回と一八〇回の鞭打ちに耐えた。その後、既決囚に同行していた「死刑執行人 заплечный мастер」マルティン・スースロフ（M. Суслов）は二人の鼻を裂き、「烙印」（盗賊を意味する「ВОР」）を額と頰に押した（ウファー地方官房の命

図23　18世紀ロシアの刑罰の道具　左は，額に囚人の印を刻むための道具（ЗБИとある。サラヴァト・ユラーエフ博物館）

図24　手枷あるいは足枷（同博物館）

令では「ЗБИ」となっていた〕。九月十六日、トレチャコーフはウファー地方官房に刑の執行の様子について報告している。「……犯罪人ユライ・アズナリンとその息子サラヴァトに対し、私への訓令に添付されていた目録の指定された場所において、民衆の集まった前で、彼らの罪について訓令に添付された裁定を公に読み上げたあと、鞭刑と鼻裂き刑がなされ、烙印が死刑執行人スースロフによって押されたのであります」[8]。

しかし、故意かそうでないかは不明であるが、既決囚たちへの「烙印」が規定より鮮明ではなかった。サラヴァトとユライに対する当局によるウファーでの検分の際、彼らの顔の烙印がはっきりしていなかったのである。そのため再びそれが押される旨の決定が下された。「ウファー地方官房は彼らの鼻孔には今ではすでにびっしりと髭が生えている。ユライカの押された烙印もほとんど見えない。……両人の鼻孔はきれいにされていない。一人の烙印は新たにされておらず、……〔このままでは彼らを流刑地に〕送ることはできない。……そのために、民衆を前にして公に彼らユライとサラヴァトにはその鼻孔をきれいにし〔すなわち再び鼻裂き刑に処し〕、ユライには烙印をより鮮明にするよう押すべきである」。「刑の執行にあたり、彼〔刑吏スースロフ〕とヤットコ（щипцы）〔鼻裂き刑のための道具か?〕はまったく正確に〔仕事を〕おこなわなかった。……彼のこの不遜〔な行い〕に対し体刑を科し、極めて厳格に笞打ち刑によって身体に刻むべきである」[9]。またトレチャコーフには厳しい譴責処分が下された。

サラヴァトには二五年の強制労働が科され、一八〇〇年九月二十六日に死去した[10]。グヴォーズジコヴァの研究によると、父ユライに関する史料は一七九七年のものが最後であるという[11]。しかし、後述するより詳細な史料研究によると、一七九七年七月から一八〇〇年五月二十二日の間に死去したことが想定される。

サラヴァトよりも二カ月前に逮捕されたプガチョーフがモスクワの赤の広場で四つ裂き刑に処せられたのは一七七五年一月十日であり、それに較べると異例に長い審理であった。その理由として、第一に、民衆から叛乱の記憶すべてを消し去るためにも、首謀者であるプガチョーフの処刑を急ぎたいという政府の思惑が優先したことが指摘できる。第二に、サラヴァトはロシア語を知ってはいたが、尋問はタタール語のわかる通訳を介しておこなわれたという言葉の問題、さらには当局によって提出された告発内容に対し、彼はそれを一貫して否認し続け、そのため当局はより明白な証拠を得るために役人をバシキーリアに派遣しなければならなかったということ、しかもサラヴァト自身そうした政府の行動を監獄にいながらも知って妨害しようとしたということがあげられる。とりわけ彼が強く否認した告発内容は、彼自身は決してロシア人の殺害を意図しなかったということである。結局、当局は尋問によってサラヴァトからその意に添う供述を得ることができなかった。

流刑地への道

一七七五年十月二日、ウファーからカザンまでの徒刑の第一エタップ（護送区間）で、サラヴァトとユライを護送した隊長ブシュマン中尉（И. Бушман）はウファー地方官房から次のような指令を受け取った。「この指示は、すなわち手足に鉄の枷をはめられたシベリア道ウファー郡のバシキール人で前長老のユライ・アズナリンとその息子サラヴァトを受け取ったのち……彼らが貴下から逃げ出したり、自らに対し、また万が一にも貴下に対して何か悪巧みを企てたりすることがないように、彼らを絶え間なく監視し、カザン市へ彼らを連行すること。給付金のうちから八〇カペイカを一日当り各人に二カペイカずつ使うこと。当の囚人用に街道に沿って橇賃として各馬当り一ヴェルスタにつき一カペイカ支払いながら、通常の荷橇から二台ずつを徴集すること[12]」。

かくして流刑地への長い道行が始まったのである。ウファー、メンゼリーンスク、カザン、ニージニー・ノヴゴロド、モスクワ、トヴェーリ、ノヴゴロド、プスコフ、デルプト（現在のタルトゥ）、レーヴェリ（現在のタリン）、そして一七七五年十一月二十九日、二カ月にも及ぶ苦しい旅のすえ、徒刑囚として目的地バルティースキー・ポルトに到着した。

第二節　流刑地バルティースキー・ポルトとエストリャント県

エストリャント県の状況

サラヴァトとユライはバルティースキー・ポルトに到着する前にレーヴェリにあるトームペア城(通称「のっぽのヘルマン」)に一時収容されている。ここで当時のエストリャント県の行政制度について述べておくことはロシア帝国における同県の状況と特殊性を考えるうえで重要である。

プガチョーフ叛乱鎮圧後の一七七五年十一月七日、エカチェリーナ二世は「全ロシア帝国県行政の基本法令」を発布した。[13] これにより全国は県ないしは総督管区に区分され、その長に県知事あるいは総督が置かれた。法令がエストリャント県にも及び、県知事の職務は八三年七月三日付元老院布告によって定められた。その目的は中央行政機構の極めて専門的な制度に合致させることを主眼に、能率的ではなかった地方行政の改革遂行にあった。しかし、何よりもプガチョーフ叛乱など民衆蜂起の再発防止が主な目標であり、そのためにも地方行政改革はロシア帝国における貴族の社団的結束をめざすものとなった。政府は、地方貴族の抵抗にもかかわらず、沿バルト地方における一七七五年法令の普及を

図25　サラヴァト・ユラーエフが収監された塔　トームペア城（通称「のっぽのヘルマン」。2007年９月撮影)。

通して、同地域とロシアの他地方とのより緊密な行政上の接近を図ることになる。

「全ロシア帝国県行政の基本法令」は、エストリャント県においては一七八三年七月三日付および十二月三日付の両布告によって実際に施行された。まず同年七月三日、レーヴェリ県の制度に関する布告が発せられた[14]。続いて十二月三日付布告により、レーヴェリ総督府が置かれ、翌八四年一月五日付元老院令によって総督制が宣言された[15]。広範囲にわたる権限が付与される県知事のもと、皇帝が直接任命する総督が行政を遂行することになった。エストリャントとリフリャントが一人の総督の権力下に入ったのである。

県知事は地方の全機構の活動に対して責任を負うことになった。総督行政と検事の職を除いて、地方の官僚の任命、彼らに対する報奨は県知事の意思に基づくものとされた。また知事には、民衆が不満をもって立ち上がった場合、鎮圧のための軍事力行使が委ねられていた。地方の軍隊と警察は総督の直接的な管理のもとに置かれたのである。

しかし、新しい官僚は旧来の地方貴族や都市の上層の要求を満足させることはできなかった。彼らは行政制度や訴訟手続き、その他の行政分野における従来の秩序回復をめざしていた。こうしたことは一七九六年のパーヴェル一世の即位のときに実現することになる[16]。九六年十一月二十八日付勅令は、エストリャントとリフリャントにおける以前の官庁の復活について述べている[17]。レーヴェリ総督府は撤廃され、国家の諸機関も削減された[18]。総督制時代の諸機構のうち県行政のみが残された。すなわち県の主要な行政制度と県財務庁、そして地方行政のトップとしての県知事職である。この時期から知事はエストリャント県文官知事と呼ばれることになる[19]。

一八〇二年まで、県知事は元老院の管轄下にあった。同年の帝国における省の創設以降、知事は内務省の管轄に入った。各省、またその管轄下の諸機関のために、県知事は〇二年に設立された官房の援助のもとにその職務を遂行していくことになる[20]。

図26　サラヴァトたち流刑囚が労働させられたバルト海に臨むロゲルヴィク（現パルディスキ）の海岸

流刑地バルティースキー・ポルトの状況

サラヴァトたちが流されたバルティースキー・ポルトに目を向けてみよう。[21] もともと同地はスウェーデン語でロゲルヴィク（Rågervik）と呼ばれた地で、北方戦争の最中にロシア領となった。十八世紀前半において、レーヴェリがロシア海軍の主要な軍港となった。海軍にとってロゲルヴィクの入江も新たな軍港としての良さを有していた。一七一八年以降、海軍基地と要塞を作ろうとするピョートル一世の計画に従って港の建設が進められ、それは中断される六七年まで続いた。七四年、徒刑囚を利用した建設再開が試みられたが成功しなかった。またここは流刑地としても機能していた。六七年、ロシア人はこの地を「バルト海の港」を意味するバルティースキー・ポルトと名づけたが、ロゲルヴィクという名称も史料のなかで使われることになる。[22] エストニア語ではパルディスキと称され、それが一九三三年から現在にいたるまで公式名称となった。

レーヴェリが近くにあることから、湾の近郊に発生したこの町の成長は緩慢にみえるほど目立たない。[23] 中世以来ハンザ都市として栄えたレーヴェリでは、ギルド商人たちが商業活動を掌握しており、そのことが地方都市の商業発展を阻害していた。[24] しかし、エカチェリーナ二世の諸改革にともない、県内第五番目の郡の創設とともに、バルティースキー・ポルトがその中心となった。[25] 十八世紀後半から十九世紀六〇年代までレーヴェリ県の都市人口の動態を示すと表4のようになる。それによると、一七八二〜一八二五年、エストリャント県の都市人口は二万三〇〇〇から三万五四〇〇へと飛躍的に増加し、その伸び率は五四％であった。バルティースキー・ポルトも他の都市ほどではないにせよ成長している様子がわかる。ただ原因は不明であるが、例外的にこの町は一八一九〜二五年の間に人口が減少している。一七八二年の都市人口二万三〇〇〇はロシア諸都市の全住民数でみれば微々たるものであり、いまだ都市化は低い段階に留まっていた。別の文献によると、続く八〇年間で都市化のペースは八・七％にまで上昇する。[26]

現在にいたるまでバルティースキー・ポルトに関する文献はほとんどない。ただ管見の限りでは、一九七〇年にラビ(B. Labi)が都市の大きさ、国家と民間の建物、人口、都市構造、総督制時代の市会の構成などを調べた研究があるのみである。[27]以下では、これに基づいて都市の様子について述べてみよう。

一七八三年、沿バルト地域における総督制度の設置に際し、バルティースキー郡創設とともにこの町は都市の権利を得た。街路は直交するように計画された。通りで区切られた市街は二五街区から成り、そこに家屋が建設された。八四年の都市平面図によると、街路を除いた都市の広さは三万五九一〇平方サージェンである。市庁舎、小店舗、および市場に割り当てられる広さは一五二三平方サージェン、利用されていない土地一万八三六平方サージェン、国有地七七五五平方サージェンであった。住民は七〇区画、一万五七九四平方サージェンを利用していた。地図には区画の所有者、彼らの職業や地位、そして土地の広さが記入されている表が掲載されている。

当時の市警備隊司令官フランツ・デ・ロベルチ(Ф. Я. де Роберти, 一七二八〜?)の報告によって、より詳しい情報と民間人の家の様子がわかる。すなわち、建材、建物の階数、部屋数、窓や暖炉の数、建築された日、家屋の所有者についてである。一七八五年における国有の建物は三三棟、八八年における民間の建物は六五棟であった。

住民数、性別、社会階層は一七九五年の納税人口調査から判明する。その年の調査簿には八二年の人口調査についての記載もある。八二年、町には二〇九人が居住し(表4と若干齟齬《そご》がある)、そのうち男性は九六人であった。九五年、人口は五二〇となり、そのうち男性は三二六人であった(なお、表4では一八一九〜二五年に人口減少がみられるが、これについ

表４　エストリャント県内の諸都市の人口動態

都市／調査年	1782年	1819～1825年	1862～1863年
レーヴェリ（タリン）	10653人（男性）	12872人	20680人
タルトゥ	3421	8499	13826
ナルヴァ	3000 ①	3500 ①	8144 ②
ピャルヌ	1954	4087	6690
クレサアレ	1379	1945	3378
ヴィリヤンディ	603	951	2406
パイデ	440	857	1169
ハアプサル	594	647	1570
ラクヴェレ	375	574	1564
ヴァルガ	402	451	2617
バルティースキー・ポルト	211	184	400
ヴィル（1784年創設）	—	797	1587
総計（約）	23000	35400	64000
ロシア諸都市の全住民数（百万人）	1.3 （1796年）	1.7 （1815年）	6.1 （1863年）

註①　数字は概数である。註②　1861年の数字である。
出典：История Эстонской ССР. Таллин, 1961. Т. 1. С. 806.

ては不明である）。人口のうえではこの間二・五倍に増加している。基本的にはポサード（商工地区）のロシア人、官僚、農奴、その他からなっている。また同じ時期に市内の農奴の数は二倍となったが、これは主にエストニア人と例外的にロシア人であった。

市の主要な機関は市会（городской магистрат）である。これは一七八三年十二月二十八日に選挙で選ばれた二人の市長（бургомистр）と四人の市会参事（ратман）から成り立っていた。市会はエストリャント県参事会の管轄下に入る。県参事会は選挙の結果を承認し、選挙と次の選挙の間に以前の市会参事の地位に新しい参事を任命した。八五年五月二日にエカチェリーナ二世が都市への恵与状を発布するまで、市会がバルティースキー・ポルト市唯一の権力機関であった。恵与状発布以後、新しい機関が創られた。市筆頭者（городская голова）、共同市ドゥーマ（общая городская дума）および六名の構成員からなる市ドゥーマ（городская дума）である。すべての市会の職務は選挙で選ばれた人によって遂行されることになったが、市筆頭者の権利は財産資格によって条件づけられていた。

市会と六人からなる市ドゥーマの構成員については、エストリャント県参事会とレーヴェリにある総督事務所へ送った議事録や報告から判断することができる。都市行政の主要な地位に就いたのは主にバルト・ドイツ人であった。

すでに述べたように、パーヴェル一世の一七九六年十一月二十八日付勅令によって沿バルト地域の総督制度は廃止され、またバルティースキー郡も廃止された。この市はいわゆる「定員外の」都市となったのである。共同市ドゥーマ、六人からなる市ドゥーマおよび市会は九七年前半でその存在をやめた。市の上級機関は再びかつての権力機関である代官裁判所(фоггейский суд)に移ったのである。

第三節　バルティースキー・ポルトをめぐる諸問題

十八世紀末から十九世紀初頭のエストリャント県に関する現存する史料は多種多様である。そのなかで、バルティースキー・ポルト市に関するものも行政、財政、福祉、国境問題、その他と多岐にわたっている。以下では、エストニア国立歴史古文書館にある史料のうちからそのいくつかを示すことによって、この市の状況や特殊性を探ることにする。

国有家屋の売却

バルティースキー・ポルトにおける老朽化した国有家屋の修理に関する文書(一七八七年八月一日〜一八〇四年)[28]、および国有家屋について(一七九七〜一八一九年)という史料がある。[29] たとえば、後者の史料は次のような文面となっている。

「……去る一七九九年十月十七日付第一四九九五号の元老院布告と閣下〔エストリャント県知事アンドレーイ・ラングリ(A. Лангель, 一七四四〜一八〇八、エストリャント県知事在任一七九七〜一八〇八)〕のご報告によって、国有の木造家屋のより役立つ利用のために、バルティースキー・ポルトにある老朽化したそれらを誰か他の人に早急に売却するように求められました。それというのも、このような家屋が時間の経過とともに老朽化して国庫の損失となることがないようにするためであります」（一八〇〇年三月二十七日付、トマス・ブルンからエストリャント県知事ランゲリ宛）[30]。同様の史料は多く、それらは中央および地方の当局がその国家の財産として国家の家屋の処理について十分注意を払っていることを示している。

入国管理問題――不審者の入国阻止

また当局の緊急の課題として地方の治安維持や国境問題における任務の遂行があった。とくに、当局は国境を越えて人々が移動することに注意を払っていた。

「ロシア帝国の境界内へさまざまな官位をもつ人を〔むやみに〕入れず、またそうした人々の一部の到来について注意を払うことについての一件」（一七九七年五月二十七日〜一八〇〇年一月十九日）という史料のなかに次のような文書がある。「リフリャント県、エストリャント県およびリトヴァ県を統括する元帥レプニーン公」からエストリャント県知事ランゲリに、「アレクサーンドル・アンドレーヴィチ・ベズボロートコ公〔A. A. Безбородко、一七四七〜九九、ニキータ・パーニン辞任後の一七八一年以来事実上の宰相〕の私宛報告書のコピーを添えて、閣下の管轄下にある県内すべての地方の長たちに、国外へ追放されたロンベ伯爵と名乗る外国人がロシア国境内に入ることがないようにという指令を下すことを命じています。同様に、貴下所管の国境税関長に対しても上記のことをお知らせ願います」（レプニーン公署名、一七九七年九月五日）[31]。

一七九八年一月二十八日付のレプニーン公のランゲリ宛書簡は、「前述のベリヴォリフ少佐〔誰のことか不明〕を決してロシアの国境内に入れないように」と指示する[32]。そのためにバルティースキー・ポルトでも監視せよと伝えている（一七九八年三月十日付ランゲリ宛書簡[33]）。県知事宛の別の書簡は次のように言う。「閣下の本三月二十三日付書簡（第二〇五号）

は、私に任せられている諸港で監視することを命じています。すなわち、自らをベルジャフと名乗るロシア臣民という者が、当地〔?〕、あるいはガプサリ〔ハアプサル?〕やバルティースキー・ポルトへ船で到着した場合、彼を監禁し、即刻閣下のもとへ護送すべきです」[34]。また一七九八年四月十一日付ランゲリ宛書簡は次のように報告しています。「閣下の本四月十日付極秘書簡(第二五三号)は私の管轄下にあるすべての港の税関で命令を発しなければならないとしている。どの港でもヘルツェルと偽名を名乗るヴィンという不審なフランス人がリューベックから船でロシアにやってきた場合、彼を即刻然るべき監視部隊をつけて閣下のもとへ連行願います」[35]。レプニーンとランゲリの間で、国境線を厳しく取り締まるようにというやりとりは史料のなかではこのあとも続く[36]。

とはいえ、なぜ「ロンベ伯爵」「ベリヴォリフ少佐」「ヴィン」たちが入国を拒否されるのかは先の文書からだけでは不明である。考えられるのは密入国者の取締りであり、また一七九七年に沿バルト地域で発生していた農民蜂起との関連である。後者に関していうと、パーヴェル一世の即位とともに始まった蜂起で、農民たちは「自由」獲得の期待を抱いていたという。一七九六年十二月には、エストリャントに接するプスコフ県の農民の間にはツァーリに嘆願さえすれば自由を得ることができるという噂が流布した。翌九七年、ヨーロッパ・ロシアの四分の三の県が農民運動に巻き込まれた。同年にはエストリャントにもこの動きが広まった。その主な目的は賦役(バールシチナ)義務の軽減である[37]。当局は、こうした動きの拡大とそれについての情報が諸外国へ漏れることを危惧したのではなかろうか。それはプガチョーフ叛乱発生時に政府が恐れたこととまさに同じであり、農民運動の火種は消えなかったことの証である。

犯罪と刑罰

前記の史料以外に、犯罪とその処罰に関するものもある。たとえば、「自由人(вольный человек)Г・ゲンリクソン(Г. Генрихсон)を窃盗の廉で、エストリャント刑事裁判所(Эстляндская уголовная палата)の判決に従い、鞭刑に処したうえで終身刑として送付することについての一件」がある。一七九七年の報告は次のように述べている。

第六六二号　リフリャント県事務所宛　一七九七年五月十五日

エストリャント県事務所(Эстл. Губ. Правление)は、以前提出した自由人の窃盗事件に対するエストリャント刑事裁判所における裁判に関して、自由人ギンリヒ・ギ《マ》ンリクソン《マ》(Гинрих Гинрихсон)に対する刑事裁判所で四〇打の鞭刑という判決が下されたという本年一月三十一日付前レーヴェリ区裁判所(нижний земский суд)の第一八二号報告を聞き、いまその裁判所の判決に従って無期懲役刑の労働に使役するために〔彼を〕送付しなければなりません。当の自由人ギンリヒ・ギ《マ》ンリクソン《マ》は窃盗に対するエストリャント刑事裁判所の判決により、監視のもとリフリャント県事務所へ終身要塞労働に送るために彼に対する判決である体刑を延期しなければなりません。[38]

これは一つの事例にすぎないが、当時の犯罪に対する刑罰の軽重を考える材料を与えてくれると同時に、のちに問題となる囚人たちの要塞労働への使役が実際におこなわれていたことを示している。

第四節　バルティースキー・ポルトの囚人たち

囚われのプガチョーフ叛乱参加者たち

バルティースキー・ポルトはロシア帝国全土から流刑囚が送られてくる場所でもあった。バシキール人の歴史に限っても、一七五五〜五六年のいわゆるバトィルシャ蜂起の参加者がここに流された。そしてプガチョーフ叛乱を指導した人々も送られてきたのである。ロシア国立古法文書館(РГАДА)とエストニア共和国国立歴史古文書館(ЭИА)には、バルティースキー・ポルトへ送られたプガチョーフ叛乱参加者たちに関する豊富な史料がある。レジナルド・オフチーンニコフの史料研究の成果も参考にしながら論じることにしよう。[39]

一七七七年八月九日、時のレーヴェリ県知事ヨアヒム・シーヴェルス(И. Сиверс, 一七二〇～七九)は、元老院へ宛てた報告書で、七五年一月三十一日にバルティースキー・ポルトに送られてきたプガチョーフ叛乱参加者のうち生存者は五人であると伝えた。[40] 死去した者の名前は不明である。しかし、ゴルシコーフ、ウリヤーノフ、あるいはカラヴァーエフのうちの誰かであることは確かである。

一七七五年、有名なプガチョーフ叛乱指導者が送られてきた。イリヤー・アーリストフ(И. С. Аристов, 一七二六～?)である。彼はトムスク歩兵連隊の逃亡伍長で、叛乱中アタマンに任じられ、しばらく彼はレーヴェリ市に留め置かれ、「他の囚人とともに市の労働に」使役された。[41] 同年七月二日、新たに四人の囚人が送り込まれてきた。エメリヤーン・チュレーネフ(Е. И. Тюленев, 退役兵士)、ティモフェーイ・ブールツェフ(Т. Бурчев, 幇堂者《ほうどうしゃ》)、セミョーン・ノヴゴロードフ(С. А. Новгородов, 農民)そしてヤーコブ・オシチェープコフ(Я. Ощепков, 農民)である。この四人はシーヴェルスの一七七七年八月九日付報告によると、まだバルティースキー・ポルトにはいなかった。知事は元老院にバルティースキー・ポルトからレーヴェリへの七人の囚人たちの移送を願い出ていた。バルティースキー・ポルトでは「何も仕事をせず」に陽気に暮らしているとして、彼はレーヴェリ湾内の島にある石造りの砲兵保塁修理のため労働に利用可能であると述べている。[42]

書簡の往復が始まった。結局、一七七八年一月十八日付命令によって元老院は次のような指示を下すことになる。「バルティースキー・ポルトにいる囚人たちが」、「他の者は陛下の命令によって、また別の者は元老院の命令によって」そこに送られてきたという状況に鑑み、「バルティースキー・ポルトから当該の囚人たちを〔レーヴェリ〕市の労働に使役するために送り出すべきではなく、彼らがそこにいるように定めた場所で然るべき牢獄に彼らを収容しておくべきである」[43]。この元老院令に従い、レーヴェリからバルティースキー・ポルトにチュレーネフ、ノヴゴロードフ、ブールツェフ、オシチェープコフが戻された（アーリストフがもし生きていれば戻されたであろう）。

一七八二年九月にはエカチェリーナ二世戴冠二〇周年を祝うことになっていた。これに関連して、八月七日にマニフェストが発せられ、恩赦が出されると伝えられた。十一月一日、レーヴェリ県副知事ゲオルグ・グローテンゴリム中将（Г. Ф. Гротенгольм）は元老院に、囚人チュレーネフ、ノヴゴロードフ、ブールツェフおよびオシチェープコフに対し恩赦があるかどうか尋ねた。しかし、なぜポチターリン、ドルゴポーロフ、カンザファール・ウサーエフ、サラヴァト・ユラーエフ、ユライ・アズナリンの名前がなかったのか、そもそも最初から恩赦の対象にはならないほどの重罪人とみなされていたのか不明である。この照会に対して、元老院は七七年一月十八日付元老院令を念頭に、先の人々には恩赦はないと通達してきた。副知事の書簡は八二年十二月五日の元老院会議で検討されている。そこで元老院は次のような決定を下している。チュレーネフ、ノヴゴロードフ、ブールツェフおよびオシチェープコフは「はなはだ重要な事件に関して」審理され、「無期懲役」となってバルティースキー・ポルトに送られることが決まったのであるから、「彼らはそこに死ぬまで留まっていなければならない」。八二年十二月二十三日、以上の内容の元老院令が副知事のもとに届けられた[44]。

バルティースキー・ポルトに囚われているプガチョーフ叛乱参加者たちについて直接言及している文書史料はない。これを補うためにも他の種類の史料の利用が不可欠となるが、これについてはオフチーンニコフの論文が示唆を与えてくれる。ペテルブルク国立歴史古文書館（ЦГИАП）にあるペテルブルク神学主教区監督局（духовная консистория）のフォンドにはバルティースキー・ポルトにあるゲオルギエフスカヤ教会の十八世紀第四四半期の信徒登録簿（книги учета прихожан）がある。この時期、バルティースキー・ポルトの住民の大部分はロシア人守備隊の将校、兵士、水兵、港湾勤務者、手工業者、商人などであった。すべて彼らはゲオルギエフスカヤ教会の正教信者であり、毎年自分の子どもたちや家僕を連れて「聖四旬節」には告悔や聖体拝領のためにやってくるのである。司祭によって告悔簿にそのことが書き込まれている。この告悔簿はバルティースキー・ポルトの正教徒の名簿であり、毎年の全体的な統計資料となっていた。[45] 年によって信徒の数にはばらつきがある。男性は一七七八年には三〇〇人、九一年には七四五人であった。女性は七八年には四六一人、九三年には二九人であった。[46] この数字は表4であげた数字と大きな隔たりがあるようにみえるが、それをどのように考えるべきであろうか。住民以外の信者の出入りがあったとみるべきなのだろうか。

しかし、いかなる理由からか告悔簿には囚人であるプガチョーフ叛乱参加者たちの記録がない。たしかに、サラヴァト・ユラーエフ、ユライ・アズナリン、カンザファール・ウサーエフはムスリムであるが、他の人々は正教徒であった。それにもかかわらず告悔簿に載っていない。宗務院の決定によると、たとえ囚人であっても彼らは教会による破門を解かれ、教会に戻り、他の正教徒たちと同様に権利を同じくするとされていた。[47]

ゲオルギエフスカヤ教会の信徒登録簿をみると、[48] 叛徒に関する一つの書き込みがある。そこにはドルゴポーロフに関する極めて興味深い内容のものである。一七八三年十一月十九日、バルティースキー・ポルトで最近死んだ兵士ヤコヴ・シャルディーモフ(Я. Шалдымов)の寡婦マトリョーナ(Матрёна)に娘エカチェリーナ(Екатерина)が生まれた。翌日におこなわれた彼女の洗礼式の名付け親が「囚人エフスタフェイ《ママ》・ドルゴポーロフ невольник Естафей Долгополов」と「ミハーイロフの娘アンナ Анна Михайлова дочь」だった。[49] この記述が奇妙なのは、ドルゴポーロフがルジェフの商人で正真正銘の古儀式派教徒であった点である。古儀式派教徒は正教教会内での洗礼式の際に名付け親としてその役割を果たすことはできないはずである。名付け親として出席すれば、それは公式の教会規則に違反したことになる。加えて、七五年一月九日に出された裁判所の判決は、囚人労働義務を課せられたドルゴポーロフをつねに「枷をはめた状態にしておくこと」と定めていたのである。[50] バルティースキー・ポルト当局はこの決定に従っていた。九七年五月十九日付「バルティースキー・ポルトの流刑囚に関する記録文書」では、ドルゴポーロフは「とくに枷をはめられた手足は十字に組まれて」いたとある。ゲオルギエフスカヤ教会の司祭はどのように古儀式派教徒のドルゴポーロフを洗礼式に名付け親として出席させたのであろうか。司祭は囚人がこのときだけ枷をはずすことを黙認していたのだろうか。[51]

一七八八年夏、ロシア゠スウェーデン戦争が始まった(九〇年まで続く第一次ロシア゠スウェーデン戦争)。九〇年三月六日、二隻のスウェーデン艦がバルティースキー・ポルトの投錨地へ接近して部隊を上陸させた。デ・ロベルチ指揮下のロシア側守備隊は四〇門の大砲で迎え撃った。しかし、守備隊はスウェーデン軍の敵ではなく、またたくまに制圧された。スウェーデン軍は占領して奪い取った大砲を叩き潰し、軍需品の倉庫と若干の商船を燃やし、市内から住民を連れ去り、軍税として四〇〇〇ルーブリ支払いの約束を取りつけてこの町を離れた。以上の事件はプガチョーフ叛乱参加者やそのほかの囚人とは直接関係のない出来事であったが、スウェーデン軍の来襲時に彼らは牢獄のなかで鍵をかけられ、厳重な監視下にあったであろうことは想像に難くない。[52]

囚人記録文書の作成

一七九七年、バルティースキー・ポルトの囚人たちに関するやりとりが始まった。元老院総裁アレクセーイ・クラーキン公(А. Б. Куракин, 一七五九〜一八二九、元老院総裁在任 一七九六〜九八)[53]から県知事への問合せが発端である。同年四月二十八日付書簡で、彼はエストリャント県知事ランゲリに対し、「貴下管轄下の流刑罪人たち(ссылочные преступленики)」について情報を知らせるように要求した。ちなみにこの書簡をランゲリは五月十二日に受け取っている。[54]

クラーキンに答えて、ランゲリは五月十六日付報告のなかで、エストリャント県にいるすべての流刑囚たちはバルティースキー・ポルト一カ所に集められているという。そこには二七名の囚人たちがおり、一七七二年には八名、「一七七五年に送られてきたプガチョーフの悪党ども(пугачевская сволочь)は六名」、一七八四年には一三名が送られてきた。ランゲリは当地の警備司令官ゲルマン・エクバウム大佐(Г. И. Экбаум, のちに少将に昇進)にこれら囚人の情報を記した流刑囚関連記録文書（именный список）の提出を求めたとしている。[55]

たしかに、県知事ランゲリからバルティースキー・ポルト警備司令官エクバウムに宛てた一七九七年五月十六日付書簡（第一三〇号）では、この司令官に対し、「そこにいる囚人すべての年齢、および、同様に、〔彼らが〕いつどこから送られてきたか、さらにどのような罪によってそこにいるのかを記録したうえで、同地の囚人たちについての流刑囚関連記録名簿」の提出を求めた。さらに同文書をペテルブルクの元老院総裁クラーキンへ届けなければならないと付け加えた。[56]エクバウムからランゲリ宛の同月十九日付書簡は先の指令をたしかに受け取ったことを伝えている。[57]

一七九七年五月十九日、警備司令官エクバウムは早速文書の作成に取りかかり、これを完成した。それはエクバウムの官房で作成された「バルティースキー・ポルトにいる高齢の懲役囚全員に対して、年齢、いつどこから送られ、いかなる罪を犯し、どのような刑罰を受け、どこの生まれであるか、彼らの証言によって記した流刑囚に関する記録文書（Статейной список）」と題されるものである。[58]それによると、二七名の囚人がバルティースキー・ポルトの監獄に収監されており、そのうち六名がかつてプガチョーフ叛乱に参加した人たちであった。そのうちまず三名が七五年一月三十一日に同地へ送られてきた。彼らについて次のように記されている。「カンザファール・ウサーエフ。六十二歳。ノガイ道オレンブルク県ウファー郡ザヴィヤザ村[59]の勤務人。ミシャーリ人の百人隊長。病気なし」。「オスタフェイ〔アスターフィ〕・ドルゴポーロフ。七十一歳。ルジェフ＝ヴォロジメーロフ市の商人」。「イヴァン・ポチターリン。四十七歳。オレンブルク県ヤイーク市のカザーク。病気なし」。三人全員について、彼らは「鞭刑を受け、鼻を裂かれ、烙印を押されていた」と記されている。この記述以外に、ドルゴポーロフについては、「とくに枷をはめられた手足は十字に組まれている」という。[60]

バルティースキー・ポルトにいる「プガチョーフ一味 пугачевцы」の四人目は、一七七五年七月二日から同地にいるチュレーネフ六十五歳であった。彼は「トボリスク県ヤルトロフスキー地区クングール大村の兵士の子どもである。老衰していてほとんど目が見えない」状態であった。五番目と六番目に名前があがっているのがバシキール人ユライ・アズナリンとその息子のサラヴァト・ユラーエフである。彼らはバルティースキー・ポルトに一七七五年十一月二十九日に送られてきた。両人は「オレンブルク県ウファー郡テコエヴァ〔テコエヴォ〕村」出身であり、「鞭刑を受け、鼻を裂かれ、烙印を押されていた」。ユライについては、彼は七十五歳で、「老衰し、足には慢性化した壊血病による傷がある」。サラヴァトについては、四十五歳で「健康である」と記されている。[61]

エクバウム大佐の署名があるこの文書は清書され、たしかにランゲリのもとに届けられた。県知事によって署名された一七九七年七月（日付なし）作成の文書がエストリャント県事務所のアルヒーフに保管されている。[62]

その後、同様の流刑囚関連記録文書が何度か作成され、国立歴史古文書館には少なくとも次の六点が残っている。一八〇〇年五月二十二日付記録文書（Статейной список, カール・ディトマール〈К. И. Дитмар, 一七五八〜一八〇六〉監獄の司令官の署名あり、囚人一三名、うちプガチョーフ叛乱関係者はカンザファール・ウサーエフとサラヴァト・ユラーエフの二名が生存）[63]、同年六月七日付一覧表（Ведомость, ディトマール少佐からの資料を基に作成とある。署名なし、囚人一三名）[64]、同年（日付なし）の一覧表（Ведомость, ディトマール少佐からの資料を基に作成とある。署名なし、囚人一三名）[65]、一八〇一年十月二十九日の一覧表（Ведомость, ディトマール少佐からの一覧表を基に作成とある。署名なし、囚人一一名、うちプガチョーフ叛乱関係者はカンザファール・ウサーエフのみ生存）[66]、同年十月（日付なし）の記録文書（Статейной список, ディトマール少佐の署名あり、囚人一一名）[67]、一八〇二年十二月十六日の名簿（Именной список, 署名なし、囚人一一名）である。[68]署名があれば、それから判断して、どの文書がバルティースキー・ポルトから出され、どれが県庁で保管され、ないしは元老院への提出用文書かがわかる。もちろん両者の間に書き間違いや修正などにより記載内容にわずかではあるが異同もみられる。[69]

囚人労働力利用の問題

レーヴェリにいるランゲリがペテルブルクのアレクセーイ・クラーキンから受け取った一七九七年七月四日付書簡（極秘、第一四四号）では、クラーキンがエストリャント県内の囚人たちについて情報を提供するように知事に求めている。「機密局における元老院の至高なる命令に従い、さまざまな官位を有し、また男女にかかわらず罪を犯した者は、その罪の度合いに応じて、兵役や労働へ、また官位や称号の剝奪あるいは剝奪されることなく、いずこかへの転居ないしは移住を命じられて送られたのであります。しかし彼らの行動や彼らが生きているかどうかの情報を機密局はもちません。さまざまな状況に応じて、本機密局は彼らが生きているかどうかを知るだけではなく、彼らがどのような行動をとっているかを知らなければなりません。閣下、何卒、県内の諸都市に総裁の手を通して送られた閣下の管轄下にある囚人たちについて、姓名、官位があるかないか、いつ、どこに、誰がいるのかをお知らせください。今後、そうした情報は私に毎月送付してください。彼らが死んだ場合、それについて、いつ死去したかお知らせください」[70]。

これは単なる囚人に関する情報提供を地方当局に求めただけのものではなかった。中央政府は囚人たちの労働力に期待をかけていたのである。一七九七年九月十八日、クラーキンはランゲリへの手紙で、懲役囚たちをネルチンスクでの徒刑、兵站部《へいたん》主計課の管理下にあるイルクーツクの国営ラシャ工場での労働、あるいはタガンロークにおける要塞建設などの労働、以上の三カ所にその労働力を提供するよう指示している[71]。実際、皇帝の命令に従って、ニジェゴロド県の既決囚がどこへ何名送られたのかを示す史料がある。それによると、同年九月の段階で、身分が二等少佐、家内奴僕、輔祭であった三名が前記労働に就かされていた[72]。このことから、先の知事への情報提供を求める書簡は中央政府からロシアの全土の知事に発送されたこと、囚人労働の使役が全国レベルのものであったことをうかがわせる。

囚人の一覧表を添えてランゲリからクラーキンへ宛てた一七九七年九月三十日付書簡（第三三六号）は、クラーキンの新たな提案に対してランゲリがそれに答えたものとして重要である。「閣下の九月十八日付手紙（第一〇〇四一号）のなかで述べられている既決囚をさまざまな処罰〔すなわち労働〕に赴かせるべしという至高なる皇帝陛下ご記名の命令に従い、従来からいる当地の囚人たちを他のさまざまな場所へ送るべく選別するにあたり、一七七〇年に老衰と盲目という理由のために残っていた人々のうち、実際に存在しているバルティースキー・ポルトの囚人たちについて、閣下に対し謹んで名簿を添付する栄誉に浴します」。囚人たちのために衣食住を供与することは国庫にとって負担になるとして、「〔病気がないのは――この語句が消されている〕カンザファール・ウサーエフ、イヴァン・ポチターリンおよびサラヴァト・ユラーエフには病気がありません。他の人はすべて老衰し、さまざまな病気に罹っています。閣下に対し、彼らの罪状のどのような種類の者がどこへ送られるべきかどうか、謹んでご命令をお与えくださるようお願い申し上げます」[73]。この史料は、ランゲリが照会という形で答えたものであった。この段階ではランゲリは健康な囚人の移送を考えている。やりとりはその後も二人の間で続けられた。

同九月三十日付のクラーキンからランゲリへ宛てた手紙（第一〇八六四号、ランゲリは十月六日にこれを受け取っている）はいま少し明確に問題の所在を示している。「公にして侍従武官長殿〔ランゲリ〕のお手紙を拝受いたしました。北部諸県からナルヴァやレーヴェリでの要塞労働に罪人たちを送るため、私の義務に従って閣下にお知らせいたします。私によって伝えられた今月十八日付の至高なる専制君主たる皇帝陛下のご命令に基づきおこなわなければならない選別によって、貴下管轄下の県内で当地にいる罪人たちのうちどれだけの人を要塞労働へ振り向けるのか、すなわちレーヴェリでの要塞労働使役のために〔どれだけ〕残しておくべきかをお命じくださいますように。貴下に送付しました様式に則り、私にその一覧表をお送りください」[74]。

クラーキンへ宛てたランゲリの十月九日付書簡（第三六六号）はそれに対する答えである。「エストリャント県にいる罪人を要塞労働での使役のためレーヴェリに残すことに関する去る九月三十日付の閣下の書簡（第一〇八六四号）を拝受する栄誉に浴しました。ノヴゴロド県事務所から要塞労働へと罪人のうち四名がすでにここに送られ、当地の要塞少佐

(плац майор) の管轄下へと私から渡したこと、および本県にいる罪人をネルチンスクでの労働、イルクーツクでのラシャ工場〔での労働〕、そして要塞労働への使役のための送付から去る九月三十日付の手紙（第三三六号）に添付されている名簿に載せた多くの者を除外することについて閣下にご報告いたします[75]」。

十月十四日付クラーキンのランゲリ宛の書簡（第一一九〇一号）では、前記ランゲリの照会に対する不満が述べられている。「至高なる君主である皇帝のご命令を閣下に伝える去る九月十八日付の私の文書――そのなかでは、貴下に任せられている県からほかならぬ罪人を次の三カ所、すなわちネルチンスク、イルクーツクのラシャ工場、および要塞労働へ送るべきであることがはっきりと述べられていました――に対して、私に寛容なる主人である貴下から九月三十日付で、一七七五年からではなく一七五三年以降から始まってバルティースキー・ポルトに到着し、現在そこにいる囚人たちについての名簿が届けられてきました。しかし、それは上で述べました至高なる〔皇帝の〕ご命令に、また私から貴下に対して送付した様式に対してさえまったくそぐわないものであります。なぜならそのなかで示されている囚人たちは決められた場所に送るには少しもふさわしくないからであります。そのうえ閣下は彼ら健康な者から三名について、さらに第四の隔離政治囚〔エヴトキム・クラフコーフ（E. Еравков）を指す〕についても私の許可を求めています。そのことすべてに対し、私は貴下に上述の皇帝陛下のご命令の本質について説明する必要があります。すなわちご命令は貴下管轄下の県にいる罪人に対して向けられたものです。彼らはエストリャント県の裁判所の決定により、労働に服し移住することを宣告された者であります。貴下は彼らのうち誰が上記の三カ所に送るのにふさわしいかを選別しなければなりません。それゆえ〔労働へ〕送るために彼らを選り分け、貴下に送付しました様式に従い、私に一覧表をお送りください[76]」。

十月二十四日付ランゲリのクラーキン宛書簡（第四〇〇号）はそれに対する答えである。しかし、それは、「貴下の書簡で述べられている九月十八日付皇帝陛下のどこに罪人のうちからどのような人を送るのかという命令」をクラーキンが自分に示したことに対して謝辞を述べているだけである[77]。それに対し、十一月二十二日付クラーキンからランゲリ宛書簡（第一三七八六号）も命令内容の確認であり、[78] 十月二十一日付ランゲリの書簡はその返信である（第四九七号）[79]。いずれにせよ、それらの書簡からでは、囚人送付問題に関して進展がみられたかどうか不明である。しかし、この囚人送付の問題は単にクラーキンとランゲリ二人だけの問題ではなかった。

イルクーツク国営ラシャ工場を管轄する兵站司令官ノヴィツキー（Новицкий）より、エストリャント県事務所に宛てて一七九八年四月十九日付書簡が送られてきた。それによると、「イルクーツク県知事にして帯勲者ティモフェイヴィチ・フォン・ナゲリ少佐は、去る（一）七九七年十一月十六日付のその通知によって私に以下のことを知らせてきました。一等文官にして総裁……アレクセーイ・ボリソヴィチ・クラーキン公閣下は、同年九月十八日付書簡により、移住することに決まった罪人たちを私の管理下にある国営工場に送るように、と皇帝陛下がご命令を下したことを伝えてくださいました。この結果に従い、裁判所の判決によって罪人たちをイルクーツクで拡大している種々の国営ラシャ工場へ送るにあたり、エストリャント県事務所がその送付のたびに私にお知らせくださいますようお願い申し上げます[80]」。

囚人の労働力利用の問題は現実にロシア帝国全体の問題として浮上していたのであり、それに関する指令や伝達はすでに当該の地域へ伝えられていた。受け入れる側でもその準備をしていたことになる。とはいえ、先の諸史料から判断すると、ランゲリはこの問題から逃れようとしていたのではあるまいか。また、イルクーツク国営ラシャ工場へバルティースキー・ポルトの囚人たちが送られたかどうか史料は残っていない。

囚人への物資供与

しかし、何よりもわれわれの興味を引くのは囚人たちの生活状況についてである。彼らが何を食べ、何を着て、いったいどのような暮らしをしていたのかということである。これについて現存している史料は何を語っているのであろうか。管見の限り、その生活状況を知る手がかりとなる史料が最初に現れるのは一七九七年十月三日の文書である。[81] それは、

「一覧表(Ведомость)」。きたる一七九八年に向けて、懲役囚の衣食住のため決められた二年および一年の支度(аммуниции)にどれだけのものが必要となるのか、それを以下に示す。一七九七年十月三日」と表題がつけられている(エクバウム少将の署名あり)。それによると、「(囚人)二六名に対して(先の同年五月十九日の「記録文書」では囚人が二七名いた)、(二)七九七年から残りの(二)七九八年一月一日までの食料」として次のような具体的な記述がある。穀粉(муки)、一チェートヴェルチ当り五ルーブリ五〇カペイカの価格で七七チェートヴェルチ二チェトヴェリーク(合計四二四ルーブリ八七カペイカと二分の一、以下合計は省く)。ひき割り穀物(крупе)、一チェートヴェルチ当り九ルーブリの価格で三チェートヴェルチ四チェトヴェリーク五ガルネツ(三二ルーブリ二〇カペイカ)。塩、一プード当り六〇カペイカの価格で一五プード一八フント(九ルーブリ二七カペイカ)。以上の食料を与えることになった。

また、前記以外に、囚人たちには衣類なども支給されている。「囚人に対し一年の支度として」、ルバーシカ用に麻布を一アルシン当り一〇カペイカの価格で各人一二アルシンずつ三一二アルシン、港で使用するために麻布を一アルシン当り八カペイカの価格で各人八アルシンずつ二〇八アルシンなど。「二年間にわたり一八名(この一八名とは誰なのか不明である)に対して」は、カフタン用に八ヴェルショーク幅の粗く染めていない自家製ラシャが与えられる。二六名に対しては、食料用給付金として一七九八年一月一日から一七九九年一月一日まで三六五日各人一カペイカずつ与える。

これらのほかに、獄舎の暖房、パン焼き、そして食事のために一年分の薪購入用に、一サージェン当り三ルーブリ五〇カペイカの価格で薪四五サージェンを供給する。獄舎での夜間の明かりなどのために購入する油と灯芯一フント当り一二カペイカのものを一二〇フント与える(一四ルーブリ四〇カペイカ)。総計八六一ルーブリ八二カペイカ二分の一であった。

前記のものがすべて支給されていたかは不明であるが、囚人に対してはさまざまな食料・衣料・暖房用資材が供給さることになっていたことがわかる。しかも、その価格にいたるまで詳細にわたって明記されている点が特徴的である。

一七九七年の史料以外に、同様の史料は国立歴史古文書館には他に二つ存在する。一つは九八年十一月十九日付「エクバウム少将」署名があるものであり（総計五八二ルーブリ二二カペイカ）[82]、いま一つは九九年十一月（日付なし）の「テンゼン大佐」の署名があるものである（総計五六九ルーブリ二〇カペイカ四分の三）[83]。それらも先の史料の内容と同様に、囚人に支給する物品とその金額が記載されている。

以上の一覧表の総計がこの市の財政のどれだけを占めるのかは不明である。ただいくつか参考になる史料がある。一八〇〇年七月八日付「エストリャント県各都市の収入についてのメモ」である。それによると、その年のバルティースキー・ポルトの収入は九六三ルーブリ六二カペイカであった。ちなみにレーヴェリは二万三八四九ルーブリ七三カペイカである[84]。同年の囚人扶養のための一覧表がないので比較は難しいが、一七九九年のそれと比べると、市の全収入の約六〇％が囚人扶養の総額に相当する。もしこの支出すべてを市が賄うのであれば、市当局にとって大きな財政的負担であった。

囚人に対する生活用物資の供給は中央からの指示でもあった。そのことをうかがわせる史料がある。軍事参議会からエストリャント県事務所に宛てた一七九八年十二月十四日付指令書は、「必要から要塞労働に使役された囚人たちの生活用に食料、衣類、食費として給付される金銭およびそのほかの不可欠なものを供与することについて」述べている。「働く期間に応じて与えられる物およその金額を示して、男性流刑囚一名と女性囚人一名に対する衣類、靴、食料および食費として給付される金銭の規定、一七九八年十一月十八日」として具体的に一覧表にして印刷され配布された。印刷された指令書が同地方にまで送付されていることから、指令はエストリャント県だけに対してというよりは全国に向けて出されたと考えられる。この指令書によると、男性が三年間働くために、最大九ルーブリ（一年間当り三ルーブリ）から最低六ルーブリ（一年間当り二ルーブリ）分の羊の毛皮外套一着、最大九〇カペイカ（一年間当り三〇カペイカ）から最低八五カペイカ（一年間当り二八カペイカ三分の一）分の羊の毛皮が縫いつけられたラシャ製の帽子一つが与えられる。また一年間に供与される食料品として、それぞれ六ルーブリずつの穀粉三チェートヴェルチ、一チェートヴェルチ当り八ルーブリ八〇カペイカのひき割り穀物一二ガルネツ、一プード当り四五カペイカの塩二四フントなどがあげられている[85]。これは国家が定めた規定である。先のエクバウム少将の署名のある「一覧表」などもこうした政府からの指示によるものであったのではなかろうか。

しかし、前記の生活用物資の供給がなされたとしても、それがいつからなされたのか、また本当にそれが実行されたのかという問題もある。そのことを考慮に入れず史料の文面のみを鵜呑みにすることはできないのだが、現在のところそれを裏づける史料はない。

獄舎での生活

監獄は太い丸太で作られた大きな壁に囲まれていた。獄舎には二層からなる板寝床と天井に吊り下げられた柳でできたハンモックが据えられていた。状況は厳しいものであった。湿気もあり、病気と飢えが猛威をふるったという。一七六〇年代に港の建設と修理は中断されたが、商業用港の修理と二つの埠頭の建設にプガチョーフ叛乱の指導者たちが使役されていたのである[86]。

獄舎での生活そして実際の労働の様子はどうであったのか。これに関する直接的な史料はない。しかし、すでに指摘した史料「流刑囚に関する記録文書」に記載されている囚人たちの健康状態からある程度想像することは難しいことではない。

囚人の健康状態についての記載からすぐ気づくのは、彼らのほとんどがなんらかの障碍や病気をもっていることである。尋問中の拷問や同地での労働によると思われる骨折や脱臼を除いても、長年の獄舎生活で生じたであろう壊血病、胃腸の病気、肺病、中風、視力の低下など重度の障碍や病気を患っている者が極めて多い。ランゲリが指摘しているように、一七九七年五月段階で健康な者はわずかに三名であった。生活用物資の供給がなされたとしても（またそれが本当になされていたかという先述の疑問を含めて考えたとしてもだが）、それだけで健康を維持するには十分とはいえないであろう。また彼らは徒刑囚として港湾建設に借り出され、毎日、岸壁を掘っていた。現在も海岸に沿って彼らが石を削ったところとされる場所が残っている。そうした労働も彼らの体力を消耗させたであろうことは想像に難くない。

そうしたなか、クラーキンとランゲリの前述の往復書簡にみられるように、囚人労働力の利用問題が浮上してきた。地方当局者は、史料にあるように、囚人扶養が財政上負担であると感じていた。それゆえ四名の囚人の移送を考えていたふしがある。しかし、結局は囚人を他の地域へ送らなかった。「流刑囚に関する記録文書」から考えても、僻遠の地での労働に耐えられるような体力を囚人たちが保持していたとはいえないのは確かであった。これ以外にも理由がなかったであろうか。物資の供給との関係である。さまざまな物資を購入する金銭の出所については何も史料が残っていないが、もし囚人の数に見合った金額を国庫が支出するのであれば、地方当局はその金額を削減されることを望まなかったであろう。そのため市以外への囚人労働力の提供を積極的におこなわなかったと考えることもできよう。

第五節　サラヴァトの最後

サラヴァト死去の報告

その後のサラヴァトたちバルティースキー・ポルトの囚人たちについて、アルヒーフ史料は何を語っているのであろうか。

一八〇〇年五月八日、県知事ランゲリはレーヴェリの警備司令官カストロ・デ・ラツェローダ伯（Я. Ф. Кастро де Лацерода）にメモを送っている。ランゲリがバルティースキー・ポルトの警備司令官イヴァン・テンゼン大佐（И. П.

Тензен）に対し、彼の監視下にある囚人たちを廃兵隊司令官ディトマール少佐の管轄下に移すように命じている（その経緯については、次項の同年十一月十九日付軍事参議会の通達書を参照）[87]。これを受けて、同年五月十五日、ディトマールはエストリャント県事務所に、彼がバルティースキー・ポルトの「懲役囚たち каторжные невольники」を自分の管轄下に置いたこと、また囚人二名が死去したことを報告している[88]。ちなみに、同年五月二十二日の「記録文書」（ディトマール署名）では囚人は一三名であった。

同年七月十三日の報告で、ディトマールは「私の管轄下にある囚人は一三名であり、彼らは無事であります。ここにそのことについて県事務所にご報告いたします」、と伝えている[89]。史料はその後も同年七月十五日[90]、八月三日[91]、九月四日[92]の報告が残っているが、内容的にも形式的にも同様である。

同年九月二十八日、ディトマールはエストリャント県事務所にサラヴァト・ユラーエフの死について報告している。「今月二十六日、囚人サラヴァト・ユラーエフは死去しました。ここにそのことについてご報告いたします」[93]。さらに四日後の十月二日、同司令官は再び同じ内容の報告書を提出することになる。「私の管轄下にあった囚人たちは、以前リストにありましたサラヴァト・ユラーエフが九月二十六日に死去したことを除けば一二名であります。ここにそのことについてご報告いたします」[94]。同様の内容のものが十一月二日にも提出されている[95]。

かくしてロシアの植民政策に対し激しく抵抗し、プガチョーフ叛乱に積極的に参加したサラヴァト・ユラーエフが死去した。バシキール人にとって一つの時代が終わった。なお、父ユライの死についての報告はないが、すでにあげた史料から推測して、一七九七年七月から一八〇〇年五月二十二日の間に死去したであろう。

叛乱指導者たちの死

一八〇〇年十一月十九日、ペテルブルクの軍事参議会はエストリャント県事務所に囚人の管轄権に関して次のような通達を発した。「軍事参議会は前レーヴェリ軍務知事（военный губернатор）である陸軍少将ゴルチャコーフ公（Горчаков）から参議会の〔報告提出の〕命令に対して二つの報告を受け取った」。第一に、バルティースキー・ポルトにいる囚人一三名を、警備隊の廃止にともない廃兵の世話をしているディトマール少佐の管轄下に置き、毎月、彼が囚人たちについて同事務所に報告するというものである。第二に、一名の死去のために囚人は一二名となったということ以外に、「〔囚人は〕どこから、どのような罪で、送られてきたかという証拠を付した一覧表、および彼ら全員の年齢と老衰のために労働に適さない」ということを付け加えていた。そこから次のことが判断される。これら二つの報告からでは以下の点が不明である。すなわち、前記囚人たちはバルティースキー・ポルトの労働にいつも使役することが定められているのか、あるいは労働時のみ送られてくるのか、加えて、「〔それらは〕ディトマール少佐管轄下のいかなる命令によるものなのか、彼らを現在どの官庁が管轄するのか、すなわち民事当局なのか、あるいは軍事当局があたるべきなのか、参議会が囚人たちに関して調査すべく情報を得ることができるよう、そのことについて知らせるべくエストリャント県事務所に通達すること」[96]。これは現存する史料のなかで唯一囚人の管轄権問題に触れたものである。

ディトマールの報告はこのあとも続き、一八〇〇年十二月四日[97]、同月十一日[98]、同月二十五日[99]、そして翌年一月一日[100]となされている。しかしそれは定例の報告であり、囚人たちに変化がないことを伝えているにすぎない。

内容に変化がみられるのはその年の暮れである。一八〇一年十二月七日、囚人ミハイール・ルィブニコフ（М. Рыбников）の死が伝えられた[101]。翌〇二年、ディトマールはバルティースキー・ポルトでの職を辞し、新しい司令官にはペゲロフ大尉（Г. Д. Пегелов）が就いた。十二月十六日の報告では、この監獄に一一名の囚人がリストにあげられ、カンザファール・ウサーエフは八番目と呼ばれていた。彼以外のプガチョーフ叛乱の指導者は皆すでに死去している。他に残っているのは、パーヴェル・ラバセンコ、イヴァン・ロゴーシン、ガヴリーラ・ロギノフ、ヴァシーリー・フローモフ、ミハイール・シャリーモフ、エフステグニー・スィソエフ、パーヴェル・ミハーイロフ、カンザファール・ウサーエフ、ヤコヴ・イヴァーノフ、アンドレーイ・クリモフ、エゴール・ヴャジーロフ、以上一一名であった。[102]
一八〇四年三月二十二日の報告は同月十九日にヴァシーリー・フローモフが死去したこと、[103]十月十八日の報告は同月十五日にヤコヴ・イヴァーノフが死去したことを伝えている。[104]そして、同年十一月十二日のペゲロフ大尉のエストリャント県事務所宛報告は次のように述べている。「囚人は八名であります。ただ一つカンザファール・ウサーエフが神の思し召しにより老衰のため今月十日に死去したことを除いて平穏であります。このことについてエストリャント県事務所にご報告いたします」[105]。彼は一七七五年にここに送られてきた一三名のプガチョーフ叛乱指導者の一人であった。そのときから三〇年を経て叛乱指導者の最後の生き残りがその生涯を終えた。翌年二月七日、ペゲロフはエストリャント県事務所に、囚人が七名になったことを伝えている。[106]

叛乱鎮圧後のロシア国家は、叛乱参加者に対して厳しく対処するとともに、今後二度と蜂起が起きないように断固たる政策を打ち出した。それがその後の政策にも大きな影響を与えていくことになる。また、叛乱参加者たちは、その生まれ故郷から切り離されて、遠くバルト海に臨む港町バルティースキー・ポルトに流刑になり、そこの護岸工事に従事することになった。また、政府は囚人たちを当時工業化が進んでいた織物産業振興のための労働力として利用しようとしていた。これはさまざまな事情からうまくはいかなかった。なお、ここでの生活は言語に絶するものであったと想像される。最後の生き残りは十九世紀初頭まで生き抜いた。

註

1　本章は次の拙稿を基にしている。「バルティースキー・ポルトの囚人サラヴァト・ユラーエフとその周辺――帝政ロシアにおける地域史研究の試み」『駿台史学』第一三二号、二〇〇七年、一三一～五八頁。

2 Крестьянская война 1773–1775 гг. на территории Башкирии. док. № 202. С. 322.
3 *Гвоздикова И. М.* Указ. соч. 1982. С. 39.
4 РГАДА. Ф. 6. Д. 593. Л. 328–333 об.; Крестьянская война 1773–1775 гг. на территории Башкирии. док. № 200. С. 318–320.
5 РГАДА. Ф. 6. Д. 593. Л. 332 и 332 об.; Крестьянская война 1773–1775 гг. на территории Башкирии. док. № 201. С. 320–321.
6 Там же. док. № 209. С. 334.
7 Там же. С. 427.
8 Там же. док. № 210. С. 335.
9 Там же. С. 428.
10 Крестьянская война 1773–1775 гг. на территории Башкирии. док. № 216. С. 341.
11 *Гвоздикова И. М.* Указ. соч. 1982. С. 59–62.
12 Там же. С. 429.
13 ПСЗ. Т. XX. № 14392. С. 229–304.
14 Там же. Т. XXI. № 15774. С. 967.
15 Там же. Т. XXII. № 15904. С. 45.
16 История Эстонской ССР. Таллин, 1961. Т. 1. С. 676.
17 ПСЗ. Т. XXIV. № 17584. С. 20–21.
18 История Эстонской ССР. Т. 1. С. 659.
19 ПСЗ. Т. XXIV. № 17634. С. 229–230.
20 *Ерошкин Н. П.* Указ. соч. С. 133–137, 193–195.
21 著者がこの地を訪れた二〇〇七年当時、ここはタリンから郊外電車に乗って一時間ほどの距離にあった。同地はエストニア共和国北西のパクリ(ロゲ)半島に位置するバルト海の港町である(北緯五九度二六分、東経二四度四〇分)。二〇〇四年の人口調査では、四二二四人が居住している。一九六二〜九四年、パルディスキ市は旧ソ連最大の施設を誇る海軍原子力潜水艦の訓練基地として基地に所属する原子炉二基をもち、約一万六〇〇〇人を雇用するいわゆる「閉鎖都市」であった。ソ連邦崩壊後の一九九五年九月、ロシアは原子炉施設の管理を放棄し、多くのロシア人もこの地を離れた。

22 Экциклопедический словарь / Ефрон И. А. и Брокгауз Б. А. (ред.) СПб., 1890. Т. 4. С. 824.
23 История Эстонской ССР. Т. 1. С. 553.
24 Там же. С. 555, 567.
25 Toivo, U. Raun, ***Estonia and the Estonians***, California: Stanford University Press. 2nd ed. 1991, p. 39.
26 *Ibid.* p. 52.
27 *Лаби Б. (Labi B.)* Пальдиски в период наместничества (XVIII в.) // Известия АН ЭССР. 1970. 本文のバルティースキー・ポルトの概況は、この論文のエストニア語本文に拠らず、論文末尾に付してある長文のロシア語レジュメに基づいた。
28 ЭИА. Ф. 29. Оп. 1. Ед. хр. 54.
29 Там же. Ед. хр. 53.
30 Там же. Л. 39.
31 Там же. Ф. 29. Оп. 1. Ед. хр. 78. Л. 5.
32 Там же. Л. 12.
33 Там же. Л. 20.
34 Там же. Л. 25; См. Там же. Ф. 29. Оп. 1. Ед. хр. 7421. Л. 25, 26.
35 Там же. Л. 29.
36 Там же. Л. 33–40 об.
37 История Эстонской ССР. Т. 1. С. 680–681.
38 ЭИА. Ф. 30. Оп. 1. Ед. хр. 1540. Л. 2.
39 *Овчинников Р. В.* (под ред.) Следствие. . .
40 Там же. С. 193; Крестьянская война 1773–1775 гг. на территории Башкирии. С. 338–339.
41 *Овчинников Р. В.* (под ред.) Следствие. . . С. 193.
42 Там же. С. 194.
43 Там же.
44 Там же. С. 195.

45 Там же.
46 Там же.
47 Там же. С. 195–196.
48 Там же. С. 196.
49 Там же.
50 ПСЗ. Т. XX. № 14233. С. 9; *Овчинников Р. В.* (под ред.) Следствие. . . С. 196.
51 Там же.
52 Там же.
53 アレクセーイ・ボリソヴィチ・クラーキンは有名なクラーキン公一族の出身で、パーヴェル一世とともに養育され、パーヴェル一世時代に元老院総裁を務めたが、その後、失寵して元老院議員に降格される。しかし、アレクサーンドル一世のもとでマロロシア総督、一八〇七～一一年には内務大臣、その後、国務院メンバーとなった。なお、アレクサーンドル・ボリソヴィチ（一七五二～一八一八）はその兄で、二度副宰相を務めた。アレクサーンドル一世時代には、ウィーン大使とパリ大使を歴任している（Энциклопедический словарь / Ефрон И. А. и Брокгауз Б. А. (ред.) СПб., 1890. Т. 17. С. 62）。
54 ЭИА. Ф. 29. Оп. 1. Ед. хр. 7426. Л. 2.
55 Там же. Л. 4.
56 Там же. Л. 5.
57 Там же. Л. 6.
58 Там же. Л. 7.
59 正しくはベゾヴィヤゾヴァ村と呼ばれていた（*Овчинников Р. В.* (под ред.) Следствие. . . С. 197）。
60 ЭИА. Ф. 29. Оп. 1. Ед. хр. 7426. Л. 8.
61 Там же. Л. 8 об.
62 Там же. Ф. 30. Оп. 2. Ед. хр. 1539. Л. 7–9 об.
63 Там же. Ф. 29. Оп. 1. Ед. хр. 169. Л. 138 об.–139 об.
64 Там же. Л.11–12.

65 Там же. Л. 137–137 об., 140–140 об.
66 Там же. Ф. 29. Оп. 1. Ед. Хр. 242. Л. 9–9 об.
67 Там же. Ф. 29. Оп. 1. Ед. Хр. 242. Л. 6 об., 44.
68 Там же. Ф. 30. Оп. 2. Ед. хр. 1539. Л. 97.
69 たとえば、一七九七年五月十九日付の「記録文書」ではロバセンコの出身地がホトミンスキー郡となっているが、同年七月の文書ではホムティンスキー郡となっている。また五月十九日付のではカンザファール・ウサーエフの出自がミシャーリ人と記されているが、七月のではその記載がない、などである。
70 Там же. Ф. 29. Оп. 1. Ед. хр. 7426. Л. 10–10 об.
71 Там же. Л. 12–14.
72 Там же. Л. 15.
73 Там же. Л. 16–16 об.
74 Там же. Л. 17.
75 Там же. Л. 18.
76 Там же. Л. 19–19 об.
77 Там же. Л. 20.
78 Там же. Л. 22.
79 Там же. Л. 23–23 об.
80 Там же. Л. 43–43 об.
81 Там же. Ф. 30. Оп. 2. Ед. хр. 1539. Л. 12–12 об.
82 Там же. Л. 23–23 об.
83 Там же. Л. 82–82 об.
84 Там же. Ф. 29. Оп. 1. Ед. хр. 169. Л. 67.
85 Там же. Ф. 29. Оп. 1. Ед. хр. 7426. Л. 63–64.
86 Башкортостан. Краткая энциклопедия. Уфа, 1996. С. 501.

87 ЭИА. Ф. 30. Оп. 2. Ед. хр. 1539. Л. 41.
88 Там же. Л. 42.
89 Там же. Л. 44.
90 Там же. Л. 45.
91 Там же. Л. 46.
92 Там же. Л. 47.
93 Там же. Л. 48.
94 Там же. Л. 49.
95 Там же. Л. 50.
96 Там же. Л. 51–51 об.
97 Там же. Л. 54.
98 Там же. Л. 55.
99 Там же. Л. 56.
100 Там же. Л. 61.
101 Там же. Л. 75.
102 Там же. Л. 97.
103 Там же. Л. 123.
104 Там же. Л. 126.
105 Там же. Л. 127.
106 Там же. Л. 136.

エピローグ

一七七五年、プガチョーフをはじめとする多くの叛乱指導者たちの運命が決まった。積極的に参加した人々の多くは逮捕されて処罰を受けた。また叛乱には参加しなかった民衆にも叛乱の記憶が生き続ける。それはどのようなものであったのだろうか。機密局が調査に乗り出した噂や実際の事件のなかから拾い上げてみよう。

ロシア人の間に広まるさまざまな噂

機密局に残されている報告書のなかには、ピョートル三世やプガチョーフにかかわる噂が事件として取り上げられている。一七七五年の「農婦アウドーチア・シードロヴァ（А. Сидорова）の一件」と題された文書は、農婦が「ピョートル三世はまだ生きている」と言い触らしたという事案を取り調べたものである。[1]

一七七六年一月に、ドミートリー・ポーストニコフ（Д. Постников）がヴェルフネウラリスク要塞からイセト地方にやってきた。チェリャービンスク・カザークのマクシム・ザヴィヤーロフ（М. Завьялов）が同行していた。彼はポーストニコフに、あなたはどのような人で、またどのように十字を切るのかと尋ねた。ポーストニコフは後者の質問に対して、（古儀式派教徒として）二本指で十字を切ると答えると、ザヴィヤーロフは喜んで次のように述べた。「つまりあなたは私たちと同じ〔古儀式派〕キリスト教徒だ」。ザヴィヤーロフはポーストニコフに打ち解けて語り続けるのである。「以前の僭称者プガチョーフは君主ではなく、君主ピョートル三世から派遣された人なのだ」。君主ピョートル三世は「暖かい」

海のほとりにいる。彼のもとには一万二〇〇〇人のドン・カザークの軍隊、「一万二〇〇〇人にものぼるカルムィク人その他の人々が加わっている。彼らとともにプガチョーフはいまやペテルブルクにのぼった。まもなくオレンブルクに行くだろう。また彼から誰か別の人が送られてやってくるだろう。これについては幾人かの人には知られている。すなわち彼から使者がやってくるのだ」。ポーストニコフは、ヴェルフネウラリスク要塞の司令官にザヴィヤーロフのことを密告した。ポーストニコフは、「ザヴィヤーロフの話は、人から人に伝わって、庶民や思慮の足りない人を、全土を動揺させうる疑念に陥らせる」と語った。ポーストニコフの密告に従い、三月八日、ザヴィヤーロフは逮捕されてオレンブルクに送られた。彼は尋問で、ポーストニコフに語ったことは本当だと認めた。また、率直に、彼は、同じ（古儀式派）キリスト教徒であるポーストニコフだけに語ったのであり、他の誰にも語っていない、とも述べた。[2]

「マロロシア人ドミートリー・ポポヴィチの一件」と題する報告では、ピョートル三世が生きていて、プガチョーフの名のもとに軍隊に紛れているという噂をポポヴィチが広めているというものである。逮捕され処刑されたはずのプガチョーフについて、人々は彼がまだ生きていると信じ、さらに彼は軍隊を集めようとしているというのである。ノヴォ・ロシア県官房が元帥グリゴーリー・ポチョームキンへ宛てた、一七七六年七月五日付報告に添付して抜粋を送付したものである（付録史料(2)を参照[3]）。

「農民ドミートリー・ポポーフ（Д. Попов）の一件」という事案は、農民が「ピョートル三世は生きている」と信じているというものであるが、ポポーフがそれを述べたときは酔っていた。「彼、農民ポポーフは他の会話で次のように述べた。すなわちわれわれのもとに前君主ピョートル・フョードロヴィチが生きていること、彼ペトゥホーフ（Петухов）がたしかに聞き、そのことを彼ペトゥホーフが真実であると宣誓をして証明している」[4]。また、「囚人アントン・コロフキン（А. Коловкин）の一件」では、囚人があたかも「ピョートル三世が生きている」と言い触らしたという[5]。さらには、「農民グリゴーリエフ家のアレクセーイとパルフェンの一件」では、農民たちが「ピョートル三世は生きている」と言っているという。しかも、「プガチョーフは捕まったが、君主であるピョートル・フョードロヴィチは本当に生きている」というのである。[6]

「兵士ヤコヴ・ドミトリエフ(Я. Дмитриев)の一件」は、兵士が「ピョートル三世は生きている」と噂を広めているという事件である。彼によると、クリミア・ステップには「三世皇帝ピョートル・フョードロヴィチが軍隊とともにいる」。それまでは護衛のもとツァリーツィンで匿われ、その後ドン・カザークによって担がれた。「彼こそが真の皇帝である」という(付録史料(2)を参照)。[7]

「農民ニキータ・ゴロヴァチョーフ(Н. Горовачев)の一件」[8]は、農民が「三世皇帝」によって派遣されたと公言した事件である。また、「囚人フョードル・シーリン(Ф. Силин)の一件」では、「ピョートル三世は生きている」として捕まった人が最終的には解放される。[9]

ソコローフの一件

そうした噂話とそれを取り締まる動きのなかで、とりわけ興味深いのは、ズラトウストフスキー工場で発生した「イヴァン・ソコローフ(И. Соколов)の一件」である(付録史料(2)を参照)。[10]これは西ウラルの町チュメーニの商人イヴァン・ソコローフが「ピョートル・フョードロヴィチ〔三世〕はまだ生きてい」ると言い触らした事件である。一七七四年五月十二日、プガチョーフはズラトウストフスキー工場を占領した。そこにいた農奴出身の職人たちがプガチョーフを、鐘を鳴らして十字架とイコンを持って出迎え、彼にパンと塩を持ってきた。三日後、イヴァン・ミヘリソン大佐(И. И. Михельсон, 一七四〇～一八〇七)がサトキンスキー工場まで四四ヴェルスタの距離に迫っていることを知り、プガチョーフはズラトウストフスキー工場に火を放って破壊し、自分のもとに従軍するように命じた。しかし、住民はその命令に従わず、森に隠れ、かつての住居に戻っていった。七六年に工場は再建された。七八年十二月、パスポートを持たず、チュメーニの商人ソコローフが労働者としてやってきた。翌年三月、ソコローフは「空虚で有害な話」をした廉で逮捕される。三月二十四日、工場中央事務所で拷問をともなう尋問でソコローフは次のように証言した。

> あたかもピョートル・フョードロヴィチ〔三世〕は生きていて、大いなるドンの向こう黒海の辺りに軍隊と一緒にいます。彼とともに、その仲間のなかにはこの白水境（белые воды）に四歳になる初代の皇帝〔ピョートル一世〕の息子ピョートル・ペトローヴィチ、また兵士たちのうちから箒（метла）と綽名されたスルードニコフ（Слудников）が流されているというのであります。彼ら悪党〔当局側史料の表現〕の解釈によると、玉座をピョートル・フョードロヴィチに与えるべきであるというのです。すでに彼のもとには常備軍がおり、彼は四万人から成る軍隊を撃破し、多くのクリミア・タタール人がピョートル・フョードロヴィチのもとにやってきました。もちろん、その年、ピョートル・フョードロヴィチはその希望を受け入れ、自身が玉座に就き、パーヴェル・ペトローヴィチはロシアを統治すべきではないとしました。[11]

バシキール人の場合

噂はロシア人以外にも広がった。まずはバシキール人の場合である。

「カラ゠タビンスク郷のタルハンのリャスル・イトザミャーソフ（Л. Итзамясов）とスタルシナの一件」である。一七七六年一月一日、イセト郡官房の報告書によって事件の全容がわかる。

ムッラーのアブドゥルガフェル・マンスーロフ（А. Мансуров）は、オレンブルク県知事の命令でバシキール人の諸郷に派遣された。いくつかの郷を調べて、ムッラーは「バシキール人たちがどのような考えをもっているのか」ということについて知事に報告している。カラ゠タビンスク郷にタルハンにしてスタルシナのリャスル・イトザミャーソフがいた。コーランにかけてお互いに秘密を守ると誓い合ったうえで、リャスルはマンスーロフに述べた。「かつて君主を名乗っていたプガチョーフは生きているのか?」「ムッラーは答えた。結果として、プガチョーフはモスクワで処刑された」。リャスルは彼に反論する。「あなたの知識は根拠がない。彼は死んではおらず、一万二〇〇〇人の仲間とクリミアに行った。今もそこにいる。加えて、元老院にバシキール人たちがいる。この報せをアストラハンから一七七五年に戻った勤務メシチェリャーク〔ミシャーリ〕人のハブジャ・アプティシェフ(X. Аптышев)が語った。彼はプガチョーフから次のような命令書を持ってきた。私、スタルシナのリャスルが、次のような報せをもって、使節をキルギス＝カイサク〔カザフ〕のオルダへ派遣するように。すなわち、われわれのところに、もしバシキール人が同意する企図があれば、この年の春、使節をステップに派遣すべし」、と。リャスルは続けて、「プガチョーフは次のことを知っていた。この一七七六年の春、青草が生えると、彼は四万人のなかにいるであろうし、バシキール人は〔蜂起の〕準備が整っている」。ムッラーの報告を受けて、オレンブルク県知事レインスドルプはリャスル逮捕の命令を下した。バシキール人の間には、カザーク、農民、キルギス＝カイサク人の間でそうであるように、プガチョーフは生きているという噂が広まっていた。また、バシキール人のなかで広まっていた噂のヴァリアントでは、プガチョーフの居所はクリミアである。[12]

ミシャーリ人の場合

「メシチェリャーク人タエシュ・ボグダーノフ(Т. Богданв)の一件」がある。プガチョーフの処刑後も、長い間、バシキーリアには、皇帝ピョートル三世は生きており、プガチョーフが本当にピョートル三世なのだという噂があった。

一七八〇年、プガチョーフの死から五年が経過していたが、バシキール人村の一つで、「新たにキリスト教に改宗したヴァシーリー・イヴァーノフ(В. Иванов)、タタール風〔呼び名〕ではタエシュ・ボグダーノフによって語られたけしからぬ」「秘密の事件」が発生した。事件は百人隊長テケイ・ヤヌソフ(Т. Янусов)の次のような密告から始まっている。

この年の十二月、メシチェリャーク人タエシュ・ボグダーノフがヤヌソフの村に蜂蜜を買いに立ち寄った。同地では政府によって選出されたスタルシナのミン＝デンクーロフ（Мин-Денкуров）の家に滞在した。ここで選出されたスタルシナと百人隊長ヤヌソフのいる前で、ボグダーノフは次のように語った。「プロイセン遠征（一七五六〜六三年の七年戦争）時、スタルシナのアレクセーイ・ムスリャーモフ（А. Муслымов）とともにいたおり、私は故皇帝ピョートル・フョードロヴィチを見たし知ってもいる。カザンとツァリーツィン両市近郊における〔政府の〕軍隊との戦いでの敗北に際しても、彼ピョートル三世は今も生きていると信じている。そしてムッラーのキンジヤ〔アルスラーノフのことか？〕はツァリーツィン近郊で戦い、彼皇帝ともどども軍隊と一緒に逃れた。彼らは今どこにいるか、タエシュははっきりとは言わなかった」。

以上のボグダーノフの一件が興味深いのは、当の本人が六十歳にもなる老人で、七年戦争に従軍し、かつプガチョーフ叛乱参加者であり、バシキール人の聴衆の前ではプガチョーフとピョートル三世が同じ人物であること、すなわち彼とともにカザンやツァリーツィンの近郊で戦ったこと、以上をまったく確信して述べていることである。

同様な「目撃者」の話は、バシキール人にとっては非常に説得力があり、その話の影響のもとで、民衆はプガチョーフが本当にピョートル三世なのだと心から信じていたのである。[13]

ドン・カザークの場合

ヴォルガ沿岸地方でも同様の事件が起きた。僭称者のドン・カザークであるマクシーム・ハニン（М. Ханин）の一件である。以前のトルガイスクの文書館には「アストラハン県知事イヴァン・ヤコービ（И. В. Якоби，一七二六〜一八〇三、アストラハン県知事在任一七七六〜八二）の報告に基づく、一七八〇年の盗賊で扇動者のドン・カザークである「マクシーム・ハニンとその仲間たちの逮捕に関する極秘の一件」がある。

一七七五年一月十日、プガチョーフとその仲間たちはモスクワで処刑された。しかし、叛乱によって根底から揺り動かされた広大な南東地方は、長い間安定した状態には戻らなかった。前年十一月二十四日のエカチェリーナ二世の発した叛乱参加者の広範囲にわたる恩赦にもかかわらず、叛乱の積極的な参加者のなかにはオレンブルクやウラルのステップ、ヴォルガ川沿岸、バシキーリアの山や森に隠れる者がいた。こうした人々はじつにさまざまである。叛乱が荒れ狂った時代、故郷から離れ、財産と家族を失い、平穏な生活と労働へ戻る可能性を失った人々である。彼らの多くは過去に犯罪歴をもち、現在も罪を犯して暮らしていた。多くの人には厳しい拷問の跡がある。鼻裂き、舌の切断、それらは彼らがツァーリの警察や軍司令官の手のなかにいたことを証明している。

血なまぐさい事件に肝をつぶした多くの村や都市の住民はステップや森に逃げた。そこでひっそりとした場所に住み、新しい部落(フートル)を作り、開墾地を切り開いた。しかし土地に住みつかなかった多数の人々は生きる糧を求めてさまよい、しばしば略奪を働いた。浮浪人と強盗が小さな徒党を組み、また一人でステップの開墾地、漁夫の組合、そして古儀式派の修道隠舎をうろついた。ステップの夜のかがり火のもとには知らない人々が集まってきて、「彼」についての珍妙な作り話を始めた。ある人々は、「彼」は生きていて、自分の叔父のもとホルシュタインにいると語った。またある人々は、「彼」はウクライナに現れて、ザポロージェ・セチに行き、さらにモスクワにのぼったと述べる。第三の人々は、ピョートル・フョードロヴィチはクリコヴォ平原に現れ、彼とともに七人の王様がいると語った。

プガチョーフについての作り話はすべて今ではなくなって散在している避難所の間で生きていた。すなわち、「ウミョート(草原の旅宿)」、「ウルス(天幕集落)」、修道隠舎においてである。僭称者の謎のような名前は何もないところからは生まれてこない。家のない、浮浪している人々は、地方にとっては大変危険である。彼らのなかに叛乱の新しい陰謀、新しい計画が発生する。大胆なアタマンが現れ、自ら僭称する。民衆蜂起の赤い炎が再び燃え上がろうとしていた。

エカチェリーナ二世の政府はプガチョーフ叛乱を根絶すべく精力的に動いた。ヴォルガ沿岸の村々の「大捜索」、斥候やスパイによるステップの絶え間ない「濾過」、パスポートを持たない人の逮捕、これらは広くおこなわれたのである。いたる所でツァーリの探偵が嗅ぎまわっていた。ステップのもっとも遠いところでさえ、彼らから逃れることはできなかった。重罪に陥れて監獄に送り込むのにほんの一言の軽率な言葉で十分だった。

新たな叛乱の考えが多くの人々の頭に浮かんだ。新たなプガチョーフが見出された。ツァリーツィン管区で、自らをピョートル三世と名乗ったドン・カザークのハニンが捕まった。一七八〇年四月二十五日、オレンブルク県知事レインスドルプは、サラトフ市からの特別急使によってもたらされた、アストラハン県知事ヤコービからの極秘の手紙を受け取った。ハニンは尋問で次のように語っている。この大胆な計画を始めるきっかけとなったのは、七九年三月にサマーラに滞在しているとき、ウラル・カザークのアレクセーイ・オルジェイニコフ(А. Оружейников)と会ったことである。「カザークのオルジェイニコフは、かつての混乱〔プガチョーフ叛乱〕のときには、プガチョーフの悪党仲間にいた。その彼がハニンをザポロージェ・カザークに逃れることを説得したのである。ウラリスク市で分宿させられている連隊〔彼はその連隊がどのようなものなのか知らない〕には、連隊長〔大佐〕と少佐を除いて、すべての将校、下級の位の人々、そしてウラル・カザークからも三〇人が蜂起を起こしたがっている。オルジェイニコフは、以上の人たち以外に、共謀者として、ウラリスク市にいる二人のザポロージェ・カザーク、その姓名はわからないが、サヴェーリー(Савелий)とヴァシーリー(Василий)の名をあげたのである」。

ハニンの証言によると、陰謀者たちの計画は次のようなものであった。ザポロージェ・セチまでのぼり、「当の悪人とともに、いと高き人に対抗すべく軍隊をもってモスクワとペテルブルクに行く[14]」、というのである。

以上が、民衆の意識について、さまざまな文書館に所蔵されている古文書からの紹介である。こうした史料から、プガチョーフ叛乱の最中はもとより、以前も以後も、民衆の間では故人となったツァーリについての噂話で持ちきりであった。噂話の内容はじつにたわいのないものである。「ピョートル三世が生きている」というのがその多くである。ピョートル三世をプガチョーフと関連づけて噂を広げる人もいれば、ただ単にピョートル三世が生きているというのもある。こうした噂話が民衆の苦しい生活の捌け口となったであろうことは想像に難くない。

他方、政府はそのようなツァーリに関する噂話にさえ神経をとがらせ、情報が当局にすぐに報告される仕組みを作った。それにしてもいったい政府は何を恐れたのだろうか。エカチェリーナ二世にとっては、ピョートル三世は自らの夫であったが、一七六二年の宮廷革命で打倒した対象でもあった。この人物が生きていることはあってはならないことであり、ましてや彼の名前を利用して叛乱が起きることも許されないことだった。女帝はこうした危機感や恐怖に苛まれていた。僭称の問題は近世以後のロシア史にとってつねに大きな問題となり、国家存亡の危機にまでいたることがあった。したがって、これについても触れることはタブーとされていたのである。

註

1 РГАДА. Ф. 7. Оп. 2. Д. 2426.
2 *Рязанов А. Ф.* Указ. стат. С. 211-212.
3 РГАДА. Ф. 7. Оп. 2. Д. 2455. Л. 43-46 об.
4 Там же. Д. 2478. Л. 3.
5 Там же. Д. 2499.
6 Там же. Д. 2508. Л. 1-1 об.
7 Там же. Д. 2512. Л. 1-5.
8 Там же. Д. 2544.
9 Там же. Д. 2568.
10 Там же. Д. 2570. Л. 1-6.
11 Там же. Л. 1 об.
12 *Рязанов А. Ф.* Указ. стат. С. 212-215.

13 Там же. С. 215–216.

14 Госудврственный архив Оренбургской области в Оренбурге. Ф. 3. Оп. 1. Д. 198. Л. 18–18 об., 55–55 об.; Д. 158. Л. 3. ヘリン事件の概要については以下を参照。*Рязанов А. Ф.* Указ. стат. С. 217–226.

結論　プガチョーフ叛乱とは何だったのか

民衆は何をめざしてプガチョーフ叛乱に参加したのか。この叛乱は政府にどのような対応を迫ったのか。そして、何よりもプガチョーフ叛乱とは何だったのか。以上が本書の掲げた問題提起だった。それに対して、一言でいえば、プガチョーフ叛乱は十八世紀ロシア、さらにはその後のロシアの抱えるすべての問題に対する民衆からの応答だったといえよう。当時のロシアは農奴制、植民、民族、専制権力、宗教など、帝政ロシアを規定するさまざまな問題を抱えていた。それに異議を唱える民衆の大きな叫び声がプガチョーフ叛乱であった。

プガチョーフ叛乱は、一方で、民衆にとっては束縛からの解放を意味する自由への希求を実現してくれる希望であった。自由や伝統への回帰、そして人間としての尊厳を求め、専横的で抑圧的な権力に反対する力という性格をもち、さまざまな社会層からなる民衆を包み込んで連帯を形成する複合的で重層的な叛乱だった。しかもロシア特有の千年王国的平等社会の実現への願望がこの運動の底流となっていたことも確かである。そのために民衆は立ち上がった。

他方、ロシア政府にとっては民衆の力の結集した得体のしれない反対勢力として恐れの対象であった。エカチェリーナ二世の専制政府は、民衆の反抗の精神を体現するものとして、叛乱を決してそのままにしてはおけなかった。叛乱のめざした自由が、政府の転覆につながり、その動きを外国に察知されることは政府にとっては危険なことであった。したがって、その動きは根本から絶たなければならなかったのである。こうした民衆の力に対する恐れはエカチェリーナ以降のロシア政府にも受け継がれていくことになる。

この叛乱の特徴は次の点にある。第一に「ツァーリ幻想」(その具体的表現としてのプガチョーフの「ピョートル三世」僭称)が叛乱勃発のきっかけとなったこと、第二に叛乱構成の面での複合性、第三に各地域の蜂起が連鎖的にとめどなく発生したこと、第四に叛乱(軍)内に組織性があったこと、第五に政府の対応の遅れと杜撰さ、そして諸外国がおおいに関心を寄せたこと、第六に植民政策と民族の問題の存在、第七に民衆の固執する伝統と政府の推し進める近代化・ヨーロッパ化との相克のなかで生じたこと、第八に古儀式派にみられる宗教の問題が見え隠れしたこと、以上である。

第一の「ツァーリ幻想」についてである。民衆の苦難を知っていた経験豊富なプガチョーフは、ピョートル三世を僭称した。これによって多くの民衆が叛乱に参加することとなるのである。本書では、叛乱に参加した人々だけではなく、ロシア社会全体を考えようとする視点から、叛乱の周辺にいた人たちの動きにも留意した。それが「ピョートル三世」についての噂を流しながらも叛乱に直接には参加しなかった人々の存在である。彼らは政府に声をあげて反対するわけでもなく、ましてや叛乱に参加するわけでもなく、噂を流し、あるいはそれに共感した人々である。しかし、こうした人々も叛乱とは無縁ではなかった。もっぱら噂を流すことに力を貸したが、政府はそれさえも恐れたのである。

第二の叛乱の構成面での複合性についてである。叛乱の火の手は帝国の辺境であがり、首都にまで迫る勢いだったが、結局のところ、中央にまではいたらなかった。とはいえ、逆に地方だからこそ、そこに住んでいたさまざまな階層の民衆が叛乱に参加することになった。カザーク、ロシア人(農奴、国有地農民、工場農民、都市民、下級聖職者など)、諸民族である。そうした社会の相互関係が叛乱の動きを規定していく。そもそも近世ロシア帝国の南東地方は不安定であった。一七七一年には、ヴォルガ・カルムィク人の中国への逃亡、カザフ人の同地方への度重なる侵入があった。そのことはまたこの地方における軍事力が十分ではないことを政府に自覚させた。迅速に移動できる軍隊の不足が大きな問題であった。政府の軍事参議会はそのことを考慮して検討の俎上に載せ、いくらか改善されたものの、プガチョーフ叛乱前夜までにそれらの一部がやっと再編されたにすぎなかった。しかもそのように配置された軍隊はいまだ教練を受けておらず、また装備も整っていなかったのである。

第三の地域の蜂起が連続的に発生したことについてである。叛乱が当時の人々だけではなく、後世の人々にも強烈な印象を与えたのは、叛乱軍の主力が活動している地域のみならず、それ以外の地域でも次々と蜂起が発生し、全体として叛乱が活発化したためである。ヨーロッパやアジアでの叛乱、あるいはそれまでのロシアの叛乱と異なり、いくつもの地域ごとの蜂起がとめどなく連鎖的に発生した。そうしたことが、ロシア全土で全社会層の民衆が一斉に立ち上がったという印象を政府に与えた。だからこそ、これからあとの政府はプガチョーフ叛乱の再来を恐れ、その記憶すら民衆から永遠に消し去ろうとしたのである。

第四の叛乱(軍)内の組織性についてである。かつてのソ連史学が規定した「農民戦争」のなかでも、他の叛乱にはみられないものに組織性があげられる。広範囲に広がった叛乱を統括・監督するための組織が必要とされ、実際に「軍事参議会」が形成された。これが多岐にわたる問題や仕事を処理していくことになる。しかもその指導のもと、叛乱には一定程度の規律が保たれた。もちろんこれはヤイーク・カザークの意向が反映されたという限定条件はあるものの、この点は評価されなくてはならない。だからこそ叛乱は広範囲に及び、多くの人を惹きつけたともいえるのである。

第五の政府の対応の遅れと杜撰さ、および諸外国の関心の高まりについてである。政府の政策には首尾一貫していたとはいいがたいものがあった。叛乱の推移を見ながら、さらには諸外国の動向にも目を配りながら政策がとられたためである。とりわけ留意しなければならないのは、政府の情報不足と対外政策もあって、叛乱を当初は過小評価し、のちに叛乱が大きくなるにつれて認識は変化したものの、外国への情報流出を危惧して秘密主義を通した点である。これが政府に叛乱への対応策を遅らせることになった大きな要因であった。

また、ペテルブルク駐在の各国の外交官たちはさまざまな手段で情報を得ようとした。そうした外交官のなかには、叛乱が地方社会のロシアの体制への根の深い不満の表れであると正確に見抜き、ロシア国家のそれに対する杜撰な対応を読み解く者もいた。こうした外交戦略のなかに、外交官同士の確執や何より当時の外交が個人的な人間関係を介したものであることも見て取ることができる。他方、ロシア政府はさまざまな情報統制をおこなったが、必ずしも成功しなかったのである。

第六の植民政策と民族の問題についてである。叛乱を大きく左右したものの一つに民族の動きがある。とくに、バシキール人はロシア国家の植民政策に長く苦しんできた。プガチョーフ叛乱以前にも幾度も立ち上がり、政府に異議申し立てをしてきた経緯がある。今回の叛乱ではそうした動きがいっそう明瞭であった。しかし、それは同時に、叛乱全体の動きに規制をかけるものでもあった。彼らが攻撃したのはロシアの工場や農村である。それらは、叛乱軍側にとっては、叛乱の基盤ともなりうる存在であり、攻撃対象にすべきものではなかった。叛乱軍首脳部はバシキール人の攻撃に規制をかけることになった。

第七の伝統と近代化の相克の問題についてである。全体的にみると、叛乱参加者はピョートル一世とエカチェリーナ二世が作り上げた「近代的」環境と接触しながらも、自身の伝統的で自律的な世界への回帰をめざしていたといえる。その点、農民たちの行動はより特徴的である。「近代的」編成を図る国家や行政に支配されて従属しているかのようにみえながらも、嘆願書における法令の引用にみられるように、現実の法制度を逆手にとって利用さえしていた。また、農民の日常的なさまざまな行動を規定する農村共同体（ミール）が、叛乱の過程のなかでその基盤へと転化した。とはいえ、他方では、叛乱中にみられた彼らの伝統的世界観・ユートピア的思想や独特な自由への志向は、上からの「社会的紀律化」の過程に真っ向から反対するものとして存在しながら、全民衆の連帯形成に際してその契機ともなったのである。

第八の叛乱と古儀式派の関係についてである。プガチョーフは叛乱を起こす前から古儀式派教徒たちとは関係を結び、援助を受けていた。彼自身は古儀式派教徒ではないものの、彼らの援助に頼りながら運動を展開したのは事実である。

しかもプガチョーフ自身、あるときは古儀式派教徒のように振る舞い、またあるときには正統派正教徒のように行動している。ここに示されている彼の生き方やその生涯に近世ロシアの問題すべてが形象されていたといえるのかもしれない。

叛乱に参加したすべての社会にはそれぞれ異なる歴史的な背景がある。そのため、社会層間の行動は異なり、ロシア民衆の権力への対応の仕方もきわめて特徴的であった。それゆえ、この叛乱は「複合的」な叛乱、すなわち「ロシア《ルースキー》的叛乱《・ブント》」なのである。プガチョーフ叛乱はロシア史の問題そのものを示す画期的な出来事であった。叛乱後のロシアは、一七七五年、二度とこのような民衆蜂起が発生しないように「全ロシア帝国県行政の基本法令」を発布することになる。しかし、それによっても民衆の動きを完全に押しとどめることはできなかったのである。

おわりに

プガチョーフ叛乱研究の旅はひとまず終わろうとしている。叛乱前夜の国家と社会の状況から書き起こし、叛乱の経過、その後の参加者の運命へと話を進めてきた。

著者にとって、プガチョーフ叛乱は、卒業論文以来、約半世紀にわたり考え続けてきたテーマである。その経緯のなかで、一九八九〜九〇年、第一回ソ連政府留学生としてレニングラードに滞在し、プガチョーフ叛乱研究の泰斗ウラジーミル・マヴロージン亡きあと、彼の愛弟子で当時のプガチョーフ叛乱研究を指導する立場にいたユーリー・リモーノフ教授のもとで勉強したことが画期となった。毎週金曜日の午後三時から一時間三〇分ほど指導を仰いだ。テーマの選定から始まり、タイプライターで打ったロシア語ペーパーの検討と次に何をどのように書くべきか、毎回宿題が出された。そのための調査の場所はシチェドリン名称公共図書館(現国民図書館)とその手稿部、ソ連史研究所レニングラード支部(現ペテルブルク歴史研究所)の手稿部であった。一回目の指導のときにタイプライターで六枚ほど打って持っていくと、仕事が少ないと指摘され、一週間で一〇枚を打つのが「普通の仕事」であると言われた。ロシア語を母語としない著者にはとても厳しかったが、こうした指導を受ける日々が一年ほど続いた。九〇年六月、所属していたゲルツェン名称レニングラード教育大学ソ連史講座で報告した。対論者は十八世紀軍事史の専門家パーヴェル・クロートフ講師(П. А. Кротов, 一九六一〜 、現ペテルブルク大学歴史学部教授)であった。その後、留学時代の研究成果を土台に、モスクワやペテルブルク、および地方の古文書館に通って不足している史料を補った。最終的にその論稿をロシア古法文書館付属の出版部から刊行した。それが『プガチョーフ叛乱期のオレンブルクとオレンブルク・カザーク』(モスクワ、古文献学センター、一九九六年)である。これは、そのときまで公刊された研究がなかった体制側に立つオレンブルク・カザークとプガチョーフ叛乱の関係に焦点を当てて叙述したものであるが、今でもロシアと欧米では当該研究の教科書の一つのように扱われている。プガチョーフ叛乱に関しては、それ以来のモノグラフということになる。

いま一つ、本書に関連して指摘しなければならないことがある。ロシア人の為政者への絶対的な信頼、いわば「ツァーリ幻想」について体験したことである。留学中、公共図書館で勉強していたおり、シベリアの大学で哲学を教えていたという人物と知り合った。廊下で氏との立ち話のなかで、日本とソ連の間にどのような問題があるかと問われた著者が「北方領土」だと答えると、即座に氏は、「君は日本の首相に手紙を書け。私はソ連の大統領に手紙を書く」と言った。著者は大変驚いたが、これこそロシア・ソ連の民衆が抱く「ツァーリ幻想」そのもののように思われた。この経験が著者にその意識の源泉を探ってみたいという気持ちにさせた要因の一つである。それが、二〇〇四年から一年間の在外研究期間中、モスクワの古法文書館で「プレオブラジェーンスキー官署」文書を調査するきっかけとなっている。

ソ連崩壊後、プガチョーフ叛乱研究を深めるために、毎年のようにロシアに出かけた。モスクワとペテルブルクの古文書館や図書館での調査を中心にしつつ、地方にも出かけて関連する史料を探しながら、研究者と会って話をうかがった。一九九三年、オレンブルク－ウファー－カザンという旅の途中、ウファーのロシア科学アカデミー・バシコルトスタン共和国歴史・言語・文学研究所ウファー学術センターで、サラヴァト・ユラーエフ研究の第一人者インガ・グヴォーズジコヴァ教授に会うことができた。彼女の考えをうかがったあとで、紹介されたプガチョーフ叛乱に関する史料研究の泰斗でロシア史研究所のレジナルド・オフチーンニコフ教授をモスクワの自宅に幾度も訪ねた。本論中でも述べた自他ともに許す「プガチョーフ叛乱研究の学部長」という言葉は両人から聞いた言葉でもある。こうした出会いの会話の内容は本論のなかでも生かされている。同じ九三年に行ったチェリャービンスクでは、叛乱関係の文書史料は必ずしも多くはなかったものの、別のロシアの発見につながった。ロシア民俗学の研究者夫妻に誘われてピクニックに出かけたステップの広大さ、そして十八世紀に建設されたズラトウストフスキー工場が廃墟になっている様子を見たことである。

また、オレンブルクとオレンブルク・カザークのことを調べるためにこのロシア南東の都市に何度も出かけた。とくに二〇〇〇年代に入ると、オレンブルク教育大学のバシキール人言語学者を通して、叛乱の指導者の一人キンジヤ・アルスラーノフの末裔《まつえい》である著者と同年齢のオレンブルク農業大学上級講師ファリト・ナドルィシンに知己を得た。彼のはからいで同大学アッラ・フョードロヴァ教授に会い、教授の主催する研究会で数回報告させてもらった。さらには、両人のおかげで、プガチョーフが本営を置いたオレンブルク近郊のビョールダ村やカザークの居住地フォルシュタットを見て歩き、オレンブルク・カザークを中心とする舞踊フェスティヴァルや博物館も訪れた。キンジヤ・アルスラーノフの墓所とされる場所を見たり、バシキール人の生活や伝統の一端を垣間見たり、鹹湖《かんこ》ソリ・イレツクにも行ったりした。そして何よりも多くのバシキール人と知り合うことができたのは大変な収穫であった。

古文書館で叛乱と宗教（正教）との関係を調べるつもりで在外研究期間中の二〇〇四年九月に行ったニージニー・ノヴゴロドでは、この町のクレムリンを見ながら、ロシアにおけるこの町の重要性をあらためて認識した。同時に、古文書館ではいくつもの史料との出会いがあった。二〇一四年のサラヴァト・ユラーエフ生誕二六〇年を記念する研究集会に参加したのち、ウファーでは、バシコルトスタン大学の教員に連れられてサラヴァトを記念する博物館を訪れ、さらには彼が隠れたとされる洞窟や十八世紀に建設されたユルザン川流域の工場の跡を遠くから眺めた。何よりも果てしなく広がるウラル・ステップを肌で感じることができたのは貴重であった。

ロシア以外でも調査が続いた。二〇〇七年に行ったエストニアのタリン－タルトゥ（タルト）－パルディスキの旅でも叛乱の痕跡を見た。タリンの旧市街にある国立博物館ではウファーの博物館と同じような叛乱関連の資料が展示されているのに驚き、サラヴァトが収監されていた同地のトームペア城（「のっぽのヘルマン」）の外観を脳裏に刻みつけた。タルトゥでは記号学者ユーリー・ロートマンの教えた大学の近くにある古文書館で叛乱参加者たちの最後に関する古文書調査をおこない、パルディスキでは流刑にされた彼らの終焉《しゅうえん》の地を歩いた。また同地で、サラヴァトを中心に展示する小さな博物館の「番人」(館長の夫で、「番人」だと名乗った)にソ連時代には原子力潜水艦の基地だった町の由来と現在の様子を尋ね、後日、サラヴァトに関する史料を送ってもらった。一九九三年以来たびたび訪れるフィンランド国立図書館(旧ヘルシンキ大学付属図書館)スラヴォニック・ライブラリーでは、イリーナ・ルッカ氏をはじめとする司書の方々のお世話になりながら、十九世紀以降に刊行された文献を読んで研究を進展させることができた。

このように、テーマと関連する世界各地の古文書館、図書館、大学、博物館、その他の施設で働く人々の力を借りながら研究を推し進めた。また著者が勤務する明治大学文学部史学地理学科西洋史学専攻の先輩教員と同僚たち、そして事務と図書館の職員の方々には言葉では言いつくせないほどお世話になった。そして何よりも拙い授業を辛抱強く聞いてくれた学生諸君に心から感謝する次第である。

以上のことについては、利用文献一覧の最後にまとめて記したプガチョーフ叛乱に関する紀行文を読んでいただければ幸いである。これらは、著者が心がけてきた、歴史的事象を文書史料や文献だけではなく、できる限り現地に行くことで当時の様子を体感し、その地域の研究者に会って研究対象を「立体的に」考えようとする著者のマニフェストである。しかし、調査を通してわかったことがある一方で、どれだけプガチョーフ叛乱の本質に迫ることができたのか心もとない。そもそも文書史料は膨大で、すべてに目を通すことは不可能である。疑問は深まるばかりである。

従来、著者が刊行したものは、いずれもこの叛乱がめざしたものは何かというテーマの方向性に沿うものであった。二〇〇六年に刊行した第二のモノグラフは、バシキール人がなぜ叛乱に積極的に参加して大きな役割を果たしたのかという点について、ロシアの植民政策に強烈に反対するその民族の歴史を十六世紀から十九世紀中葉までの時間幅をとって考えている。二〇一六年の第三のモノグラフでは、十八世紀ロシアの国家規模で展開した科学的「探検」に焦点を当てながら、ロシア政府の地方に対する認識を新たにして支配の強化を図る過程、およびそれに対するバシキール人の抵抗の契機を検討した。これはロシアの東方への拡大政策とそれを学問的に支えた諸外国との知的交流や国内の学術活動の動きを中心に考える機会となった。

そして今回のプガチョーフ叛乱研究である。ここに、著者のプガチョーフ叛乱について従来考えてきたことのすべてを盛り込もうとした。叛乱前後の出来事を記述したため、あまりに多層的・多面的な叙述になっている。しかし、基本となるのは叛乱に参加した人々のめざした「自由」とはいかなるものであったのかを考えることである。これは単純な問題提起であるが、結局のところ複雑な内容になった。この叛乱は「複合的」な叛乱すなわち「ロシア的《ルースキー》・叛乱《ブント》」なのである。つまるところ、現在まで続くロシア民衆の抵抗の典型を示しているといえる。

このような考えのもと、プガチョーフ叛乱の全体像を描くことをめざしたが、結果的に帝政時代の研究とソ連・ロシア史学の膨大な研究成果のうえに、著者自身が史料を通して見出したわずかばかりの「発見」を付け加えることしかできなかった。

ロシアでの調査研究は二〇一九年が最後となっている。翌年から猛威をふるったコロナウィルスの世界的な蔓延と現在も続くロシア・ウクライナ戦争のためである。二〇二二年二月二十四日、突如ロシアは国際法を無視してウクライナに侵攻した。戦争はいまだに続き、犠牲者の数が増すばかりである。戦争開始当初、ピョートル一世を崇拝するプーチン大統領の背後にはエカチェリーナ二世の胸像があった。ピョートルはロシアの近代化・ヨーロッパ化をめざし、「啓蒙専制君主」である女帝は一七六七年の新法典編纂委員会への「大訓令」のなかで、「ロシアはヨーロッパの国家（強国）である」と高らかに宣言した。しかし、大統領はそれとは異なる方を向いている。あるいはロシア性とヨーロッパ性がぶつかり合っているといえるかもしれない。これもロシアの歴史が抱えている多重性であるが、民衆の動きに注目するとき、問題はより複雑になる。はたして民衆は政府をどのように見ているのであろうか。自らの意思をどのように表明していくのであろうかと。これが著者の社会的な問題意識である。とてつもなく大きな現実の出来事を前にして、歴史のなかにその源泉を探すことは容易なことではない。とはいえその糸口を探すことが歴史家の使命である。

本書は著者のすでに発表した論稿を換骨脱胎して構成されている。構想の基本となる論文や著作は以下の通りである。

プロローグ　「プガチョフ反乱」野崎直治編『ヨーロッパの反乱と革命』山川出版社、一九九二年、所収、一七七～一七九、一八九～一九九頁。

序論　「近世ロシアの民衆運動」ロシア史研究会編『ロシア史研究案内』彩流社、二〇一二年、四五～五八頁。

第一章　Оренбург и оренбургское казачество во время восстания Пугачева 1773–1774 гг. Москва: Археографический центр, 1996;「「植民国家」ロシアの軍隊におけるカザークの位置――18世紀のオレンブルク・カザーク創設を中心に」『歴史学研究』第八八一号、二〇一一年、三四～四八頁、「近代ロシアにおけるカザーク社会の形成と展開についての研究」『明治大学人文科学研究所紀要』第四八冊、二〇〇一年、一九八～三〇〇頁。

第二章　「18世紀モスクワにおけるペストの流行と暴動に関する史料」『駿台史学』第一七八号、二〇二三年、「近世ロシア民衆の意識――18世紀の民衆は何を求めたのか」『明治大学人文科学研究所紀要』第五八冊、二〇〇六年、「18世紀前半のロシアにおける民衆と宗教――ピョートル一世の教会改革と古儀式派教徒」『駿台史学』第一六二号、二〇一八年、Оренбург и оренбургское казачество во время восстания Пугачева 1773–1774 гг.

第三章　「18世紀ロシアの民衆運動における古儀式派――プガチョーフ叛乱における古儀式派教徒の役割」『明治大学人文科学研究所紀要』第八七冊、二〇二〇年、五四～六五頁、"Old Believers and the Pugachev Rebellion: Pugachev's Strategy and Support by Old Believers," *Cross-Cultural Studies: Education and Science*, Vol. 8, Issue III, November 2023, pp. 15–30.

第四章　書き下ろし。

第五章　「プガチョーフ叛乱とロシア政府――オレンブルク包囲期（一七七三年十月～一七七四年三月）を中心に」『史観』第一三二号、一九九五年、三一～四六頁。

第六章　『ロシア帝国民族統合史の研究――植民政策とバシキール人』北海道大学出版会、二〇〇六年、第八章（「プガチョーフ叛乱におけるバシキール人の参加過程」『ロシア史研究』第三五号、一九八二年、五五〜六九頁、「バシキール人サラヴァト・ユラーエフ——プガチョーフ叛乱研究の最近の動向に寄せて」『ロシア史研究』第四二号、一九八六年、一八〜三二頁を再録したもの)。

第七章　書き下ろし。

第八章「18世紀ロシアにおける民衆運動とその世界——プガチョーフ叛乱における領主農民を中心にして」『社会科学討究』第三三巻第三号、一九八八年、三〇三〜三五七頁。

第九章「18世紀ロシアの民衆運動における古儀式派——プガチョーフ叛乱における古儀式派教徒の役割」六五〜七八頁。

第十章「バルティースキー・ポルトの囚人サラヴァト・ユラーエフとその周辺——帝政ロシアにおける地域史研究の試み」『駿台史学』第一三二号、二〇〇七年、一三〜五八頁。

エピローグ　書き下ろし。

なお、本書は科学研究費基盤研究(C)(二〇二〇〜二〇二三年度「プガチョーフ叛乱の総合的研究」)の成果の一部である。

いつも温かく見守ってくれている妻理佐子に捧げる。

二〇二四年夏

田無の寓居にて

豊川浩一

豊川 浩一　とよかわ　こういち
1956年，北海道札幌市生まれ。
北海道大学文学部卒業，早稲田大学大学院文学研究科博士後期課程単位取得退学。早稲田大学文学部助手，静岡県立大学国際関係学部助教授，明治大学文学部助教授を経て，現在，教授。博士(文学)。
専攻　ロシア近世・近代史
主要著書：Оренбург и оренбургское казачество во время восстания Пугачева 1773-1774 гг. М.: Археографический центр, 1996.(『1773-1774年のプガチョーフ叛乱期におけるオレンブルクとオレンブルク・カザーク』モスクワ：古文献編纂学センター，1996年)，『ロシア帝国民族統合史の研究——植民政策とバシキール人』北海道大学出版会，2006年。『十八世紀ロシアの「探検」と変容する空間認識——キリーロフのオレンブルク遠征とヤーロフ事件』山川出版社，2016年。
訳書：R・E・F・スミス／D・クリスチャン（鈴木健夫・斎藤君子・田辺三千広との共訳）『パンと塩——ロシア食生活の社会経済史』平凡社，1999年。

プガチョーフ叛乱《はんらん》
エカチェリーナ二世時代《にせいじだい》の「ロシア的叛乱《ルースキー・ブント》」と民衆《みんしゅう》の世界《せかい》

2024年12月10日　1版1刷　印刷
2024年12月20日　1版1刷　発行

編　者　豊川浩一《とよかわこういち》
発行者　野澤武史
発行所　株式会社　山川出版社
〒101-0047　東京都千代田区内神田1-13-13
電話　03(3293)8131(営業)　8134(編集)
https://www.yamakawa.co.jp/
印刷所　株式会社　明祥
製本所　株式会社　ブロケード
装　幀　黒岩二三[Fomalhaut]

ISBN978-4-634-67261-1

索　引

人名索引

※バシキール人，ミシャーリ人は名・姓の順で立項している。

●ア行

アヴァクーム（古儀式派の指導者）　35
アウグスト３世（ポーランド・リトアニア共和国国王，ザクセン選帝侯）　70
アヴリチ，P.（アメリカ合衆国の歴史家）　19
アスランベーコフ，アントン（アルメニア人，ピョートル３世僭称者）　159
アックチカル・チュラグーロフ（バシキール人）　328
アッポローヴァ，ナターリア（ソ連の歴史家）　109
アヌーチン，ドミートリー（元老院議員，少将，東シベリア軍務知事）　329
アファナーシエフ，イヴァン（退役騎兵曹長，プガチョーフ叛乱参加者）　272
アブドゥリン，アブドゥル＝ラヒク（カルガラー村の村長）　244
アブドゥーロフ，バコイ（プガチョーフ軍の指揮官）　288
アブリャーゾフ，アフメル（タタール人，プガチョーフ軍指導者の一人）　245
アブルハイル（アブライ）（中ジュズのスルタン）　197
アムヴローシイ（モスクワ大主教）　30, 126-129
アラーポフ，イリヤー（農奴出身のプガチョーフ軍指導者）　12
アリーシェフ，サリャーム（ソ連およびロシア〈タタルスタン〉の歴史家）　39
アーリストフ，イリヤー（プガチョーフ軍指導者の一人，トムスク歩兵連隊の逃亡伍長，叛乱軍ではアタマン）　368
アルシェネーフスキー，ニコラーイ（プガチョーフ叛乱鎮圧軍指揮官）　262, 354
アレクサンダー，J. T.（アメリカ合衆国の歴史家）　24, 43
アレクサーンドル１世　3, 79
アレクサーンドル２世　3
アレクセーイ（皇太子）（ツァレーヴィチ・アレクセーイ）　157
アレフィレーンコ，ペラゲイヤ（ソ連の歴史家）　131, 313
アントーニイ（ニジェゴロド・アラトール管区監督局の主教）　336
アンドルーシチェンコ，アンドレーイ（ソ連の歴史家）　272
アンナ女帝　103, 329
イヴァーノフ，イヴァン→ドルゴポーロフ，アスターフィを見よ
イヴァーノフ，ゴルジェイ（プガチョーフ叛乱時にイルギンスキー工場を破壊したロシア人）　257
イヴァン４世　110, 111, 241
イトキニン，バトィルカイ（プガチョーフ軍指導者）　314
イドルカ（タタール出身のヤイーク・カザーク，プガチョーフの通訳）　197
イルチケイ・ベクトゥガーノフ（シベリア道チュベリャッスカヤ郷のバシキール人長老）　267, 268
ヴァシーリエフ，ミハイール（ヤイーク・カザーク叛乱時の古儀式派の司祭）　178
ヴァリシャ・シャルィーポフ（シベリア道の

バシキール人有力者）　156
ヴァレンシュテルン，カール（オレンブルクの衛戍総司令官，少将）　215-217, 219, 222, 235
ヴァロキン，イヴァン（ミハイール・ゴリーツィンの領地管理人）　258
ヴィテーフスキー，ヴラジーミル（帝政ロシアの歴史家）　31, 36, 337, 346
ヴィトシーノフ，アンドレーイ（プガチョーフ軍の指導者）　13, 203
ヴォールコフ，ドミートリー（オレンブルク県知事）　98, 219
ヴォールコフ，レオニード（現代ロシアの歴史家）　25
ヴォルコーンスキー，ミハイール（騎兵隊元帥，モスクワ総司令官）　71, 219
ヴォルテール（フランスの啓蒙思想家）　220, 221, 231
ウセンコ，オレーク（現代ロシアの歴史家）　25, 41
ウブシ・ハン（ジュンガリア逃亡時のカルムィク人指導者）　153
ヴャーゼムスキー，アレクサーンドル（エカチェリーナ２世時代の政治家，元老院総裁）　67, 134, 219
ヴャートキン，ミハイール（ソ連の歴史家）　38
ウリヤーノフ，イリヤー（1772年のヤイーク叛乱参加者でプガチョーフの側近）　10, 195, 368
エウドキーモフ，イヴァン（古儀式派教徒，ピョートル２世僭称者）　157
エカチェリーナ２世　3, 4, 15, 22, 30, 35, 43, 48, 50, 52, 66-71, 73, 77, 79, 96, 101, 105, 108, 111, 122, 124, 125, 130, 131, 133-135, 139, 151, 158-160, 162, 163, 175, 180, 187, 206, 214, 215, 217, 219-225, 228, 231, 232, 235, 246, 248, 274, 297, 328, 330, 335, 336, 343, 359, 361, 363, 369, 396, 398, 400, 403
エクバウム，ゲルマン（大佐，のちに少将，バルティースキー・ポルトの警備司令官）　371-373, 379, 380
エメリヤーノフ，ピョートル（ピョートル３世についての噂を流した農奴）　233
エリザヴェータ女帝　69, 135, 150
エロープキン，ピョートル（元老院議員，陸軍中将，モスクワ・ペスト暴動鎮圧者）　125, 127-130
エンゲルス（科学的社会主義の構築者）　27
オガリョーフ，ニコラーイ（帝政ロシアの革命的思想家）　31
オシチェープコフ，ヤーコブ（農民，プガチョーフ叛乱参加者）　368, 369
オーシポフ，イヴァン（プガチョーフ軍の指導者）　312
オソーキン，イヴァン（ウラル地方の工場所有者）　257, 286, 289
オフチーンニコフ，アンドレーイ（ヤイーク・カザーク，プガチョーフ軍指導者の一人）　201, 216
オフチーンニコフ，レジナルド（ソ連・ロシアの歴史家）　23, 257, 258, 368, 369
オブレスコフ，アレクセーイ（イスタンブール駐在ロシア大使）　69
オボリャーエフ，ステパン（ヤイーク・カザーク，別名エルミン・クーリッツ）　193
オリファント，ローレンス（イギリスの外交官，江戸末期の駐日英国公使館書記官）　89, 90
オルテガ・イ・ガセット（スペインの哲学者）　19
オルローフ，グリゴーリー（エカチェリーナ２世の寵臣，政治家）　67, 130, 160, 187

●カ行

カー, E. H.(イギリスの歴史家)　19
ガイスノヴィチ(ソ連の歴史家)　33
カスキン・サマーロフ(ノガイ道タミヤンスカヤ郷のバシキール人, プガチョーフ軍の「連隊長」)　207, 208, 267, 272
カドソン, イリヤー(ソ連の歴史家)　29, 32, 34, 35, 330, 338, 339
ガニング, ロバート(駐ロシア英国大使)　225-229, 232, 234, 236, 345
カブザン, ウラジーミル(ソ連・ロシアの人口史家)　80, 81
カラヴァーエフ, デニース(ヤイーク・カザーク)　193, 195, 368
カラサカル(バシキール人マンディグール, ノガイのハン, サルタン＝ギレイを僭称)　150
カラムジーン, ニコラーイ(『ロシア国家史』の著者)　84
カール, ヴァシーリー(プガチョーフ叛乱鎮圧軍の将軍)　13
カルギーン, ニキータ(プガチョーフ軍の指揮官)　327
カルツォフ, ウラジーミル(ソ連の歴史家)　187
川端香男里(日本のロシア文学者)　18
カンザファール・ウサーエフ(ミシャーリ人の叛乱指導者, ウラル地方で活動)　12, 268, 285, 313, 369, 370, 372, 373, 375, 383, 384
キャスカート(駐ロシア英国大使)　125
キリーロフ, イヴァン(オレンブルク遠征隊司令官)　92, 147
キンジヤ・アルスラーノフ(バシキール人のプガチョーフ軍指導者, ノガイ道ブシュマン＝クィプチャンスク郷出身, アラスラン・アクッスクーロフの息子)　12, 197, 201, 206, 208, 249, 250, 252, 262, 275, 395
グヴォーズジコヴァ, インガ(ソ連およびロシア〈バシコルトスタン〉の歴史家)　271, 357
クズネツォーヴァ, ウスチーニヤ(プガチョーフの二番目の妻)　337, 340, 343
クズネツォーフ, アンドレーイ(ドン・カザーク, プガチョーフの援助者で, のちにプガチョーフに敵対)　179, 181, 183, 184
クズネツォーフ, イヴァン(カムリンスキー工場およびクィシトゥィムスキー工場に派遣された政府軍指揮官)　285, 344
クトゥルギリディ・アブトラフマーノフ(ノガイ道の叛乱指導者。ノガイ道ブシュマン＝クィプチャンスク郷のバシキール人, キンジヤ・アルスラーノフの弟)　267, 272
グバーノフ, アレクセーイ(ウファー・カザーク, プガチョーフ軍の「連隊長」)　207
クラーキン, アレクサーンドル(ボリソグレプスコエ村の領主)　312
クラーキン, アレクセーイ(元老院総裁)　371, 372, 374-377, 381
クラミー, R. O.(アメリカ合衆国の歴史家)　35
グリーセ, M.(現代ドイツの歴史家)　43
クリチツキ, ヤン(タナリツカヤ要塞のポーランド人暴動指導者)　247
クリバーノフ, アレクサーンドル(ソ連の歴史家)　25
グリャズノーフ, イヴァン(シンビルスク〈チェリャービンスク〉の商人, イセト地方のプガチョーフ軍指導者)　33, 330, 342, 344
クリュチェーフスキー, ヴァシーリー(帝政ロシアの歴史家)　85, 157

クレイ・バルタシェフ(シベリア道カラ＝タビンスク郷のバシキール人族長)　153
クレーチェトフ, フョードル(帝政ロシアの啓蒙主義者, 専制権力の制限を求めた)　49
クレムネフ, ガヴリーラ(逃亡兵士, ピョートル3世を僭称)　159
グローテンゴリム, ゲオルグ(中将, レーヴェリ県副知事)　369
ゲルツェン, アレクサーンドル(帝政ロシアの革命的思想家)　18, 31
コジェーヴニコフ, ピョートル(イルギースの古儀式派教徒の商人)　173, 176, 184
コジェーヴニコフ, ミハイール(カザーク, プガチョーフにピョートル3世僭称を勧める)　179, 182, 183, 194
コストマーロフ, ニコラーイ(帝政ロシアの歴史家)　86
コトシーヒン, グリゴーリー(スウェーデンに逃亡したロシアの外交官,『アレクセイ・ミハイロヴィチ帝治下のロシアについて』の著者)　83, 89
ゴリーツィン, アレクサーンドル(エカチェリーナ2世時代の政治家)　67
ゴリーツィン, アレクサーンドル(副宰相)(エカチェリーナ2世時代の政治家, 上記同名の人物の従弟)　67
ゴリーツィン(ガリツィン), ピョートル(プガチョーフ叛乱鎮圧軍指揮官)　227, 268
ゴリーツィン, ミハイール(工場所有者)　258, 290
ゴルシコーフ, マクシーム(イレク・カザーク, プガチョーフ軍の指導者)　203, 205, 223, 368
ゴルチャコーフ(陸軍少将, レーヴェリ軍務知事)　383
ゴルチャロフ, アファナーシー(ウラルの工場所有者)　138, 139
コルフ, アレクセイ(ヴェルフネ＝オーゼルナヤ要塞管区司令官)　246
コロフカ, アントン(オシプ・コロフカの息子)　174
コロフカ, オシプ(古儀式派教徒の農民)　173, 174, 180, 183
ゴロブツキー, ウラジーミル(ソ連・ウクライナの歴史家)　87

●サ行

ザイヌルガブジーノフ兄弟(タタール人)　207
サフォーク(英国北部担当国務大臣)　125, 226, 227, 345
サラヴァト・ユラーエフ(バシキール人指導者, ユライ・アズナリンの息子)　12, 14, 51, 152, 156, 206, 217, 259, 261-272, 274, 275, 353-359, 361, 369, 370, 373, 375, 381, 382
サルティコーフ, ピョートル(モスクワ総司令官)　123-125, 127, 129
サン・シモン(フランスの空想的社会主義者)　20
シーヴェルス, ヤーコヴ(ノヴゴロド県知事)　224, 231
シーヴェルス, ヨアヒム(レーヴェリ県知事)　368
シガーエフ, マクシーム(ヤイーク・カザーク, プガチョーフ軍の指導者)　13, 194, 203, 206, 223, 332, 337, 347
シガナイ・ブルチャコーフ(バシキール人族長, ユライ・アズナリンの敵対者)　155
シチェバーリスキー, ピョートル(帝政ロシアの歴史家)　29, 30, 33
シチェルバートフ, フョードル(ビービコフ

元帥死去後のプガチョーフ叛乱鎮圧軍総司令官）　268
シチェルバートフ, ミハイール（啓蒙家・歴史家・社会評論家・哲学者, 陸軍少将,『オフィール国への旅』や『ロシアにおける道徳の退廃について』などの著者）　78
シチャーポフ, アファナーシー（帝政ロシアの歴史家）　31
シートニコフ, ガヴリール（ユゴフスキー工場叛乱の指導者）　289
シネルニコーフ, グリゴーリー（ヤイーク・カザーク, プガチョーフ叛乱参加者）　208
シーモノフ, イヴァン（ヤイーツキー・ゴロドーク衛戍司令官）　241, 244, 245
シュヴァンヴィチ, ミハイール（プガチョーフ叛乱参加者, ドイツ語布告の執筆者）　222–224
ジョージ３世（イギリス国王）　226
スィートニコフ, セミョーン（古儀式派の農民ステパン・コーソフの義理の父, ヤイーツキー・ゴロドークまでのプガチョーフの話し相手）　177–179
スヴェルベーエフ, ヴァシーリー（チェリャービンスクの知事）　330
スヴォーロフ, アレクサーンドル（エカチェリーナ２世時代の将軍）　70
スタニスラフスキー, セルゲイ（少将, 1773年12月のタナリツカヤ要塞におけるポーランド・バール連盟党員暴動の鎮圧軍司令官）　247
ストルィピン, アルカージー（ウラル・カザーク軍団任命アタマン, 内務大臣ピョートル・アルカージェヴィチはその子）　337
ストロガーノフ家（帝政ロシアの企業家）　109
ズナーメンスキー, ピョートル（帝政ロシアの教会史家）　340
スミルノーフ, ユーリー（現代ロシアの歴史家）　22
セイトーフ, サディク（プガチョーフ軍指導者, タタール人）　201
セミョーン（司祭）　342
セメーフスキー, ヴァシーリー（帝政ロシアの歴史家）　133, 334
セレズニョーフ, ヴァシーリー（古儀式派教徒, 逃亡兵の僭称者）　159
ソコローヴァ（ソ連の民俗学者）　328
ソコローフ, アファナーシー（フロプーシャ）（プガチョーフの側近, アヴズヤノ＝ペトロフスキー工場で活動）　13, 201, 216, 283–285, 337, 338
ソコローフ, ニコラーイ（サラトフの統計委員会書記, 同学術古文書委員会書記, 古儀式派研究者）　35, 237
ソフィア（イヴァン５世・ピョートル１世時代の摂政）　47
ソルムス（プロイセンの駐露大使）　226, 227
ソロヴィヨーフ, セルゲーイ（帝政ロシアの歴史家, モスクワ帝大学長）　85

●タ行

タイラー, ワット（1381年のイギリス農民一揆の指導者）　19
タチーシチェフ, ヴァシーリー（帝政ロシア最初の歴史家）　40, 84, 147–149
田中陽兒（日本の歴史家）　28
タラーソフ, ユーリー（ソ連の歴史家）　109
タラネツ, セルゲーイ（現代ウクライナの歴史家）　35, 157, 179
ダーリ, ウラジーミル（言語学者, プーシキンの友人）　84
チェルヌィショーフ, ザハール（エカチェリーナ２世時代の政治家, 軍事参議会総裁）

67, 235
チェルヌィショーフ, ピョートル（ピョートル3世僭称者）　159, 235, 333
チーカ＝ザルービン（ザルービン）（プガチョーフの側近, バシキーリアで活躍）　12, 13, 194, 195, 197, 205, 206, 216, 255, 331, 344
チストーフ, キリール（ソ連・ロシアの民俗・民族学者）　41, 157, 308
チャイルズ, J.（イギリスの歴史家）　78
チュジェフスキ, ヤン（タナリツカヤ要塞暴動のポーランド人指導者）　247
チュレーネフ, エメリヤーン（退役兵士, プガチョーフ叛乱参加者）　368, 369, 372
チュローシニコフ, アレクサーンドル（ソ連の歴史家）　38
ディトマール, カール（少佐, バルティースキー・ポルトの監獄司令官）　373, 382, 383
ディドロ（フランスの啓蒙思想家）　228
ティマーシェフ, イヴァン（オレンブルク鉱山地域諸工場管理人, 6等官にしてプガチョーフ叛乱鎮圧軍指揮官）　271, 283
ティムール（チャガタイ・ハン国の軍事的指導者, ティムール朝の創始者）　221
ティモフェーイ（モスクワ府主教）　126
デコロング, イヴァン（プガチョーフ叛乱鎮圧軍の将軍）　14, 206, 254, 299
デニーソフ（キジルスカヤ要塞の衛戍司令官, 一等大尉）　248
デミードフ家（帝政ロシアの企業家）　105, 108, 138, 139, 256
デミードフ, ピョートル（ウラル地方の工場所有者）　257, 285, 286
デュラン（駐露フランス公使）　226, 228-230
デ・ラツェローダ, カストロ（レーヴェリの警備司令官）　381
デルジャーヴィン, ガヴリール（エカチェリーナ2世の桂冠詩人, プガチョーフ叛乱鎮圧に参加）　217
デルベチェフ, フョードル（カルムィク人のプガチョーフ軍指導者）　201
デ・ロベルチ, フランツ（バルティースキー・ポルト市警備隊司令官）　362, 371
テンゼン, イヴァン（大佐, バルティースキー・ポルトの警備司令官）　379, 381
トヴォローゴフ, イヴァン（イレク・カザーク, プガチョーフ軍の指導者の一人）　203, 332
トゥスマン・クルガノフ（シベリア道クシンスキー郷のバシキール人）　267
ドゥブローヴィン, ニコラーイ（中将, 帝政ロシアの歴史家）　32, 200, 203, 333
トヴォルドィショフ, ヤーコヴ（ウラルの工場主, И.С.ミャースニコフの共同経営者）　154, 155, 263, 264, 266, 269, 271
ドサルィ・スルタン（ヌラリ・ハンの従弟）　38
土肥恒之（日本の歴史家）　101
ドミートリエフ＝マモーノフ, アレクサーンドル（帝政ロシアの歴史家）　38, 299
トムスン, E・P.（イギリスの歴史家）　20
トラウベンベルク, ミハイール（ヤイーク・カザーク叛乱の要因を作ったロシアの将軍）　140, 153, 193, 331
鳥山成人（日本の歴史家）　102
ドルゴポーロフ, アスターフィ（エスタフェイ）（イヴァーノフ, イヴァン）（ルジェフの古儀式派教徒の商人）　187, 347, 369-372
トレチャコーフ, フョードル（14等官にして通訳官）　355-357
トレフィーロフ, エヴゲーニー（現代ロシアの歴史家）　35

ドロティン（プガチョーフの援助者）　183, 184

●ナ行

ナウーモフ, イヴァン（ゴリーツィンの領地管理人）　258, 290
ナウーモフ, スチュパーン（一等少佐, プガチョーフ叛乱鎮圧軍指揮官）　245
中村仁志（日本の歴史家）　90
中村喜和（日本のロシア文学・文化史研究者）　308
ナターリア・アレクセエーヴナ（パーヴェル1世妃）　343
ニーコン（モスクワおよび全ルーシの総主教, 教会典礼の改革により正教分裂の原因をつくる）　51, 162
ヌラリ・ハン（小ジュズのハン）　38, 197, 242-244
ネクラーソフ, イグナート（ドン・カザークのアタマン, ブラーヴィン叛乱の指導者）　176
ネプリューエフ, イヴァン（初代オレンブルク県知事）　92, 93, 98
ノヴィコーフ, ニコラーイ（帝政ロシアの啓蒙主義者, 作家, フリーメーソン）　49
ノヴゴロードフ, セミョーン（農民, プガチョーフ叛乱参加者）　368, 369

●ハ行

パーヴェル1世（パーヴェル・ペトローヴィチ〈大公〉）　79, 158, 217, 225, 305, 306, 343, 360, 364, 393
パヴレーンコ, ニコラーイ（ソ連の歴史家）　256
ハサーノフ, アブドゥサリャン（タタール人, プガチョーフ叛乱参加者）　208
バトィルシャ（1755年蜂起の指導者, ミシャーリ人ムッラー）　40, 50, 99
パドゥーロフ, ティモフェーイ（オレンブルク・カザークの百人隊長にして新法典編纂委員会のカザーク代表, プガチョーフ軍指導者）　201, 205, 224, 245, 336
ハートレイ, J. M.（イギリスの歴史家）　81
パーニン, ニキータ（エカチェリーナ2世時代の外交責任者, 皇太子パーヴェルの扶育官, 専制権力に制限を加えようと試みた政治家）　67, 71, 229
パーニン, ピョートル（プガチョーフ叛乱鎮圧軍司令官, ニキータの弟）　14, 70, 132, 185, 244, 343, 345
ハニン, マクシム（1780年の僭称者）　397
バフメーチエフ（モスクワ市警察長官）　127
バルタイ・イデルケーエフ（イドルカの息子, プガチョーフの秘書官）　197
バルタイ・イドルキン（イドルカの息子, プガチョーフ軍の書記）　249, 250, 252
ハルチョーフ（ヤイーク・カザークの百人隊長）　331
ビービコフ, アレクサーンドル（元帥, プガチョーフ叛乱鎮圧軍総司令官）　13, 134, 206, 219, 220, 225, 233-235, 268
ピヤノーフ, デニース（ヤイーク・カザーク）　180, 183, 192
ピョートル1世（大帝）　3, 21, 48, 67, 68, 72, 79, 88, 103, 104, 107, 123, 142, 157, 162, 164, 185, 328, 361, 403
ピョートル3世（ピョートル・フョードロヴィチ）　4, 6-9, 13, 15, 30, 38, 47, 50, 68, 69, 71, 122, 158, 159, 160-163, 165, 173, 174, 178-183, 187, 194-196, 203, 222, 226, 231-234, 253, 255, 260, 262, 270, 273, 282-284, 291, 296, 297, 302, 307, 312, 330, 336, 339, 342, 343, 345,

390–398, 401
ピョートル・ペトローヴィチ（ピョートル１世の皇太子アレクセーイの「弟」） 157
ピントナー, W. M.（アメリカ合衆国の歴史家） 81
フィラートフ（農民） 233
フィラレート（イルギースの古儀式派の修道院長） 29, 31, 173, 176, 177, 179–181, 183, 184, 187, 192, 339
フィールソフ, ニコラーイ（帝政時代からソ連にかけての歴史家） 32, 33
フォン・ビロフ（プガチョーフ叛乱鎮圧軍指揮官） 245
プガチョーフ, エメリヤーン（叛乱指導者） 4, 6–15, 19, 23, 25, 26, 29–33, 35, 36, 38, 39, 42, 43, 45, 46, 49, 50, 52, 144, 150, 160, 161, 165, 172–188, 192–203, 205, 206, 208, 209, 214–224, 227–229, 231–234, 242–256, 259–271, 273, 274, 282–284, 286, 288, 291, 292, 297–302, 305, 307, 309–313, 315, 316, 325–347, 353, 354, 357, 371, 372, 390–392, 394–398, 401, 403, 404
プーシキン, アレクサーンドル（帝政ロシアの国民詩人） 3, 18, 29, 31, 32, 36, 84, 213, 247, 344
プチャーチン, アヴラーム（オレンブルク県知事） 152
フョードロヴァ, アッラ（現代ロシアの歴史家） 42
ブラーヴィン, コンドラーチー（1707〜08年の民衆蜂起の指導者） 35, 176
プラトーノフ, セルゲーイ（帝政ロシア・ソ連の歴史家） 86
ブラント, フォン（カザン県知事） 253
ブリークネル, アレクサーンドル（帝政ロシアの歴史家） 29, 30, 33, 131
フリードリヒ２世（大王）（プロイセン王） 71, 72, 226, 227, 229
ブールツェフ, ティモフェーイ（幇堂者, プガチョーフ叛乱参加者） 368, 369
フレイマーン, フョードル（中将, ヤイーク・カザーク叛乱の鎮圧者, プガチョーフ叛乱鎮圧軍指揮官） 140, 205, 271, 354
フレーブニコフ（モスクワの商人, プガチョーフの援助者） 186
フレーブニコフ, イヴァン（クングール地方の市会議長） 274
プロートニコフ, アンドレーイ（逃亡農奴, 1771年のシャイタンスキー諸工場叛乱の指導者） 282
フロプーシャ→ソコローフ, アファナーシーを見よ
ベクマハーノヴァ, ナイリア（ソ連・ロシアの歴史家） 38
ペゲロフ（大尉, バルティースキー・ポルトのプガチョーフ叛乱参加者たちを収容する監獄の司令官） 383, 384
ベスクローヴヌィー, リュボミール（ソ連の軍事史家） 79
ベズボロートコ, アレクサーンドル（ニキータ・パーニン辞任後の事実上の宰相） 365
ペトラシェーフスキー, ミハイール（帝政ロシアの革命的思想家） 31, 32
ペトルヒンツェフ, ニコラーイ（現代ロシアの歴史家） 142
ペトローフ, セルゲーイ（ソ連の歴史家） 134, 310
ベルス, アレクサーンドル（ソ連時代初期の歴史家） 33
ペルフィーリエフ, アファナーシー（ヤイーク・カザーク叛乱参加者, 古儀式派教徒, プガチョーフの側近） 187, 234, 332, 347

ベロボロードフ, イヴァン(プガチョーフ軍指導者, 中ウラルの叛乱を指導)　12, 14, 285-287
ボグダーノフ, パーヴェル(ステルリタマークの衛戍司令官, 8等官)　260
ポクロフスキー, ニコラーイ(ソ連・ロシアの歴史家)　34, 347
ボゴモーロフ, フェドート(逃亡農民, ピョートル3世僭称者)　178
ボジャー, A.(アメリカ合衆国の歴史家)　38
ポズデーエフ, オシプ(フリーメーソン, プガチョーフ叛乱鎮圧軍参加者)　218
ポチターリン, イヴァン(プガチョーフ軍の書記)　6, 13, 194, 195, 203, 206, 223, 248, 332, 337, 369, 372, 375
ポチョームキン, グリゴーリー(エカチェリーナ2世の寵臣)　69, 391
ポチョームキン, パーヴェル(グリゴーリー・ポチョームキンの又従兄弟, 1782～87年の北カフカース戦争, 87～91年の第2次ロシア＝トルコ戦争に参加。プガチョーフ叛乱秘密予審委員会委員長)　181, 186, 218, 219, 236, 328
ポニャトフスキ, スタニスワフ・アウグスト(ポーランド国王)　70-72
ホブズボーム, E. J. E.(イギリスの歴史家)　20
ポルタル, R.(フランスの歴史家)　26, 42
ボロディーン, マカール(ヤイーク・カザークのスタルシナ)　224
ボロートフ, アンドレーイ(帝政ロシアの作家・博物学者・農学者)　125, 217

●マ行

マウリ, ビクトル(現代ロシアの歴史家)　22, 42
マヴロージン, ウラジーミル(ソ連の歴史家)　23-25, 27, 28, 102, 106, 317
マーカハム, エドウィン(アメリカ合衆国の詩人)　20
マグートフ, ヴァシーリー(オレンブルク・カザークの初代アタマン)　91, 98
マーシャル, ジョセフ(18世紀ロシアを旅した英国人)　75
マールィ, ステファン(モンテネグロのピョートル3世僭称者)　160
マルティーノフ, ミハイール(ソ連の歴史家)　33
マレイ, ジョン(コンスタンティノープル駐在英国大使)　227
ミヘリソン, イヴァン(大佐, プガチョーフ叛乱鎮圧軍指揮官)　392
ミャースニコフ, イヴァン(ウラルの工場主, Я.Б.トヴォルドィショフの共同経営者)　155, 266
ミャースニコフ, ティモフェーイ(プガチョーフ軍指導者)　194
ミャソエードフ(ウファー市衛戍司令官)　269
ムーア, B.(アメリカ合衆国の社会学者)　20
ムッサ＝アリーエフ(プガチョーフ軍指導者タタール人)　201
ムラートフ, ハビブラ(ソ連の歴史家)　33
メーリニコフ＝ペチェールスキー, パーヴェル(帝政ロシアの歴史家)　29, 30
メルクーリエフ, グリゴーリー(ヤイーク・カザークのアタマン)　149, 150
メルテンス(エカチェリーナ2世時代のベルギー人医師)　124
メンデエイ・トゥペーエフ(ミシャーリ人あるいはバシキール人の長老, 駅逓署長, プガチョーフ軍の指導者)　245
モソローフ, アレクセーイ(ペルミの筆頭塩管理官)　258

モルチャーノフ，ミハイール（プガチョーフ軍の指導者）　255
モルドーフツェフ，ダニール（帝政ロシアの歴史家）　29-33

●ヤ行

ヤウン・チュヴァショフ（トゥィルナクリンスク郷のバシキール人郷長・族長）　156
ヤコービ，イヴァン（アストラハン県知事）　395, 397
ユシコーフ，イヴァン（モスクワ県知事）　124
ユライ・アズナリン（バシキール人指導者，シャイタン＝クデイスク郷出身，サラヴァト・ユラーエフの父）　12, 152-156, 259, 260, 262-268, 270-272, 275, 353-359, 369, 370, 373, 382
ヨーク，ジョゼフ（ハーグ駐在英国大使）　227
ヨーゼフ２世（ハプスブルク帝国〈オーストリア〉皇帝）　72

●ラ行

ラエフ，M.（アメリカ合衆国の歴史家）　42, 262
ラジーシチェフ，アレクサーンドル（帝政ロシアの社会思想家・作家）　49
ラージン，ステンカ（民衆叛乱の指導者）　8, 30, 31, 35, 172, 330
ラズモフスキー，キリール（エカチェリーナ２世時代の政治家）　67
ラトケヴィチ，フランチク・ヤン（タナリツカヤ要塞暴動のポーランド人指導者）　247
ラニン，フラン（駐露ドゥブロブニク共和国公使）　230
ラフマトゥーリン，モルガン（ソ連・ロシアの歴史家）　24, 25
ランゲリ，アンドレーイ（エストリャント県知事）　364-366, 371-377, 380, 381
リヴァーノフ，フョードル（帝政ロシアの歴史家）　31
リトヴァク，ボリス（ソ連・ロシアの歴史家）　25, 306
リモーノフ，ユーリー（ソ連・ロシアの歴史家）　37
リャザーノフ，アレクサーンドル（帝政ロシア・ソ連の歴史家）　38
リャービン，デニース（現代ロシアの歴史家）　25
リュバーフスキー，マトヴェーイ（帝政ロシア・ソ連の歴史家，モスクワ帝大学長）　39
リョーフシン，アレクセーイ（帝政ロシアの歴史家）　36
ルイ15世（フランス国王）　229
ルィチコーフ，ピョートル（オレンブルク県知事補佐官，ロシア最初のアカデミー準会員）　204, 222
ルィチャロフスキー，エヴゲーニー（現代ロシアの歴史家）　41
ルィレーエフ，イヴァン（中佐，プガチョーフ叛乱鎮圧軍指揮官）　271, 355
ルィンジュンスキー，パーヴェル（ソ連の歴史家）　24, 25
ルギーニン，ラリオーン（ニジェゴロド県の工場主）　256, 284
ルニチ，パーヴェル（フリーメーソン会員，ウラジーミル県とヴャトカ県の知事，プガチョーフ叛乱秘密予審委員会委員，元老院議員）　181, 186, 341
ルビンシュテーイン，ニコラーイ（ソ連の歴史家）　102, 134, 298

事項・地名索引

●ア行

●カ行

●サ行

●タ行

●ナ行

●ハ行

308, 318
バシキーリア　12, 40, 93, 109, 150, 152–154, 156, 198, 206–208, 252, 254, 256, 261, 262, 268, 358, 394
——の民衆　283
バシキール人　7, 10–12, 28, 38–40, 44, 50, 80, 93, 95, 96, 99, 109–111, 143, 147, 150, 152–156, 165, 197, 199–202, 206–210, 216, 241, 244, 245, 248–274, 290–292, 298, 310, 327, 328, 333, 341, 344, 353, 354, 358, 367, 373, 382, 393–395, 403
——蜂起（叛乱）（18世紀）　39, 50, 99, 111, 147, 149, 150, 249, 256
バシコルトスタン　22, 42
パスポート　174–177, 193, 283, 308, 392
「働く人々」　103
「八端の十字架」　334, 336
バトィルシャ蜂起（ミシャーリ人のバトィルシャに率いられた1755年のバシキール人蜂起）　40, 367
バルティースキー・ポルト（あるいはロゲルヴィク, バルト海に臨む港町, 現エストニア共和国パルディスキ市）　353, 355, 358, 359, 361–373, 375–377, 379, 381–384
バール連盟（党）（ロシアの圧力とポーランド＝リトアニア共和国のマグナートの権力を制限しようとした国王に抵抗したポーランド貴族の連盟）　71, 153, 247, 248
——鎮圧軍　259
——党の叛乱（1768～72年）　14
パンと塩　342, 392
秘密予審委員会　31, 49
「ピョートル３世は生きている」→僭称問題も見よ　122, 158–161, 165, 390–392, 397, 398, 401
ビョールダ・カザーク　92
ビョールダ村（要塞）（プガチョーフ軍の大本営）　11, 12, 94, 95, 203, 206–208, 216, 222, 234, 300
賦役　28, 73, 76, 97, 102, 132, 133, 136, 298, 312, 366
フォルシュタット（オレンブルク近郊にあるカザークの集落）　92
『プガチョーフ叛乱史』（1834年）　3, 213, 344
ブズルク　12, 13
ブラーヴィンの乱（1707～08年にドン・カザークのブラーヴィンに率いられた民衆蜂起）　21, 27, 34, 176
ブリヤート人　101
プレオブラジェーンスキー官署　47, 48, 50, 160
プレオブラジェーンスキー墓地（モスクワのフェドセーエフ派を中心に形成された古儀式派の共同体）　164
プレオブラジェーンスキー役所　48
ペスト（疫病, 感染症）　77, 122–126, 128, 130, 131, 164, 165, 174, 218, 233
ペスト暴動（1771年, ペスト発生を機にモスクワで発生した民衆蜂起）　30, 126, 130, 131, 219, 233
ペテルブルク　66, 76, 77, 125, 130, 138, 194, 205, 208, 214–216, 225, 228, 230, 232, 234, 249, 299, 337, 372, 374, 382, 391, 397, 402
——国立歴史古文書館　369
——神学主教区監督局　369
ペルミ（地方）　257–259
ペンザ　12, 14, 298, 341
「北方体制」（「北方協定」）（イギリス, プロイセン, スウェーデン, ポーランド, デンマークおよびロシアの同盟）　71
ポーランド人　13, 246, 274
ポーランド分割（第１次）　66, 72, 112, 174

●ラ・ワ行

ラージンの乱（ラージン叛乱, ステンカ・ラージン叛乱）　21, 27, 34, 230, 330, 344
ラスコーリニキ→古儀式派教徒も見よ　29, 30, 33, 52, 164, 328, 332, 335, 337, 344-346
――事務所（1725～63年）　163, 164
ラスコーリニク（分離派教徒）（ラスコーリニキは複数形）→古儀式派, 古儀式派教徒も見よ　29, 30, 32, 52, 326, 338, 344, 345
ラスコール（分離派）　29, 31, 33, 52, 176, 179, 327, 331, 347
ラッダイト運動　257
陸軍操典（1716年制定）　50
領主農民（農奴）　7, 100, 101, 134, 137, 253, 273, 296-298, 304-307, 313, 318, 326, 334
レーヴェリ（県）（現在のタリン）　358-361, 364, 368, 369, 374, 375, 379, 381, 383
ロゴーシスキー墓地（モスクワの逃亡司祭派を中心に形成された古儀式派の共同体）　164
ロシア国立古法文書館　46, 47, 367
ロシア＝スウェーデン戦争（第1次, 1788～1790年）　371
『ロシア帝国法大全』（ロシア帝国最初の編纂された法典）　46
ロシア＝トルコ戦争（第1次, 1768～74年）　8, 69, 77, 79, 172, 185
ロシア＝トルコ戦争（第2次, 1787～91年）　79, 181
『ロンドン・クロニクル』（イギリスの新聞）　225
ワット・タイラーの蜂起　289

関連年表

年月		事項
1682		ピョートル１世即位(〜1725)
1700		北方戦争(〜21)
1721		教会制度の改革
1730		アンナ女帝即位(〜40)
1735		バシキール人の叛乱(〜40)
1741		エリザヴェータ女帝即位(〜61)
1743		オレンブルクの基礎が形成される
1753		国内関税の廃止
1754		貴族と商人に対する貸付銀行を設立/ウラル諸工場で登録農民の叛乱(〜63)／塩の専売制度開始
1755		バシキール人の叛乱(ミシャーリ人バトィルシャに率いられた叛乱)
1756		七年戦争(〜63, ロシアは57〜62年まで介入)
1760		領主に農奴のシベリア送りを許可
1761		ピョートル３世即位(〜62)
1762		貴族の義務的国家勤務からの解放令(「貴族の自由に関する布告」)発布／エカチェリーナ２世即位(〜96)
1764		ウクライナにおける自治の廃止／修道院領の国有化(２月26日)
1765		自由経済協会の設立／領主に農奴を苦役に送る権利を付与
1767		農奴による領主の告訴を禁止／新法典編纂委員会の召集(〜68)
1768		オスマン帝国との戦争(〜74)／ポーランドでバール連盟結成, 反ロシア運動(〜72)
1771		モスクワで「ペスト暴動」発生
1772		ヴォルガとドンにおけるカザークの叛乱／ヤイーク・カザークの叛乱(１〜７月)／ヤイーク軍団事務所が廃止(６月)／プガチョーフ, ヤイークに出現(11月)
1773		プガチョーフ叛乱勃発(〜75)
	9	プガチョーフ, 最初の布告を発布
	10	オレンブルク包囲開始(〜74年３月)
	11	ウファー包囲
	12	南ウラルとカマ川沿岸への叛乱拡大
1774	1	クラスノウフィムスク占領／ウラル以東に叛乱が拡大(〜２月)

	3	タチーシチェフ要塞付近の戦闘で叛乱軍敗北
	7	プガチョーフ，農民に対して農奴制的隷属からの解放を内容とする布告を発布／叛乱軍，アストラハン，サランスクを占領し，カザンを包囲／トルコとの間にキュチュク・カイナルジ条約を締結
	8	ペンザ，サラトフ占領／プガチョーフ最終的敗北
	9	プガチョーフの逮捕
1775	1	プガチョーフとその仲間の処刑／地方行政改革／ザポロージェの本営解体
	11	「全ロシア帝国県行政の基本法令」発布
1785		貴族と都市に「特権許可状」を付与
1790		ラジーシチェフ『ペテルブルクからモスクワへの旅』刊行
1796		パーヴェル1世即位(～1801)
1834		プーシキン『プガチョーフ叛乱史』刊行
1836		プーシキン『大尉の娘』刊行
1852		ツルゲーネフ『猟人日記』刊行
1861		農奴解放令の発布(以後，「大改革」が始まる)

付録史料

⑴ プガチョーフ叛乱以前の「ピョートル３世は生きている」という噂に関する史料

騎兵のザガイドフスキーとヴォイノヴィチの一件(1764年，РГАДА. Ф. 7. Оп. 2. Д. 2161. Л. 1-4)

(表紙) 1764年６月１日，ザガイドフスキーとヴォイノヴィチについて。

前ホルシュタイン勤務の軽騎兵曹長ニコライ・ザガイドフスキー，およびモルダヴィア騎兵少尉補マルコ・ヴォイノヴィチに対する尋問。

(１葉) ヴォロスコイ〔後述のオロンコフスコイ？〕の人ニコライ・ザガイドフスキーは以前ホルシュタイン勤務の軽騎兵曹長であったが次のように証言した。……前君主は生きており，彼の代わりに他の人が葬られている。……そのことについて，あたかも当のヴォイノヴィチが見聞きしたかのように語った。

(２葉) 1764年６月１日，モルダヴィア軽騎兵連隊少尉補マルコ・ヴォイノヴィチは次のように証言した。

３週間前，宿営地の彼のところにウトゥルミリン伯のフェラト・マルシャルと書記ミハイール・アントーノフがきた。そのときアントーノフに次のように語った。私はミリグーノフに……以前の君主は生きていて，彼の代わりに他の人が葬られている……そして当のアントーノフは，これらの話はばかげているが，いくつかの秘密の言葉を報告したいので，そのことを書き留めると語った。……

過ぎし〔１〕763年９月７日，スチャスットィヤ・エリザヴェート要塞にヴォイノヴィチが滞在中，早朝，彼がヤコヴ・エズデミーロヴィチ中佐の宿営で，当のエズデミーロヴィチは (２葉裏) 対面して彼に尋ねた。……そのときエズデミーロヴィチの発した言葉は次の通りである。私のもとへ，夜中の１時にメリグーノフ・カメルジメル・イヴァヌシカがきた。……そして彼ヴォイノヴィチは何を言ったのかと尋ねた。するとエズデミーロヴィチは次のように語った。私に対して，イヴァヌシカは，メリグーノフのところに客として近衛兵マゾルがきていたが，彼は……以前の皇帝は生きている。そしてシュレシン〔シュレジエン？〕へ送られた。それは〔グリゴーリー・〕オルローフが君主となりたいがために送ったのである，と語った。しかし彼ヴォイノヴィチはまったくそのことについては言わなかった。というのも，このことがどういう結果をもたらすか，つまりそれがもたらすのは不幸〔だということを知っているから〕である。……

エレメイ・ピロージニコフの一件(1765年，Там же. Д. 2170. Л. 2-2 об.)

(２葉) 本1765年７月16日，代将(бригадир)にして聖エリザヴェータ要塞司令官チェルィトィコーフはイサーコフ少将に次のように報告した。その日，ここ聖ドミー

トリー要塞に商人エレメイ・ピロージニコフがきて，代将に向かって両人の会話の最中に次のように語った。ここでは次のような噂が飛び交っている。モスクワからペテルブルクへの途上にある諸連隊はモスクワに近いところを行軍している。あたかも以前の皇帝ピョートル３世が生きており，ペテルブルクへそれらの連隊が護衛のために集められた，というのである。彼ピロージニコフは以前の皇太子イオアン〔ピョートル１世の兄イヴァン５世の曾孫，イヴァン５世の娘アンナ女帝の退位後の1740年，生後２カ月の姪の息子がイヴァン６世として即位した。しかしその後，ピョートル１世の子のエリザヴェータによる宮廷革命によって廃位させられ幽閉された。女帝はその名前すら口に出すことを禁じるほど，その存在を消し去ろうとした〕についても述べた。たとえ彼がいたとしても，その血筋から〔字の欠落のため不明〕継承権は彼にはない。またそのことについて，尋問で当のピロージニコフは証言した。軍団と以前の皇帝ピョートル３世に関して，聖エリザヴェータ要塞の商人〔字の欠如のため不明〕ラジオン・セルプホヴィチノ〔フ？字の欠落〕から皇太子イオアンについて，ここでは誰からも〔字の欠如のため不明〕ないと聞いた。コンスタンティノープルでさまざまなギリシア人商人からもっぱら好奇心から次のような話を聞いた。もしピョートル３世の系統が途絶えるならば，ロシアの帝位の継承は皇太子イオアンに行くことになる。……

グリチンの一件(1765年，Там же. Д. 2193. Л. 3–3 об.)

（３葉）元帥にしてマロロシア総督ルミヤンツォーフ〔П・А・ルミヤンツェフ伯〕は元老院に宛てて次のような報告をした。オロンコフスコイにおいて，カザーク百人隊長フョードル・グジメンコおよびエレツキー歩兵連隊の兵士ミハイール・グリチンに対し，会話のなかで，彼がグジメンコに向かって何か新しい情報はないかと尋ね，次のように語った。君主であるピョートル・フョードロヴィチについていかなる噂があるのかだって？　それはすなわち２年間にわたって全連隊に噂は広まり，今ではここにまで伝わっている。〔ピョートル３世は〕マロロシア人〔ウクライナ人〕にお金を下賜し，兵士たちには彼らにとって必要なものを与えることを約束した。……当のグリチンははなはだ大胆な人物であり，断言しながらも誠実に語ったのである。……

イヴァン・デミードフの一件(1770年，Там же. Д. 2305. Л. 1–9 об.)

（１葉）私は近衛騎兵連隊に騎兵として忠実に勤務しています。〔１〕763年，シムスコイ郡ミロポリにある家の若干の不足を補うために帰宅を許されました。そこにいる間，今では知れ渡っている悪巧みを抱く人間がいることに気づきました。〔彼は〕かつての偽ドミートリー〔「動乱時代」に，イヴァン４世の末子ドミートリーを僭称する人物が幾人も現れた〕のように，民衆に噂を広めていたのです。あたかも彼が実際のピョートル３世であるかのように，また驚くべき救世主の手からの逃亡者で

あるかのように。……

1770年３月18日　いと忠実なる奴隷である退役少尉補イヴァン・デミードフ

（３葉）1764年，ベロゴロド県でアルメニア人アントン・アスランベーコフは郷士たちの間で，自らについて，自身が皇帝ピョートル３世であると語りました。その人たちのうち幾人かは彼本人からそのことを聞き，他の人々は集まりのなかで〔そのことを〕聞きましたが，彼らはその人を真の君主であると認め，かつ尊敬しました。……

プロフィム・クリシンの一件（1772年，Там же. Д. 2348. Л. 4）

（４葉）過ぎし1764年６月10日，わが閣下から手紙を添えて私のもとへプロイセン人の鍛冶屋マルティン・ギンテルが送られてきました。それは女帝陛下の勅令に従い，女帝陛下に対するいくつかの知られた罪ゆえに〔ピョートル３世は生きているという噂を広めたこと〕，十分な俸給を与えて彼をその能力に応じて使うべくエカチェリンブルフ〔すなわちエカチェリンブルク〕へ送るためであります。その後，彼をそこからどこへも行かせないこととし，そのため当のギンテルは，同年６月11日，勅令によってエカチェリンブルクへ〔送られました〕。シベリア，〔字の欠落〕派遣され，そこで受け入れられたのであります。……ここ機密局に送られてきた報告によると，当のギンテルは11月23日にエカチェリンブルフのその宿舎から一時離れたと言います。それゆえ，このとき，警察から〔このように〕発表がありました。……

ピョートル・セミョーノフの一件（1774年，Там же. Д. 2382. Л. 2–9 об.）

（８葉）……４月16日，彼〔シーモノフ〕が病気のときに，彼の宿舎に２名の兵士がやってきました。１人はピョートル・セミョーノフ，もう１人はレオンチェイ・アリャーエフであります。そしてピョートル・セミョーノフは彼に語りました。「こんにちは，近衛兵の兄弟。お前さんは最近ここにきたのだろう。いまやピョートル３世が死者のうちから復活したのだよ」と。すると彼シーモノフは我慢できずに，すぐさま自分の指揮官のところに行ってこのことを告げると言ったのです。これに対してもう１人の兵士アリャーエフはセミョーノフを部屋の外に出してシーモノフに〔告げ口をしないように〕懇願し泣き始めました。……

審理のあと，当の兵士たちはシーモノフと知り合いであり，彼のところに下品な女たちの隠れ家があることがわかりました。上記の４月16日，３人全員が居酒屋に行き，酔っ払ってワインを１シュトールほど購入してシーモノフのもとにやってきて，セミョーノフはシーマノフ〔シーモノフ〕に次のように言いました。「（８葉裏）いまや自ら３世皇帝ピョートル・フョードロヴィチを名乗った僭称者プガチ〔オオミミズク，叛乱時にはプガチョーフの別称として使われた〕が意識のなかで〔プガチョーフがピョートル３世であるという考えが〕形成された。また彼のもとに

いる人たちにはより多くの俸給を与えると聞いた。しかし，今では彼については何も耳にしていないし，プガチがいなくなったことは知っている」と。……

県知事ヴォエイコーフは，審理は続けられたが，これらの人々が病気であるという理由で尋問することができなくなったと書いている。またこの不適切な会話は酒に酔ったうえでなされ，退廃的な生活の結果なされたのであるとも書いている。……

⑵ プガチョーフ叛乱後の「ピョートル３世は生きている」という噂に関する史料

マロロシア人ドミートリー・ポポヴィチの一件(1776年，Там же. Д. 2455. Л. 43-46 об.)

(43葉) 過ぎし6月3日，ペレヴォロチンスクの聖職者イヴァン・グロマコフスキーの密告によると，ペレヴォロチンスクの中隊事務所から同地の官房宛に報告とともにマロロシア人ドミートリー・ポポヴィチが送られる。その報告には，当のごろつきのポポヴィチが当該管区の諸村落ごとに庶民の間に言い触らした内容が書かれている。5月8日，(43葉裏) 彼はグラモフスキー〔グロマコフスキー〕の家に行き，次のように述べた。「以前の3世ピョートル・フョードロヴィチがあたかも例のプガチョーフの名前で生きていて，そこで彼が庶民にはいわゆる箒(метла)という名前で集めている軍隊に紛れて海上にいる。プガチョーフの息子はペレヴォロチャンスク〔ママ〕の住民にしてピキネールの労働者として登録されている農民パスハロフの家に滞在したのち，彼ポポヴィチのもとにいたが，いまや彼はパスハロフとともにクリミア街道へと向かい，おそらくもう戻ってはこないであろう。当のポポヴィチは公の家柄で，(44葉) この地方にプガチョーフから偵察のため，すなわち彼についての反響がどのようなもので，そしてそれがどこで起きているか〔を探るためである〕。またまもなく多くの災厄が主人や聖職者に対して訪れるだろうし，彼らは貧しい民衆を侮辱することを忘れ，ピキネールの人々は行軍することになるであろう。しかし彼らは〔それが〕何のためなのかは知らない。前3世皇帝はいろいろなところですでに50人の将校たちを処刑した。」……

逮捕され処刑されたはずのプガチョーフについて，人々は彼がまだ生きていると信じて，さらに彼は軍隊を集めようとしているというのである。

兵士ヤコヴ・ドミトリエフの一件(Там же. Д. 2512. Л. 1-5)

(4葉) アストラハン県知事であるヤコービ少将は，元老院宛に3月22日付報告書を送った。

大佐にしてツァリーツィンの衛戍《えいじゅ》司令官ツィプレーチエフのもとに，報告書に付属して，彼のもとに送られてきたトムスク歩兵連隊の軍曹ピョートル・スーハレフとイヴァン・イヴァーノフによると，故ピョートル3世皇帝および他の言ってはな

らないことを口外したことに関するツァリーツィン第２大隊の兵士ヤコヴ・ドミトリエフに対してなされた陳述書が送付された。ツィプレーチエフのもとでの陳述で，当の兵士たちは証言した。２月24日，午後５時，彼らが，先の兵士ドミトリエフとともに，彼らが宿営している家主であるツァリーツィン・カザーク，クプレーノフの（４葉裏）風呂に入っていたとき，風呂場の前で突然当の兵士〔ヤコヴ・ドミトリエフ〕はスーハレフに尋ねた。連隊は今どこに行こうとしているのか，と。それに対して，彼〔スーハレフ〕はどこに行くのか知らないと言ったが，ただチェルカスクまで〔行く〕と言われている。さらにあなたはクリミア・ステップに行くことになる。そこに前３世皇帝ピョートル・フョードロヴィチが軍隊とともにいる。以前，彼はツァリーツィンで拘禁されていたが，そこからドン・カザークによって連れ出され，その後，彼こそが真の皇帝であると認められた。……

ソコローフの一件(Там же. Д. 2570. Л. 1–6)

（１葉）トボリスク県知事職にして兵站《へいたん》長官(обер крикс комисар)のオーシポフ氏は私のもとに次のように報告してきました。トボリスク。チュメーニ城砦(острог)にいる囚人にしてチュメーニの町人であるイヴァン・ソコローフについて，前県知事で中将にして受勲者チチェーリン氏の処理した事件は次の通りであります。過ぎし1779年３月，上記ソコローフはズロトウスト工場においてイセト郡官房により捕縛されました。そこで彼は手足の力を奪われた民衆に疑念を抱かせ，平穏と安息を動揺させるような過去の国内の機構とは関係のない有害で重大な噂を言い触らしたのであります。すなわち，あたかも（１葉裏）ピョートル・フョードロヴィチ〔３世〕は生きていて，大いなるドンの向こう黒海の辺りに軍隊と一緒にいます。彼とともに，その仲間のなかにはこの白水境(белые воды)に４歳になる初代の皇帝〔ピョートル１世〕の息子ピョートル・ペトローヴィチ，また兵士たちのうちから箒(метла)と綽名されたスルードニコフ(Слудников)が流されているというのであります。彼ら悪党〔当局側史料の表現〕の解釈によると，玉座をピョートル・フョードロヴィチに与えるべきであるというのです。すでに彼のもとには常備軍がおり，彼は４万人から成る軍隊を撃破し，多くのクリミア・タタール人がピョートル・フョードロヴィチのもとにやってきました。もちろん，その年，ピョートル・フョードロヴィチはその希望を受け入れ，自身が玉座に就き，パーヴェル・ペトローヴィチはロシアを統治すべきではないとしました。そのため，彼ソコローフとともに集まった共謀者である分離派の徒党から，草刈期あるいはそれ以前に，ピョートル・フョードロヴィチの軍にシャルタシスクの住民２名を，商人を装って派遣しました。彼〔ソコローフ〕とともに２名は軍隊に行き，〔その後〕戻ってきて次のように語りました。たしかにピョートル・フョードロヴィチとピョートル・ペトローヴィチはそこにいるが，２人に会うことはできなかった。過去の騒動には（２葉）プガチョーフはおらず，ピョートル・フョードロヴィチがいたというのであります。また彼ソ

コローフはこのことについて静かに僧房におけるようなやり方で多くの人々に語り，ズラトウストの工場でも住民に，神に祈るとすべての人に自由が訪れると証明して説得したのです。一方で，彼はチュメーニ，クラスノボロダ，オレンブルク管区の多くの住民たちから，また他方で，彼の共謀者である分離派教徒たちから，それらすべての人々の話を聞きました。これについての審理が，まずイセト郡官房で，次いでトボリスクでおこなわれ，審理で訴えられた人々すべてが監禁されました。彼は言い触らしたということについてはそれ〔＝その主張〕を変えましたが，結局のところ，訴えられたことすべてについて認め，言い触らしたことは自分自らがおこない，根拠なく他の人々を非難したが，いかなるたくらみもないと証言しました。しかし，彼の供述はまだトロイツク要塞に住んでいる１人の竜騎兵による追審が残っており，それゆえ彼ソコローフはその審理を終えるためにチェリャービンスク（２葉裏）およびオレンブルク県知事閣下のもとへ送られたのであります。中将にして受勲者であるチチェーリン閣下より，以下の1779年６月11日付報告がありました。取り調べ終了後，当の噂を広めた悪人ソコローフに対し，彼が言い触らした同じ場所で，法律に基づき決定が下されました。それに対して，オレンブルク県知事閣下は，次のような1779年８月21日付報告をしました。彼ソコローフはあえて重大な言説という有害な言い触らしを自らおこない，さまざまな人々を誹謗しました。そのことに対し，法律に従って本人に厳しい刑罰を与えたが，県知事閣下は，彼が有害な言い触らしをしたその場所で彼を処罰すべきであると判断しました。すなわち，ズラトウスト工場とコシュクルスコイ村で笞刑に〔処すべきであります〕。今後，決してどこでもそのような有害な言い触らしをおこなわないように，〔もしそうしたならば〕死刑に処すという脅しをもって誓約書を彼から受け取ったのち，以前に彼が住んでいたチュメーニ市へ帰郷を許し，そこで彼ソコローフに今後そこに居住するよう，あるいは体刑以外〔の刑罰は〕，（３葉）彼にとってふさわしくないことを考慮すべきであります。また他の場所に移すのであれば，その場所には中将にして受勲者であるチチェーリン閣下により，〔そのことが〕彼自身についての吟味と裁定に従ってなされるべきであります。そのことに従い，当の報告を受け取ったのち，市会とともにチュメーニ〔市の〕官房で，彼ソコローフはどのような状況にあるのか調べる全般的な尋問をおこなうことが提議されました。これに対して，〔１〕779年10月６日付報告では，上述のソコローフはこれ以前にはいかなる盗賊行為も，またその嫌疑をかけられる行為もしなかった，と伝えています。しかしながら，すでに２年にわたり妻子をほったらかして，さらに人頭税と他の国家の税金を未納にしたままで，彼が自分の家からどこをどう放浪していたのかわからないのです。そのうえ，1778年，彼はイルビトの定期市でリムの町人ヴェルジーロフに対して手形で30ルーブリを弁済するという契約に署名しているのです。それについては口頭裁判で審理もされました。（３葉裏）最後に，中将にして受勲者であるチチェーリン閣下の命令に従い，〔１〕779年10月28日，当のソコローフをチュメーニからトボリスクへ

移送し，以降，他の者たちとともに監獄に収監されました。

ソコローフによって引き起こされた事件は，思慮浅く，平穏さや民衆の治安を打ち破る邪悪さ，および臣民としての忠実さに対する背信行為であることを明白に示しています。将来，彼によって引き起こされるかもしれない有害物を根絶するために，私は当の兵站長官に対して次のように指示しました。かのソコローフを適当な警護のもと至急エニセイスクを経由してマンガゼイヤ市に送り，そこで町人の範疇に加えるように。同地にて，彼を特別監視下に置くことを長官に命じます。彼の行動に対して監視するように。（4葉）彼には同地の住民の労働により食糧を与えることを認めます。……ソコローフ本人の行動のみならず，彼が誰のもとにいようとも，その行動を長官の監視が必ず及ぶようにします。また次のことを統治する元老院の機密局に懇願して報告します。もし妻と子どもたちが彼とともに一緒に暮らすべくマンガゼイヤに移住することを望む場合には，彼らにそのようにさせることを。もし希望しないのであれば，そのようにすることを。

利用文献一覧（プガチョーフ叛乱および18世紀ロシアに関する文献）

書　誌

Белявский М. Г. Крестьянская война 1773–1775 гг. и ее особенности // Вестник МГУ. Сер. Истор. 1974. № 4. С. 64–77.

Буганов В. И. (науч. ред.) Предводители крестьянских войн в России XVII–XVIII вв.: Страницы биографий: рек. указ. лит-ры. М., 1979. С. 53–55.

Корецкий В. И. Формирование крепостного права и первая крестьянская война в России. М., 1975.

Милов Л. В. Классовая борьба крепостного крестьянства в России XVII–XVIII вв. // Вопросы истории. № 3. 1981. С. 34–52.

Рындзюнский П. И. Идейная сторона крестьянских движений 1770–1850 годов и методы ее изучения // Вопросы истории. 1983. № 4. С. 4–16.

Указатель советской литературы за 1917–1953 гг. Ч.1–2. М., 1956–58.

Черепнин Л. В. (отв. ред.) Крестьянские войны в России XVII–XVIII веков: проблемы, поиски, решения. М., 1974. С. 432–444.

学位論文梗概

Спирков В. А. Крестьянская война под предводительством Е. И. Пугачева в Оренбургском крае – Осада Оренбурга и Яицкого городка. Автреф. Л., 1965.

事　典

Башкортостан. Краткая энциклопедия. Уфа, 1996.

Даль В. Толковый словарь живого великорусского языка. Tokyo: Nauka ripr., 1977, 1979. Т. 1, 2.

Оренбургская пушкинская энциклопедия. Оренбург, 1997.

Фасмер М. Этимологический словарь русского языка. М., 1986. Т. 2.

Экциклопедический словарь / Ефрон И. А. и Брокгауз Б. А. (ред.) СПб., 1890. Т. 4 ; 1890. Т. 17.

French, R. A. and Smith, R. E. F. *The Terminology of Settlements and their Lands in Late Medieval Russia, Discussion Papers*, University of Birmingham, 1970.

未刊行史料

ロシア連邦モスクワ市

РГАДА (Российский государственный архив древних актов в Москве)

Ф. 6. Д. 405, 414, 415, 416. Ч. I, 420, 426, 427, 428, 433, 436, 448, 455, 489, 490. Ч. 1. 506, 507, 508. Ч. III, 512. Ч. 1–3, 593, 647. Ч. VII, IX, XIII, 662, 2047. Ч. 1.

Ф. 7. Оп. 1. Д. 905, 907, 992, 997, 1000, 1021, 1028, 1073, 1150, 1542, 1724, 1733, 1745, 1781. Ч. I–III, 1874, 1879, 1899, 1918, 1939, 2001, 2002, 2022.

Ф. 7. Оп. 2. Д. 2043. Ч. XIV, 2047. Ч. 1, 2053, 2057, 2070, 2075, 2076, 2102, 2121, 2144, 2161, 2170, 2174, 2180, 2193, 2205, 2305, 2348, 2374, 2375, 2382, 2389, 2391, 2395, 2426, 2455, 2472, 2478, 2479, 2484, 2499, 2508, 2512, 2544, 2555, 2568, 2570, 2662.

Ф. 349. Оп. 1. Ч. II. Д. 7183.

Ф. 108. Оп. 1. Д. 2.

Ф. 1100. Д. 9, 11, 12.

РГВИА (Российский государственный военный исторический архив в Москве)

Ф. 20. Д. 1230, 1240.

Ф. 249. Оп. 1. Д. 1.

Ф. ВУА. Оп. 16. Д.174.

Ф. ВУА. 1772 г. Д. 143.

НИОР РГБ (Научно-исследовательский отдел рукописей Российской государственной библиотеки в Москве)

Ф. 364 (Любавский М. К.). Карт. V. Ед. хр. 1.

サンクト・ペテルブルク市

Архив СПбИИ РАН (Санкт-Петрбургское отделение Института истории Российской Академии наук)

Ф. 113. Д. 60.

ОР РНБ (Отдел рукопись Российской национальной библиотеки в С-Петрбурге)

Ф. 73. Д. 2, 209; Ф. Собрание Эрмитажа (Эрм). 352, 355.

РГАВМФ (Российский государственный архив военно-морского флота в С-Петрбурге)

Ф. 212. Отд. 2. Д. 43.

РГИА (Русский государственный исторический архив в С-Петербурге)

Ф. 796. Оп. 205. Д. 71.

Ф. 859 (К. 33. № 39).

Ф. 892. Оп. 1. Д. 384.

ニージニー・ノヴゴロド市

ЦАНО (Госудаственный (Центральный) архив Нижегородской области в Нижном Новгороде)

Ф. 570. Оп. 555. Д. 14, 16, 18, 23, 27, 28.

オレンブルク市

ГАОО (Госудврственный архив Оренбургской области в Оренбурге)

Ф. 3. Оп. 1. Д. 158, 198.

エストニア共和国タルトゥ市

ЭИА (Эстонский исторический архив в Тарту)

Ф. 29 (Канцелярия наместника Ревельской губернии. 1783-1796. Канцелярия

Эстоляндской губернии). Оп. 1. Ед. хр. 53, 54, 78, 169, 242, 7421, 7426.
Ф. 30 (Ревельское наместническое правление). Оп. 1. Ед. хр. 1313, 1540.
Ф. 30. Оп. 2. Ед. хр. 1539.

法　令

Полное собрание законов Российской империи. Собрание первое. Т. V. № 3006; Т. VI. № 3750; Т. VIII. № 5333; Т. IX. №№ 6887, 6889, 6890; Т. XI. № 8664; Т. XII. № 8875; Т. XV. №№ 10894, 11420; Т. XVI. №№ 11683, 11720, 11725, 12137; Т. XIX. №№ 13695, 14047; Т. XX. № 14392; Т. XXI. № 15774; Т. XXII. № 15904; Т. XXIV. №№ 17584, 17634.

同時代人のメモワールおよび書簡

Бибиков А. А. Записки о жизни и службе А. И. Бибикова. СПб., 1817.

Болотов А. Т. Записки А. Т. Болотова. 1738–1795. Т. III. Ч. XV, Т. III. Ч. XVII. СПб., 1873.

Записки Дмитрия Волкова об Оренбургской губернии 1763 года // Вестник Русского географического общества. 1859. № 9. Ч. 21.

Записки подъесаула Севастьянова о Старшинстве Оренбургского казачьего войска // Материалы по историко-статистическому описанию Оренбургского казачьего войска. Оренбург, 1903. Вып. 1, 3.

Записки К. Хорецкого // Киевская старина. 1883. Т. 3.

Записки о жизни и службе А. И. Бибикова сыном его сенатором А. А. Бибиковым. М., 1865.

Записки сенатора Павла Степановича Рунича о Пугачевском бунте // Русская старина. Т. II. 1870.

Из писем О. А. Поздеева // Русский архив. 1872. № 10.

Описание московского бунта 1771 г. Составленное протоиереем Петром Алексеевым // Русский архив. Год первый. 1863.

Переписка Екатерины Великия с господином Вольтером. Ч. 3. М., 1803.

Письма Вениамина, архиепископа Казанского, к архимандриту Платону Любарскому. Во время пугачевщины // Русский архив. 1871. Кн. 1.

Письма А. А. Саблукова своему отцу 1771 г. // Русский архив. 1866 г.

Подлинные бумаги до бунта Пугачова. Относящиеся. М., 1860.

Marshall, Joseph, *Travels through Holland, Flanders, Germany, Denmark, Sweden, Lapland, Russia, the Ukraine, and Poland, in the Years 1768, 1769, and 1770, in which is particularly minuted, the present state of those countries, respecting their agriculture, population, manufactures, commerce, the arts, and useful undertakings,* 3 vols. London, 1772, vol. III.

Mertens, Charles de, *An Account of the Plague which Raged at Moscow, 1771*, London, 1799,

Newtonville, Mass.: Oriental Research Partners, 1977.

刊行史料

Анналы. Т. III. Пг., 1923.

Архив Государственного совета. СПб., 1869. Т. I. Ч. 1, 2.

Галкин-Врасский М. И. Из архива Саратовского губернского правления. Переписка Цыплятева, Михельсона и Суворова // Русский архив. 1873. Кн. 4.

Грот Я. К. Материалы для истории Пугачевского бунта: бумаги, относящиеся к последнему периоду мятежа и к поимке Пугачева. – приложение к XXV-му тому «Записок императорской академии наук» № 4. СПб.: тип. Имп. АН. 1875.

Дело о самозванце Ф. И. Каменщикове-Слудникове. (Материалы по истории самозванчества и крестьянского протеста на Урале в середине XVIII в.). Екатеринбург, 1992.

Документы восстания 1772 года на Яике // Советские архивы. 1972. № 4.

Документы ставки Е. И. Пугачева, повстанческих властей и учреждений: 1773–1775 гг. М., 1975.

Дон и Нижнее Поволжье в период Крестьянской войны 1773–1775 годов. Сб. документов. Ростов на Дону, 1961.

Допрос Е. И. Пугачева в тайной экспедиции в Москве в 1774–1775 гг. // Красный архив. 1935. № 2–3 (Т. 69–70).（のちに，Емельян Пугачев на следствии に再録）

Допрос пугаческого атамана А. Хлопуши // Красный архив. 1935. № 1 (Т. 68).

Допросы Емеляну Пугачеву и письмо о нем государыни императрицы, Екатерины II, к графу П. И. Панину. М., 1858 (Из 2-й книги «Чтений в Императорском Обществе истории и древностей Российских при Московском Университете.»).

Екатерина II и Вольтер. Переписка. М.: Университет Дмитрия Пожарского. 2022.

Иванов А. Г. (Составитель и автор пояснительного текста) Крестьянская война под предводительством Е. И. Пугачева в Марийском крае. Документы и материалы для практических занятий по курсу истории Марийской АССР. Йошкар-Ола: Марийское книжное издательство, 1989.

Казахско-русские отношения в XVIII–XIX веках. Сборник документов и материалов. Алма-Ата, 1964.

Казачьи войска азиатской России в XVIII–начале XX века (Астраханское, Оренбургское. Сибирское, Семиреченское, Уральское). Сборник документов / Бекмаханова Н. Е. (составитель). М., 2000.

Кижское восстание 1769–1771 гг. Документы. Петрозаводск, 1977.

Крестьянская война 1773–1775 гг. в России. Документы из собрания Государственного историчесвкого музея. М., 1973.

Крестьянская война 1773–1775 гг. на территории Башкирии. Сборник документов. Уфа, 1975.

Крестьянское движение в России в 1796–1825 гг. Сборник документов. М., 1961.

Крестьянское движение в России в 1826–1849 гг. Сборник документов. М., 1961.

Майорова А. С. (под ред.) Саратов во время пугачевского восстания. Сборник документов для семинарсиких занятий по истории Саратовского края. Саратов: Издетельство Саратовского университета, 2001.

Материалы по истории Башкирской АССР. Ч. 1. М.; Л., 1936.

Материалы по истории Башкирской АССР. Т. IV. Ч. 2. М., 1956.

Материалы по истории Башкортостана. Оренбургская экспедиция и башкирские восстания 30-х годов XVIII в. / Автор-составитель Н. Ф. Демидова. Т. VI. Уфа, 2002.

Материалы по историко-статистическому описанию Оренбургского казачьего войска. Оренбург, 1903. Вып. 3.

Мордовцев Д. Л. Новые данные о Черногорском Лжепетре III // День. 26 мая 1862. № 33.

Об участии казахов Младшего и Среднего жузов в Крестьянской войне. Составитель Г. Семенюк // Ученые записки Каз. ГУ. Серия историческая. Алма-Ата, 1965. Т. XIV. Вып. 12.

Он же. Манифесты и указы Е. И. Пугачева: Источниковедческое исследование. М., 1980.

Овчинников Р. В. (под ред.) Следствие и суд над Е. И. Пугачевым // Вопросы истории. 1966. №№ 3, 4, 5.（のちに，Емельян Пугачев на следствии に再録）

Он же. (под ред.) Следствие и суд над Е. И. Пугачевым и его сподвижниками. Источниковедческое исследование. М., 1995.

Он же. (отв. исполнитель) Емельян Пугачев на следствии. Сборник документов и материалов. М.: «Языки русской культуры», 1997.

Описание документов и дел хранящихся в архиве Святейшаго Правительствующаго Синода. 1770. СПб., 1914.

Пионтковский С. Архив Тайной экспедиции // Историк Марксист. М., 1935. Кн. 7.

Пугачевщина. М.; Л., 1926, 1929, 1931. Т. I–III.

Пушкин. А. С. Полное собрание сочинений. Т. 9. Ч. 1. М., 1950.〔米川哲夫訳『プガチョーフ叛乱史』(『プーシキン全集５』)河出書房新社，1974年〕

Сб. Восстание Емельяна Пугачева. Л., 1935.

Сборник императорского руссокого исторического общества (Далее: СИРИО). СПб., 1874. Т. XIII; 1876. Т. XIX; 1891. Т. LXXII; 1906. Т. CXXV.

Фрейденберг М. М. Новая публикация о пугачнвском восстании // История СССР.

1965. № 1.
Чечулин Н. Д. (под ред.) Наказ Императрицы Екатерины II, данный Комиссии о сочинении проекта нового уложения. СПб., 1907.
Pennington, A. E. ed., *Grigorij Kotosixin. O Rossii v carstvovanie Alekseja Mixajloviča. Text and Commentary*, Oxford University Press, 1980〔コトシーヒン（松木栄三編訳）『ピョートル前夜のロシア——亡命外交官コトシーヒンの手記』彩流社，2003年〕.

欧米で刊行された史料

The Annual Register, or a View of the History, Politics, and Literature, for the Year 1773, XVI, London, 1774.
Hoffmann, Peter, und Schützler, Horst, „Der Pugacev-Aufstand in zeitgenössischen deutschen Berichten," *Jahrbuch für Geschichte der UdSSR und der volksdemokratischen Länder Europas*, VI (1962), S. 337-365.
Oliphant, L. *The Russian Shores of the Black Sea in the Autumn of 1852*, Edinburgh and London: Blackwood & Sons, 1853.
Sumner, B. H. "New Material on the Revolt of Pugachev," *The Slavonic and East European Review*, VII (June 1928), pp. 113-127.

叛乱直後にヨーロッパで出版された書籍

F. S. G. W. D. B. *Le Faux Pierre III. Ou la vie et les aventures du rebelle Jemeljan Pugatschew. D'après l'original russe de Mr. F. S. G. W. D. B. Avec le portrait de l'imposteur, des notes historiques politiques*, London: C. H. Seyffert, En Angel Court Westminster, 1775.
Uprorsmannen, *Jemelian Pugatschws Lefverne*, ifrån ryska originalet öfversatt på fransyska, och sedermera försvenskadt af Carl Leonard Stålhammar. Le crime a ses héros, ainsi que la vertu. Stockholm, Tryckt hos Joh. Christ. Holmberg, 1786.
Bemerkungen über Esthland, Lieflsnd, Russland: nebst einigen Beiträgen zur Empörungsgeschichte Pugatschews, während eines achtjährigen Aufenthalts gesamlet von einem Augenzeugen, Leipzig, 1792.

二次文献

ロシア語文献

Авдеев П. И. Историческая записка об Оренбургском казачьем войске. Оренбург, 1904.
Алефиренко П. К. Чумый бунт в Москве в 1771 году // Вопросы истории. 1947. № 4.
Она же. Крестьянское движение и крестьянский вопросы в России 30-50-е годы XVIII в. М., 1958.
Алишев С. Х. Татары Среднего Поволжья в Пугачевском восстании. Казань, 1973.
Андреевский И. О наместниках, воеводах и губернаторах. СПб., 1864.
Андрущенко А. И. Классовая борьба яицких казаков накануне Крестьянской

войны 1773–1775 гг. // История СССР. 1960. № 1.

Он же. О самозванстве Е. И. Пугачева и его отношениях с яицкими казаками / Вопросы социально-экономической истории и источиноковедения периода феодализма в России. Сборник статей к 70-летнию А. А. Новосельского, М., 1961.

Он же. Крестьянская война 1773–1775 гг. на Яике, в Приуралье, на Урале и в Сибири. М., 1969.

Анучин Д. Первые успехи Пугачева и экспедиция Кара (Материалы для истории Пугачевского бунта) // Военный сборник. 1869. № 5.

Аполлова Н. Г. К вопросу о политике абсолютизма в национальных районах России в XVIII в. / Дружинин Н. М. и т. д. (под ред.) Абсолютизм в России (XVII–XVIII вв.). Сборник статей к семидесятилетию со дня рождения и сорокапятилетию научной и педагогической деятелькости Б. Б. Кафенгауза. М., 1964.

Бартенев А. Краткий исторический очернк мер, принимаемых против раскола преимущественно в новейшее время // Странник. Духовный ученолитературный журнал за 1861 г. СПб., 1861. Т. 2.

Башкир Салават Юлаев, пугачевский бригадир, певец и импровизатор. Эпизод из истории Пугачевщины. Р. Г. Игнатьева. Посмертное издание с кратким очерком жизни автора, составленным В. Н. Витевским. Казань, 1894.

Бекмаханова Н. Легенда о Невидимке: Участие казахов в Крестьянской войне под руководством Пугачева в 1773–1775 гг. Алма-Ата, 1968.

Бердушев А. Д. Андрей Тимофеевич Болотов. М., 1988.

Берс А. Пугачевщина на Урале. Екатеринбург, 1924.

Бескровный Л. Г. Русская армия и флот в XVIII в. М., 1958.

Он же. Русская армия и флот в XIX в.: Военно-экономический потенциал России. М., 1973.

«Бессмысленный и беспощадный. . .» Пугачевский бунт глазами зарубежных исследователей / Составитель и научный редактор И. В. Кучумов. СПб.: Издательство Олега Абышко, 2019.

Боровой С. Я. Кредит и банки России. Середина XVII в.–1861 г. М., 1958.

Брикнер А. Г. О чуме в москве 1771 г. // Русский Вестник. 1884. сентябрь.

Он же. История Екатерины II. Т. I. СПб., 1885.

Буганов В. И. Крестьянская война в России XVII–XVIII вв. М., 1976.

Он же. Разин и разинцы. М., 1995

Витевский В. Н. Раскол в Уральском войске и отношение к нему духовной и военногражданской власти в половине XVIII в. Казань, 1877.

Он же. Раскол в Уральском войске и отношение к нему духовной и военногражданской власти в конце XVIII и XIX в. Казань, 1878.

Он же. Яицкое войско до появления Пугачева // Русский архив. 1879. I (3). С. 273-304; I (4). С. 401-443; II (8). С. 377-428; III (10). С. 203-241; III (11). С. 377-402; III (12). С. 435-458.

Волков Л. В. Сочиальные представления участноков восстания Е. И. Пугачева // Вопросы истории. 2006. № 12.

Вяткин М. П. Очерки по истории Казахской ССР. Т. 1. М.; Л., 1941. С. 180-193.

Он же. Емельян Пугачев. Стенограмма публичной лекции, прочитанной в Ленинграде. Л., 1951.

Гайснович А. И. Пугачев. «Жизнь замечательных людей». М., 1934.

Гальперин Э. Ю. Крестьянские жалобы периода второй революционной ситуации в Рооссии как исторический источник / Исследования по отечественному источниковедению. М.; Л., 1964.

Гвоздикова И. М. Салават Юлаев. Исследование документальных источников. Уфа, 1982.

Она же. Салават Юлаев. Исследование документальных источников. Изд. 3-е изд., перераб. и доп. Уфа, 2004.

Генкин Л. Б. Крестьянские жалобы первой половины XIX в. как исторический источник / Вопросы истории сельского хозяйства и революционного движения в России. М., 1961.

Голикова Н. Б. Органы политического сыска и их развитие в XVII-XVIII вв. / Абсолютизм в России (XVII-XVIII вв.).

Голобуцкий В. А. Запорожская Сечь // Вопросы Истории. 1970. № 2.

Горелова Л. Е. Чума в Москве (1770-73 гг.) // Русский медичинский журнал. 2002.

Грибовский В. В. и Трепавлов В. В. (отв. ред.) Казачество в тюркском и славянском мирах: колл. монография. Казань, 2018.

Грибовский В. М. Выший суд и надзор в России в первую половину царствования имп. Екатерины Второй. СПб., 1901.

Дмитриев-Мамонов А. И. Пугачевский бунт в Зауралье и Сибири. СПб., 1907.

Дубровин Н. Ф. Пугачев и его сообщиники. Эпизод из истории царствования императрицы Екатерины II. 1773-1775 гг. СПб., 1884. Т. I, II, III.

Ерошкин Н. П. История государственных учреждений дореволюционной России. М., 2008.

Заозерская Е. Манифактура при Петре I . М., 1947.

Знаменский П. Приходское духовенство в России со времени реформы Петра. Казань, 1873.

Зольникова Н. Д. Духовенство Тобольской епархии и прихожане во время крестьянской войны 1773–1775 гг. / Русское общество и литература познего феодализма. Сборник научных трудов. Отв. редактор Н. Н. Покровский. Новосибирск, 1996.

Иванов А. Увидеть русский бунт. М.: ЗАО «ОЛМА Медиа Групп», 2012.

Игнатович И. Крестьяство второй половины XVIII века и пугачевщина // Трудовой путь. 1907. № 2.

Иконников В. С. Время Екатерины II. Специальный курс. Вып. III. Киев: Лит. Г. Розенталя, 1882.

Индова Е. И., Преображенский А. А. и Тихонов Ю. А. Народные Движения в России XVII–XVIII вв. и абсолютизм / Абсолютизм в России (XVII–XVIII вв.).

История Эстонской ССР. Таллин, 1961. Т. 1.

Кабузан В. М. Народонаселение России в XVIII–первой половине XIX в. М., 1963.

Кавтрадзе Г. А. К истории крестьянсого самосознания периода реформы 1861 г. // Вестник Ленинградского ун-та. 1969. № 14.

Кадсон И. З. Восстание Пугачева и раскол // Ежегодник музея истории религии и атеизма. IV. М.; Л., 1960.

Он же. Восстание Пугачева и раскол / Мавродин В. В. (под отв. ред.) Крестьянская война в России в 1773–1775 годах. Восстание Пугачева. Л., Т. III. 1970.

Камкин А. В. Правосознание государственных крестьян второй половины XVIII века. На материалах Европейского Севера // История СССР. 1987. № 2.

Карцов В. Г. Религиозный раскол как форма антифеодального протеста в истории России. Ч. I, II. Калинин, 1971.

Клибанов А. И. Народная социальная утопия в России. Период феодальзма. М., 1977.

Ключевский В. О. Курс русской истории / Ключевский В. О. Сочинения в 8 томах. Т. 3. М.: Государственное издательство политической литературы, 1957〔ヴェ・オ・クリュチェフスキー（八重樫喬任訳）『ロシア史講話』第3巻，恒文社，1982年〕.

Коган Э. С. Волнения крестьян Пензенской вотчины А. Б. Куракина во время движения Пугачева // Исторические записки. Т. 37. 1951.

Костомаров Н. И. Бунт Стенки Разина. Собр. соч. Т. 2. СПб., 1903.

Крумачева М. Д. Начало восстания под предводительством Е. И. Пугачева и правительство Екатерины II // Географический страницы истории народов нашей Родины. Доклады все союзной научной конференции, посвященной 200-летию Крестьянской войны 1773–1775 гг. в России под предводительством Е. И. Пугачева. Челябинск, 1976.

Кулбахтин Н. М. «Юлай-атаман, сардар-Салават, Кинзия-абыз. . .» Очерки из истории Крестьянской войны 1773–1775 гг. Уфа, 2004.

Лаби Б. (Labi B.) Пальдиски в период наместкичества (XVIII в.) // Известия АН ЭССР. 1970.

Лавров А. С. Колдовство и религия в России. 1700–1740. М., 2000.

Л е б е д е в В. И. К вопросу о характере крестьянских движений в России XVII–XVIII вв. // Вопросы истории. 1954. № 6.

Лёвшин А. И. Описание киргиз-казачьих, или киргиз-кайсацких орд и степей. Ч. 1–2. СПб., 1832.

Ливанов Ф. В. Раскольники и острожники. Т. III. СПб., 1872.

Лимонов Ю. А. Оренбург и крестьянская война 1774–1775 гг. / Научная конференциия, посвященная 200-летию Крестьянской войны 1773–1775 гг. в России под предводительством Е. И. Пугачева: тезисы докладов. Оренбург, 1973.

Литвак Б. Г. О некоторых чертах психологии русских крепостных первой половины XIX в. / Б. Ф. Поршнев и Л. И. Анцыферова. История и психология. М., 1971.

Ляпин Д. А. Волнения в русских городах в середине XVII в. // Вопосы истории. 2010. № 4.

Мавродин В. В., Кадсон И. З., Ржаникова Т. П. и Сергеева Н. И. Об особенностях крестьянских войн в России // Вопросы истории. 1956. № 2.

Мавродин В. В. Из истории классовой борьбы крестьян накануне восстания Пугачева // Вестн. Ленинградского ун-та. 1958. № 8.

Он же. (под отв. ред.) Крестьянская война в России в 1773–1775 годах. Восстание Пугачева. Л., Т. I, II, III. 1961, 1966, 1970.

Он же. Классовая борьба и общественно-политическая мысль в России в XVIII в. (1725–1773 гг.). Л., 1964.

Он же. Под знаменем Крестьянской войны. М., 1974.

Он же. Классовая борьба и общественно-политическая мысль в России в XVIII в. (1773–1790-е гг.). Л., 1975.

Он же. Советская историография крестьянской войны в России / Проблемы историографии и источниковедения отечественной и всеобщей истории. Л., 1976.

Мамсик Т. С. Белободцы и Беловодье (по материалам следственного дела о побеге 1827–1828 гг.) / Источники по культуре и классовой борьбе феодального периода (Археография и источниковедения). Новосибирск, 1982.

Мартынов М. Н. Пугачевский атаман Иван Белобородов. Пермь, 1958.

Он же. Саткинский завод во время восстания Емельяна Пугачева // Исторические записки. Т. 58. 1956.

Матвиевский П. Е. Оренбургский край в Отечественной войне 1812 // Ученые записки Оренбургского Госпединститута. Вып. 17. 1962.

Мауль В. Я. Образ Пугачева в современной публицистке: феномен фолкхистори / VII Бартневские чтения. Материалы международной конференции, посвященной 330-летию со дня рождения В. Н. Татищева, 200-летию со дня рождения С. А. Гедеонова, 175-летию со дня рождения В. О. Ключевского. Липецк: ЛГПУ им. П. П. Семенова-Тяншанского, 2016.

Он же. Феномен отсутствующей историографии (как в начале XXI века изучают историю Пугачевского бунта) // Исторические записки, 2018, номер 17. (Научный журнал «Исторические записки» издаётся Нижневартовского филиала Тюменского государственного нефтегазового университета).

Мауль В. Я., Куреньшев А. А., Синелобов А. П. и др. Пугачевщина. За Волю и справедливость! (Русская история) / Колпакдиди А. И. сост. М.: Родина, 2023.

Машин М. Д. Участие оренбургских казаков в крестьянской войне 1773–1775 гг. под предводительством Е. И. Пугачева // Народы в Крестьянской войне 1773–1775 гг. Уфа, 1977.

Мельников-Печерский П. И. Сборник Нижегородской ученой архивной комиссии в память Мельникова. Т. IX. Ч. II. Нижний Новгород, 1910.

Миненко Н. А. Задачи изучения истории казачества восточных регионов России на современном этапе / Казаки Урала и Сибири в XVII–XX вв. Сб. научных трудов. Екатеринбург, 1993.

Мордовцев Д. Л. Политические движения русского народа. Т. II. СПб., 1871.

Он же. Самозванцы и понизовая вольница. Т. II. СПб., 1887.

Муратов Х. И. Крестьянская война 1773–1775 гг. в России. М., 1954.

Назаров В. Д. Крестьянская война начала XVII в. / История крестьянства СССР. Т. 2. М., 1990.

Овчинников Р. В. Пушкин в работе над архивными документами («История Пугачева»). Л.: «Наука», 1969.

Осьмнадцатый век. Кн. 1. М., 1868.

Оренбургские губернские ведомости. 1851. № 15–16.

Очерки истории СССР. Период феодализма. Россия во второй четвери XVIII в. М., 1957.

Очерки по истории Башкирской АССР. Т. 1. Ч. 1. Уфа, 1956.

Павленко Н. И. Историческая наука в прошлом и настоящем: Некоторые размышления вслух // История СССР. 1991. № 4.

Пажтонов К. К вопросу «переломе» в манифактурной промышленности XVIII в. // Вопросы истории. 1948. № 3.

Панин Т. С. Петр III, Пугачев, самозванцы / Портретная галерея повести А. С. Пушкина «Капитанская дочка». Четвертные научные пушкинские чтения. Оренбург, июнь 2012 г. Оренбург: Издательский центр ОГАУ. 2013.

Панина Э. С. Жалобы помещичих крестьян первой половины XIX в. как исторический источник // История СССР. 1964. № 6.

Петрашевский М. В. Дело петрашевцев. Т. I. М.; Л.: Изд. АН СССР, 1937.

Петров С. Пугачев в Пензенском крае. Пенза, 1956.

Петрухинцев Н. Н. Раскол на Яике // Родина. 2004. №. 5.

Песни и сказания о Разине и Пугачеве. М.; Л.: «Academia», 1935.

Платонов С. Ф. Очерки по истории Смуты в Московском государстве XVI–XVII вв. СПб., 1910.

Покровский Н. Н. Антифеодальный протест урало-сибирских крестьян-старообрядцев в XVIII в. Новосибирск: Наука, 1974.

Попов С. А. Оренбургская губерния накануне крестьянской войны 1773–1775 гг. – численность, национальный и социальный состав населения, социально-экономическое положение // Научная конференция, посвященная 200-летию Крестьянской войны 1773–1775 гг. В России под предводительством Е. И. Пугачева: тезисы докладов. Оренбург, 1973.

П р о н ш т е й н А. П., Пушкаренко А. А. Крестьянская война в России в 1773–1775 гг.: итоги и перспективы исследования // Вопросы истории. 1971. № 8.

Пруссак А. В. Заводы, работавшие на Пугачева // Исторические записки. Т. 8. 1940.

Пушкаренко А. А. Крестьянские челобитные как источник для изучения классовой борьбы русского крестьянства в феодальную эпоху / Советская историография аграрной истории СССР (до 1917 г.). Кишнев, 1978.

Романюк Т. С. Участие старообрядческого населения в восстании под предводительством Е. И. Пугачева на Яике // Вестник Екатеринбургской духовной семинарии. 2018. № 4 (24).

Она же. Контакты Е. И. Пугачева со старообрядческими Иргизкими монастырями и розыск беглых старцев Филарета и Гурия // Вестник Екатеринбургской духовной семинарии. 2019. № 2 (26).

Раскин. Д. И. Крестьянские челобитные в крупной монарстырской вотчине в первой четверти XVIII в. / Пробремы истории феодальной России. Сб. ст. Л., 1971.

Он же. Мирские челобитные монастырских крестьян / Вспомогательные

исторические дисциплины. Вып. XVI. Л., 1974.

Он же. Требование монастырских крестьян в России 30-х–начала 60-х годов XVIII в. / Проблемы отечественной истории. Ч. II. М.; Л., 1976.

Он же. Использование законодательных актов в крестьянских челобитных середины в XVIII в. Материалы и изучению общественного сознания русского крестьянства // История СССР. 1979. № 4.

Рознер И. Г. Яик перед бурей. М., 1966.

Он же. Казачество в Крестьянской войне 1773–1775 гг. Львов: Издательство Львовского Университета, 1966.

Он же. Антифеодальные государственные образования в России и на Украине в XVI–XVII вв. // Вопросы истории. 1970. № 8.

Российское казачество. Научно-справочное издание. М., 2003.

Рубинштейн Н. Л. Крестьянское движение в России во второй половине XVII века // Вопросы истории. 1956. № 11.

Он же. Сельское хозяйство России во второй половине XVIII в. М., 1957.

Рындзюнский П. Г. Старообрядческая организация в условиях развития промышленного капитализма (На примере истории Московской общины федосеевцев в 40-х годах XIX в.) / Вопросы истории религии и атеизма. Т. 1. М., 1950.

Рынзюнский П. Г. и Рахматуллин М. А. Некоторые итоги изучения Крестьянской войны в России 1773–1775 гг. // История СССР. 1972. № 2.

Рычаловский Е. Е. Россия в ожидании императора (К истории апокрифа последней четверти XVIII в.) / Е. Е. Рычаловский (отв. ред.). Россия в XVIII столетии. Вып. 1. М., 2002.

Рязанов А. Ф. Отголски Пугачевского восстания на Урале, в киргиз-кайсацкой Малой Орде и в Поволжье // Труды общества изучения Казахстана. Т. VI. Алма-Ата, 1925.

Салават Юлаев. К 200 летию со дня рождения. Уфа, 1952.

Севастьянов С. Н. Иван Васильевич Падуров // Оренбургский листок. 1892. № 2.

Семевский В. И. Волнения крепостных крестьян при Екатерине II. Очерки из исторического исследования // Русская старина. Т. 18. (февраль). 1877.

Он же. Крестьяне в царствование императрицы Екатерины II. СПб., 1881–1901. 2 ТТ.

Семенов-Тян-Шанский В. П. (под ред.) Россия. Полное географическое описание нашего отечества. Ураль и Приуралье. Т. 5. СПб., 1914.

Сень Д. В. «Войско Кубанское Игнатово Кавказское»: исторические пути казаков – некрасовцев (1708 г. – конец 1920-х гг.). Краснодар, 2002. 2-е изд.

Сивков К. В. Самозванчество в России в последней XVIII века // Исторические записки. Т. 31. 1956.

Скрынников Р. Г. Спорные проблемы восстания Болотникова // История СССР. 1989. № 5.

Сметанин Д. В. Чума и Российская империя. Борьба с эпидемиями в XVIII-первой трети XIX века. СПб., 2020.

Смилянская Е. В. Волшебники, Богохульники, Еретики: Народная религиозность и «духовные преступления» в России XVIII веке. М., 2003.

Смирнов И. И., Маньков А. Г., Подбьяпольская Е. П. и Мавродин В. В. Крестьянская война в России в XVII–XVIII вв. М.; Л., 1966.

Смирнов П. С. История русского раскола старообрядчества. СПб., 1895.

Смирнов Ю. Н. Современные подходы к истории восстания 1773–1775 гг. // Вестник Самарского университета. 2007. № 5 / 3 (55).

Соколов М. М. Неверная память. Герои и антинегои России. М., 1990.

Соколов Н. С. Раскол в Саратовском крае. Т. 1. Саратов, 1888.

Соколова В.К. Песни и предания о восстаниях Разина и Пугачева // Сб. Русское народно-поэтическое творчество. Материалы для изучения общественно-политических воззрений народа. Труды Института этнографии, новая серия. Т. XX. М., 1953.

Соловьев В. М. Актуальные вопросы изучения народных движений // История СССР. 1991. № 3.

Он же. Анатомия русского бунта. Степан Разин: мифы и реальность. М., 1994.

Соловьев С. М. Заметки о самозванцах в России // Русский архив. VI. 1868.

Он же. Москва 1770–1771 г. // Русская старина. октябрь 1876.

Он же. История России с древнейших времен. Кн. III. Т. 5. М.: «Мысль», 1989; Кн. X. Т. 20. 1993; Кн. XII. Т. 23. 1993; Кн. XII. Т. 24. 1993; Кн. XIII. Т. 25. 1994.

Сподвижник Пугачева свидетельствуют... // Вопросы истории. 1973. № 8.

Стариков Ф. Историко-статистический очерк Оренбургского Казачьего войска. Оренбург, 1891.

Столетие Военного министерства. 1802–1902. Исторический очерк. Т. XI. Ч. 3. СПб., 1902.

Таранец С. Старообрядчество в Российской империи (конец XVII–начало XX века). Т. 1 : Взаимоотношения старообрядческих сообществ с государством и официальной Церковью. Киев, 2021. 2-е издание.

Тарасов Ю. М. Русская крестьянская колонизация южного Урала. Вторая половина XVIII–первая половина XIX в. М.: Наука, 1984.

Татищев В. Н. Избранные произведения. Л., 1979.

Тоёкава К. Оренбург и оренбургское казачество во время восстания Пугачева 1773–1774 гг. Москва: Археографический центр, 1996.

Он же. «Оренбургская экспедиция пограничных дел» П. И. Рычкова // Ядкяр. 2007. № 4.

Он же. Оренбург и оренбургское казачество в XVIII в.: причины участия оренбургского казачества в восстании Пугачева / Пушкниские чтения, посвящённые открытию историко-литературного музея «Капитанская дочка» в Оренбургском государственном аграрном университете. К 210-летию со дня рождения А. С. Пушкина. Оренбург: Издательский центр ОГАУ, 2010.

Он же. Новые подходы к исследованию по восстании Пугачева // The Journal of Humanities, Meiji University, 2016, № 22.

Томсинский С. Г. Роль рабочих в Пугачевском восстании // Красная новь. 1925. № 2.

Трефимов Е. Пугачев. «Жизнь замечательных людей». М.: Молодая гвардия, 2015.

Троицкий С. М. Финансирования политика русского абсолютизма во второй половине XVII и XVIII вв. / Абсолютизм в России.

Он же. Финансовая политика русского абсолютизма в XVIII в. М., 1966.

Он же. Самозванцы в России XVII–XVIII веков // Вопросы истории. 1969. № 3.

Он же. Русский абсолютизм и дворянство XVIII в. Формирование бюрократии. М., 1974.

Тхоржевский С. И. Пугачевщина в помещичьей России. М., 1930.

Усенко О. Г. Психология социального протеста в России XVII–XVIII вв. Тверь, Часть 1, 2, 3. 1994, 1995, 1997.

Он же. Монархическое самозванство в России в 1762–1800 гг. (Опыт систематического анализа) / Е. Е. Рычаловский (отв. ред.). Россия в XVIII столетия. М., 2004. Вып. 2.

Усманов А. Н. Кинзя Арсланов – выдающийся сподвижник Пугачева // Исторические записки. Т. 71. М., 1962.

Устинова О. Ю. Крестьянская война 1773–1775.: К историографии вопроса / Повесть А. С. Пушкина «Капитанская дочка» в историко-литературном контексте. Третьи научные Пушкинские чтения. Оренбург, 2012.

Устюгов Н. В. Башкирское восстание 1662–1664 гг. // Исторические записки. 1947. Т. 27.

Ушаков И. Ф. Работные люди Белорецкого завода в Крестьянскрй войне // История СССР. 1960. № 6.

Фирсов Н. Н. Разин и разинщина. Пугачев и пугачевщина. Казань, 1930.

Церковь в истории России. (IX в.–1917 г.). Критический очрки. М., 1967.

Чеботарев А. М. Информационно-рекламная деятельность правительства по пресечению «прилипчивой болезни» 1770–1775 гг. Челябинск, 2016.

Чечулин Н. Д. Очерки по истории русских финансов в царствование Екатерины II. СПб., 1906.

Чистов К. В. Русская народная утопия (генезие и функции социально-утопических легенд). СПб., 2003. これは *Он же*. Русские народные социально-утопические легенды XVII–XIX вв. М., 1967 の増補版である。

Чулошников А. П. Киргиз-Кайсацкие кочевые орды и Пугачевщина. 1773–1775 гг. // Новый Восток. Т. 25. М., 1929.

Чулошников А. П. Восстание 1755 г. в Башкирии. М., 1940.

Чхеидзе А. «История Пугачева» А. С. Пушкина. Тбилиси: Издательство ССП Грузии «Литература и искусство», 1963.

Щапов А. П. Сочинения. Т. I. СПб., 1906.

Щворина Т. И. Уголовное законодательство Екатерины II // Учен. зап. Всесоюзного института юридических наук. М., 1940. Вып. 1.

Щебальский П. Начало и характер пугачевщины. М., 1865.

Щербатов М. М. Мнение о поселенных войсках / П. Любомиров. (под ред.) Неизданные сочинения М., 1935.

Элиасов Л. Е. и Ярневский И. З. Фольклор семейских. Уран-Уде, 1963.

欧米語文献

Alexander, J. T. ***Autocratic Politics in a National Crisis: The Imperial Russian Government and Pugachev's Revolt, 1773–1775***, Bloomington: Indiana University Press, 1969.

idem, "Recent Soviet Historiography on the Pugachev Revolt: A Review Article," ***Canadian-American Slavic Studies***, vol. 4, No. 3, 1970.

idem, "Western Views of the Pugachev Rebellion," ***Slavonic and East European Review***, XLVIII, October 1970.

idem, ***Emperor of the Cossacks. Pugachev and the Frontier Jacquerie of 1773–1775***, Lawrence, Kan.: Coronado Press, 1973.

idem, ***Bubonic Plague in Early Modern Russia. Public Health and Urban Disaster***, Baltimore and London: The Jones Hopkins University Press, 1980.

Avrich, P. ***Russian Rebels 1600–1800,*** New York: The Norton Library, 1972〔P・アヴリッチ（白石治朗訳）『ロシア民衆反乱史』彩流社，2002年〕.

Blum, J. ***Lord and Peasant in Russia from the Ninth to the Nineteenth Century***, Princeton: Princeton University Press, 1961.

Bodger, A. ***The Kazakhs and the Pugachev Uprising in Russia 1773–1775***, Bloomington, Indiana: Indiana University Research Institute for Inner Asian Studies, 1988.

Childs, J. ***Armies and Warfare in Europe 1648–1789***, Manchester: Manchester University Press,

1982.

Confino, M. *Domaines et Seigneurs en Russie vers la fin du XVIIIe siècle – Etude de structures agraires et de mentalités économiques*, Collection histoirique de l'Institut d'Études slaves, no. 18, Paris, 1963.

Crummey, R. O. *The Old Believers and the World of Antichrist. The Vyg Community and the Russian State. 1694–1855*, Madison, Milwaukee and London: University of Wisconsin Press, 1970.

Donnelly, A. S. *The Russian Conquest of Bashkiria 1552–1740. A Case Study in Imperialism*, New Haven and London: Yale University Press, 1968.

Griesse, M. "Pugachev Goes Global: The Revolutionary Potential of Translation," ed. by Elizabeth Amman and Michael Boyden, *Reverberations of Revolution, Transnational Perspectives, 1700–1850,* Edinburgh University Press, 2021.

Hartley, J. M. *Russia, 1762–1825, Military Power, the State, and the People*, London: Praeger, 2008.

Hosking, G. *Russia and the Russians. A History*, Cambridge: Harvard University Press, 2011, 2 nd ed.

Khodarkovsky, M. *Where Two World Met? The Russian State and the Kalmyk Nomads, 1600–1771*, Ithaca and London: Cornell University Press, 1992.

idem, "The Stepan Razin Uprising: Was It a 'Peasant War?'," *Jahrbücher für Geschichite Osteuropas*, B. 42, H. 1, 1994.

Leckey, C. "From Frontier to Borderland: Border Actors in Orenburg Province, 1735–1775," *Bibriоφika: E-Journal of Eighteenth-Century Russian Studies*, vol. 10 (2022).

Longworth, Ph. "The Pretender Phenomenon in Eighteenth-Century Russia," *Past & Present*, no. 66, (Feb. 1975).

idem, "Transformations in Cossackdom 1650–1850," in *War and Society in East Central Europe*, vol. 1, *Special Topics and Generalizations on the 18th and 19th Centuries*, ed. by B. K. Kiraly and G. E. Rothenburg, New York: Colorado University Press, 1979.

Madariaga, Isabel de, *Russia in the Age of Catherine the Great*, New Haven and London: Yale University Press, 1981.

Mavor, J. *An Economic History of Russia*, London and Toronto, 1914, vol. 1.

Młynarski, Z. "Udział konfederatiów barskich w powstaniu Pugaczowa," *Kwartalnik Instytutu Polsko-Radzieckiego*, Warszawa, 1952, N. 1.

Natalizi, M. *La rivolta degli orfani: la vicenda del ribelle Pugačëv*, Roma: Donzelli cop, 2011.

O'Rourke, S. *The Cossacks*, Manchester and New York: Manchester University Press, 2007, pp. 112–132.

Peters, D. *Politische und gesellschaftliche Vorstellungen in der Aufstandsbewegung unter Pugachev (1773–1775)*, Wiesbaden, 1973.

Pintner, W. M. "The Burden of Defense in Imperial Russia, 1725-1914," ***Russian Review***, 43, 1984.

Portal, R., "Pugachev: Une révolution manquée", ***Etudes d'histoire moderne et contemporaine***, t. 1, Paris, 1947.

idem, ***L'Oural au XVIIIe siècle, Étude d'histoire économique et sociale,*** Collection historique de l'Institut d'Études slaves, no. 14, Paris, 1950.

Raeff, M. "Pugachev's Rebellion," R. Foster and J. P. Greene (eds.), ***Preconditions of Revolution in Early Modern Europe***, Baltimore and London, 1970.

Scott, H. M. "Frederick II, the Ottoman Empire and the Origins of the Russo-Prussian Alliance of April 1764," ***European History Quarterly***, April 1977, vol. 7.

Stone, David R. ***A Military History of Russia. From Ivan the Terrible to the War in Chechnya***, Westport: Plaeger Security International, 2006.

Subtelny, O. ***Ukraine: A History***, Toronto, Buffalo, London: University of Toronto Press, 1988.

Toivo, U. Raun, ***Estonia and the Estonians***, California: Stanford University Press, 2nd ed. 1991.

Toyokawa, K. "The Strategy of I. K. Kirilov toward the South-East Russia," ***Cross-Cultural Studies: Education and Science***, Vol. 3, Issue II, June 2018.

idem, "Old Believers and the Pugachev Rebellion: Pugachev's Strategy and Support by Old Believers," ***Cross-Cultural Studies: Education and Science***, Vol. 8, Issue III, November 2023.

邦語文献

阿部重雄『帝政ロシアの農民戦争』吉川弘文館，1969年(再刊，1983年)

同『コサック』教育社(教育社歴史新書)，1981年

尾高晋己『オスマン外交のヨーロッパ化――片務主義外交から双務主義外交への転換』溪水社，2010年

田中陽兒「「ロシア農民戦争」論の再検討――ソビエト史学の新動向をめぐって」『ロシア史研究』第22号，1974年(『世界史学とロシア史研究』山川出版社，2014年に再録)

田中良英『エカチェリーナ２世とその時代』東洋書店(ユーラシア・ブックレット)，2009年

土肥恒之「ロシア近世農民闘争とイデオロギーの問題――ソヴェト史学の現況について」『小樽商科大学人文研究』第61巻，1980年

同「逃亡農民をめぐる若干の問題」『ロシア史研究』第39号，1984年

同「ロシア農民戦争――B・B・マヴロージンの見解をめぐって」社会経済史学会編『社会経済史学の課題と展望』有斐閣，1984年

同『ロシア近世農村社会史』創文社，1987年

同「農民自治の伝統――17世紀北ロシアの郷について」『社会史研究』第８号，1988年(のちに『ロシア社会史の世界』第４章として再録)

同『「死せる魂」の社会史――近世ロシア農民の世界』日本エディタースクール出版部，

1989年
同『岐路に立つ歴史家たち――20世紀ロシアの歴史学とその周辺』山川出版社，2000年
同『ロシア社会史の世界』日本エディタースクール出版部，2010年
同「皇太子アレクセイ事件――その史学史的考察」『小樽商科大学人文研究』第135輯，2018年
豊川浩一「プガチョーフ叛乱におけるバシキール人の参加過程」『ロシア史研究』第35号，1982年(のちに，拙著『ロシア帝国民族統合史の研究』第7章に再録)
同「土肥報告「逃亡農民をめぐる若干の問題」について」『ロシア史研究』第39号，1984年
同「ロシアにおける植民問題――18世紀の南ウラルを中心にして」『史観』第112冊，1985年
同「バシキール人サラヴァト・ユラーエフ――プガチョーフ叛乱研究の最近の動向に寄せて」『ロシア史研究』第42号，1986年(のちに，拙著『ロシア帝国民族統合史の研究』第8章に再録)
同「18世紀ロシアにおける民衆運動とその世界――プガチョーフ叛乱における領主農民を中心にして」『社会科学討究』第33巻第3号，1988年
同「プガチョフ反乱」野崎直治編『ヨーロッパの反乱と革命』山川出版社，1992年，所収
同「プガチョーフ叛乱とロシア政府――オレンブルク包囲期(1773年10月～1774年3月)を中心に」『史観』第132号，1995年
同「近代ロシアにおけるカザーク社会の形成と展開についての研究」『明治大学人文科学研究所紀要』第48冊，2001年
同「近世ロシア民衆の意識――18世紀の民衆は何を求めたのか」『明治大学人文科学研究所紀要』第58冊，2006年
同「バルティースキー・ポルトの囚人サラヴァト・ユラーエフとその周辺――帝政ロシアにおける地域史研究の試み」『駿台史学』第132号，2007年
同「ロシア帝国の拡大とロシア人――ロシア人農民による移住・植民によるフロンティアの拡大」駒井洋監修／江成幸編『ヨーロッパ・ロシア・アメリカのディアスポラ』明石書店，2009年，所収
同『ロシア帝国民族統合史の研究――植民政策とバシキール人』北海道大学出版会，2006年
同「「植民国家」ロシアの軍隊におけるカザークの位置――18世紀のオレンブルク・カザーク創設を中心に」『歴史学研究』第881号，2011年
同「近世ロシアの民衆運動」ロシア史研究会編『ロシア史研究案内』彩流社，2012年，所収
同『十八世紀ロシアの「探検」と変容する空間認識――キリーロフのオレンブルク遠征とヤーロフ事件』山川出版社，2016年

同「近世ロシア帝国の空間形成――南東ロシアにおける要塞線建設の背景」『歴史学研究』第971号，2018年
同「18世紀前半のロシアにおける民衆と宗教――ピョートル一世の教会改革と古儀式派教徒」『駿台史学』第162号，2018年
同「古儀式派とコサック――民衆運動の源泉」阪本秀昭・中澤敦夫編『ロシア正教古儀式派の歴史と文化』明石書店，2019年，所収
同「18世紀ロシアの民衆運動における古儀式派――プガチョーフ叛乱における古儀式派教徒の役割」『明治大学人文科学研究所紀要』第87冊，2020年
同「18世紀モスクワにおけるペストの流行と暴動に関する史料」『駿台史学』第178号，2023年
鳥山成人「第五章　ロシア帝国の成立と発展」岩間徹編『ロシア史　新版』(世界各国史４)山川出版社，1979年，所収
同「ペー・エヌ・ミリュコーフと「国家学派」」『ロシア東欧の国家と社会』恒文社，1985年，所収
同「「動乱」とロマノフ朝の成立」田中陽児・倉持俊一・和田春樹編『ロシア史１　9～17世紀』(世界歴史大系)山川出版社，1995年，所収
中村仁志「17世紀におけるドン・カザークの変貌――対ロシア関係を中心に」『西洋史学』第124号，1982年
同「ザポロージエ・カザークとウクライナ(17世紀後半)」『西洋史学』第138号，1985年
同「18世紀南ウクライナの植民とザポロージエ・カザーク」『史林』第69巻第６号，1986年
同「ロシア国家とカルムィク――17－18世紀」『ロシア史研究』第42号，1986年
同『プガチョフの反乱――良きツァーリはよみがえる』平凡社，1987年
同「カザーク辺境とロシア国家――17～18世紀のヤイーク地方を中心に」『宝塚造形芸術大学紀要』第１号，1987年
同「初期カザーク史をめぐる諸問題」『ロシア史研究』第49号，1990年
同「19世紀ウラル・カザーク軍団領の社会＝経済的変容」『関西大学文学論集』第45巻第２号，1995年
同「ヴォルガ・カザーク軍団の形成」『関西大学大学論集』第49巻第１号，1999年
同「ヤイーク・カザークの起源説話――グーグニハと18世紀ヤイーク社会」『関西大学文学論集』第54巻第４号，2005年
同「ロシア辺境の拡大とカザーク」『関西大学文学論集』第56巻第４号，2007年
同「ロシア・カザークと遊牧民」『関西大学文学論集』第58巻第４号，2009年
同「カザーク軍団の創設期――ロシア軍の一組織としてのカザーク」『関西大学文学論集』第61巻第３号，2011年
中村喜和「日本国白水境探求――ロシア農民の一ユートピアについて」金子幸彦編『ロシアの思想と文学――その伝統と変革の道』恒文社，1977年(のちに中村喜和『聖

なるロシアを求めて――旧教徒のユートピア伝説』平凡社，1990年，第３章に再録）
同『〔増補〕聖なるロシアを求めて――旧教徒のユートピア伝説』平凡社ライブラリー，2003年
黛秋津「ロシアのバルカン進出とキュチュク・カイナルジャ条約(1774年)――その意義についての再検討」『ロシア・東欧研究』第37号，2008年
宮野裕『「ノヴゴロドの異端者」事件の研究――ロシア統一国家の形成と「正統と異端」の相克』風行社，2009年
和田春樹「近代ロシア社会の法的構造」東京大学社会科学研究所編『基本的人権３，歴史２』東京大学出版会，1968年
同『農民革命の世界――エセーニンとマフノ』東京大学出版会，1978年

翻訳文献

P・A・クロートフ（豊川浩一訳・解説）「ピョートル一世の軍事改革」『駿台史学』第161号，2017年
エレーナ・ダニルコ（豊川浩一訳）「「オポーニアの島々」における白水境――ウラル・コサックの日本への旅」伊賀上菜穂・阪本秀昭編『ロシア正教古儀式派と国家――権力への対抗と共生』明石書店，2024年，所収
ヒルトン／フェイガン（田中浩・武居良明訳）『イギリス農民戦争――1381年の農民一揆』未來社，1977年(第２刷)
N・N・ペトロヒンツェフ（豊川浩一訳・解説）「二つの近代化された軍事改革とロシア社会への影響」『駿台史学』第171号，2021年

著者によるプガチョーフ叛乱に関する紀行文

「ソ連留学記――レニングラード(1989～90)」『ロシア史研究』第50号，1991年
「現代版プガチョーフ叛乱遠征――オレンブルク，ウファ，カザン(1993年９月)」『窓』第89号，ナウカ，所収，1994年
「プガチョーフ叛乱の史料を求めて――モスクワとチェリャービンスクの古文書館」『ロシア史研ニューズレター』第19号，1995年
「古文書館の「いろいろ」」『おろしゃ会』会報第12号，2005年
「ウファーでの「発見」!?」『ロシア史研ニューズレター』第58号，2005年
「エストニアの思い出」，「「第２次現代版プガチョーフ叛乱遠征」と「パンと塩」」『おろしゃ会』会報第16号，2009年
「第３次「現代版プガチョーフ叛乱」遠征――キンジヤ・アルスラーノフの足跡を訪ねて」『おろしゃ会』会報第17号，2012年
「ウファー国際学術会議参加記」『ロシア史研ニューズレター』第94号，2014年
「フィンランドの図書館事情――国立図書館を中心に」『図書の譜』（明治大学）第27号，2023年
「ロシアの図書館事情――アナログとデジタル化の共存」『図書の譜』（明治大学）第28号，2024年